中国共产党广州市越秀区历史

第三卷

（1978—2005）

中共广州市越秀区委党史文献研究室　著

SPM 南方传媒 | 广东人民出版社

·广州·

图书在版编目（CIP）数据

中国共产党广州市越秀区历史．第三卷，1978—2005 / 中共广州市越秀区委党史文献研究室著．—广州：广东人民出版社，2024.6
ISBN 978-7-218-17311-5

Ⅰ.①中… Ⅱ.①中… Ⅲ.①中国共产党—地方组织—党史—越秀区—1978—2005 Ⅳ.① D235.654

中国国家版本馆 CIP 数据核字（2023）第255068号

Zhongguo Gongchandang Guangzhou Shi Yuexiu Qu Lishi Di-san Juan（1978—2005）
中国共产党广州市越秀区历史第三卷（1978—2005）
中共广州市越秀区委党史文献研究室 著

出 版 人：肖风华

责任编辑：易建鹏
封面设计：王 军
责任技编：吴彦斌

出版发行：广东人民出版社
地 址：广州市越秀区大沙头四马路10号（邮政编码：510199）
电 话：（020）85716809（总编室）
传 真：（020）83289585
网 址：http://www.gdpph.com
印 刷：广州市豪威彩色印务有限公司
开 本：787mm × 1092mm 1/16
印 张：27.75 **插 页：**22 **字 数：**420千
版 次：2024年6月第1版
印 次：2024年6月第1次印刷
定 价：126.00元

《中国共产党广州市越秀区历史第三卷（1978—2005）》编委会

主　　任　郭昊羽
第一副主任　罗光华
副 主 任　梁　岭　官振坤　李侃文　王　静
成　　员　罗定夫　钟建青　汤　锐　顾　文
　　　　　崔　晓　吴国良　林卫红

《中国共产党广州市越秀区历史第三卷（1978—2005）》编写人员

主　　编　官振坤　李侃文
副 主 编　罗定夫
编 写 组　王永坚　张新宇　汤　锐　梁　栋
　　　　　黎浩元　王永红　吴国良　白　俭
　　　　　王思敏
图片选编　白　俭

前 言

《中国共产党广州市越秀区历史第三卷（1978—2005）》，系统记载和反映了从1978年12月党的十一届三中全会召开起，到2005年10月广州市区划调整，越秀、东山两区合并为止，中共广州市越秀区委团结带领全区广大人民群众进行改革开放和社会主义现代化建设的27年历史。在这27年里，在广州市委的领导下，越秀区委带领全区党员、干部和广大人民群众，响应党中央“解放思想，实事求是”的号召，冲破了“文化大革命”的“左”的思想束缚，推动了全民思想大解放；把工作重心转移到社会主义现代化建设中来，以“摸着石头过河”“杀出一条血路”的改革精神，在改革开放的探索实践中创造了一批“全国第一”，引领了风气之先，使越秀区成为改革开放的前沿阵地；推进了政治体制、经济体制改革和民主法制、精神文明建设，大力发展社会主义商品经济和市场经济，人民群众生活水平不断提高，不断深化国有企业改革和经济转型，坚定不移地加快改革开放和社会主义现代化建设步伐，推动全区经济社会发展胜利迈向21世纪；成功抵御国际金融危机冲击和非典疫情考验，乘中国加入世界贸易组织的东风，带领全区经济社会各方面建设全面腾飞，使越秀区迈入了全面建设小康社会的新阶段。

以史鉴今，资政育人。希望全区各级党组织及广大党员干部，能从这本书中吸取历史的经验、教训、智慧和力量，进一步增强使命感、责任感、光荣感。在习近平新时代中国特色社会主义思想的指引下，不忘初心、牢记使命，坚定不移地走中国特色社会主义道路，大力弘扬党的优良传统和作风，全面加强党的建设，切实提高自身能力素质，奋进新征程，建功新时代，在推动越秀区政治、经济、社会各项事业高质量发展中努力奋斗！

《中国共产党广州市越秀区历史第三卷(1978—2005)》编委会

2023年12月

编撰说明

一、本书坚持以马克思列宁主义、毛泽东思想、邓小平理论、“三个代表”重要思想、科学发展观、习近平新时代中国特色社会主义思想为指导，贯彻中共中央《关于建国以来党的若干历史问题的决议》和历次中央、省、市、区党代会精神，坚持实事求是的原则，运用马克思主义立场观点和方法，从越秀区实际出发，全面客观记述中共越秀区委团结带领越秀区广大人民群众推进改革开放和社会主义现代化建设的奋斗史、探索史和建设史。

二、本书记事时限从1978年12月党的十一届三中全会召开起，与《中国共产党广州市越秀区历史第二卷（1949—1978）》一书在时间上对接，到2005年10月广州市区划调整，越秀、东山两区合并为止。对个别重大事件，为保持其前因后果的完整性和连续性，对有关史实适当上溯或下延。

三、本书采用章节结构，按党史发展的历史阶段及其内在联系，把主要史实分章、节、目进行阐述。编目设计力求体现“时经事纬”要求，标题尽量简明扼要，并注意突出越秀地方特色。

四、行文注释引用采用页下注，个别视情况采用随文括注。机构名称在第一次出现时使用全称并括注简称。

五、本书采用公元纪年，行文中若前文已有确切时间，其后叙述时间，若为同年则省略年份，若为同年同月，则省略年月。

六、书中采用的文件、报告等史料，主要来自越秀区国家档案馆、越秀区委党史文献研究室、越秀区人民政府地方志办公室的档案文献，越秀区委组织部编纂的《中国共产党越秀区组织史》，越秀区人民政府统计局编写的《广州市越秀区国民经济统计资料》和有关部门公开出版的报刊书籍等。

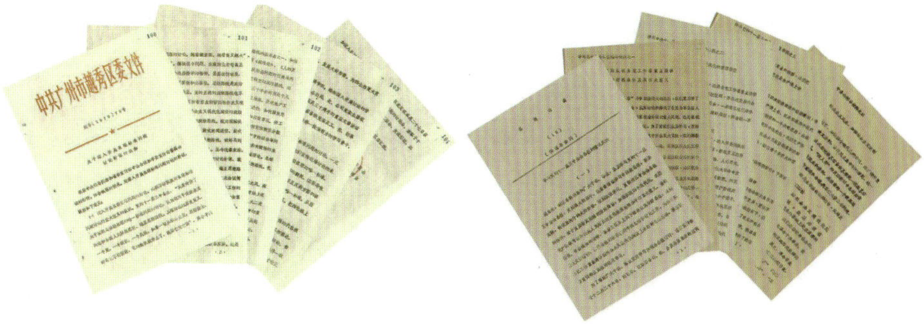

1979年，越秀区印发贯彻党的十一届三中全会学习材料和《关于深入开展真理标准问题讨论补课的通知》，在全区掀起贯彻落实党的十一届三中全会精神的热潮。

1978年12月，中国内地第一个可以自由贸易、自由议价的国营河鲜货栈在广州一德路开业。

越秀区落实台胞、台属政策。图为1979年春节前，从台湾回来大陆的回民小学老师游玉兰（左二）一家包油角。

1979年，东方宾馆开办“音乐茶座”，这是改革开放后全国第一家音乐茶座。

1979年，广州下乡回城青年容志仁在广州市西华路司马坊开办“容光小吃店”。1984年，容志仁当选广州市第一届个体劳动者协会委员会主任。

1980年，越秀区政府拨款重建中山六路幼儿园。1983年，中山六路幼儿园被省、市、区教育部门定为示范性幼儿园。

1980年9月，人民南路人行天桥建成并投入使用，这是广州市第一座人行天桥。

1980 年，越秀区建成改革开放后全市第一个工业品市场——高第街工业工艺品市场。

改革开放以后，广州花市走上健康发展的轨道，规模逐年扩大。图为 1981 年的西湖路花市。

1981年，广东省首批特级教师之一、中山六路幼儿园教师游丽斯带领小朋友游览广州建设新貌。

1981年12月，越秀区引进资金建设小北花苑、接龙楼、流花大厦（后称南油大厦）等3个高层住宅项目。图为位于东风西路的南油大厦。

1982年，越秀区签订第一宗服务业引进外资合同，合资兴办广州人人菜馆。

1983年，珠江磁带厂为太古香港磁电公司、香港利来行进行来料加工，产量和经济效益逐年上升。

主营时装加工的陈兴昌成为广州市第一个领到营业执照的个体户。1989 年，他创办的昌兴时装有限公司（位于中山五路 75 号）更成为广州第一家私营企业。

1984 年 5 月，越秀区西湖路工业品灯光市场开业。这是全国第一个个体服装夜市，被称为“南国夜明珠”。

广州水泵厂是越秀区重点企业，也是20世纪八九十年代机械工业部的出口定点厂，产品远销东南亚。

1981年3月，越秀区开展以“五讲四美”为主要内容的文明礼貌活动。图为1984年越秀区举办的“五讲四美”歌咏比赛大会。

越秀区深入开展社会主义文明建设活动，1984 年 5 月，越秀区北京街何家祠大院等被授予广东省社会主义文明建设先进单位奖。

1984 年 6 月 10 日，穗港合作第一家五星级酒店——中国大酒店正式对外营业。1990 年，中国大酒店被旅游局定为全国首批五星级旅游饭店。

1984年，越秀区自筹资金兴建景泰新村，缓解居民住房困难问题。

1986年3月17日，广州市委召开“红书房建社青少年教育现场会议”。

20 世纪 80 年代，越秀区新建和扩建一批校舍，被广东省评为“校舍建设一级区”。图为 1986 年 9 月 1 日，省、市领导参加旧部前小学新校舍落成仪式。

1986 年 10 月，越秀区首先创办诗书街、北京街两家城市信用合作社。1994 年 3 月 8 日，诗书街的广州市信用合作社仁济营业部成为广州市首家日夜营业的银行网点。

1987年3月27日，越秀区第九届人民代表大会第一次会议召开。会议要求全区人民坚持四项基本原则，反对资产阶级自由化，巩固和发展安定团结的政治局面。

1987年3月，越秀区对城市管理体制、街道管理体制等进行改革探索。图为1987年5月5日，街道改革工作会议在诗书街召开，试行设立“三所一组一庭”。

1987年9月，人民路高架路建成通车，这是国内第一条城市高架路系统。

1988年2月，广州军区捐助万元兴建儿童公园雕塑组合工程，并捐赠抗美援朝退役飞机给该园展览。

1988年八一建军节前夕，越秀区高第街个体户到中越边境法卡山前线慰问驻守部队。

1988年10月22日，广州市在一德路综合市场召开现场会，推广越秀区“摊进屋”改变占道经营的经验。

1989年1月，位于人民北路的康乐大厦个体世界工业品市场开业，这是广东省、广州市规模较大、设施较先进、管理较规范的新型楼层式室内个体市场。

1987年4月，越秀区劳务市场开业，这是广东省第一个劳务市场，为各类人才提供择业机会。图为1990年越秀区举办的秋季劳务人才集市。

1990年，越秀区开展第四次全国人口普查。

越秀区商业系统重点企业——金都酒楼自1990年11月复业后，营业额和利润不断上升，于1995年成为越秀区第一家实行股份合作制改组的国有企业。

1991年6月6日，越秀区召开庆祝中国共产党成立七十周年暨表彰大会，并举行“文明之花献给党”文艺表演。

1992年11月17日，越秀区委召开政协工作会议。会议要求加强党的领导，努力开创区政协工作新局面。

1993年10月13日，越秀区组团参加广州市在香港举办的“高新科技对外合作项目介绍会”等招商活动。

1994年，广州市政建设三大工程之一——解放路扩建工程竣工通车。

1995年3月30日，越秀区政府向市移交首期公园前地铁站建设用地。1998年12月28日，广州地铁一号线建成通车。

1992 年 10 月，越秀区在全市率先建立巡警制。1995 年 5 月，越秀区公安分局成立巡警大队。

1995 年 9 月 6 日，由越秀区政府拨款兴建的区教育局桂花岗教工宿舍落成。

1996年2月12日，广州市第一届新春牡丹展暨越秀区体育花会在人民公园举行。

1996年7月29日，越秀区第三次被广东省委、省政府、省军区授予“双拥模范区”荣誉称号。

1996年8月8日，越秀区人民检察院反贪污贿赂局成立。

1996年12月30日，中共越秀区委七届七次全体（扩大）会议审议通过《中共越秀区委关于进一步加强社会主义精神文明建设的意见》。

1997年2月8日，北京路步行街正式开通。

1997年5月6日，越秀区首批28个行政机关单位的工作人员向国家公务员过渡的实施工作正式开始。

1997年6月19日，越秀区召开禁毒大会。

1997年7月，越秀区政协举办庆香港回归暨表彰先进、委员活动。

1998 年 3 月 18 日，越秀区第十二届人大代表选举日，光塔街第二选区回族选民参加投票选举。

1998 年 3 月 23 日，越秀区第八次党代会召开。会议动员全区党员干部高举邓小平理论伟大旗帜，把握发展机遇，把越秀区现代化建设事业全面推向 21 世纪。

1998 年 4 月 8 日，越秀区 1998 年度纳税大户表彰大会召开。

1998 年 11 月 18 日，广州（流花）服装节在白马服装批发市场举行。

1998 年 12 月 17 日，越秀区劳动就业训练中心成立。

1998 年 12 月 23 日，越秀区第一家集团股份有限公司——延安油漆集团股份有限公司正式成立。

1999年4月13日，越秀区委、区政府召开深化城市管理体制改革动员大会，全区19个行政街合并调整为10个行政街。

1999年6月21日，广东省人民政府召开科技奖励大会，越秀区被授予“全国科技工作先进区”称号。

1999年9月19日，越秀区旧城区改造项目——亿安百盛百货商场开业。

1999年9月28日，五仙观重修后重新对外开放。

1999年10月18日，广州市城市管理综合执法支队越秀大队（广州市城市管理综合执法局越秀分局）正式成立。

“九五”期间，通过实施“一年一小变，三年一中变”工程，城区面貌得到改善。图为1999年市民群众在实施城市面貌改造后的人民公园健身。

2000年6月6日，广卫街代表中国接受世界卫生组织和联合国儿童基金会对中国母乳喂养工作的考察和评估。

2000年6月15日，越秀区区级领导班子“三讲”教育动员大会召开，以整风精神开展“三讲”教育活动。

2000 年 9 月，流花公安分局在广州火车站广场召开流花地区治安综合整治誓师大会。

进入 21 世纪，越秀区加快提升一德中路干果海味食品等 12 条专业街建设的档次和购物体验。

2001 年 8 月 23 日，越秀区国有商业企业转制大会召开，区属国有商业企业全部实行转制。

2001 年 10 月 15 日，有“中国第一展”之称的第九十届中国出口商品交易会在流花展馆开幕。

越秀区委、区政府重视地方武装建设，2001 年 10 月 17 日在光塔街召开街道武装部正规化建设现场会。

2001 年 10 月 28 日，越秀区政府在市政府广场举行以“古城商都今越秀”为主题的越秀区优秀旅游景点评选揭晓暨迎“九运”群众健身活动。

2002年8月9日，国务院信息化办公室和国家信息化专家到越秀区考察电子政务建设。

2002年8月23日，越秀区促进个体私营经济发展工作会议召开。会议对私营企业纳税大户、先进个体工商户、先进私营企业、私营企业先进党支部、优秀党员等进行表彰。

2002年11月20日，由越秀区人民政府和广州市档案局（馆）主办，中国第一历史档案馆协办，越秀区档案局（馆）和越秀区教育局承办的“清代广州教育史料展览”在广东省立中山图书馆开幕。

2002年12月28日，整饰后的北京路千年古道遗址正式开放，供市民、游人参观。

2003年1月，越秀区被广东省人民政府授予“广东省教育强区”荣誉称号。

2003年抗击非典期间，越秀区干部职工参加广州火车站广场卫生整治行动。

2003 年 10 月 13 日，越秀区在全市率先成立街道地区非公有制经济组织党委。图为北京、大新、人民街地区非公有制经济组织党委和东风街流动党员党委及工青妇组织成立大会暨授牌仪式。

2003 年 11 月 22 日，由广州市统一部署，越秀区组织市民近 1000 人进行“防空袭实兵演习”。

2004年1月14日，位于北京路的广州浚泰百货在全国率先推出内地首个香港零关税商品城（俗称香港城）。

2004年6月23日，省、市领导视察越秀区慈善捐助超市。

2004年6月27日，首个全国科普日，越秀区在人民公园举办“广州百名专家大型科普咨询活动”，钟南山院士（左一）现场接受群众咨询。

2004年7月5日，越秀区在广东电视台举办以“创建文明生态城区，迎广州绿色亚运”为主题的越秀区环保知识竞赛。

越秀区先后完成大北、登峰等 11 个肉菜市场的升级改造。广州市室内肉菜市场建设领导小组授予越秀区“2004 年度广州市室内肉菜市场升级改造工作优秀奖”称号。

2004 年 12 月 8 日，越秀区召开固本强基工程示范点建设工作会议。

2004 年 12 月 13 日，全国妇联维权工作会议在广东召开，代表们参观越秀区妇女维权工作现场点。

2004 年，光明广场商厦竣工。南越国木构水闸遗址在商厦的负一层，采用玻璃围蔽保护，供游客参观。

2005年3月2日，越秀区委在广州起义纪念馆举办“党的光辉耀越秀——越秀区保持共产党员先进性教育活动专题图片展”。

2005年9月29日，越秀区委、区政府召开“新越秀 新腾飞”庆祝中华人民共和国成立56周年暨新越秀区成立茶话会。

目　录

第一章
实现历史性的伟大转折与改革开放的起步

第二章
改革开放的全面展开与经济社会稳步发展

第三章
深化改革开放与初步建立社会主义市场经济体制

第四章
增创越秀发展新优势　建设现代化中心城区

第一章
实现历史性的伟大转折与改革开放的起步

自1978年12月18日党的十一届三中全会召开到1984年10月党的十二届三中全会结束，是越秀区进行改革开放初步探索，实现历史性伟大转折的阶段。这一阶段，越秀区委坚持实践是检验真理的唯一标准，解放思想，实事求是，敢于在思想政治上拨乱反正，迅速从“文化大革命”的混乱局面中恢复过来，各机关工作和群众团体活动全面恢复正常。区委、区政府敢为人先，勇于探索，带领全区人民充分运用中央赋予的先行先试的特殊政策、灵活措施，切实把党的工作中心转移到经济建设上来，深化真理标准问题讨论，落实党的政策，贯彻国民经济“调整、改革、整顿、提高”的新八字方针，对内搞活经济，放宽投资和外贸经营权，对外实施开放政策，从僵化的计划经济体制中“突出重围”，以流通体制改革为突破口，放开物价，推动了越秀区经济社会的发展。与此同时，全面加强党的建设与社会主义民主法制建设，促进了社会进步，为改革开放的全面展开打下了坚实的基础。

第一节
贯彻党的十一届三中全会精神

1978年12月18—22日，党的十一届三中全会召开。全会全面纠正了“文化大革命”及其“左”的错误思想，坚决批判了“两个凡是”的错误方针，充分肯定了必须完整、准确地掌握毛泽东思想的科学体系，高度评价了关于真理标准问题的讨论，确定了解放思想、开动脑筋、实事求是、团结一致向前看的指导方针，果断停止使用“以阶级斗争为纲”这个不适用于社会主义社会的“左”的路线，作出了把党和国家的工作中心转移到社会主义现代化建设的轨道上来，实行改革开放历史性决策，并重新确立了党在社会主义初级阶段的思想路线、政治路线和组织路线。这次会议结束了粉碎“四人帮”之后的两年中党的工作在徘徊中前进的局面，是党的历史上又一次具有深远意义的伟大转折。越秀区委动员各级党组织、广大党员干部和职工群众掀起了学习贯彻党的十一届三中全会精神热潮，解放思想，实事求是，深刻领会党的工作中心转移到社会主义现代化建设上来的重大意义，把思想认识统一到党的十一届三中全会精神上来。

一、实现工作中心的转移

为庆祝党的十一届三中全会召开，越秀区的广大党员干部和群众举行了庆祝集会和游行，表示积极响应党中央关于全党工作的着重点转移到社会主义现代化建设上来的重要决定。1979年2月24日，区委召开常委会会议，传达学习党的十一届三中全会精神和广州市委常委扩大会议精神，部署全区学习贯彻党的十一届三中全会精神的工作。会议提出了今后工作中心转移的构想，即通过调整整顿，着重抓好人民的物质生活；研究落实政策问题；认真分析全区在战略转移上存在的矛盾问题，扫除障碍和不安定团结因素，把干部、职工、群众的积极性充分调动起来；认真搞好经济规划，逐步做到以工业、商业为主，多种经营，各有侧重地发展生产，走工业、商业相结合的发展道路。

1979年3—6月，越秀区委多次召开常委会扩大会议，号召掀起学习贯彻党的十一届三中全会精神热潮，深刻领会党的工作中心转移到社会主义现代化建设上来的重大意义，分析研究全区工作中心转移的基本条件、工作重点和发展计划安排；深入批判"两个凡是"的错误方针，研究解决影响工作中心转移的若干历史遗留问题以及"文化大革命"中的遗留问题；明确指出"文化大革命"给越秀区的社会主义建设事业造成了巨大灾难，应予彻底否定，揭批"四人帮"运动虽然取得了重大成绩，但由于受"左"的错误干扰，在一些单位个别人思想上还存在后遗症，要进一步彻底肃清"四人帮"极左的流毒；认真学习中央颁发的《关于大力发展对外贸易，增加外汇收入若干问题的规定》，根据广州毗邻港澳的地理优势，加强对外贸易工作。为组织学习好、贯彻好党的十一届三中全会精神，区委党校举办了6期轮训班，区委常委，各街、局、处等领导，基层党支部正副书记、支委以及宣传干部1000多人次参加学习，把思想认识统一到党的十一届三中全会精神上来。

全区各级党组织和全体党员贯彻落实党的十一届三中全会精神，切实把党的工作中心转移到社会主义现代化建设上来，思想上正本清源、拨乱反正的成果表现在：进一步提高认识，肃清林彪、"四人帮"极左路线的流毒，从以"阶级斗争为纲"的错误倾向中解放出来，吸取基层党组织工作方向无所适从、吃力不讨好的经验教训，摆正政治与经济、政治与业务的关系，全力抓好经济工作。进一步批判了林彪、“四人帮”搞的假社会主义，深刻认识受林彪、“四人帮”鼓吹“斩断资本主义尾巴”，搞“穷过渡”谬论蒙蔽而形成的错误观念。例如，认为集体化程度越高，厂社规模越大，就越像社会主义；不适当地搞了并社转厂，把企业搞自产自销、按劳分配和力求盈利等社会主义原则和政策，当作资本主义来批判；在企业与企业之间实行共负盈亏，搞大拉平；在人与人之间搞平均主义，鼓励端铁饭碗，吃大锅饭；生搬硬套国营企业管理办法，造成集体所有制企业的地位低、负担重，多劳不能多得，严重限制了集体经济发展等问题。区经济部门落实了党对集体经济的政策，注意从集体经济的特点出发，促进集体经济发展。进一步加强党对经济工作的领导，按照国民经济“调整、改革、整顿、提高”的新八字方针，解放思想，实事求是，大胆实践，按照经济规律办事。

全区各级党组织积极贯彻落实区委把城区经济和社会事业建设好的部署要求，采取有效措施，在实践中提高经济社会效益，表现在工业厂社广泛发动职工，开展增产节约、增收节支运动，一手抓增产、一手抓增收，有力保证1980年工业生产营业额比1979年增长，职工收入有新增长。经济计划部门切实搞好工业厂社产品结构的调整工作，解决产品转轨问题，从满足人民生活需要出发，以市场调节为主，大力发展轻工业产品，争取在短期内使轻工业产品比重达到三分之二以上。企业主管部门认真解决集体所有制企业与国营大厂挂钩后出现的新问题，充分尊重集体所有制企业自主权，贯彻企业自负盈亏、按劳分配原则，大力整顿企业管理，从有利于生产经营和调动职工积极性出发，调整好厂社的规模和经营方向，宜工则工，宜商则商，宜大则大，宜小则小，稳步发展。商贸主管部门积极贯彻“发展经济，保障供给”的总方针，做好零售商业和饮食服务业的供销工作，在抓好牌价商品供应的同时，开展和完善议价购销，抓好物价管理。商业店铺积极增加营业网点，恢复传统品种和特色，改进服务态度，提高服务质量，繁荣市场供应，满足人民生活水平日益提高的需要。城区建设管理部门花大力气抓好基建和市政建设。抓好内街道路维修、下水道治理和绿化工作，改善市容环境。

越秀区开展的系列学习实践活动，是对党的十一届三中全会精神的坚决贯彻和认真落实，从而逐步结束了“以阶级斗争为纲”“无产阶级专政下继续革命”等“左”的错误思想，逐步把工作中心转移到社会主义现代化建设上来，各项工作摆脱了粉碎“四人帮”后一度徘徊不前的困境，进入了历史发展的新时期。

二、真理标准问题讨论的补课

“文化大革命”十年动乱结束后，党面临着在思想、政治、组织等各个领域全面拨乱反正的艰巨任务。但是，由于“两个凡是”的严重阻碍，尤其是受“左”的思想的长期影响和束缚，还不能从“文化大革命”的指导理论——“无产阶级专政下继续革命的理论”中摆脱出来，因此，党的事业在前进中出现徘徊的局面。这样，解放思想这个历史课题就摆在了全党面前。不解放思想，拨乱反正就无法深入进行，中国的社会主义现代化就没有希望，只能回到“左”的老路上去；解放思想，实事求是，党的事业才能恢复生机，才能开辟出一条建设社会主义的新路。真理标准问题的讨论，正是在党和国家处于重大历史性转折的背景下，在邓小平等老一辈无产阶级革命家的领导和支持下开展起来的。

1978年8月以来，根据市委的部署，区委组织了全区党员干部对《实践是检验真理的唯一标准》文章的学习讨论。活动重点在区机关和各街道、局党委主要负责人和总支部书记、中学党支部书记等党员干部中开展，要求在学习的基础上，通过理论与实践问题的讨论，解放思想，拨乱反正，总结经验，推动各项工作。在方法上着重强调三个结合：一是讨论和学习相结合。讨论真理标准问题一定要同学习毛泽东的《实践论》、邓小平的《在全军政治工作会议上的讲话》以及中央报刊登载的关于“真理标准问题”的重要文章结合起来。二是讨论和揭批林彪、“四人帮”相结合。联系实际，抓住本单位、本部门受林彪、“四人帮”极左思想流毒深、危害大的问题，深入批判，分清是非，肃清流毒。三是讨论和当前中心工作相结合。要求各单位、各部门的领导干部要带头学习，认真讨论；敞开思想，拨乱反正，总结经验，推动各项工作。在学习讨论中必须发扬民主，切实实行“三不”[①]原则。通过真理标准问题的学习和讨论，全区广大党员干部澄清了模糊认识，弄清了对待马克思列宁主义、毛泽东思想的科学态度与怎样才算坚持马列主义、毛泽东思想这一重大问题；澄清了“两个凡是”的错误观点的影响，明确了实践是检验真理的唯一标准这一理论问题；对于促进广大党员干部解放思想，拨乱反正，恢复和发扬党的理论联系实际、实事求是、群众路线的优良作风，促进各项工作的开展，有着十分重要的意义。

从1979年7月开始，真理标准问题讨论的补课在全国范围内逐步开展起来。8月，广州市委批转了市委宣传部《关于召开农村宣传工作座谈会的情况和开展真理标准问题讨论的请示报告》，提出要补好真理标准这一课，必须做好思想发动工作，认真学习党的十一届三中全会和五届全国人大二次会议的有关文件，学习马列主义、毛泽东思想，掌握思想武器，把讨论提高到思想路线的高度，同时要联系实际，着重联系干部群众对党的十一届三中全会的重大决策和各种方针政策的认识，联系被林彪、“四人帮”搞乱的问题，从本地区、本单位实际出发，研究新情况，解决新问题。

根据市委的部署要求，9月7日，区委召开常委会会议，就真理标准及其补课的有关问题进行学习讨论，并在会后要求区属各单位立即行动起来，广泛开展真理标准问题讨论的补课。具体要求：一是统一思想，提高认识。全党工作的着重点要转移到现代化建设上来，我们的思想要适应新形势的需要，继续深化对真理标准问题的讨论。如果思想路线不端正，就不能实事求是地总结工作中的经验教训，就不能从实际出发研究新情况、解决新问题，就不能顺利实现工作

①“三不”：不抓辫子，不打棍子，不戴帽子。

中心的转移。各级领导干部首先要带头补好这一课。同时要引导广大群众继续冲破“两个凡是”的禁锢，彻底肃清林彪、“四人帮”的流毒和影响，把思想统一到党的十一届三中全会精神上来。二是补课要补到实处，讨论要解决问题。要紧密联系思想和工作实际，切实解决阻碍本地区、本单位工作中心转移的主要问题，把补课同调查研究、总结正反两方面的经验结合起来，推动各项工作开展。三是坚持实践标准，贯彻落实党的各项政策，充分调动广大干部群众的社会主义积极性。无论是落实经济政策还是落实人的政策，都要从实际出发，实事求是。凡是实践证明是正确的就必须坚持，是错误的就要坚决改正。四是深入开展真理标准问题的补课。不仅区领导机关要补课，各街道、各局也要补课，各部门要根据各自的实际情况，利用多种形式进行补课，把这一学习讨论普及到群众中去。

9月11日，区委召开干部大会，传达邓小平在中央理论工作务虚会议上的讲话精神以及市委贯彻会议精神，要求广大干部坚持四项基本原则，在批判林彪、“四人帮”极左流毒思想的同时，对怀疑四项基本原则的思潮进行批判，提高对国民经济“调整、改革、整顿、提高”新八字方针的认识，进一步把工作中心转移到社会主义现代化建设上来。会议提出，宣传理论工作要面向四个现代化建设的实际，坚持以马列主义、毛泽东思想为指导，创造性地研究新情况，解决新问题。当前要着重抓好实践是检验真理的唯一标准的讨论，抓好社会主义民主和法制的宣传教育，抓好经济建设。要在全区范围内再次掀起关于真理标准问题讨论的高潮。区委指出，真理标准问题讨论的补课，既是1978年真理标准问题讨论在新形势下的继续，又是马克思主义思想路线的一次大普及，同时也是进一步宣传和贯彻党的十一届三中全会精神。因此，通过真理标准问题讨论的补课，解决了一部分人僵化半僵化的思想问题，使其迅速跟上形势，解放思想、实事求是，把思想认识统一到党的十一届三中全会的精神上来，把主要精力集中到实现四个现代化的新任务上来，团结一致向前看。

为配合真理标准问题的学习讨论，区委宣传部编写了《认清形势，增强信心，振奋精神，把越秀区经济和各项工作搞上去》《坚定不移地贯彻党的十一届三中全会以来的路线、方针、政策，进一步发展大好形势》两份辅导材料，发给全区干部群众开展宣传教育。自9月以来，区各单位迅速行动起来，积极发动，广泛宣传，全区掀起了真理标准问题的讨论高潮。从党政机关到街道基层，从学校到工厂企业，形成了范围更大、更为普及、更为热烈、更加深入的大讨论。这场补课所起到的对思想解放的作用和对实际工作的促进，也是前一阶段真理标准问题讨论所没有达到的。此后，解放思想成为改革开放和现代化建设的先导，伴随改革开放和现代化建设的全过程。全区党员干部和职工群众在市委、区委的正确领导下，高举思想解放的旗帜，不断探索，勇于创新，阔步迈向改革开放的新时代。

经过真理标准问题讨论的补课，全区党员干部和职工群众回顾反思了历史上的经验教训，逐步认识到造成国民经济发展受到严重破坏，经济发展缓慢甚至倒退，经济比例失调，生产、流通、分配等领域异常混乱，商品短缺，住房紧张，许多商品凭票限量供应，如粮食、食油、糖、肉、蛋、鱼、肥皂、煤等，人民生活比起20世纪50年代改善不大等现象，是一系列历史和现实因素相互作用的结果，既有思想理论上的原因，也有深层次的体制机制上的原因，从而坚定了拥护和支持党的工作中心转移、改革旧的体制机制的决心和信心。

在重新确立实践是检验真理的唯一标准后，越秀区的各级党组织和人民群众选择了党的工作中心转移和改革开放，抓住机遇，坚定迈出了冲破思想束缚、实行改革开放的第一步。改革开放已成为党心所向、民心所向、大势所趋。

在思想认识方面。冲破了长期以来“左”的思想的束缚，开始恢复实事求是的马克思主义思想路线，全区广大干部和群众从过去盛行的个人崇拜和教条主义的精神枷锁中解脱出来，振奋了精神。大家感到，把全党工作中心转移到社会主义现代化建设上来是一个伟大的决策，伴随政策的转变，国家的形势越来越好，前途光明，虽然责任重大，但仍感信心百倍。

在抓阶级斗争和发展生产方面。区委精心组织学习党的十一届三中全会报告，联系全区多年来抓阶级斗争的实际情况，认真开展真理标准问题讨论的补课。通过学习讨论，大家认识到，我国现阶段阶级斗争已经不是主要矛盾，当前所面临的主要矛盾是人民日益增长的物质文化需要同落后的社会生产之间的矛盾。大家还指出，阶级斗争一定要实事求是，从实际出发，既不能夸大，也不能缩小。如果夸大了就容易造成阶级斗争扩大化，挫伤干部群众的积极性；如果缩小了就会使人丧失警惕，看不到阶级敌人破坏社会主义建设的危害性。各级领导干部提高了认识，消除了怕被人说不抓阶级斗争的思想顾虑，摆正了阶级斗争同各项工作的关系，大胆抓生产。同时，区委认真落实党的政策，为各种被错划错判的干部群众平反，人心安定，局面稳定，社会有序，精力也转移到生产建设上来。

在对待集体所有制方面。长期以来，林彪、“四人帮”污蔑集体所有制是“集体私有”，不是社会主义，要割小集体的“资本主义尾巴”，片面强调集体化程度越高就越有优越性，采取并厂并社，由社、组小集体到街道集体，进而到全区大集体，由自负盈亏到全区共负盈亏，造成企业管理混乱，生产上不去，使许多原来盈利的工厂变成亏本。为了改变这种状况，区委用实践是检验真理的唯一标准来衡量，决定把原来共负盈亏的体制改为自负盈亏，实行岗位责任制，定额管理。同时，从积累分配、产品定向、购置固定资产等方面扩大企业的自主权，由原来规定税后利润上缴70%，留企业福利基金20%，扩大再生产基金10%，改为税后利润上缴40%，留企业福利基金20%，扩大再生产基金40%。[①] 实行自负盈亏后，企业经营性亏损，主管单位不再弥补，把企业经营结果同经济利益结合起来，调动了企业干部、职工的积极性。区财贸部门为了更好发挥集体所有

---

① 越秀区委宣传部:《越秀区关于真理标准讨论、解放思想的情况汇报》，1979年11月。

制灵活经营的特点，还将原来国营商店和合作商店混合在一起的广大路市场，改革为单一的集体所有制市场。

在对待个体劳动者方面。“四人帮”横行时期，把个体劳动者当作“资本主义尾巴”，撤销了区内许多原有经营灵活、方便群众的点档，对全区4260多名个体户，不管具体情况如何，统统组织起来，硬性并入厂、社，既影响了他们的积极性，也给群众生活带来很大的不便。实践证明，对个体劳动者，只要加强管理，不但不会产生资本主义，更不会复辟倒退，而且是国营经济和集体经济的补充，是现阶段社会主义经济的组成部分，不应加以限制，还要适当发展。区工商部门率先在北京街发出广州市第一张个体工商户牌照，适当增设固定和流动点档，解决商业网点不足的问题，方便了群众生活需要，受到群众的普遍欢迎。

在区街工业管理体制方面。区委提出改革区街工业管理体制，减少机构层次，提高工作效率。以街为单位成立工业综合总厂，把过去以行政办法管理经济逐步改为以经济办法管理经济；以市场调节为主，根据市场需要安排生产，实行以销定产、前店后厂、产销见面等形式，改变过去盲目追求产值，硬性规定70%为大工厂挂钩、20%是工商衔接、10%是自产自销的做法，按照企业的实际情况安排生产和销售，区街工业不但为国内市场的需要组织生产，还直接为外商来料加工，搞补偿贸易。

在分配奖励方面。区委明确要实行奖励制度，从月度奖、季度奖到超计划利润提成奖、超额提成奖等等，并在实践中不断完善和发展，实事求是地体现按劳分配、多劳多得的原则，克服吃“大锅饭”和平均主义倾向，激励职工生产积极性。如人民街在全街7个工业社组中实行按营业额超额分成，取得较好的效果。过去，这7个工业社（组）平均每月的营业额在11万元左右，实行营业额超额分成的办法后，每月都在15万元以上，同比增长41.5%；集体积累从6550元，增加到20143元，增长2倍多；上缴税收从10367元，增加到20505元，增长近1倍；职工收入从平均月工资43元，增加到61元，平均每个职工每月增加18元，最高的增加32元。[1]

在解决待业人员安排方面。1978年底，全区成立了劳动服务公司，各街道成立劳动服务管理站，安排待业人员。同时，挖掘区街工业企业潜力，发展区街工业生产和实行退休退养，更新劳动力。组织劳动服务队，为工厂、机关等单位和居民提供维修、运输等临时劳动服务，直接为外商来料加工，搞补偿贸易。从实际出发，有计划发放个体户牌照，兴办生活服务摊点，增设固定或流动摊点等。到1979年11月，全区待业人员18342人中，已通过各种渠道安排的有15785人，占应安排人数的86%，较好地解决了劳动力安排问题。

从这些思想认识的提高和工作落实的成效，反映出开展真理标准问题讨论的补课，为彻底冲破“两个凡是”的禁锢，加深对党的十一届三中全会精神的理解，推动全面拨乱反正奠定了坚实的思想基础，有力地促进了越秀区广大干部和群众的思想大解放，实事求是，按照客观规律办事，各种生产得到发展，人民生活得到提高。

三、越秀区第三次党代会的召开

从1980年3月初开始，越秀区委根据中共中央、广东省委、广州市委关于召开各级党员代表大会的指示精神，着手进行越秀区第三次党代会的筹备工作。区第三次党代会与第二次党代会相隔了10多年，且在拨乱反正、改革开放后进行，区委十分重视，专门召开了区委全会，作出了关于召开越秀区第三次党代会的决议。3月17日，区第三次党代会的筹备小组正式成立，组成专门工作班子，全面开展筹备工作。各街、局、处、公司党委的一把手也亲自挂帅，安排专人负责筹备工作。

① 越秀区委宣传部：《越秀区关于真理标准讨论、解放思想的情况汇报》，1979年11月。

区第三次党代会的代表分别由区属各街、局、处、公司、直属机关等39个选举单位选举产生。经过上报省委、市委批准，正式代表438人，候补代表40人，共478人。其中，工人代表164人，占代表总数的34.3%；知识分子代表76人，占代表总数的15.9%；民警代表11人，占代表总数的2.3%；其他劳动者代表60人（包括居委会基干、生活服务人员、退休人员等），占代表总数的12.6%；干部代表164人，占代表总数的34.3%；解放军代表3人，占代表总数的0.6%。代表中有妇女代表181人，占代表总数的37.9%；有少数民族党员代表9人，占代表总数的1.9%。在年龄结构上，中青年党员代表417人，占代表总数的87.2%，充分体现了这次党代会的代表具有先进性、广泛性。区委还对大多数党委和部分支部的领导班子进行了调整，充实了领导力量；并召开区委常委会扩大会议，对区一级领导班子进行了酝酿，为产生新一届区委打下了组织基础。

1980年7月1—5日，越秀区第三次党代会召开。区委书记、区革委会主任朱森林作工作报告。报告以高举马列主义、毛泽东思想伟大旗帜为指导，总结同林彪、“四人帮”斗争的正反两方面的经验，进一步贯彻党的十一届三中、五中全会精神，围绕党的工作中心转移，坚持和改善党的领导，恢复和发扬被林彪、“四人帮”破坏了的党的优良传统和作风，加强党对各项工作的领导。工作报告提出各级党组织必须加强对经济工作的领导，发动全体党员，以自己的模范行动，带动群众，共同努力，保证实现各项经济工作的任务。

一要广泛发动群众，深入开展增产节约、增收节支运动，增加生产，降低成本，增加收入。全区工业厂社要一手抓增产、一手抓增收。从1980年第三季度起，要消灭亏损户，全部实现扭亏增盈。保证1980年工业生产的营业额比1979年增长8%～10%，利润额增长6%。1981年、1982年全区营业总额每年递增10%以上，这两年的年利润率达到10%。到1982年，争取有4个街道工业总厂（直属厂）年利润超百万元；4个利润较低的总厂实现年利润30万元以上，初步改变穷街的面貌；职工收入也要有新的增长。

二要大力抓好基建和市政建设。1980—1981年，每年计划综合竣工面积为2.5万平方米，其中住宅竣工面积为1.2万平方米。要搞好引进资金建设住宅工作，抓紧越秀山麓和流花湖畔两个小区第一期工程的施工。大多数街道总厂争取在两三年内兴建一间工厂或包括住宅在内有1500平方米以上的大楼，以改善工业企业生产条件和干部职工居住条件。积极开展试行商品住宅的业务。房管部门要做好危房调查，加强对房地产的管理，贯彻以租养房的原则，采取专业队伍和发动群众相结合的办法，搞好危房的修缮，不断提高房屋完好率，逐步改善群众的居住条件。继续搞好市政建设，抓好内街道路的维修，下水道的治理和绿化工作。根据平战结合的原则，继续抓好人防工事的利用、维修和管理。

三要认真贯彻执行毛泽东关于“发展经济，保障供给”的总方针，进一步做好零售商业和饮食服务业的工作，把经济工作搞得更细更活。在抓好牌价商品供应的同时，继续开展议价购销活动，搞好物价管理，大力组织货源，搞好市场供应，增加网点，积极恢复传统品种和特色，逐步满足人民群众生活水平日益提高的需要。不断改进服务态度，提高服务质量，更好地为工农兵服务。同时，要大力发展街道生活服务业，在经营方向上以发展复制加工、代销和服务性业务为主，力争在1980年内集体网点比1979年增加30%左右。

大会确定了今后的任务是：坚决贯彻执行党的十一届三中全会和五中全会的战略决策，在市委的领导下，团结全区人民，同心同德，艰苦奋斗，把越秀区建设成一个安定团结，生产和生活服务事业不断发展，人民物质生活和文化生活不断改善，道德风尚、社会秩序良好，清洁卫生，环境优美，为农业、工业、国防和科学技术现代化服务的新城区。会议提出把全党工作的着重点转移到社会主义现代化建设上来，提高党对经济工作的领导水平。①

大会选举产生了中共越秀区第三届委员会和中共越秀区纪律检

① 朱森林：《在中共越秀区第三次代表大会上的报告》，第14-16页。

查委员会。选出区委委员30名，候补委员5名；选出区纪委委员9名。7月6日，区委三届一次全会召开，以无记名投票方式，选举产生区委常委11名，其中朱森林为区委书记，叶特香、朱云桥、葛祥经、韩卫中为区委副书记；朱云桥为区纪委书记。大会还选举出席市党代会的正式代表15人，候补代表2人。

这次大会是越秀区在粉碎“四人帮”以后召开的第一次党代会。自从粉碎林彪、“四人帮”以来，越秀区各级党组织不断清除极左路线的流毒和影响，特别是在贯彻党的十一届三中、五中全会精神后，党的工作中心转移到“四个现代化”建设上来，党的思想路线、政治路线和组织路线日益深入人心，各级党组织的政治生活恢复正常。越秀区和全国各地一样，各条战线、各个方面的工作都发生了深刻的变化。在这样的大好形势下召开这次党代会，意义是非常重大的。它既是深入贯彻党的十一届三中、五中全会精神，肃清林彪、“四人帮”流毒的大会，又是坚持和改善党的领导，恢复和发扬党的优良传统和作风的大会，也是动员和组织全区党员和广大群众迅速把区的各项工作搞上去的大会。

第　二　节
拨乱反正全面展开

粉碎“四人帮”，结束“文化大革命”以后，越秀区委根据中央关于平反冤假错案的指示、广州市委关于落实党的政策的文件精神，开始全面的拨乱反正，在思想上正本清源的同时，对1957年反右派斗争中及“文化大革命”期间发生的冤假错案进行了复查，全面落实党的政策，解决新中国成立以来许多历史遗留问题，安定团结的政治局面不断形成。

一、平反冤假错案和处理历史遗留问题

1978年4月5日，中共中央批准中央统战部、公安部《关于全部摘掉右派分子帽子的请示报告》。9月17日，中共中央批转《贯彻中央关于全部摘掉右派分子帽子决定的实施方案》。方案指出，对于过去错划了的人，要坚持有反必肃、有错必纠的原则，做好改正工作。

改正错划“右派”分子工作。1978年，区委根据中共中央《关于全部摘掉右派分子帽子的决定》的通知和市委的部署要求，对1957年反右派斗争时和在“文化大革命”中的案件进行了复查和平反改正。区委成立改正“右派”办公室，区委统战部一名副部长任办公室主任，筹备小组抽调区委组织部、区纪委干部组成。由于反右派斗争时间跨度较长，人员进出、调动变化较大，一些当时被错

划的人员有的调出了越秀区，甚至出省出国，有的病故。加上“文化大革命”十年内乱，档案部门遭受冲击，给改正工作带来极大的困难。初时，只找出131人的档案，但通过办案人员广泛深入细致的调查摸底，跑遍了市内的档案馆、资料室、派出所、法院、劳改所及省内24个县，确定了越秀区属于错划而需予以改正的419人。最后对错划的“右派分子”进行全面复查，全区419名被错划的“右派分子”，全部给予改正。其中，原工商业者被错划为“右派分子”的110名，改正了109名，余下1名也于1983年予以改正。

落实原工商业者的政策。1956年，越秀区内实行全行业公私合营时，把部分资金不足2000元、雇工不足3人的小商、小贩、小手工业者也列为资本家。改革开放后，非公有制经济人士成为党的统战工作新的着力点。区委根据党的有关政策，对原工商业者身份问题进行了拨乱反正。

1979年6月15日—7月2日，中国人民政治协商会议第五届全国委员会第二次会议在北京召开，邓小平在全国政协五届二次会议讲话中宣布民族资产阶级已改造为自食其力的劳动者。根据这一精神，越秀区对原工商业者而自食其力的劳动者不再称“资本家”“私方人员”。在政治上、生活福利上与干部、职工一视同仁，符合工会会员条件的，可以吸收参加工会。从1979年7月起，他们填写成分时，是干部的就填干部，与工人一样参加生产劳动的就填工人，符合工会会员条件的，可以吸收加入工会。

12月10日，根据《中共中央批转中央统战部等六个部门关于把原工商业中的劳动者区别出来问题的请示报告》，区委成立区别工作领导小组，小组下设办公室，把原属于劳动者而参加公私合营的原工商业者中的小商、小贩、小手工业者区别出来。截至1980年，全区1152名原工商业者中的小商、小贩、小手工业者，被甄别为劳动者的有909人，占79%；没有甄别的为243人，占21%。1979年以后，区委统战部经过全面调查，先后对“文化大革命”中被减高薪的171人补发工资；应发未发定息441人发回了定息；被查抄财物的430人得到退赔和补偿；被扣减工资的378人补发了工资；被停发附加工资的215人得到了恢复和补发；被挤占私房的27户得到了落实；62人恢复了干部职务；错改房屋11宗发还了房产权或使用权；对定为“反动资本家”的9人、定为“敌我矛盾”的8人落实了政策；31宗历史遗留问题得到了解决。

落实政协委员、华侨和港澳台同胞的政策。根据区政协七届一次全会后所作调查，区政协委员和各界人士提出落实政策要求的有49人，而且需要落实的问题大部分是多次申诉未获解决的。越秀区委、区政协领导主动出面，找有关单位领导研究解决。例如，在20世纪40年代参加地下斗争的一名姓林的老党员，在白色恐怖下经商支持革命活动经费，后与党组织失去联系，广州解放后被划为“资本家”，他多次投诉均未获解决。区政协领导亲自寻找当时的历史证明人，并带着调查材料，多次与市委统战部、组织部和市工商联研究，最后获得解决，承认其原参加革命时间，由退休改为离休，恢复了党籍。

1981年，中共中央发出《关于落实居住在祖国大陆台湾省籍同胞的政策通知》和《关于落实去台人员亲属的政策通知》后，越秀区抓紧贯彻落实。全区去台人员亲属近400户，提出要求落实政策的42宗；台籍同胞17户，要求落实政策或解决问题的共14户20宗。到1983年底，全区基本完成落实台胞、台属政策的任务。

落实“文化大革命”中受冲击的非中共人士的政策。在“文化大革命”中，越秀区内教育、卫生部门一批非中共党员的老校长、老院长受到了冲击、批斗、下放劳动及降低了职务。1980年以后，经过复查，被降低了职务的已落实安排原来职务，被降低了工资的也恢复了原有工资，被错误处理的给予了平反。据统计，共解决遗留问题186宗，落实政策168人，103名非中共知识分子晋升评定了技术职称，选拔38名非中共人士在各基层任领导职务。

落实民族宗教的政策。越秀区是省、市宗教组织集中的城区，区委对落实民族、宗教政策十分重视。1984年，为了落实被一德街办事处下属汽车配件厂占用天主教石室主教府旁的房子问题，经区政协领导多次到一德街办事处进行协调，妥善解决了问题。为了解决区政协常委、天主教修女院陈院长在“文化大革命”期间被查抄了红宝石戒指、黄金等财物的问题，区政协领导两次到顺德与有关部门协调，最终使财物物归原主。

二、全面落实干部政策

党的十一届三中全会提出，要在解放思想、实事求是、有错必纠的方针指导下，审查和解决历史上遗留的重大问题。1978年10月8日，广州市委召开全面落实干部政策会议，会议提出：落实干部政策，必须坚持实事求是，按照客观实际评定干部的功过是非。[①]

区委根据市委的部署要求，解放思想，实事求是，加强领导，上下动手。区属各单位按照实事求是、有错必纠的原则，对凡是结论不当的予以修改，一切诬蔑不实之词予以推倒，定性不准或处分偏重的均进行改正，其中，冤、假、错案512宗，548人得到了平反昭雪；原定敌我矛盾性质215宗，改为人民内部矛盾的有126宗；原受处分的298宗，改为减轻处分或免予处分的有130宗；原受其他处分的1761宗，改为减轻处分或免予处分的506宗；非正常死亡案件也本着实事求是的精神进行了复查和作了结论或改结论。

对受害深、影响大的冤假错案，各单位在弄清情况之后，迅速召开了平反昭雪大会，从政治上为他们公开恢复名誉，以清除影响。有的单位对一些已经过复查，重新给予或修改了结论的案件，都认真负责地向其家属子女、亲友所在单位发函通知复查的结果，要求对方按规定清理或销毁有关不实的材料；有的单位还征求本人意见，主动派出专人到其所在居住地做清除影响等工作。被落实人员的恢复名誉、消除影响、回城复户、安置工作、恢复职务、经济补偿以及清理档案材

① 中共广州市委党史研究室：《中国共产党广州历史第二卷（1949—1978）》，中共党史出版社2011年版，第408页。

料等，都按照中央、省、市精神逐项认真解决。全区涉及“六六·九”[①]、“战备疏散”处理的干部、职工共1797人中，已经复户、复工的1665人。在“文化大革命”中，原街、局、处副主任及副县级以上的领导干部，因受审查而降了职或停止了工作的189人中，已重新调整或安排工作的184人，按政策规定补发工资83万元。

此外，在处理新中国成立以来历次政治运动遗留的问题方面也做了一定工作，对全区右派分子摘帽或改正各类干部406人，除办理退休、已死亡、出国及前往港澳的169人外，区内外共安排了214人。过去审干“内清”划了“限制使用”的干部，经过摸查共有313人，全面进行了复查落实，已复查落实的有304人。在落实干部政策过程中，37名身份转到集体所有制单位的国家干部，转回全民所有制单位，办理公安干警归队46人。

1980年，越秀区委贯彻落实中组部有关文件精神，落实党的干部政策，对在“文化大革命”中形成的干部档案材料进行了全面清理。全区共清理6718个干部档案，清出审干形成的材料81656份、507893页。[②]其中，应归入干部档案的10064份、33761页，应销毁的57514份、344278页；应退还本人的12793份、123960页（人数有2297人），应移交文书或有关部门保存处理的1285份、5894页。至10月底，这些材料按规定基本处理完毕。

区委和各级党组织分别对受冲击较大的人员进行了慰问。此外，整理装订了788人的人事档案，占应整理的33.9%。通过整理，进一步清出不该归档的材料6086份、13603页。根据市委有关文件精神，对在20世纪60年代初期下放区二轻局转为集体所有制的55人，在政治、经济以及工作安排上做好复查落实和思想教育工作。

1982年，全区落实党的干部政策，进一步贯彻落实中央组织部关于复查新中国成立以来干部的冤假错案的指示精神，特别是在“文

---

① “六六·九”指1966年9月红卫兵运动兴起。

② 中共越秀区委组织部:《关于我区清理“文化大革命”运动中审查干部材料的情况报告》，1980年8月5日。

化大革命”冤假错案的平反工作中，本着善始善终、不留尾巴的原则，越秀区委专门组织力量，制定方案，有计划地进行，凡有申诉的案件，都本着实事求是、有错必纠的原则妥善处理。在整理装订干部档案材料过程中，把进一步清理出来的23386份、59629页材料，经过甄别归类，分别按入档、销毁、退回本人、送有关部门处理等原则进行处理。

三、落实知识分子政策

越秀区委坚决贯彻落实中共中央有关文件指示精神，在抓紧抓好落实干部政策的同时，加强对知识分子的政策落实。区委落实政策办公室与区教育、卫生、侨务、科委等有关部门进行全区性的检查，共复查530人，按照边检查边解决问题的原则，经区委常委会会议讨论，解决了其中较为突出而又迫切的问题，如高级知识分子住房困难，一些同志因受“文化大革命”审查被扣发工资和子女复户就业等。

1984年，区委根据中央规定“落实知识分子政策，解决历史遗留问题，必须在党的十三大召开以前认真做好，不能再拖延”的精神，认真进行调查研究，在全区范围内发了6000张表格，对知识分子进行登记，摸清复查底数，倾听他们的呼声和要求，了解他们的工作安排是否合理，生活上有无困难。经过摸查提出各种要求的2137人，其中属历史案件的274件，已经基本落实。为33位新中国成立以前参加革命的干部更改了参加工作的时间，为7人解决了地下党遗留问题，受理了6人关于要求恢复党籍的审查工作。此外，恢复国家干部待遇的5人，落实干部政策办妥补发工资的4人，取消限制使用的6人。接待来访人员174人，仅7—10月就接待了58人，解决问题13件，处理群众来信69封。

区委全面落实党的各项政策、平反冤假错案和处理历史遗留问题，增加了党在干部群众中的威信。这些干部、知识分子、职工及其他各阶层人员的错案改正以后，不仅解除了长期压在他们及其家属头上的精神枷锁，而且调动了他们的积极性，更激发了广大干部群众解放思想、实事求是、锐意改革、同心同德建设社会主义四个现代化的热情，有力调动了广大干部、职工、教师、科技人员、医务人员的工作积极性，同时也激发了港澳台同胞和侨胞的爱国热情和投资意愿。

第 三 节
实施国民经济调整

由于我国经济建设受到“左”的错误的长期影响，尤其是“文化大革命”期间受到林彪、“四人帮”的破坏及1977—1978年的经济冒进，国民经济比例严重失调。从1979—1984年，我国进行了为期五年的国民经济调整。在此期间，越秀区委、区政府以经济建设为中心，积极贯彻“调整、改革、整顿、提高”的八字方针，改革工业企业经营机制，推行以联利计酬为主要内容的承包经营责任制，改革商业流通体制，搞活市场，扭转了“文化大革命”期间生产严重下滑及此后两年经济徘徊不前的局面。

一、第五个五年计划的贯彻执行

1975年1月，四届全国人大一次会议后，邓小平主持中共中央、国务院的日常工作，全国经济形势开始好转，国家有关部门着手研究编制1976—1985年国民经济发展十年规划纲要草案，其中包括第五、第六两个五年计划的设想。但由于1975年11月开展了“批邓、反击右倾翻案风”运动，十年规划纲要草案实际上未能执行。粉碎江青反革命集团，结束“文化大革命”以后，1977年12月1日，中共中央、国务院批准并下达了国家计划委员会《关于1976—1985年国民经济发展十年规划纲要（修订草案）》（以下简称“十年规划纲要”）并安排了“五五”计划。

在贯彻落实中共中央、国务院“十年规划纲要”和市委、市政府部署过程中，越秀区委、区政府非常重视国民经济长远发展，特别是制定实施行业发展长期计划。针对全区已没有农业的实际，重点抓好工业、商业的生产经营和城区建设，努力完成市政府下达的生产计划指标。在工业方面，采取了区街工业由小集体转为大集体的调整措施；在商业方面，采取逐步扩大经营范围的措施；在城区建设方面，采取压缩减少项目、减轻国家负担等措施。

1977年3月3日，区革委会计划生产办公室发出《越秀区第五个五年计划期间学大庆普及大庆式企业的初步规划》，要求从1977年开始，每年有10%左右的街（局）直属企业跨入大庆式企业的行列，1980年要达到40%以上，实现全区工业生产在“五五”计划期间翻一番。区革委会还提出了十项具体的工作：深入持久地进行党的基本路线教育；认真进行整党整风，搞好领导班子革命化建设；努力建设一支又红又专的“铁人”式的工人阶级队伍；围绕学大庆，调动一切积极因素，加快工业发展的步伐；加强社会主义改造，不断提高集体化程度；全心全意依靠工人阶级，管好社会主义企业；坚持自力更生，走“革新、改造、挖潜”的道路；关心群众生活；为建设社会主义新街道作出贡献；加强领导，全面规划，普及大庆式企业。

1977年，全区实现工业总产值13901万元，完成市下达区计划指标的100.2%，比1976年同期增长11.73%，财政收入1608万元，比1976年增长2.24%。基建方面，竣工面积实际完成1.8万平方米，相比市下达年计划3万平方米，完成60%，比1976年减少41.39%。财政收入实际完成1608.1万元，相比年计划1712.4万元，完成93.9%，比1976年增长2.25%。职工工资与就业方面，增加工资的职工4150人，占职工总人数的43.32%，调整后平均每人每月工资65.65元，比原来增长6.46元。劳动力安排方面，至1978年1月底，已安排2832人，相比本年计划指标3217人，完成88%。

越秀区作为工业生产比较稳定的城区，较早就意识到加强企业管理、提高企业管理水平，对于贯彻执行第五个五年计划的重要性和突出作用。为了扭转当时区街企业管理粗放，不利于完成“五五”计划的问题。1978年5月20日，越秀区发出《关于整顿企业管理、提高企业管理水平的意见》（以下简称《意见》），提出四项措施：降低成本，反对浪费；提高产品质量，建立健全技术操作规程；搞好安全生产、设备维修；结合学大庆大检查，进行企业管理情况大检查。《意见》还要求在1978年，全区完成总产值16000万元，劳动生产率比1977年提高10%，成本比1977年下降2%，完成总利润1600万元。

1978年12月18日，党的十一届三中全会作出了把全党工作的着重点和全国人民的注意力转移到社会主义现代化建设上来的战略决策，指出实现“四个现代化”是一场广泛、深刻的革命，要求大幅度提高生产力，多方面改变同生产力发展不适应的生产关系和上层建筑，改变一切不适应的管理方式、活动方式和思想方式。

越秀区广大党员干部和职工群众积极响应党中央关于全党工作的着重点转移到社会主义现代化建设上来的重要决定，努力大干快上。然而，由于受到林彪、“四人帮”的破坏和经济冒进影响，国民经济结构比例严重失调，全国生产和收入仍然呈下降趋势。1979年，越秀区工业企业226户，工业总产值为10555万元，比1978年下降了12.78%；营业收入为7826.78万元，比1978年同期增长6.48%；利润为786.5万元，比1978年同期下降25.39%；财政收入1588.28万元，比1978年下降2.85%。全区工业亏损企业63户，亏损金额159.23万元。中央开始全面调整国民经济以后，国家、省、市的“五五”计划指标相应作了较大幅度的调整。

至1980年，越秀区的经济从下降局面逐步进入上升轨道，企业扭亏增盈，为实现“五五”计划奠定了坚实基础。1980年，全区工业企业259户，工业总产值为11446万元，比1979年增长8.44%；工业净产值全年实际数为4313万元，比1979年增长16.11%；营业收入为9658.26万元，比1979年增长23.4%；利润为948.41万元，比1979年同期增长20.59%。[1]财政收入1785.4万元，完成年计划的112.76%；财政支出为962.42万元，收支相抵节余822.98万元。职工工资与就业方面，全区职工年平均工资913元，比1979年增长19.03%。全区待业人员总数22302人，组织安置17672人，占总人数的79.24%。在“五五”计划后期，越秀区经济增长的良好势头为后来贯彻落实国民经济调整方针和指标修改创造了有利条件。

二、贯彻国民经济“调整、改革、整顿、提高”的方针

1979年7月10日，越秀区委召开常委会扩大会议，讨论和部署全区的经济“调整、改革、整顿、提高”工作。会上传达学习了中央工作会议、五届全国人大二次会议及广州市委常委会扩大会议精神，强调全党工作中心转移到社会主义现代化建设上来之后，第一个战役就是集中三年时间认真搞好国民经济的调整、改革、整顿、提高工作，使国民经济逐步进入持久的、按比例高速发展的轨道。

根据中央、省委、市委有关经济工作的部署要求，区委分析了全区实际情况后认为，在工业方面存在产品结构过重，机电多、轻纺少；组织形式过大，盲目并厂转厂，搞大集体体制；经营方式过死，切断原有供销渠道，只与大厂挂钩；额外开支过多，各种社会负担多等等，导致比例失调。在商业方面存在商品可供量少，计划商品统得过死；营业网点分布不均，网点太少，满足不了居民群众的日常生活需求。为此，区委提出了以提高经济效益为目标，把经济效益作为企业调整、改革、整顿、提高的出发点和落脚点，具体布置

① 广州市越秀区地方志编纂委员会：《广州市越秀区志》，广东人民出版社2000年版，第177页。

各经济部门的调整工作。1979—1981年，全区主要进行了三个方面的调整：

第一，围绕工业发展，解决产品生产方向问题，在提高生产技术水平，减轻企业负担等方面，对区街工业进行调整。

首先，调整区街工业产品结构。对部分规模过大、管理混乱、生产任务不正常的厂、社，在做好思想工作的基础上，有计划地适当分散变小。同时鼓励企业生产在市场上适销对路的产品。1980年，越秀区工业系统千方百计克服原材料和电力不足的困难，发动职工大力生产市场急需的产品，努力扭转生产和效益下降局面，调整出现了初步成效；发展外贸来料加工，签订“三来一补”[①]合同165宗，合同金额642.97万美元；工业总产值达11446万元，比1979年增长8.44%。全区有16个街道和3个局、1个公司下属12个厂（社）与外商签订了加工装配合同187宗，合同金额2135万元。加工装配的项目有服装、针织、电子表、表带、玩具、电器、建材、小五金等。全区工业企业抓好产品转轨，产品结构由原来的傻大笨粗、质次价高的非标机械产品为主，转为日用五金、塑料等轻工消费品为主，产品结构由重变轻。轻、重工业的总产值比例由1978年的6.02∶3调整到1981年的8.31∶3。轻工产品、民用消费品等在营业额和利润收入比例上已占70%以上，其中，轻工产品比例从1980年的50%增大到1981年的60%。有国家计划产品任务的单位也努力创新，不断提高产品质量，增加花色品种，降低成本，提高生产效率，增加利润。对产销不对路的认真调查研究，根据人民生活和外贸出口需要，积极研制新产品，增加花色品种，搞好产品更新换代，把市场急需的产品搞上去。对环境污染严重、群众意见强烈的企业，积极采取治理措施或采用转行、合并、搬迁的办法予以解决。

其次，逐步减轻企业负担。区委、区政府从自身做起，区街和企业开始严格控制非生产性人员数量。1980年，精简脱产人员，安

---

①“三来一补”指来料加工、来样加工、来件装配和补偿贸易。

排600多名职工返回生产岗位，全年节省工资费用20多万元。大力压缩非生产性开支，各级主管部门按年做好费用开支预算计划，按审批权限逐级审查，未经批准，企业有权拒绝支付。同时，不能随意向企业摊派资金。此外，企业主管部门对生产长期上不去的亏损企业进行整顿，属于领导班子问题的进行调整、充实；属于管理不善造成亏本的重点帮助，限期改变；端正经营作风，对那些弄虚作假、以劣充好、骗取货款、铺张浪费、不讲核算、不讲经济效果的，进行了严肃的整顿。

第二，围绕商业发展，满足居民日常生活需求，对商业布局进行调整，对经营种类适当充实。

灵活实行坐商、行商、批发、零售、合营联营、代售代销等各种商业经营方式。在搞好计划商品供应的同时，不断扩大议价商品的经营，增加货源，补充计划商品的不足，活跃了市场经济。在行业和企业中扩大采购商品的自主权，在经营好牌价商品的基础上不仅逐步恢复过去商品的采购渠道，还拓展了渠道，积极增加议价商品的经营，发挥了商店经营的积极性，搞活了市场。就连过去统得很死的粮食行业，开展经营议价商品后，过去甚少供应的红豆、绿豆、花生等和近年没有供应的花生油也能让群众方便买到。全区结合流通体制改革，逐步开放农贸市场，增加农副食品供应。1978年，区财贸部门在全区增设议价猪肉供应的基础上，又推出议价塘鱼和其他议价商品上市，增加副食品供应，活跃市场，方便群众生活。肉菜市场商品从过去200多种增加到500多种，许多过去多年不见或少见的商品，如虾、蟹、水鱼（甲鱼）、鱿鱼干、干贝、冬菇、发菜等都有了供应，满足了广大居民的日常生活需要。区内还开设了广大一巷和教育北路口两个小食点档群，供应早、午、晚餐和夜宵，满足群众生活需要。

1979年，全区在原有11个肉菜市场和6个分场的基础上，增加了8个农贸市场，每天有农民进入摆卖的摊档多达1500档，网点比过去增加了1倍。同时，在发放牌照方面减少层次，精简手续，在场地、货源、资金等方面提供方便；在税收和收费方面给予照顾；在经营范围、规模、形式及从业人员等方面都放宽政策。1979年下半年，全区共发放集体营业牌照121户2796人，发放个体营业牌照1354户1480人。

第三，压缩基本建设规模，严格控制基建和设备投资。

为了把有限资金投入到生产建设和改善人民的生活水平，区委、区政府要求区属各单位严禁新建办公用房及高档装修现有办公用房，还要求区属工业各企业严格控制基建和设备投资，在现有的生产能力基础上继续搞好挖潜、革新、改造；压缩重工业的生产规模，大力发展轻工业，生产轻工产品。至1980年底，越秀区的重工业比1976年减少了11户。基本建设规模的缩小，使区委、区政府能够集中更多的人力、财力和物力支持轻工业发展及与居民日常生活密切相关的设施建设。

贯彻国民经济“调整、改革、整顿、提高”方针的工作在一些方面取得了成效，但总的说来并不理想。原因是国民经济比例失调由来已久，许多人习以为常，没有认识到调整的紧迫性和必要性；对于轻工类涉及民生产品的匮乏，大家也习惯了，没有看到问题的严重和根源；许多干部和部门存在经济上急于求成的情绪。

1980年12月16—25日，中央工作会议在北京召开。会议主要讨论经济形势和经济调整问题，决定实行在经济上进一步调整，在政治上进一步安定团结的重大方针。这次中央工作会议后，经济调整工作才算真正全面展开。但调整的重心已不再是仅仅压缩基本建设规模，更重要的是要摆脱过去那种高积累、高指标和高速度的框框，端正经济建设的指导思想。

1981年1月5日，越秀区委召开常委会扩大会议，传达学习贯彻中央工作会议精神和省委常委会扩大会议精神，主要学习邓小平、陈云等关于经济工作的讲话。会议同时学习了省委提出的要把经济调整和实行特殊政策统一起来，要把“集中”和“搞活”统一起来，要把“退够”和“前进”统一起来，继续清除“左”的影响，使国民经济转上健康发展的轨道的指示精神，以及市委常委会扩大会议精神，统一思想认识，决定越秀区在经济上实行进一步调整。

2月25日，区委召开三届二次全体（扩大）会议，提出了今后国民经济主要调整工作是：在产品结构上继续向轻工业转轨；对不适应生产发展和管理的厂、社规模要分小或合并；对不适销对路的产品要转轨，尤其是机械行业的某些产品或零部件要转向；在不改变隶属关系和互利的原则下，与市属企业、区街企业搞联合；行政事业经费开支要紧缩。同时，强调要发展适销对路的产品，搞好挖潜、革新、改造，充分发挥现有生产能力，严格控制基建设备投资；要狠抓质量，降低成本，提高竞争力，实行一业为主、多种经营，做到工贸结合、工农商联合；要大力发展对外贸易，继续增加项目，扩大对外贸易业务；要充分发挥中心市区的地理优势，利用马路铺位开设门市部，利用现有生产场地，引进外资搞工业，利用外资建住宅，利用现有各种可用和闲置的场地，搞小工艺品，办旅店、办商业和各种生活服务网点，搞活经济。

为全面深入贯彻落实中央关于进一步调整经济的重要方针，1982年11月23日，区委常委会会议决定，成立越秀区企业整顿工作领导小组，领导小组下设办公室，具体负责贯彻落实国民经济“调整、改革、整顿、提高”方针中有关企业整顿的工作。

在经济进一步调整的过程中，广州市委、市政府对于发展经济的思路也在积极调整，提出了“一个主体、两翼齐飞”[①]的方针，把区街工业作为广州市工业整体的组成部分，在资金、税收、用地等方面给予必要的扶持；要求区街工业加强技术改造，加快向外向型经济转轨，完善内部改革，逐步放开放活企业经营。在市委、市政府的正确领导下，从1979年7月至1984年底的五年期间，越秀区认真贯彻中央关于国民经济“调整、改革、整顿、提高”的八字方针，解放思想，实事求是，团结一致向前看，不断清除“左”的思想干扰，想方设法对经济领域中存在的问题进行调整。经过积极切实的调整，区内经济蓬勃发展，工业生产发展速度加快，取得较好的经济效益，

① “一个主体、两翼齐飞”：市属工业为主体，区街工业、乡镇工业为两翼。

在“三来一补”、利用外资、引进新技术方面开拓了新的局面，基本建设投资逐年增加，施工加快，商品货源充裕，社会购买力提高，商业、饮食、服务业繁荣兴旺，财政收入大幅度增长，居民生活水平逐年提高，形势喜人。

工业生产超过历史最高水平。自国民经济进一步调整以来，越秀区扩大了企业的自主权，加快了非标机械产品转为日用五金塑料等轻工消费品的生产，加快了技术改造、技术引进和技术协作的步伐，基本完成了对骨干企业的整顿，轻重工业生产协调发展，经济效益显著提高。1981—1984年，全区生产总值每年平均递增12.5%，工业总产值每年平均递增11.56%，主要经济指标已经全面超过了调整前的历史最高水平（1977年）。到此轮经济调整期末的1984年，全区工业总产值达17744万元，比调整前的1978年增长46.62%；营业收入达32573.21万元，比1978年增长343.15%；利润收入达3164.12万元，比1978年同期增长200.1%，其中利润超过百万元的工业公司有14个，包括解放南、北京、人民、大新、德成、纸行、红书、解放中、东风、广卫、延安、泰康、一德的工业公司及区直企业。①

全区的产品产业结构得到调整优化。1984年，全区工业企业由1978年的220家发展到266家，其中轻工企业由1978年的147家发展到201家，重工企业由1978年的73家调整到65家。1984年，区内轻工业总产值11757万元，重工业总产值5987万元，轻工业比例占66.26%，比调整前的1978年增长80.93%。轻工业产品质量提高，花色品种增加，优质产品增加很快，但总体上还是不能满足社会消费者日益增长的需要。在扩大轻工产品生产的同时，加大对外加工装配项目，包括服装、针织、电子表、表带、玩具、电器、建材、小五金等，至1984年，越秀区已有“三来一补”企业74家，引进各种

① 越秀区政府统计科：《广州市越秀区国民经济统计资料（1984年）》，1985年4月。

设备1752台（套），累计执行合同930宗，创汇1128万美元。

基本建设采取先紧后松的政策。1979—1980年，区内的基本建设采取了严格控制、压缩规模的措施。在不新建厂房的基础上，工业企业加强内部场地调整，合理使用。对于下水道、内街道路等市政建设，只进行清疏、平整和保养，严格控制新建、改建项目，有效减轻了财政负担。1981—1984年，随着国民经济调整带来的经济发展，完成了人民北路、沿江西路、沿江中路、解放南路、环市西路、北京路、起义路等主要干道的大中修，总面积达2.1万平方米；同时，先后完成了解放北、解放中、解放南、越华、洪桥、一德、光塔、北京、广卫、大南、泰康、六榕、东风、纸行、诗书、大新、人民等行政街部分街巷道路维修，修复面积达10.74万平方米；完成新建、改建主渠支渠排水工程50多项，计3194米；新建、改建沙井735个。1984年，全区基本建设投资4304万元，比1983年的2789万元增加54.32%。施工面积达14.82万平方米，其中住宅建设为12.85万平方米，主要是景泰新村住宅建设，投资额为2835万元，施工面积为12万平方米；危房修缮393幢，竣工产值238万元，受益面积6.64万平方米；建造街景20座，改建或新建花基花池840座，绿化植树350株，建造小游园7座，改善了环境。

商业和专业市场得到蓬勃发展。随着市场逐步开放，商品货源继续增加，商品零售额大幅增长。1980年，全区商业企业有1023家，完成社会商品零售总额26772.67万元。1981年，完成营业额30211.19万元。1982年，完成营业额20006.23万元。1982年营业额比1981年减少了。1983年，完成营业额31739.86万元。1984年，全区商业企业有1168家，完成社会商品零售总额42206.67万元，比1983年增长32.98%。[①] 通过商业体制改革，初步形成多种经济形式、多种经营方式、多种流通渠道的商业网络。到1984年末，全区打造了北京路至

① 广州市越秀区地方志编纂委员会:《广州市越秀区志》，广东人民出版社2000年版，第255页。

中山五路、长堤至人民南路、流花地区等3个商业中心；打造了一德路咸鱼海味专业街、大南路至泰康路装饰材料专业街、濠畔街皮革鞋料专业街、解放南至一德东礼品街、大新路东段鞋类专业街等5个专业街；1979—1984年，开办了23个工业品交易市场，建立了4个农副产品交易市场，方便了居民群众。1984年，区街生活服务业营业额达6051.7万元，比1983年增长22%，利润达360万元，比1983年增长4.6%。

肉菜市场供应充足，食品消费结构明显改善。自1978年8月起，全区蔬菜购销逐步放开，38个反季节的品种、名牌品种和小宗品种实行议价成交，上市品种日渐增加，粗菜减少，细菜增多。到1983年，蔬菜流通体制进一步改革，对蔬菜产销实行“管六放四”①，不限不保，管住大路菜，放开时令蔬菜，实行蔬菜产销“双轨制”，蔬菜供应开始活跃，品种增多。1984年11月起，全区蔬菜购销全面放开，市场供应好转，品种结构改善，细菜品种增多，大路菜品种减少，质量提高。市场进一步活跃起来，促进副食品和日用工业品的供应得到保障。1980—1981年，牌价猪肉、蛋类基本敞开供应；1982—1984年，区内副食品市场日益繁荣兴旺。肉食蛋禽的议价比重由1979年的12%上升至1983年的34.9%；受群众欢迎的副食品货源充裕，品种齐全。肉食消费逐步转向家禽和水产品，猪肉销量有所下降。1984年，猪肉零售量达178.6万斤，牛肉126.9万斤，鲜蛋985.5万斤，家禽275.1万斤，水产品类683.5万斤，全区人均吃鱼50斤，比1978年增长56%。随着市场商品供应的大幅度增加，市场供求矛盾得到解决，但是物价也逐渐上涨，价格“双轨制”的问题逐步突出。

职工工资收入增加，群众生活水平提高。1980年，越秀区职工年平均工资为913元，到1984年为1147元，增长25.6%。随着职工工资的上升，人民群众的生活水平逐年提高，市民购买力也有所增长。1984年，全区抽选解放北、大南、光塔3个街道共750户居民家

① “管六放四”：上市蔬菜六成由国家收购和幅度议价成交，四成放开。

庭进行第二季度收入的抽样调查，全部收入按家庭人口计算，人均月收入66.12元，职工家庭贵重耐用消费品拥有量按平均每百户计算，高中档消费品拥有量是：自行车160辆，缝纫机90架，机械手表276块，电风扇206台，洗衣机44台，电冰箱27台，电视机96台（其中彩色电视机24台），录音机81台。[①] 这些说明职工的生活水平有了较大提高。

财政收入大于支出。由于经济结构合理调整，1980—1984年，平均每年财政收入比调整前的1978年递增102.1%，其中，1984年，全区财政总收入5462万元，比调整前的1978年增长了234%；区财政支出3236万元，收支相抵，结余2226万元。[②] 这是自1979年国民经济调整以来区财政收入最好的一年。

越秀区委、区政府坚决贯彻中央经济“调整、改革、整顿、提高”的八字方针，1979—1984年，经过5年的努力，国民经济各领域的调整取得了显著的成效，国民经济调整任务宣告完成。越秀区终于走出了自1965年以来经济徘徊不前的局面，国民经济各项经济指标超过了历史最高水平，国民经济主要比例关系协调发展，工业和商业蓬勃发展，为改革开放打下了牢固的经济基础，为城区各方面发展创造了有利的环境和条件。

三、尊重企业自主经营权成为调整改革工作重心

在贯彻国民经济“调整、改革、整顿、提高”方针工作过程中，越秀区委、区政府深刻认识到，调整经济建设的指导思想是方向，

---

① 越秀区政府统计科：《广州市越秀区国民经济统计资料（1984年）》，1985年4月。

② 越秀区政府统计科：《广州市越秀区国民经济统计资料（1984年）》，1985年4月。

改革企业经营机制是关键，尊重企业经营自主权是基础。

1980年6月20日，越秀区印发《越秀区关于发展集体经济若干问题的试行意见》，提出针对全区集体经济的现状，必须认真解决10个问题：一是指导思想。坚决反对吃“大锅饭”的思想；必须贯彻以轻工产品、小商品生产为主，自销、内销为主的方针；树立在竞争中求生存发展的思想；树立敢于富起来的思想。二是经济调整。调整工作总的要求是巩固总厂，更新产品；发展总社，增加网点；扩大基建，提高水平；宜工则工，宜商则商，工商并举，全面发展。三是更新产品。不断发展适销对路的产品，要面向家庭，打入市场，发展外贸，大力发展民用消费品、轻工商品、工艺装饰品、旅游纪念品等。四是搞活销售。调查研究，以销定产；开拓多种渠道，实行厂店挂钩；前店后厂，产销见面；树立良好的经营作风；扩大推销队伍，建立三级推销网。五是一业为主，多种经营，服务上门。六是场地与资金。要认真解决好场地、资金不足的矛盾。七是分配与福利。根据国家有关规定，结合集体所有制问题采取多种分配形式，要体现多劳多得、不劳不得的精神。八是加强领导班子、技术人员和职工队伍建设问题。九是加强企业管理。组织生产和指挥生产，保证完成生产任务，取得盈利。十是尊重集体所有制自主权，应在产、销、人、财、物等方面尊重企业自主权。特别是尊重集体企业自主权，不管是由哪一级兴办的集体所有制企业，都要实行独立核算，自负盈亏，企业有权按照国家的政策法令和有关规定确定本企业产、供、销、存、人、财、物的支配；决定经营方向、经营方式、经营活动内容、服务项目、营业时间和劳动力的使用、吸收和辞退；建立健全各项管理制度以及分配形式，加强核算。

越秀区过去搞集体企业与国营企业产销挂钩，区街工业企业成了国营大厂的车间，切断了原有的自产自销的供销渠道，抹杀了区街工业的生产经营特点，严重地阻碍了社会主义商品经济的发展。在贯彻国民经济“调整、改革、整顿、提高”方针工作过程中，区委、区政府指导区街工业积极发挥集体所有制企业独立经营的主动性和灵活性，在完成国家计划产品的前提下，改变与大厂挂死钩的被动局面，多搞自产自销，以销定产，按市场需要进行商品生产。即除大厂各配套的项目，要尽量完成、当好配角、不拖后腿外，更主要的是发挥区、街工业适应性强、灵活多样的特点，拾遗补阙，为市场需要、人民生活需要而生产和销售。1980年起，区经济委员会按照市场调节规律指导企业生产，让企业根据经济利益搞好产品转轨，提倡竞争，对年过百万元利润的单位给予奖励。当年，德成工业公司的利润突破百万元，获得了奖励。区内工业企业主管部门努力促使各个企业去研究市场，改变产品结构，搞技术革新，不断提高企业的竞争能力。大多数企业已经不像以往那样搞单纯的加工生产，而是积极想办法搞自产自销的产品，有的企业不仅搞外贸加工生产，而且利用引进的外资、设备搞国内适销对路的产品，有的企业不只是搞低档的产品，还搞中档的产品。

1981年，全区有225项新产品投放市场，多数受到消费者的欢迎，产品的数量和质量都比往年有所提高，在收到了良好经济效益的同时，也取得了增加日用商品供应，繁荣城区市场的良好社会效益。

第　四　节
城市经济体制改革起步

党的十一届三中全会的伟大功绩之一，就是作出了实行改革开放的历史性决策。越秀区委带领全区党员干部、职工群众敢为人先、勇于探索，充分运用中央赋予广东省、广州市先行先试的特殊政策、灵活措施，对内搞活经济，对外实施开放政策。在党的十一届三中全会召开后的这一阶段，全区强调以公有制为主体，其他经济成分为补充，多种经济成分共同发展；从僵化的计划经济体制中“突出重围”，以流通体制改革为突破口，放开物价，搞活市场流通；放宽外商投资范围和外贸经营权，推动越秀区经济社会快速发展。

一、价格“闯关”引导流通领域改革的突破

新中国成立30年来，商品短缺和高度计划成为经济主要特征。20世纪70年代末，无论是城市还是乡村，到处都能见到“票证”。市场上、商店里，几乎所有的商品都要凭票供应。直到1981年，越秀区的居民群众购买商品还需持有40多种票证，可见商品匮乏的程度。1982年1月，越秀区蔬菜管理处划归市蔬菜公司。1984年，越秀区粮油管理处划归市管。在价格调控方面，生活、生产资料以至服务价格都是由政府“说了算”，生产经营者没有定价、调价权，商业结构不完善、商品流通渠道不畅通，市场供应紧张。广州市及越

秀区长期实行农副产品统购包销的体制，农副产品的生产、销售和价格受到国家控制，价格体系不合理，价格严重背离价值又不反映供求关系，严重影响了农民生产积极性的发挥。另外，接连不断的政治运动，迫使企业无法正常生产经营，也导致商品匮乏，供需矛盾突出。

越秀区是广州市的中心老城区，1979年全区面积只有8.9平方公里，居民人数却高达46.3万人，是广州市人口密度最高的城区，因而保障居民群众日常生活必需品是区委、区政府一项极其重要的工作。

广州素有千年商都之称，随着城市发展，越秀区内一些区域也延续历史的积淀，成为繁华的商业中心。但由于受“左”的政策影响，20世纪50年代中期对私营企业进行改造，取消个体商贩，撤并商业网点，关闭部分农贸市场，导致区内农副产品严重短缺，品种单一。1976年与1966年相比，全区的水产品、肉食禽蛋、蔬菜收购量和零售量下降了50%。工业部门和商业部门都是独立经营，互不挂钩，生产与流通被严格分开，产销严重脱节，组织生产不是为了社会需要，而是按国家计划要求，造成社会供需脱节、矛盾突出。20世纪70年代末的越秀区内市场，有的商品卖不出去，大量积压，而有的商品却长期供不应求，只得实行统购统销，凭证定量供应。以1969—1978年为例，因“文化大革命”的影响，对市民凭证定量供应，猪肉每人每月1.5斤，鱼1.5斤，蛋品0.5斤，春节期间每户居民供应家禽1只，对机团伙食单位按人数每人每天供应5分钱的猪肉。这样的供应量有时还不能保证，时常出现居民为购买生活用品而排队抢购，致使“走后门”的现象司空见惯，群众意见很大。

价格是国民经济运行的调节器，也是影响商品流通和人民生活水平的重要因素。长期以来，区内市场物价都由政府来定价，价格与价值相背离，价格不反映供求关系，购销倒挂，往往经营越多，亏损越大。例如，由于统购统销，越秀区居民群众日常消费的蔬菜和塘鱼，不论质量如何，蔬菜平均收购每100斤不得超过5.6元人民币，塘鱼每100斤收购价为27元人民币，死鱼活鱼每斤只差0.02元人民币。这样的价格政策使农民在付出劳动之后赚钱太少，或因天气不好和养殖技术等原因，造成蔬菜产量不高和塘鱼减产，造成亏本，从而挫伤了农民的生产积极性，造成了市场供应紧张，居民群众的日常生活就受到了影响。与此同时，经营水产的供销公司也是年年亏本，政府每年不得不拿出几百万元的补贴，使政府背上沉重的包袱。面对这种局面，生产者、经营者、消费者都不满意。

1978年8月，按照市委的部署，越秀区委组织全区党员干部开展《实践是检验真理的唯一标准》的大学习大讨论，促进了广大党员干部、群众的思想解放。越秀区在贯彻“放开、搞活”方针的过程中，开始了放开流通领域的尝试，以价格改革引领经济体制改革，闯关前行。

一是初试放开水产品价格。1978年12月25日，广州市首先以水产品市场为突破口，初试放开塘鱼价格，在芳村成立了第一家国营货栈——河鲜货栈，引进鱼货进城，实行产销见面、随行就市、按质论价、议价成交，这是广东最早的改革。

作为广州市中心城区的越秀区也不甘落后，1979年，越秀区恢复计划外议购，陆续开办了农贸市场，水产、肉食禽蛋、日用百货、果品、粮油等贸易货栈，开展议购议销业务。与此同时，经广州市人民政府批准，利用马路内街设置了7个农副产品集市，允许郊外的渔民、渔农进城卖鱼，还恢复了个体经营，从而打破了长期以来单一价格、单一渠道、独家经营的流通体制，迈开了农副产品放开价格的第一步。改革伴随着风险。水产品价格部分放开后，塘鱼价上涨几倍，从每公斤1元升至7元。一时间群众议论纷纷，反映强烈。区委、区政府并没有一叫就怕、一怕就收，而是顶着各种压力，在市委、市政府的正确领导下，沉着冷静，坚定不移，坚信这是在运用价值规律办事，是解放生产力所必然带来的“阵痛”。为了营造有利于改革的气氛，区委、区政府发动各街道、各有关职能部门的干部职工上街开展疏导舆论等一系列活动，赢得市民群众的理解和支持。由于措施灵活，既方便了群众，又活跃了市场，缓和了供求矛盾，群众逐步理解和适应了塘鱼价格的放开。1979年，越秀区肉菜市场上市议价鲜塘鱼量达120万斤。1981年，越秀区肉菜市场上市议价塘鱼130万斤，议价冰鲜鱼220万斤。1982年春，根据市委对价格政策的改革，越秀区全面放开了塘鱼价格。1983—1984年，区内议价塘鱼购销实行按质论价，各种塘鱼、冰鲜鱼、河鲜杂鱼、咸鱼、海味、水产制品均有，上市品种200多个，花色品种600多个，光河鲜品种就从原来10多个增至70多个，鳜鱼、鲈鱼、石斑鱼、黄鳝、基围虾等过去连特需供应也无法解决的名贵海鲜、海味，都上了普通老百姓的餐桌。随着水产品价格的放开，农民养鱼的积极性被充分调动起来，纷纷大养塘鱼，产量也很快跟了上来，上市的鱼越来越多，越来越新鲜，鱼的价格也逐渐回落，从1978年每公斤7元降到1984年的3.5元～4元。

二是蔬菜价格改革。越秀区内各肉菜市场的蔬菜供应原来由越秀区蔬菜食品管理处负责，按照市蔬菜公司的规定，实行蔬菜购销“五统一”①。统购统销使市场经营陷于被动，产销成为“老大难”问题。由于流转环节多，运输不及时而造成大量积压、霉烂，市场为推销积压蔬菜而降价出售；且蔬菜质量差，叶菜可食率不超过70%，又不能均衡上市，蔬菜供应没有改善，每年政府还要拿出不少的财政进行补贴。

1978年8月，为解决蔬菜供应问题，区委、区政府根据广州市对蔬菜流通体制的改革精神，开始实行渡淡蔬菜品种统购包销、大路蔬菜幅度议价成交、小宗品种自由议价，对蔬菜购销逐步放开。尤其对38个反季节的品种、名牌品种和小宗品种实行议价成交，上市品种逐渐增加，粗菜减少，细菜增多。议价菜虽然比牌价菜要贵60%左右，但仍然受到市民群众的欢迎。1983年，广州市对蔬菜流通体制作了进一步的改革，即对蔬菜产销实行“管六放四”，实行蔬菜产销“双轨制”。为保证蔬菜产销政策的顺利实施，越秀区蔬菜食品管理处组织蔬菜大量上市，同时，允许菜农进城卖菜。蔬菜供应开始活跃，品种增多，质量提高。自1984年11月1日起，越秀区根

① “五统一”：统一收购、统一运输、统一分配、统一供应、统一价格。

据广州市全面放开蔬菜产销的要求，放开上市任务，放开价格，放开流通渠道，允许国营公司、集体企业、个体户都可以经营，实行多渠道流通。这样一来，市场供应好转，品种结构改善，细菜品种增多，大路菜品种减少，外县的甜椒、青瓜等也有供应，上市品种达40多个。上市蔬菜质量提高了，鲜嫩、美观、整齐，叶菜可食率提高到八九成，且供应时间提早，大部分品种逐步恢复传统特色，受到群众的欢迎。但是，放开蔬菜价格后，也招来了各方面的议论和压力。1984年底，恰逢强冷空气南下，菜价上涨幅度较大，市民反映强烈。在这种环境下坚持放开价格，需要勇气，也需要创新的精神。市、区两级政府顶住了压力，坚持把物价改革进行下去，成功实现了价格“闯关”。开放蔬菜经营之后，尽管菜价一度上涨了66%，但市场一放开，各地的农副产品源源不断地流入广州市场，如远郊近县的佛山、清远、江门、湛江等10多个县市的蔬菜源源不断地流入广州，使区内市场菜价日趋平稳。由于货多价平，区内市场菜价甚至低于全国其他大城市，广大市民成为受惠面最广的阶层。

三是放开肉禽蛋价格。1979年上半年，越秀区组织投放议价副食品共计猪肉90多万斤，“三鸟”（鸡、鸭、鹅）30多万只共110多万斤、腊鸭3万斤、蛋品32万斤、牛羊肉18万斤、乳猪4万斤。1980—1981年，牌价猪肉基本敞开供应，凭证不限量。1980年3月后，蛋品敞开供应，有的盘菜、水产、食品行业的店档都设档卖蛋。10月起，供销、水产、饮食等部门及个体业户多渠道经营食品，猪肉销量增加，花式品种增多，牌价与市价的差距日渐缩小。肉菜市场更积极扩大购销，各市场全面供应活“三鸟”，恢复水盘档及增加花式品种。1982—1984年，越秀区内副食品市场日益繁荣兴旺，受群众欢迎的副食品货源充裕，品种齐全，肉食蛋禽的议价比重由1979年的12%上升至1983年的34.9%。1984年，区内肉食消费逐步转向家禽和水产品，猪肉的销量有所下降。1981—1984年，先后全面放开了家禽、蛋品等主要农副产品的购销价格。

四是粮油购销调整。1978年12月，党的十一届三中全会对价格改革特别是农产品价格改革问题进行了部署，先后对粮油等价格进行了较大调整。越秀区粮油管理处在做好计划粮油销售的基础上，开始改变过去粮油按“四统一”[①]管理的计划分配，逐步实行计划经济与市场调节的“双轨制”（持续到1992年4月结束），积极开展粮油议购议销。随着粮、油购销逐步放开，1981年，广州市粮食局在越秀区范围内试办多种经营的粮油食品店，区内中山六路广州侨汇综合商场成为广州第一家综合经营的商场。至1983年，区属国营粮油店已全部开展多种经营，从根本上改变了国营粮油店只售米、面、油老三味的面貌，走出了粮油业经营的新路子，使经营效益逐步增加。1984年，越秀区属粮油业再度上交市粮食局统一管理。

五是放开生产资料的服务价格。从1980年起，国家先后适当提高了矿产品、钢、铁、有色金属、煤炭等原材料和能源价格。1981年起，国家对工农业生产资料价格实行双轨制，允许计划外的生产资料议价购销，一部分小化工、中小农具等撤销国家定价，实行市场调节。对饮食业改为只管综合毛利，宾馆旅业房价改为规定中准价和最高价，允许旺淡季在规定幅度内上下浮动或最高价内折扣，服务业收费除国营企业少数项目规定最高收费标准外，其余全部放开。

越秀区计划部门积极实施价格放开措施，配合企业搞活，有效促进了企业增产增效。1984年开始，允许生产企业在完成国家生产计划后，超计划部分根据市场供求议价销售；允许物资部门和各业务主管部门经营计划外的生产资料，可以随行就市实行计划内外两种价格。同时，对物资部门经营计划内的生产资料议价，促进生产资料从过去产品分配向商品经营转化。由此，一些区街企业成立专门的物资购销部门，甚至分离出来独立经营，在满足企业生产物资需要的同时，自产自销，搞活物资市场。例如，1980年1月，越秀区工业供销经理部改为越秀区物资公司。但是，区内也出现了利用“双轨制”倒卖物资，扰乱市场秩序的不法行为。

六是放开工业消费品价格。随着商品流通范围的扩大，日用工

---

①“四统一”：征购、销售、调拨、结存统一。

业品成交活跃，经营日用百货的个体户迅速增多。1980年，越秀区建成了全市第一个工业品市场——高第街工业工艺品市场，此后陆续建成了观绿路、广大路、广大二巷、北京路青年文化宫市场、一德东路小学市场、流花街无名巷、火车站邮局市场、惠福西市场、红书路市场、粤华街、禺山市场新街、人民中路市场、中山六邮局市场、红棉时装商场、西湖路灯光夜市、教育路时装城、西湖路日夜市场等23个工业品市场。1982—1984年，区内全部放开日用工业品的小商品价格，对部分大宗商品实行浮动价格，允许企业在规定幅度内浮动。

七是放开公用事业和服务业价格。1980—1984年，越秀区按照国家价格改革部署要求，适当提高了医疗收费标准，同时实行公费、自费两种形式的收费；适当提高航空、客运、货运和渡轮价格，结合票制改革，提高了城市公共交通票价；提高了工商企业用房租金、铺面房租金、水价和电价。此外，还适当提高电影、戏剧、文娱、体育表演、公园及其他城市服务事业的收费标准。1984年10月，商品流通和经营体制实施重大改革，行业管理改组为经营管理型国营公司。越秀区饮食服务管理处分为饮食、服务两个公司，同时分别成立饮食、服务两个公司党委。越秀区副食管理处改为区糖烟酒副食品公司，同时成立党委。越秀区百货管理处改为区百货公司，同时成立党委。

价格改革打开了经济体制改革的突破口，长期以来实行计划经济体制的根基已被动摇，初步实现了市场在资源配置中发挥基础性的作用，对国民经济的发展起了积极作用，也为以后全面开展的经济体制改革积累了经验、摸索了道路。但是，价格改革刚刚起步，价格体系远未理顺，价格模式的转换才刚开始，价格管理体制尚未发生根本性的改变。

二、为企业经营和行业管理“解绳”“松绑”

区街集体所有制企业在越秀区经济结构和所有制成分比例中占大头，但是长期以来，区街集体所有制企业被视为“第二国营企业”，经济主管部门基本上参照国营企业的管理模式对集体经济实行集权式管理，企业自主权很小，生产发展不快。越秀区改革开放进程的第二关就是为企业“解绳”“松绑”，向企业下放自主权，搞活企业经营管理。1983年，中共中央《关于当前农村经济政策的若干问题》指出：“允许资金、技术、劳力一定程度的流动和多种方式的结合，对发展社会主义经济是有利的。”据此，1984年7月，越秀区委、区政府召开经济工作会议，制定了放权、松绑八条措施，重点抓好放宽政策和搞活企业两方面，深入推动了各生产行业改革工作的开展和深入，改革成果也逐渐显现。

恢复集体所有制属性，尊重企业自主权。越秀区根据全区街集体所有制企业属于小集体性质的实际，进行“退制”式改革，把全区工业的集体所有制企业由共负盈亏、吃“大锅饭”，转变为独立核算、自负盈亏，集体企业除依法纳税和缴纳管理费外，别的单位甚至上级主管部门都不能无偿平调企业的资金、设备、劳动力。将过去盲目合并而成的大厂按生产实际情况逐步分为小厂、小社，恢复了区街工业集体所有制企业原有的“小型、灵活、多样、适应性强”的特点，调动了企业干部、职工的积极性，使生产关系适应生产力发展的需要，整个区街工业系统开始“活”起来。区街工业在坚持办企业的前提下，冲破“画地为牢”和严格按照行业管理等陈规旧习约束，发挥“船小好调头”、灵活多变的优势，企业放开手脚自主经营，实行以销定产、外引内联，直接参与市场竞争。区委、区政府鼓励企业扩大经营范围，允许以一业为主、多种经营；允许在同类型范围内改变经营品种；允许企业按市场调节设立门市部，产销直接见面；允许多种经营，鼓励竞争，促进联合，工贸并举，工农商联合；鼓励大搞外贸加工，补偿贸易。1980年起，区委、区政府允许职工自找场地、自筹资金、自由组合、入股分红创办新企业，使老企业得到巩固和发展。全区新办了40多家企业，发放工商牌照161个。在有利政策鼓励下，“工办商”开始大量出现，各街道工业公司发挥地缘优势，开展商业贸易，拓展多种经营渠道，成为搞活流通、繁荣市场、服务群众的突起“异军”。至1991年，全区工办商业814家，占工业口总户数的71.91%。区委、区政府鼓励经济部门抓好干部职工的科学技术管理和文化知识学习，努力提高生产水平、技术水平和管理水平。区一级办好新兴的广播电视教育，办好业余科技学院；街局一级办好职工业余学校，组织干部职工学习文化、科技和管理知识，厂一级抓好基础文化教育和技术培训工作，对五级工以下的工人进行了应知应会的技术培训，抓好职工的定期技术考核，不断提高工人学技术的积极性。

改革工业部门管理体制。越秀区扩大区工业局业务范围和权限，在局内按行业设立专业科室，统一对行业进行领导，直接与市工业局或市属各公司对口，加强业务联系，搞好协作配套生产。区街集体企业主管部门改变了过去管得过多、统得过死的做法，把产品方向、经营方式、生产组织形式、奖励分配、机构设置、人员配备、招聘与辞退职工、资金使用、购置设备等企业应有的自主权归还企业。1982年7月16日，区委决定成立越秀区工业总公司，为集体所有制企业单位，统筹解决全区工业企业经营管理的问题，改变了工业系统传统的行政管理格局，逐步向企业化方向转变。

逐步减轻企业负担。1979年7月起，改变了过去集体所有制合作工厂的利润七成上缴、三成留企业的规定，扩大企业分成比例，实行“六、三、一”做法，即六成留给企业使用，三成给街、局主管部门（直属厂上缴给区工业局，街属厂、社、组上缴归街），一成上缴区；对小规模的生产社组则实行“七、二、一”的比例提成，即七成留给社组使用，二成给街、局主管部门，一成上缴区，较好地发挥企业的积极性。例如，越秀区电线一厂每年盈利60多万元，过去用三七分成的提成办法，企业的积累很小，既影响了扩大生产又挫伤了职工的积极性。改革之后，组织原材料的资金相对好转了，企业经营比从前灵活得多了。

区政府还专门为减轻企业的额外负担作出五项规定。一是停止抽调人员建设人防工程，取消了治安小分队、脱产街属的“红医”，精简公司的临时工作人员及脱产基层干部等。仅此几项已安排604人返回原生产岗位，一年节约工资费用20多万元。另外，原来由工业部门交纳的人防工程费9万元，属于不合理负担，决定免除。1981年起，区街工业取消“六、三、一”比例的税后利润分成，取消利润上缴，改为只收管理费，并且管理费减收调整至合理水平，减轻企业的负担，藏富于企业，扶持企业发展。上缴管理费三分之二归区工业局，三分之一归区使用。企业在这些改革中直接受益，有利于调动生产积极性。二是扩大各级的生产用款和确定产品方向的审批权限。三是严格控制非生产性的人员，大力精简脱产人员，使1000多名脱产人员回归生产第一线。四是大力压缩非生产性开支，各级主管部门按年度做好费用开支预算计划，按审批权限逐级审查，如未经批准，企业有权拒绝支付，不能随意向企业摊派资金。五是减轻税收，区财政部门对1980年集体企业利润增长部分减征所得税50%，对新办集体企业免收所得税3年；对安置待业青年的集体企业实行减免税以及外贸加工减免税，凡安排待业人员达到职工总数60%的企业，可免所得税3年，60%以下的，按比例减免。1980年，全区共减免税额250多万元。1980—1984年，全区企业做好待业青年的安置工作，待业青年每年平均安置率达87.7%。

采取灵活分配奖励政策。在经济体制改革过程中，区委、区政府贯彻按劳分配、国家多收、企业承包多留、个人多得的原则。明确分配奖励形式可灵活多样，可采用计件、营业指标提成、利润提成、死分活值、活分活值的浮动工资，或计时、固定工资加奖励、固定工资加年终分红等的工资形式，对分配的形式，可由本企业全体职工讨论确定。工资分配、福利享受要根据企业的经济效益而定，企业之间应有差异，不搞“一刀切”“大锅饭”，经营得好，有经济效益的企业，可多搞一些集体福利。由于集体企业内部分配坚持了国家、集体、个人三者都有利的原则，不生搬硬套国营企业的做法，克服平均主义的弊病，把企业的经营好坏、职工个人劳动成果同企业和职工的物质利益挂起钩来，不搞大锅饭一个模式，不搞奖励的限额，而是视实际情况，把企业的经营好坏和个人利益紧密联系起来，较好地调动了生产积极性。

全区工业除有条件的企业实行计件工资、超定额计件工资外，大部分企业实行全额利润分成，职工采用百分制计奖，超额的加分，完不成任务的扣分。1979年，全区社级以上企业有11个单位采取无限制计件制的工资，有47个单位采取超额计件制的工资，有8个单位采用超营业额分成制的工资，有37个单位采用超利润分成制的工资，有17个单位采用计时工资加奖励，有38个单位搞经常性奖励。这些做法有效地把工人的利益同企业经营的好坏结合起来，充分发挥广大干部职工的积极性。如朝阳北街工业公司根据生产任务较为稳定的情况，实行全额利润分成的办法，属下企业又从实际出发，确定不同的分配比例，职工在发展生产中有实惠的得益，劲头就更高了，全街的生产比往年有较大起色。1980年，盈利达45万元，比1979年增长50%。又如人民街纸制品二厂从1979年4月份开始试行超营业额提成奖，按车间核算，把指标下达到个人，供销人员积极去找业务，工人生产积极性大大提高，前后对比按月计算，上缴所得税从2300元上升到6200元，比以前增加159%；集体积累利润从平均3000元上升到8100元，增加了170%，职工平均收入从50元上升到66元，增加32%。由于采取了按劳分配，该厂超额完成利润计划49%。①

实行党支部领导下的厂长分工负责制，整顿企业领导班子，健全生产指挥系统和各项规章制度。1979年7月，区委提出，党支部领导下的厂长分工负责制是所有企业都必须实行的一项基本制度，要按照不同的情况实施这项制度；要明确企业党支部和生产行政指挥系

① 越秀区革委会计划生产办公室：《越秀区1979年工业生产工作总结》，1980年1月21日。

统的关系、党支部书记和厂长的关系、党支部书记和支委班子的关系、厂长和副厂长的关系；明确各自的岗位责任，规定党支部书记和厂长的具体职责。全区进一步健全了生产安全、节约原材料、质量管理、财务管理等制度，按企业规模大小、工作量的情况，设立专职或兼职财会人员，做好企业的核算管理工作，同时完善经济责任制。这一系列改革措施扭转了“文化大革命”造成的企业管理“软、懒、散”的混乱现象，从干部到职工，从职能部门到生产岗位，把各种岗位责任建立起来，明确责、权、利，做到奖罚分明；使企业从上到下都有明确的责任制度，每项工作都有人负责，建立合理的有效率的文明的生产秩序和工作秩序。

实行民主管理，建立经理（厂长）负责制。越秀区委、区政府和经济主管部门在改革中深刻认识到，民主管理是党的传统工作方法，是尊重企业自主权的重要内容，职工是企业的主人，需要增强主人翁意识，参加企业管理，关心生产成果，共同做好管理工作。企业为了集中职工民主管理的智慧，试行从职工中推选3—5人成立企业管理小组，选出正副组长。管理小组的任务是充分听取和反映职工意见和要求；定期研究经营管理，协助和监督经理（厂长）搞好企业，把生产经营做好做活。企业在初开办的半年内可由街生活服务总社指派负责人，半年后由店（工厂）职工民主选举产生店经理（厂长），任期一年，可连选连任。店（工厂）经理（厂长）实行职务补贴，补贴标准视企业经济效益由职工大会决定。集体企业由职工集体决定企业的管理人员。建立企业民主管理制度。凡是企业重大事项，都要经过职工代表大会集体讨论做出决定，然后由厂长负责实施，并定期向职工代表大会报告执行情况和结果。企业定期公布账目，实行财务公开，民主理财。

下放国营商业企业的商品采购自主权。区内逐步扩大国营企业的采购权限，恢复过去的购销渠道，增加商品货源，扩大商品花式品种经营，更好地搞活市场经济。如区百货管理处所属基层店的不同商品类别经营就有明显差别，该处能到外地自主采购文化用品、皮革、布鞋、摄影器材等百货商品，相比不能自主到外地采购的百货公司则有较大的增长。如雄风、冠华鞋店1978年营业额分别为164万元和198万元，1979年则分别增至189万元和210万元，增长率是15.2%和6%；艺影摄影器材店1978年营业额为108万元，1979年增至128万元，增幅将近18.5%；松风文化用品店1979年营业额为98万元，1979年增至134万元，增幅达44%。

广开门路推销产品，实行多种经营。在经济体制改革过程中，区委、区政府逐步鼓励企业采取广开门市、前店后厂、产销见面、代购代销、工贸联营、工商联营、工农联营、组织参加市日用工业品展销会，接受国家订货、外商来料来样加工、来件装配、劳务性项目等多种形式，沟通供销渠道，大力发展日用消费品和小商品生产，发挥区街工业在产品经营上填平补齐、拾遗补阙的作用。在经营手段上，充分利用报纸、广播、电视以及路牌、橱窗、霓虹灯、银幕、幻灯、灯箱、汽车、电车等各种渠道、各种形式来开展工业产品的广告宣传，以利于促进生产、指导消费、沟通产销关系。提倡和鼓励搞一些串街走巷流动经营的饮食业、副食业和服务业。

为了发挥个体业户经营积极性，提高服务质量，接受群众监督，允许个体户命名店号，也允许搞一些装饰、陈设，美化店容。为了把商品生产搞活，区政府开辟了工业品市场，各工业公司也纷纷把闹市中原来用作工厂车间、仓库的铺面腾出来改设门市部或展销部，到1981年11月，全区工业企业共开设了展销门市部、商店185间。过去，依赖大厂挂钩生产零部件，依赖商业定购，随着国民经济调整，大厂挂钩合同取消，商业部门订货锐减，因而出现了销售渠道闭塞、产品销路狭窄的局面。越秀区允许集体企业设立门市部实行产销直接见面，允许多种经营，鼓励竞争，促进联合，工贸并举，工农商联合，广开生产销售门路。集体企业主管部门积极引导企业由单一经营逐步向着农工商综合经营的方向发展。既搞工业，又搞商业、生活服务业；既生产工业品，又经销农副产品、山货、百货；既自设门市，又批外代销；既改进服务态度，又实行供货优惠措施。如一德工业公司，1980年上半年生产面临较大困难，下半年该公司根据区的经济工作会议精神，利用有马路面铺位较多的优势，将一些“死火”车间、班组的职工转型搞商业，开设了经营百货、陶瓷、水果、海味水产品等15个商店或门市部，使一德街工业有了休养生息的余地。放开企业自主权后，企业按市场需要，组织生产。改变过去依赖大厂挂钩、商业定购来组织生产的老一套做法，以市场调节为主，组织生产，跳出单一经营的圈子，兼办商业、生活服务业，切实按集体经济特点发展区街工业。

为了使区街工业适应国民经济调整的形势，越秀区经济委员会注重疏通产销渠道，实行产销见面、以销定产。1980年初，越秀区举办工业产品展销会，在短短5天的时间内就做了30多万元生意，承接了一批订货任务，提供了不少更新产品的信息。主管部门又组织企业参加省、市产品展销会，取得了经济效益。看到产品展销会带来的经济好处，加上越秀区地处广州市中心的优势，集体企业纷纷设立产品展销门市部。至1980年底，全区有93个企业开设了门市部或展销部，经营方式从只展销自家产品逐步发展到代销、购销，实行多种经营，努力搞活经济。这93个门市部、展销部全年营业收入达512万元，利润57万元，既增加了经济收入，还对宣传产品、了解行情、招揽生意起到很好的作用。

区街生活服务业的恢复和兴起。“文化大革命”期间，街道原有的生活服务组很多成员因为被扣上各种“帽子”而被“勒令”停止工作或遣送回乡生产；有些点档的营业额和货源受到限制，生活服务业停滞不前甚至被取消。党的十一届三中全会前后，越秀区努力恢复和发展街道生活服务业，方便居民群众生活需要。各街道由居民委员会出面组织代销点，既有固定的服务点，又有流动经营点，代销蔬菜、牛奶、猪肉、肠粉；职工饭堂代销早餐；开展代煲中药、传呼电话、保管自行车等便民服务项目，项目多，形式活。越秀区为加强对居民生活服务业的领导和管理，1979年3月，在各街道设立生活服务总社负责组织和管理行业内集体所有制企业。随着城区改革的深入和加强对各街道生活服务业指导的需要，1980年11月，越秀区生活服务管理处改为越秀区生活服务公司，对街道生活服务总社进行业务指导。1982年1月，各街生活服务总社改为生活服务公司。

1983年，区内国营、集体、个体商业贸易和服务业网点已达7400个，从业人员21998人，恢复到历史上最高的1957年的水平。1984年，各街管辖的个体户移交区工商局管理。越秀区生活服务公司改称越秀区生活服务总公司，为独立核算的集体所有制企业，属管理经营型，既自营企业，也对各街生活服务公司进行业务管理。在此期间，区街的生活服务业领域已经大为扩展，如越秀区生活服务公司下设经理部，开办直属企业和外贸合作企业，经营批发、零售、代销、代购、收购业务，主要经营农副产品、食杂干鲜果、小食品、饮料、五金交电，兼营日用百货、汽车零件等。

三、个体大军活跃城区大街小巷

党的十一届三中全会以后，党对社会主义经济的道路进行了新的探索。1979年2月，中共中央、国务院批准了第一个发展个体经济的报告，提出“各地可根据市场需要，在取得业务主管部门同意后，批准一些有正式户口的闲散劳动力从事修理、服务和手工业者个体劳动”。党中央明确了个体工商业者是个体劳动者，在政治上与国营单位职工一视同仁。中央还一再强调，各有关部门对个体经济的发展，要“扶上马、送一程”。这给个体经济（后来称民营经济）带来发展的重大契机，放开和发展个体经济成为我国经济体制改革的重大突破。

1979年7月，广州市工商行政管理局会同越秀区工商局在北京街开展发放个体工商业营业执照的试点工作。7月24日，发出了第一批个体工商业营业执照82户，还专门召开了发放大会。会上，越秀区工商局为个体户颁发了个体工商业营业执照。位于中山五路75号，毗邻北京路商业街，主营时装加工的陈兴昌成为第一个领到营业执照的个体户。至1979年底，全区共核发个体工商业营业执照1354户，从业人员1480人。至1980年底，广州市个体工商户数的发展已位列全国第二，越秀区在全市近8000户个体工商户中就占了37.5%。[①]这时期，从事个体经营的多为中老年家庭的妇女，经营规模小，但遍及全区的大街小巷，经营品种繁多，既方便了居民群众的日常生活，又安排了社会就业人员，促进了安定团结的局面。

越秀区有关部门积极扶持个体经济的发展，在发放牌照方面减少层次，精简手续；在场地、货源、资金方面提供方便；在税收和收费方面给予照顾；在经营范围、规模、形式以及从业人员等方面都放宽了政策，取得良好效果。例如，对饮食业、烧腊、服装、鞋店等辅助性工作量大的个体户，允许其直系亲属利用工余参与辅助性劳动；有技术、能带待业青年或生活困难的退休、退养人员可领个体牌照，也可作从业人员；有技艺专长的，允许传艺带徒，但仍然需要报经街生活服务总社批准后才能进行。外地人在全区经营，越秀区逐步放开发放营业执照，批准个体户开设旅店，开展代售车船票等业务，允许有条件的个体户搞批发业务。

越秀区委、区政府支持鼓励并重点引导区辖内个体经营者发展，培养出一批知名的个体经营者。例如，陈兴昌夫妻于1953年在中山五路75号开办裁缝小店，制作童装和女服。当时，街坊邻居对陈兴昌的“个体户”身份很鄙夷，看不顺眼，少有人与他接近，陈兴昌的儿子成年后难以找到对象。1979年，当有些人对改革开放持怀疑态度时，陈兴昌抓住商机，敢想敢干，到工商局注册，领取了号码为0001的营业执照，成为改革开放后广州市第一批正式个体户。陈兴昌的生意很好，许多外地人来到广州市都要去他的店里看看，甚至排队抢购他的童装。1985年，陈兴昌已被誉为广州的四大百万富翁之一。1989年，他创办的昌兴服装有限公司更成为广州第一家私营企业。容志仁于1979年10月，以100元的资金在越秀区东风街申

---

① 越秀区工商行政管理局:《广州市越秀区工商行政管理局工商行政管理志(1840—1990)》。

请了个体执照，在西华路司马坊口创办容光小食店，按顾客的要求制作学生餐，包括5分钱一两的肠粉和5分钱一碗的花生猪骨粥。每天来店里吃早餐的熟客就有200多人，营业额直线上升。1980年，广东省委书记任仲夷接见个体户代表，会上大家都不敢多说话，容志仁却大胆地说出了自己对个体经济的想法。任仲夷赞赏地说："这是个有独特经营思想的年轻人，我们的社会就需要这种人，媒体要报道。"《南方日报》《广州日报》随即进行了报道，容志仁成为改革开放后广州最早出现、最早发迹、最早全国闻名的个体户之一，并被选为广州市个体劳动者协会第一届委员会主任。

1981年6月23日，越秀区个体工商业劳动者协会第一届会员代表大会召开，出席会议的正式代表179人。广州市有关部门领导和区委副书记朱云桥等出席了大会开幕式，大会讨论通过了个体工商业劳动者协会试行章程，选举了第一届协会委员26名。区个体工商业劳动者协会重点做好个体劳动者的组织、管理和教育工作。同时，成立了皮具、服装、饮食、眼镜、装饰材料、钟表等行业分会，引导建立一德路干果海味专业街、大南路至泰康路装饰材料专业街、濠畔街皮革鞋料专业街、解放南至一德东礼品街、大新路东段鞋类专业街等专业市场。

1982年9月1—11日，中国共产党第十二次全国代表大会召开，大会报告指出："在农村和城市，都要鼓励劳动者个体经济在国家规定的范围内和工商行政管理下适当发展。"12月，五届全国人大五次会议通过的《中华人民共和国宪法》规定："城乡劳动者个体经济是社会主义公有制经济的补充。国家保护个体经济的合法权益和利益。"至此，个体经济的合法地位得到宪法的认可。

越秀区个体经济在20世纪80年代迅速起步，充分发挥地处闹市中心的优势，个体经济发展迅速，经营方式多种多样，有批发、零售、批零结合；有坐商、行商、坐行商结合；有自营、联营等。1982年底，越秀区个体工商户达到4355户，从业人员5126人，营业额2021.28万元。1983年，全区个体工商户达到6656户，从业人员7641人，营业额4166万元。1984年，全区个体户数为7773户，从业人员13710人，营业额达6625万元，比1983年增长59%。[①]

改革开放伊始，越秀区各大马路边的个体摊档林立，最旺的是中山路、北京路、人民路等主干道。然而，一级马路是交通整治的重点，不能摆卖，热火朝天的个体经济与城市规范管理产生矛盾。经过深入调查研究，区确定引导个体户入室经商、集中经营，首先搞好高第街、西湖路两条街的个体摊档管理，使一级马路空阔通畅起来。越秀区个体经济的发展，有力补充了国营市场商业的不足，极大地活跃了市场经济。

四、广州首个工业品市场和灯光夜市

改革开放以来，越秀区内以个体经济为主体，商业为特色的城市经济迅速兴旺起来，延续着广州市中心的经济脉络和历史积淀，适应着中心城区居民群众以及来穗经商人员的需要，城区商贸点档逐步呈现成行成市、汇聚发展的趋势。

区内的北京路是广州市商业中心，百货商品聚散之地，工商百业名优荟萃，国内外名牌专卖店林立。北京路闹市中有一条著名商业街——高第街，始建于宋代，东连北京路，西接起义路，临近珠江，交通方便。高第街东边街口宽7米余，西边街口仅6米，全长500多米，面积约4000平方米，是历史悠久的古老商业街，附近设有宋代以来我国专司外贸、海关职能的市舶亭（市舶司）。古街地面的旧麻石和沿街一栋栋水磨青砖的古宅，表明它的久远年代，既汇聚了现代都市的昌盛繁荣，又是繁荣兴旺的商业集散地。历史上，高第街以经营鞋帽布匹和苏杭杂货著称，曾有“苏杭街”之称，很多人都

① 广州年鉴编纂委员会:《广州年鉴1985年》，1985年，第485页。

到高第街买东西，顾客如云。

改革开放给高第街注入了蓬勃的生机活力。街内主要经营服装、布匹、鞋帽、小百货等日用工业品，形成国营、集体、个体共同经营的格局。据高第街工商所统计，街内有个体工商户1100多户，外地人与本地人合营的超过七成，外地人独营的以潮汕、海陆丰人居多，福建、广西人也不少。做服装生意的个体户发展很快，有的已经设厂自产自销。改革开放之初，用塑料布摆地摊的“走鬼”常常将高第街搞得又脏又乱。1980年10月，经广州市人民政府批准，越秀区人民政府及有关部门组织高第街首层的居民开门经营服装、百货等。高第街建成全市第一个工业品市场，全长578米，场内共设个体户点档705个，其中街道中间设售货车仔329部，正街两旁室内个体工商户120户，14条横巷有个体工商户256户，为2000多人创造了就业机会。街内商户以批量销售为主，兼有零售、来料加工、代销等，经营方式灵活多样，主要经营各式男、女服装及布料、鞋、帽、日用百货等小商品。因为街内经营品种样式善于根据市场需要而变化，且价格较为低廉，吸引了众多内地和港、澳、台来广州的商户、旅游者，连国外的游客都来此购物观光，商品销往全国，年营业额达3000多万元，成为广州的开放窗口，被人们称为“小南方大厦”。[①]

区内距离高第街不远的西湖路曾是唐末南汉王的湖景园林，这一带在千百年前就已经是岭南的文化商业中心。改革开放后，西湖路建成了吸引人气、聚集小商品的城市名片——西湖灯光夜市。西湖夜市的范围包括西湖路和教育路，两条路互相交叉，分别有400多米，往北通往火车站、汽车站、机场和交易会，往南通过海珠桥到达广州城的南边，西湖路夜市的影响力延伸到全国有名的广州市北京路商业步行街。

1984年5月，市、区两级政府共同整顿区内中山五、六路及人民

① 越秀区工商行政管理局：《广州市越秀区工商行政管理局工商行政管理志（1840—1990）》。

路、沿江中路和北京路等主干道的市容卫生、交通秩序。为安置这些路段因扩建被拆除的原有个体摊档，在室内场地安置条件困难的情况下，选择了交通压力不大的西湖路开设了全国第一个“灯光夜市”，白天行车，晚上经营个体商业，交通畅通和发展经济一举两得。每天入夜开市前，商户就用竹竿沿马路两边搭建起一个个售货棚架，每档悬挂一盏电灯，人流从路中间经过。西湖夜市内经营的个体户和毗邻的高第街个体户因此成为广州乃至国内第一代个体户。

5月28日，由越秀区工商局主办的广州第一个灯光夜市，在西湖路东段和教育路南段开市，市、区有关部门负责同志到现场视察。开市初期只有80个档位，经营时间只有每晚两三个小时，经营者认为做不到多少生意，存在悲观情绪。在越秀区各部门大力支持引导下，西湖夜市逐渐走出了一条以经营中、高档时装为主要特色的路子。到20世纪80年代末，已发展到900多个个体摊档，经营的中外高档时装琳琅满目。西湖夜市吸引了夜生活并不丰富的大批市民，以灵活、多样的经营模式以及信息灵通、交通方便的黄金位置，招徕全国四面八方的厂家、商家。西湖夜市内的“档龙”迅速延伸，高峰时期达1000多档，把西湖路和教育路挤得满满的，搭建摊档的材料也从竹竿换成了不锈钢管，灯泡换成了光管，由专业队统一按时安装和拆卸，市面进行了统一设计和装饰。每晚人流如织，千灯齐亮，辉煌无比，从高空俯视，疑是银河落人间。夜市的经营范围也迅速从零售发展到批发，从低档发展到中、高档，从服装发展到皮具、婚纱等。北京、上海、武汉、济南、重庆等大城市的领导纷纷前来学习“取经”，个体市场、灯光夜市迅速开遍全国。①

在相当长的时间里，西湖灯光夜市被称为“南国夜明珠”，它乘改革开放之先机，发挥邻近港澳的优势，一度领先国内时装产销潮流，成为中国时装的“橱窗”。夜市长期拥有较为固定的室内外大型

① 越秀区工商行政管理局：《广州市越秀区工商行政管理局工商行政管理志（1840—1990）》。

小百货900余家，参与直接经营和配套服务的就业人员超过万人，每年吸引数十万计的海内外顾客和游客，高峰时年营业额达8000万元，年上缴税收600多万元。西湖灯光夜市成了首批乘着党的改革春风先富起来的人们的创业摇篮，成了开创国家多种经济成分共同发展、不同就业方式的试验田之一，为减轻政府就业压力、丰富商品流通做出了贡献。

为促进西湖灯光夜市的发展，越秀区政府一直以来都十分重视从政策、管理和资金上予以大力扶持，逐步地引导夜市的建设与创建“古城商都”型现代化中心城区和广州市创建文化名城的发展战略紧密结合起来。随着国家经济发展，西湖灯光夜市逐步转向以零售为主，销售品种转向多元化，以吸引更多不同层次的顾客。配合北京路商业步行街的建设，西湖夜市渐渐凸现其文化内涵，增加文化名城旅游景点的功能。越秀区通过调控引导，夜市的经营分布进行品类细分、合理调整，提高了夜市的竞争力。西湖东路以经营服装为主，西湖西路以皮具、女士用品为主，教育南路则以精品为主，教育北路是婚纱一条街。整个夜市要集旅游、观光、休闲、购物为一体，加快市场硬件的建设升级，使之成为名副其实的文化旅游景点，与北京路商业步行街相互辉映，营造出广州市的购物天堂。

西湖灯光夜市不仅创造了商业奇迹，还涌现了个体商户们致富思源，富而思进，富了不忘自己的社会责任、乐善好施的动人事迹。个体商户组织起来，成立了西湖灯光夜市个体户协会，多年来，他们积极为社会公益、慈善事业做贡献，率先在全市设立了“见义勇为基金”，为广州地铁建设捐款10多万元，并多次捐款捐物救济灾区，优先安置下岗职工等，多次被省市评为“文明市场”、拥军优属先进单位、社会治安综合治理先进单位等，取得了物质文明和精神文明双丰收。

五、兴办“三来一补”和对外合作业务

广东、福建两省邻近港澳，华侨众多，发展对外贸易的条件十分有利。1979年4月，中央召开工作会议，作出了《关于大力发展对外贸易，增加外汇收入若干问题的规定》，提出要充分发挥广东、福建两省的有利条件。中央决定对这两省要采取特殊政策和灵活措施，让它们在开展对外贸易，增加外汇收入，加速发展地方经济方面有更广阔的活动余地，为国家四个现代化做出更大的贡献。[①]7月15日，中共中央、国务院批转了广东省委、福建省委关于对外经济活动实行特殊政策和灵活措施的两个报告，正式确定：对两省对外经济活动实行特殊政策和灵活措施，给地方以更多的自主权，使之发挥优越条件，抓紧当前有利的国际形势，先走一步，把经济尽快搞上去。[②]

越秀区华侨、港澳台同胞众多，加之区街企业不下200多家，多为有一定设备和技术力量的中、小型加工企业，为发展“三来一补”业务和引进外资办企业提供良好的物质基础。

1979年，越秀区委决定成立对外引进先进技术办公室，另在越秀区计划生产办公室内设外贸科。1980年9月，原越秀区计划生产办公室的外贸科撤销，改为在越秀区工业局设外贸科，与区对外引进先进技术办公室合并办公。改革开放初期，越秀区没有直接接纳外商投资的权力，相关业务只能转介到市级有权签约的单位，委托签约及履行合同。1980—1985年，全区工业品出口额逐步增加，年均

---

①《关于大力发展对外贸易，增加外汇收入若干问题的决定》，载中共广东省委办公厅编印：《中央对广东工作指示汇编》（1979—1982年），1983年，第8页。

②《中共中央、国务院批转广东省委、福建省委关于对外经济活动实行特殊政策和灵活措施的两个报告》，载中共广东省委办公厅编印：《中央对广东工作指示汇编》（1979—1982年），1983年，第18页。

出口值达400多万元，均由省、市有关部门以人民币收购方式出口。1980年12月，越秀区对外经济贸易委员会成立，外商投资审批权从市下放到区。越秀区对外经济贸易委员会在越秀区工业局的外贸科、“三来一补”科基础上组建，设业务科、洽谈科、“三来一补”科。1983年5月，越秀区对外贸易公司正式挂牌，设办公室、生产科、“三来一补”科、贸易服务部、经营部，负责承接、审批对外来料加工、来件装配、来样加工和补偿贸易，直接办理成交、报关、结汇业务；经营管理6家直属外贸企业；为区、街外贸企业物色外商，介绍加工合作对象，做好各项有关外贸的服务工作。

越秀区直接进行“三来一补”的第一宗成交业务是于1979年由六榕街与港商合作来料加工塑料佛珠，当时区还未有接纳外商投资权，只能转介到市有权签约的单位，委托签约及履行合同。1980年，外商投资审批权从市下放到区以后，开展“三来一补”较早较快的有人民、大新、纸行、诗书等17个工业公司及住建公司和区工业局、区教育局、区卫生局的下属企业。1981年，加工装配项目范围包括服装、针织、电子表、表带、玩具、电器、建材、小五金。通过来料加工，为国家创收外汇（加工费）209.12万美元，还以补偿贸易方式引进各种设备1752台（套），价值57.89万美元。1984年，越秀区对外经济贸易委员会适时地制定了“三来一补”多项优惠办法，促进了“三来一补”业务的发展。1981年，区内已有“三来一补”企业74家，累计执行合同930宗，创汇1128万美元。开办“三来一补”对外业务迅速提高了区街工业企业的生产规模、技术水平和经济效益。越秀磁带厂是一家集体所有制企业，原生产简易车床和牛头刨床。1978年，当时机械行业不景气，产值78万元，营业收入45.12万元，利润2.76万元，是微利企业。1979年，开展“三来一补”业务，与太古香港磁电公司经营来料加工录音带盒，并自产自销C-O录音带，生产规模和经济效益逐年提高。1987年，磁带厂引进设备，年产录像带700万盒、录音带1000万盒，年创汇40万美元，被评为广州市出口创汇先进单位。

随着开放政策的贯彻落实，越秀区发挥开放的先行优势和中心城区的地域优势，加强对外经济合作，引进外资的广度和深度逐步发展，特别是利用外资领域不断扩大。1982年，越秀区签订了第一宗服务业引进外资合同，合资兴办广州人人菜馆，合同金额为61.2万美元，外商实际投资额为45万美元。

第　五　节
开展民主法制建设与精神文明建设

越秀区委在深入开展真理标准问题讨论和贯彻落实党的十一届三中全会精神过程中，更加深刻地认识到，林彪和“四人帮”反革命集团在“文化大革命”中就是把人的思想搞乱，破坏正常的工作局面，以达到他们不可告人的目的。邓小平提出拨乱反正、正本清源的思路是党伟大的战略部署。越秀区当务之急就是恢复各机关团体组织和正常工作，发挥各自职能作用，恢复和加强党组织在其中的领导核心作用，才能恢复正常的生产、生活和社会秩序。1980年8月18日，越秀区委发出《关于在区人大常委会、区人民政府、区人民政协建立党组的通知》等文件，加强党的领导核心作用，各机关和人民团体工作重上正轨。

一、区人民代表大会制度的恢复与发展

1965年召开越秀区第六届人民代表大会第二次会议之后，发生了“文化大革命”，区人民代表大会活动中止了15年之久。1976年10月，粉碎“四人帮”反革命集团，结束“文化大革命”后，人民代表大会制度得到了恢复和发展。

为了筹备召开越秀区第七届人民代表大会，1980年4月，越秀区委、区革命委员会非常重视，成立了越秀区选举委员会主持选举

工作，全区19个街道成立了选举工作办公室。这次选举工作分三个阶段进行：第一阶段为宣传发动，街道在大张旗鼓地进行深入宣传的同时，积极发动干部群众搞好生产，以实际行动迎接区七届人大会议的召开；第二阶段为选民资格审查，酝酿候选人名单，选好代表等；第三阶段为组织代表到群众中收集意见和建议，酝酿议案和市代表候选人等。从1980年4月初开始筹备工作，经过选民登记、核对，全区选民为311296人，占全区总人数的67%，划分为158个选区，应选代表460名。6月30日是全区投票选举日，按差额选举的规定，反复讨论，民主协商，确定正式代表候选人748人，最后选举产生越秀区第七届人民代表大会代表460人。

1980年7月22—29日，越秀区第七届人民代表大会第一次会议召开，出席代表460人。区委书记朱森林致开幕词，大会宣读了广东省人大常委会的贺词，市委第一书记杨尚昆到会作了讲话，区委副书记叶特香作了政府工作报告，陈植生、吕永泰分别作了区法院、区检察院工作报告。大会提出了5项任务：一要进一步发展区街生产，努力做好财贸工作，大办街道生活服务业；二要加快住宅建设的速度和市政建设的速度，努力改善群众居住条件，要搞好待业人员的安置工作，给人民群众可见的物质利益要逐步兑现；三要加强治安管理，整顿社会秩序，促进社会安定团结；四要积极贯彻落实党的政策，调动干部、职工、教师、科技、医务人员的积极性；五要开展“五讲四美”[①]活动，建设社会主义精神文明。大会号召全区人民同心同德，团结一致，努力学习，解放思想，发挥优势，扬长避短，发扬艰苦创业的革命精神，为把越秀区建设成为一个安定团结、生产和生活服务事业不断发展、人民物质生活和文化生活水平不断改善、道德风尚与社会秩序良好、清洁卫生、环境优美、为“四化”服务的新城区而奋斗。

---

① “五讲四美”：“五讲”即讲文明、讲礼貌、讲卫生、讲秩序、讲道德；“四美”即心灵美、语言美、行为美、环境美。

会议审议通过了区革命委员会工作报告和区法院、区检察院工作报告，并根据五届全国人大二次会议通过的《关于修正〈中华人民共和国宪法〉若干规定的决议》和地方组织法规定，设立越秀区人民代表大会常务委员会（越秀区人大一至六届均未设立常务委员会），选举朱云桥为区人大常委会主任，叶特香为越秀区区长，陈植生为越秀区人民法院院长，吕永泰为越秀区人民检察院检察长；选举越秀区出席广州市第七届人民代表大会代表；会议通过184名人民陪审员名单。以第七届人民代表大会的召开为标志，越秀区人民代表大会制度开始恢复，逐步规范化、正常化。

越秀区人大常委会设立了办公室及法制、财政、教育科学文化卫生、城市建设等4个工作委员会。区人大常委会及其工作机构依法履行职责，围绕9个方面开展工作：一是做好监督工作。依照法律规定，区人大常委会通过对区政府、区法院、区检察院（以下简称“一府两院”）进行法律监督和工作监督，保证党和国家的方针、政策、法律、法令，上级和本级人大及其常委会的决议、决定的贯彻执行。二是做好人事任免工作。从1980年7月—1984年3月，区人大常委会先后任命了区国家机关工作人员134名，免去职务的15名。三是做好议案（提案）工作。区七届人大会议期间共收到议案（提案）1297件，书面建议、意见169件。区人大常委会认真进行分类整理后送政府有关部门办理，区人大常委会负责督办。四是做好人大代表选举工作。五是做好人大代表联组工作。将460名代表按行政街成立19个代表大组，大组按地段或行业编成67个代表小组，以便联系和开展工作。坚持常委会接访日制度，保持常委会与代表、代表与选民的密切联系。六是组织好代表视察活动。每年分期、分批组织人大代表对全区重大事项或人民群众关心的热点问题进行视察，对代表视察过程中发现的问题及时处理。七是做好调查研究工作。围绕每次人大会议和常委会会议审议的议题，以及人民群众申诉的重大案件进行调查研究，弄清实际情况，提出建设性的意见，转有关部门认真处理，力求解决问题。八是做好信访工作。通过信访工作，了解和监督“一府两院”的工作，促进干部队伍的建设，逐步在人民群众和干部队伍中树立国家权力机关的形象。特别是一些“老大难”的问题，如侨房、私房被占得到清退，“民告官”的房屋纠纷得到公正调处等，维护了法律的尊严，保障了人民群众的合法权益。九是建立规章制度。1984年6月开始，先后制定了《区人大常委会与人民代表联系暂行办法》《区人民代表与选民的联系制度》《区人大代表工作的若干规定》《区人大代表联组工作的若干规定》《办理代表提案工作暂行办法》等，各项基本制度的建立，使人大工作逐步规范化、制度化，对加强民主与法制建设、公开办事制度、增强工作的透明度、保持工作的连续性，起了积极的作用。

二、区革命委员会的撤销与区人民政府的恢复

新中国成立后，越秀区行政机关的名称经历过几次变更。“文化大革命”开始后，1967年1月，区人民委员会被夺权；3月，成立区军事管制委员会，实行军事管制；1968年2月14日，成立越秀区革命委员会。由于强调党的一元化领导，较长时期内，区委与区革命委员会合署办公。

1980年6月，越秀区委、区革命委员会办公室分设，分别成立区委办公室、区革命委员会办公室。7月，越秀区第七届人民代表大会第一次会议召开。会议根据第五届全国人民代表大会第二次会议通过的《关于修正〈中华人民共和国宪法〉若干规定的决议》和《中华人民共和国地方各级人民代表大会和地方各级人民政府组织法》的规定，对区的领导体制进行了重大改革，撤销了越秀区革命委员会，恢复了越秀区人民政府；区人民政府作为区人民代表大会的执行机关，对它负责，受它监督；区人民政府实行行政首长负责制。其职能是执行本级人民代表大会及其常委会的决议以及上级国家行政机关的决定和命令，制定行政措施，发布命令和决定，领导所属工作部门和各街道的工作；改变或撤销所属各工作部门不适当的命令、指

示和下级人民政府不适当的决议、命令；依照法律的规定，任免和奖惩行政机关工作人员，执行经济计划和预算，管理本行政区域内的经济、文化建设和民政、公安等工作；办理上级国家行政机关交办的其他事项等。

1980年8月，按党政分工原则，区政府设立和完善了主要工作机构，包括区政府办公室、档案科（馆）、基建办公室、区卫生局、区环境卫生管理局、区计划生产办公室、区财贸办公室、区科学技术委员会、区人民防空委员会办公室、区体育运动委员会、区爱国卫生运动委员会办公室、区计划生育委员会办公室、区人民政府外事侨务办公室、区文教办公室、区对外经济贸易委员会、区劳动局、区民政局、区环境保护办公室、区绿化委员会、区人事科、区统计科、区文化科、区司法科、区公安局、区教育局、区房地产管理局、区工业局、区城建局、区财政局（税务局）、区工商局。

1981年，设立区人民政府计划经济委员会。随着改革的广泛深入，政府职能逐步健全，作用日益重要，随后逐步形成职能局的架构和编制。1984年，区文化科改为区文化局，区人事科改为区人事局，区司法科改为区司法局，区档案科（馆）改为档案局，新成立了区审计局、区物价所。越秀区人民政府恢复后，在区委的领导下、区人大的监督下，开展工作并步入正轨。区政府的恢复与工作机构的完善，对越秀区社会主义现代化建设的顺利进行起到积极促进作用。

新中国成立后相当长时间内，党政机关都强调行政街道的基层政权建设，侧重其行政管理职能。1980年7月，根据广州市革委会和市政府有关文件的精神，越秀区革委会印发《关于恢复街道办事处建制的通知》，决定从1980年8月1日起，撤销街道革命委员会，恢复街道办事处建制。全区共设19个街道办事处，作为区政府的派出机构。8月，全区19个街道办事处实行党政分开，党委书记不兼任办事处主任。10月17日，越秀区委、区政府召开街道工作会议后，发出《关于加强街道办事处工作的若干意见》。随着党的十一届三中全会实现思想理论上拨乱反正，区委、区政府对街道的作用职能和管理方法有了更加全面和深入的认识，通过加强街道工作，完善街道职能机构，使街道社会管理和服务的功能得到充分发挥。

三、区人民政治协商制度的恢复

1965年，政协越秀区第五届委员会第二次会议召开以后，自1966年起，因为“文化大革命”被迫停止活动。党的十一届三中全会以后，越秀区的统一战线工作重新得到落实和加强。1979年6月，区政协恢复活动。[①]1982年，中国共产党进一步提出爱国统一战线的方针和与民主党派实行“长期共存、互相监督、肝胆相照、荣辱与共”的方针。

1980年7月21—30日，政协越秀区第六届委员会第一次会议召开，会议的主要任务是换届选举工作。对此，区委非常重视，成立了筹备工作领导小组，研究了各界别委员的名额比例，并对各民主党派、无党派、人民团体、少数民族等推荐的委员人选进行了酝酿协商和广泛征求意见，确定了这届代表各界别委员共199名。会议听取和审议了区政协工作报告，选举葛祥经为区政协主席，同时选举了区政协副主席、秘书长和政协常委。会议号召全体委员要高举马列主义、毛泽东思想的伟大旗帜，紧密团结在中国共产党的周围，在越秀区委的领导下，坚持四项基本原则，调动一切积极因素，团结一切可以团结的力量，解放思想，艰苦奋斗，群策群力，发挥越秀区的优势，扬长避短，为把越秀区建设成为社会主义的新城区，为促进中国社会主义现代化建设和完成祖国统一大业而奋斗。

越秀区第六届政协会议召开后，区政协工作开始步入正轨。此后，根据政协章程规定，市辖区的地方委员会每届任期3年。越秀区第六届政协会议及其常委会的重要工作是肃清“文化大革命”的“左”

① 广州市越秀区地方志编纂委员会:《广州市越秀区志》，广东人民出版社2000年版，第545-555页。

错误及其造成的政治上、思想上的混乱，着眼于拨乱反正工作，包括思想和工作作风、工作方法上的拨乱反正，开展对委员和各界人士的落实政策工作，团结委员和各界人士为社会主义建设服务。贯彻全国统战工作会议和省、市统战工作会议精神，认识中共中央关于“新时期统一战线仍是一个重要法宝”论断的重要性；根据“文化大革命”严重破坏我国政治制度建设的深刻教训，建立和履行好政治协商、民主监督、参政议政三项职能。1980年，越秀区政协组织协商讨论对原工商业者中的小商、小贩、小手工业者的区别工作；协商推荐了非中共人士、名老中医、主任医师陈群益，友谊无线电厂厂长、工程师巫楚才，教育界老校长叶志芬，区建委总工程师兼设计室主任潘键，区中医院院长、副主任医师黄仕沛为区政协副主席。

1981年10月24—31日，政协越秀区六届二次会议召开。会议决定广泛组织各界人士深入学习贯彻党的十一届六中全会精神，准确把握社会主义初级阶段主要矛盾，为解决好人民日益增长的物质文化需要同落后的社会生产之间的矛盾贡献力量；学习和贯彻广州市第四次党代会、市七届人大一次会议精神，坚持四项基本原则，解放思想，开展批评和自我批评，反对资产阶级自由化，建设高度的社会主义精神文明；认真学习和贯彻叶剑英关于台湾回归祖国、实现和平统一的谈话中所阐明的方针、政策，做好对台宣传、接待工作，为争取台湾早日回归祖国做贡献。1984年4月2—8日，政协越秀区七届一次会议召开。会议听取和审议了区政协副主席赵得声作的区政协第六届常委会工作报告，区政协副主席温兆奇作的区政协六届四次全会以来提案办理情况的报告。会议选举了政协越秀区第七届委员会常务委员45人。从本届起，区政协成立党组，设立办公室及学习、提案、联络、文史资料研究、经济技术咨询等委员会。

党的十一届三中全会以后，越秀区统一战线工作的重新落实和加强，密切了中共越秀区委同区各民主党派之间的关系，进一步完善了中国共产党领导的多党合作政治协商制度，爱国统一战线得到进一步加强与发展。

四、公检法机关的恢复和加强法制建设

区公安机关恢复。“文化大革命”开始，广州市公安机关受到冲击而瘫痪。1968年2月，越秀区公安分局改称为越秀区革命委员会保卫组。8月，越秀区公、检、法的军管小组合并为公安机关军管小组，隶属广州市公安机关军管会和越秀区革命委员会双重领导。1973年4月，撤销越秀区革命委员会保卫组的名称，恢复广州市公安局越秀区分局。由于在“文化大革命”期间政法机关无法正常工作和受到社会上无政府主义思潮影响，20世纪80年代初，越秀区内已经绝迹多年的黄、赌、毒、娼活动沉渣泛起，社会治安形势恶化。1980年8—10月，越秀区公安分局组织了“打击强奸流氓犯罪、贩毒，取缔卖淫、赌博、吸毒、炒卖活动”的统一行动，共抓获强奸流氓犯罪分子115名，卖淫嫖客人员85名，赌博、吸贩毒等人员670名。

改革开放后，城市人口由原来相对静止趋向流动，社会治安形势日趋严峻，犯罪案件急剧上升，特别是外来人口作案迅速增加，打击刑事犯罪已成为政法机关的主要任务。根据中央各时期的部署要求，越秀区委、区政府加强对治安工作的领导，加大治安管理力度，整顿社会秩序，促进社会安定团结。

区公安分局按照依法从重从快打击重大现行犯罪的方针，打击了刑事犯罪等现行破坏活动，坚持做好整顿社会治安工作，使全区的治安秩序有了明显好转。从1983年8月—1986年11月，历时三年，全区开展了声势浩大的严厉打击刑事犯罪斗争，分三个战役进行。第一战役从1983年8月—1984年6月，开展“攻入屋、打三犯（盗窃犯、流窜犯、在逃犯）”斗争。在严厉打击刑事犯罪活动第一战役中，全区共逮捕刑事犯罪分子168人，送劳动教养21人，刑事拘留4人，收容审查15人。其中，破获了全市久侦未破的“一高一矮”入屋盗窃案，从两犯身上破获盗窃案件62宗。

自我国实行改革开放，国民经济调整以来，经济战线出现喜人的发展局面，取得了明显的成绩。为确保社会主义现代化建设的顺利进行，确保对外开放和对内搞活经济的正常进行，中央着手开展打击经济领域中的严重犯罪活动的重大部署。由此，开始了新中国成立以来又一次严厉打击经济犯罪的斗争。

1982年2月，区委常委会会议组织专题学习，研究贯彻落实中共中央《紧急通知》的问题，一致认为要紧跟中央部署，在全区积极开展反走私贩私、贪污受贿的斗争，认真抓好案件的查处，建立健全各项制度，堵塞漏洞，加强检查监督，严防坏人乘机作乱，盗窃和损害国家、集体资财。区委成立了领导小组，由区委副书记、区长叶特香任组长。4月12日，区委成立了打击经济领域中的违法犯罪活动领导小组（后改称为区委贯彻中共中央《紧急通知》领导小组）。4月20日，区委召开常委会会议，学习传达了中共中央、国务院的《关于打击经济领域中严重犯罪活动的决定》（以下简称《决定》）精神，并作出四项决议：一是要统一思想，统一步调，务必把这场关系到党和国家社会主义事业盛衰成败的斗争不断引向深入，夺取胜利。二是区属各部门、各单位要集中力量抓紧查处大案要案，特别要着重查处那些现行的，与国家机关、企业事业有关的大案要案。在查处时，要严格区分和正确处理两类不同性质的矛盾，严格按照党的政策和国家的法律、法令行事。三是全区各机关、街道、企业事业单位都有义务采取一切有效方法，继续向干部和群众反复深入地宣传全国人大常委会《关于严惩严重破坏经济的罪犯的决定》，真正做到家喻户晓，人人皆知。四是公安、检察、法院三机关要坚持群众路线，严格依照司法程序和法律规定办事；各部门、各单位，要与政法部门紧密配合，协同作战。对斗争中涌现出来的积极分子和好人好事，要大力宣传表彰。对利用职权包庇、窝藏犯罪分子，隐瞒、掩饰违法人员的犯罪事实，阻挠查处的，要依法追究，从严处理。

根据区委关于开展打击经济领域中严重犯罪活动的部署要求，区内各单位进行了广泛深入的动员和排查。1982年，全区共立案25

宗、39人，其中，职务犯罪19人，占犯罪人数的47.7%，万元以上大案7宗，占立案数的18%。[①] 这些案件大都是行贿受贿案件，特点是在基建建设领域行贿受贿，用公款行贿明显增加等。针对以权谋私、行业不正当竞争、“文化大革命”造成对行贿犯罪打击不力等问题原因，区委对依法打击经济领域犯罪活动和开展经济体制机制改革提出了新任务和新要求，出台了新措施。

区人民检察院恢复职能。“文化大革命”开始，越秀区人民检察院的工作就处于瘫痪状态，检察干部被抽调到其他部门。1976年，粉碎“四人帮”后，中央为了健全社会主义民主和法制，发出了重建检察机关的指示。1978年，第五届全国人民代表大会第一次会议决定恢复检察机关的职能。1978年7月，越秀区人民检察院正式挂牌对外办公，一批原检察干部陆续归队，并从公安、文教系统挑选了一批政治素质好的干部充实到检察队伍。1979年3月，区检察院党组恢复工作。1984年，面向社会公开招考检察干部，择优录取26名青年加入检察队伍。院内组织机构逐步建立健全，先后设置了批捕科、起诉科、法纪检察科、经济检察科、监所检察科、调研科、政工科、控告申诉检察科、税务检察室、办公室、技术科等业务部门。

1979年，区检察院着重打击对社会治安危害较大的抢劫、行凶杀人、盗窃等现行犯罪活动，共受理公安机关提请逮捕人员78人，批准逮捕61人。1983年8月—1986年12月，按照中央“三年为期，九个战役”的战略部署，开展了严厉打击严重刑事犯罪的斗争，按照依法“从重从快”的方针和“稳、准、狠”的原则，紧密配合开展严厉打击严重刑事犯罪分子的活动，共受理区公安分局提请逮捕人员1499人，批准逮捕1227人，受理公安机关移送审查起诉和上级检察机关交办起诉的各类刑事案件958宗、1448人，经审查决定提起公诉872宗、1286人。区检察院依法经检察委员会讨论决定，对罪行

① 广州市越秀区地方志编纂委员会:《广州市越秀区志》，广东人民出版社2000年版，第610页。

比较轻微的犯罪分子实行了免予起诉制度。[①]

区人民法院恢复职能。“文化大革命”期间的1968—1972年，越秀区公、检、法机关曾经一度职能合并为越秀区公安机关军管小组、越秀区革命委员会保卫组第五办公室，办理刑事和民事案件。1972年10月，越秀区人民法院恢复。

1979年，为配合清理“文化大革命”清除极左思想的影响，区法院对“文化大革命”期间审结的反革命案件进行了全面复查工作，共复查案件87宗、101人，其中，属冤案、错案的86人，占85%；部分改判的7人，占7%；维持原判的8人，占8%。对于“文化大革命”期间有申诉的一般刑事案件，共复查案件142件、184人。其中，维持原判的147人，占80%；改判的37人，占20%（其中改判无罪的5人）。此外，复查了“文化大革命”前有申诉的反革命案件和一般刑事案件共68人。其中，错划“右派”后犯罪的36人，改判无罪的27人，占93%；属反革命和一般刑事犯罪的32人，复查改判无罪的9人，占28%。1980年2月，党的十一届五中全会为刘少奇冤案平反昭雪。区法院对因刘少奇冤案株连被判刑的刑事案件进行复查，共复查案件16件、17人，除1件1人改变定性外，其余15件、16人明确均属冤案。1981年，区法院对“文化大革命”后3年（1977—1979年）审结的刑事案件进行复查，共复查案件133件、184人。其中，维持原判的118件、169人，占88%；减刑的13件、13人，占9%；免予刑事处分和不追究刑事责任的各1件、1人，占3%。

1981年，区法院集中力量严惩严重危害社会治安的刑事犯罪，审判处理一批打、砸、抢、杀人、强奸、流氓、抢劫及其他刑事犯罪分子。1982年3月起，区法院积极配合打击经济领域犯罪的活动，依法惩处了一批严重破坏经济的犯罪分子。[②]1983年开始，区法院按

① 广州市越秀区地方志编纂委员会:《广州市越秀区志》，广东人民出版社2000年版，第608页。

② 广州市越秀区地方志编纂委员会:《广州市越秀区志》，广东人民出版社2000年版，第616页。

照中央“三年为期，九个战役”的战略部署，对严重危害社会治安的刑事犯罪分子开展了更为有力的打击。

1984年，根据中共中央关于进一步消除“左”的错误思想影响，落实好党的各项统战政策、侨务政策、对台胞台属政策和知识分子政策的要求，越秀区法院抽调18名干部，组成6个合议庭，对区法院1985年前审结的刑事案件10203件以及历年刑事申诉信1497件，作了认真翻阅复查，列出统战对象739件，应复查的案件123件。其中，起义投诚人员案件13件，侨胞侨属案件87件，知识分子案件21件，台胞台属及其他案件各1件。以上案件于1986年全部审查完毕。其中，维持原判89件、90人，占73%；改判33件、23人，占27%；改判无罪28件、28人，占改判85%；减刑、免刑、不追究刑事责任，撤销原判及其他处理各1件、1人，各占改判3%；撤诉1件。

越秀区司法行政工作原来由越秀区人民政府司法科管理。1981年12月，越秀区司法局成立。同年，越秀区法律顾问处成立，隶属区司法局领导和管理。1982年3月，越秀区法律顾问处改名为越秀律师事务所。1983年1月，越秀区公证处成立，隶属越秀区司法局领导和管理。

越秀区司法局成立后，配合公、检、法机关贯彻落实中央关于严惩严重刑事犯罪和经济犯罪的决定，运用墙报、标语、图片、文艺演出、法律咨询等形式宣传社会主义的法律、法令；坚持“以事实为根据，以法律为准绳”，积极开拓公证和律师业务，参与经济建设和社会治安综合治理工作，为经济发展提供多渠道、全方位的法律服务。

1981年，人民调解工作归口越秀区司法局领导管理，越秀区结合全市开展体制改革和基层干部改选，对原有的人民调解组织进行组建和调整充实。在大南街率先进行以居民委员会为单位组建调解委员会的试点工作，随后推广至全区。1983年，全区已经组建街道调解领导小组19个、133人，组建人民调解委员会267个、1592人。1983年，区内的中央、省、市属的厂矿、企业单位都建立了调解组织。这些人民调解组织调处了大量的民间纠纷，有效地防止了矛盾的激化，保持了社会安定团结。

越秀区公检法司机关的职能恢复后，社会主义民主法制建设得到逐步恢复和发展。通过强化人民民主专政职能，坚决打击敌对势力和各种犯罪活动，落实综合治理，维护社会稳定，为区的改革开放和经济建设创造了良好的社会环境。

五、人民团体组织的恢复

建立健全工会组织和职工代表大会。“文化大革命”中，工会组织瘫痪。1978年7月，越秀区工会第一次会员代表大会（“文化大革命”后第一次）召开，选举产生越秀区工会第一届委员会，设主席1人、副主席1人。内设秘书女工组、生产生活组、组织宣传组。1984年4月，越秀区工会第二次会员代表大会召开，选举产生越秀区工会第二届委员会，设主席1人、副主席2人。1979年，区工会组织恢复并重新开展活动后，积极组织职工学习党的十一届三中全会精神，配合有关部门做好法制宣传教育，开展精神文明建设活动，提高对“五讲四美三热爱”文明礼貌活动的认识。贯彻全国职工思想政治工作会议精神，与区委宣传部共同组织青工政治轮训，到1984年底基本完成全区青工14586人的脱产政治轮训；加强爱国主义、共产主义教育和文化技术教育；开展“振兴中华”职工读书活动，成立读书小组663个，有7004名职工参加活动。

“文化大革命”期间，越秀区内的职工代表大会制度中止。党的十一届三中全会后，恢复职工代表大会制度。1980年，区住建、房管、卫生、工业系统有130个基层单位建立了职工代表大会制度；财贸系统各基层单位也通过召开职工代表大会，审议企业的基层年度计划、劳动竞赛方案、生活福利、奖惩制度等重大问题，讨论决定后才付诸实施。1981年起，区工会强调抓学习，提高认识；抓规划，建立健全职工代表大会。全区370个基层单位中，已经建立职工代表大会的173个，占总数的46.75%。全区企业民主管理的重点放在工会组织建设和完善职工代表大会制度上；至1983年，全区已建立职工代表大会制度的单位达331个。1984年，越秀区被评为广州市区民主管理工作先进单位，获广州市委、市政府奖励。

共青团组织和工作重点转移。“文化大革命”期间，越秀区共青团组织虽然存在，但是主要配合“特定的历史任务”开展工作。党中央和第四届全国人民代表大会发出向工业、农业、国防、科学技术现代化进军的号召后，越秀区广大团员、青年掀起了学习文化、科学、技术知识，学习贯彻中国共产主义青年团第十次全国代表大会报告及新团章热潮。

1979年4月10日，共青团越秀区第四次代表大会召开，出席会议的代表318人，选举产生共青团越秀区第四届委员会，委员27人，常委9人，书记1人、副书记2人。1980年起，开展创先进团支部的活动。对团员、青年普遍进行共产主义道德教育，广泛开展评选“最讲礼貌的人”活动。

1982年6月22日，共青团越秀区第五次代表大会召开，出席会议的代表220人，选举产生共青团越秀区第五届委员会，委员19人，候补委员2人，常委9人，书记1人，副书记2人。会议号召在全区团组织中开展“做一名合格共青团员”的教育活动；1982年下半年，团区委又向全区基层团支部发出开展“百分赛”活动的通知，团员自评打分，互检评分，推动创先进团支部活动扎实开展。区各级团组织掀起精神文明建设的高潮，组织“学雷锋、做好事”活动，在青年中开展热爱党、热爱祖国、热爱社会主义的“三热爱”教育，并着重开展“读近代史”活动。1983年，在全区青年中开展“学习张海迪，争做时代先锋”的学习宣传，围绕“五讲四美三热爱”的内容，以团支部为核心组织了321个读书小组，召开读书经验交流会、读书知识竞赛会、张海迪事迹电影报告会和五四新团员宣誓大会，开展“五讲四美三热爱”征文活动以及“纪念毛泽东诞辰九十周年”活动，组织团干部到劳教场所对违法青少年开展帮教活动，与区工会一起组织了全区“振兴中华”读书演讲会。1984年，团区委对松散团支部进行整顿，松散面从22.2%下降到4.7%。

区妇联组织活动和工作重点转移。“文化大革命”期间，越秀区妇女联合会虽然存在，但是主要配合当时“特定的历史任务”开展工作。1979年8月18日，越秀区第五届妇女代表大会召开，选举产生区妇女联合会第五届执行委员会。执行委员会选出主任2人，副主任3人。区妇联组织广大妇女掀起学习贯彻党的十一届三中全会的热潮，开展对党的基本路线、政策和改革开放理论的教育。1982年10月15日，越秀区第六届妇女代表大会召开，出席代表388人，特邀代表25人，选举产生区妇女联合会第六届执行委员会，主任1人，副主任2人。1983年底开始，在广大妇女中开展了自尊、自信、自立、自强的“四自”教育，激励广大妇女的自我意识和竞争意识，适应改革开放的需要。党的十一届三中全会之后，广大妇女积极参政议政，至1985年底，区和各街道的领导班子中都配备有女干部，全区有女干部3276人，其中科级和有中级技术职称的230人，处（局）级的和有高级技术职称的45人。

区工商联组织的恢复。在“文化大革命”中，区工商联组织停止活动。党的十一届三中全会后，区工商联按行政街道成立工商联退休基层小组，负责联系所属成员，开展思想政治工作，组织他们定期参加一些活动，关心他们的生活和工作，反映他们的意见和要求，代表他们的合法权益，为他们排忧解难。通过基层组织的联络、发动和影响，逐步摸清区内原工商业者人数，使失去联系17年的会员，重新回到工商联的大家庭中来，继续为“四化”建设贡献余热。1981年9月，区工商联正式恢复活动，区工商联坚持以经济建设为中心，坚持改革开放，坚持四项基本原则，多渠道、多形式、多层次开展经济咨询服务，对外联络工商社团和“三胞”工商界人士，取得一定的经济效益和社会效益。1982年9月4日，区工商联第五届代表会议召开，选举产生了越秀区第五届工商联合会执行委员会，任期2年；1983年起，每届任期3年。

区科学技术协会恢复活动。“文化大革命”期间，越秀区科学技术协会（科协）机构被撤销，停止了一切活动。1979年1月，恢复机构和活动。8月16日，区科协第一次代表大会召开，出席代表200人。大会听取恢复区科协筹备工作报告；通过区科协章程；选举由59人组成的第一届委员会，设主席1人，副主席5人，顾问1人。1982年4月20日，区科协第二次代表大会召开，出席代表121人，其中特邀代表21人。大会提出了今后的主要任务：紧密结合区生产建设的实际，广泛深入地开展学术交流活动；大力做好科学普及工作，提高广大干部、群众的科学技术水平；积极办好业余教育，为四个现代化建设培养人才；搞好科技咨询服务工作，为四个现代化建设献计献策；团结广大科技工作者，协助落实党的知识分子政策。大会选举了由46人组成的第二届委员会，产生了由13人组成的常务委员会，主席1人，副主席5人，秘书长1人。

区侨联恢复活动。“文化大革命”期间，海外关系的“黑六条”被强加在归侨、侨眷身上，全盘否定侨务工作，侨务机构被撤销，侨联组织停止活动。1978年，中央重申侨务工作的政策原则是“一视同仁，不得歧视，根据特点，适当照顾”。改革开放赋予侨务工作良好条件，使侨联工作上了新的台阶，1979年初，越秀区侨联恢复活动。1979年5月24日，越秀区第二次归侨侨眷代表大会召开（与区侨务工作会议合并举行）。选出委员51人，常务委员19人，主席1人，副主席4人。1982年10月10日，越秀区第三次归侨侨眷代表大会召开，有337名归侨、侨眷、港澳同胞亲属代表参加大会，还邀请了港澳嘉宾37人参加会议。大会选出委员89人，常务委员35人，主席1人，副主席8人。聘请名誉主席1人。

这些群团组织、人民团体在越秀区委的领导下，发挥各自优势，按照党的路线、方针、政策，积极主动、独立负责地开展工作，为越秀区社会主义建设事业做出了积极的贡献。

六、社会主义精神文明建设的初步发展

改革开放和发展商品经济的客观环境，迫切要求加强社会主义精神文明建设。1979年9月25日，党的十一届四中全会召开，会议通过的《叶剑英在庆祝中华人民共和国成立30周年大会上的讲话》提出：我们要在建设高度物质文明的同时，提高全民的教育科学文化水平和健康水平，树立崇高的革命理想和革命道德风尚，发展高尚的丰富多彩的文化生活，建设高度社会主义精神文明。

为贯彻落实中央有关精神和部署，1980年起，越秀区委、区政府紧密结合中心城区实际，开始了建设社会主义精神文明的活动。1981年2月28日，中央宣传部、教育部、文化部、卫生部、公安部等单位联合发出《关于开展文明礼貌活动的通知》，要求在全国人民，特别是青少年中开展文明礼貌月活动，大兴“五讲四美”之风。3月25日，越秀区委发出《关于广泛深入开展‘五讲’、‘四美’文明礼貌活动的通知》，提出要积极响应中宣部、全国总工会等单位的倡议，开展以“五讲”“四美”为主要内容的文明礼貌活动，要迅速行动起来，把这一教育工作抓好。8月25日，区委、区政府召开区“五讲四美”先进集体、积极分子表彰大会。会议表彰了101个先进集体和600名积极分子，先进集体德成卫生院、越秀第七粮店和积极分子刘锡球介绍了经验。

1982年2月27日，中央办公厅转发中央宣传部《关于深入开展“五讲四美”活动的报告》，规定每年3月为“全民文明礼貌月”。3月1日，全国第一个“全民文明礼貌月”开始。3月1—10日，越秀区在“全民文明礼貌月”活动中组织行动，结合“学雷锋、做好事”，掀起四次大搞环境卫生的突击高潮，共出动315860人次，洗扫马路430条次，清运余泥垃圾16425吨，清理路障1504处，疏通淤塞渠道116条，清理卫生死角781处，植树种花2292棵。

1983年，全区“五讲四美”活动与“三热爱”[①]活动相结合，迅速开展起来。3月11日，中央成立了“五讲四美三热爱”委员会，越秀区也成立了“五讲四美三热爱”办公室。从此，“五讲四美三热爱”活动在越秀区更加深入广泛开展起来。越秀区委及时批转《关于学习、贯彻〈国营企业职工思想政治工作纲要〉（试行）的意见》，要求各级党组织制定加强和改进思想政治工作的措施。

9月23日，市委、市政府发出《关于命名广州市“五讲四美”活动先进集体标兵、先进个人标兵称号的决定》，东方宾馆、北京街何家祠大院获得广州市“五讲四美”活动先进集体标兵称号，钟南山、容志仁获得先进个人标兵称号。1984年5月28日，广东省社会主义文明建设先进单位、先进工作者表彰大会召开，越秀区北京街、区人民武装部被授予文明单位奖，北京街何家祠大院、区第一人民医院、东风街派出所、区知音乐社被授予先进单位奖。还有3人被授予先进工作者称号。

1980—1984年，越秀区通过社会主义精神文明建设系列活动，出现了治“脏”有效、治“乱”有果、治“差”有变的良好局面。马路、街巷的卫生环境、市容市貌有了改观，群众中助人为乐的好人好事越来越多，积极参加社会公益劳动，遵守和维护社会秩序，爱护集体财产和公共财物，讲文明、讲礼貌、讲卫生等，以及服务行业文明经商、礼貌待客逐步成为习惯。因“文化大革命”造成的社会道德水平下降，社会秩序混乱的现象得到了有效遏制，歪风邪气少了，好人好事多了，向钱看的少了，热心为公的多了，干部群众的精神面貌和社会风气向好的方面转变。

① “三热爱”：热爱祖国，热爱社会主义，热爱中国共产党。

第　六　节
城区建设与社会事业的恢复与发展

越秀区是广州市的老城区，历史悠久。自公元前建城直至清代，广州城址绝大部分在今越秀区域内。新中国成立后，广州市城区建设纳入了整体规划，广州市委、市政府和越秀区委、区政府对城区建设非常重视，投入了大量的人力、财力、物力，改造旧城区，整治市容市貌，使这一中心城区面貌有了很大的改变。随着城区经济社会的发展、人口的增加和中心城区地位的上升，区委、区政府越来越重视发展和完善各项社会事业，高度重视和加强对科技、教育、卫生、文化、体育工作的领导，经费投入逐年增加，新建和改善各项基础设施，人民群众所享受到的社会福利条件不断改善。

一、城区基础设施建设和公用事业管理

由于“文化大革命”的十年内乱，越秀城区建设和市政管理遭到严重破坏。党的十一届三中全会后，中央对广东实行了特殊政策、灵活措施，率先进行改革开放。越秀区作为广州中心城区，城区建设和管理工作也随之发生深刻变化，从转变指导思想，调整建设方针，改革管理体制，到强化城区规划，建设规模迅速扩大，建设速度大大加快，建设水平显著提高，从而为把广州建设成为社会主义

现代化中心城市打下了坚实的基础。

在城区建设的指导方针上，过去长期对城区建设的地位和作用认识不足，视为非生产性建设，投资渠道单一，资金短缺，加上城区人口增长速度快，“等、靠、要”情况突出。1980年，越秀区人口密度为每平方公里53795人，到1984年为每平方公里54255人，位居全市之首。然而，越秀城区建设落后于经济和社会发展，“住房难、行路难、乘车难”的问题一直比较突出。

改革开放后，人们解放思想，更新观念，充分认识了城区建设对改善投资环境和保证国民经济发展的重要作用，真正把它作为城区经济和社会发展的基础工作来抓。越秀区克服过去“先生产、后生活”“重主体、轻配套”的片面性，实行广州市人民政府的“统一规划，合理布局，综合开发，配套建设”的方针。

以科学先进的规划为城市建设的龙头。1984年，国务院审批通过的《广州市城市总体规划》，成为越秀区总体规划的基本依据。《广州市城市总体规划》确定越秀区为广州市政治、经济、文化和对外交往中心。行政区的人口密度控制在每平方公里25000人，把过剩人口逐渐往新城区分流，以便于进行旧城改造和新区建设。自1984年以来，市政府组织省、市设计单位及区城建部门对越秀区19个行政街编制了街区规划。

属越秀区建委组织编制的有解放南、解放北、洪桥、德成、东风、越华、诗书等7个街道。属市规划勘察设计院编制的有流花、一德、大南、大新、光塔、六榕、人民、广卫、纸行等9个街道。规划原则是以广州市总体规划为依据，调整区内工业布局和土地使用功能，合理安排城市各项建设用地；确定各级文物保护单位、传统文化商业中心，保持城市的风貌特点；充实各级公共建筑配套项目；完善道路交通系统；改造破旧房屋，降低建筑密度，扩大绿化地段，改善居住条件。属广州市城建职工大学编制的有北京、解放中、泰康等3个街道。旧城改造是越秀区规划的重要内容。由于历史原因，越秀区人口密度较高，市容杂乱，房屋结构类型复杂，破旧建筑多，居民居住条件差，市政配套设施落后。

越秀区紧紧围绕建设现代化中心城区这个目标，在“合理利用，加强维护，调整布局，逐步改善”的原则下统一规划，分期、分批、分片，实事求是地进行旧城改造。在城市建设中，发挥毗邻港澳、对外开放的有利条件，开发房地产，引进外资，改善居住和交通条件，加强基础设施建设，完善街区公共配套设施，合理控制建筑密度和容积率，改善环境质量，扩大环境容量，增加绿化面积；拓宽原有街区道路，新开辟和延伸了镇安路、应元路、府前路等，疏通地面交通，提高越秀区的综合功能。加强商业网点建设，是越秀区规划的另一重点。全区规划在中山五路、北京路一带和人民南路、西濠二马路一带设两个市级商业服务中心；在泰康路建泰康城；增设综合性的商贸市场。历史文物及城市风貌的保护是区规划的重要内容之一。保留泰康路、一德路等骑楼式街道。对中山纪念堂、光孝寺、六榕寺、大佛寺等重点文物和传统公共建筑进行保护，划出保护控制范围。

在市委、市政府的统一部署下，越秀区开展了以加强规划管理为内容的清理违章建筑、清理非法用地等工作。在综合治理工作中，做到突出整治与正常管理相结合，以正常管理为主，正常管理中运用教育的、行政的、经济的管理手段与法制手段相结合，以法治管理手段为主，加强了对城区建设管理的综合协调和检查督促，使城市建设管理进入法治的轨道。

城区建设思想的转变，建设方针的调整，管理体制的改革及城市规划的优化，使越秀城区建设以前所未有的建设规模向前发展。在新的指导思想和建设方针的指引下，区委、区政府锐意改革城区建设与管理体制，从与高度集中统一的计划经济相适应的管理模式向建立有计划的商品经济管理模式转变。1980—1984年，区委、区政府根据城区发展的要求，加快市政设施建设，对内街的道路进行了较为全面的维修、建设和绿化等配套工作。全区在住宅建设、道路建设、下水道建设、工业厂房建设、电信建设、公共交通建设、供电供水供气设施建设、环境保护、环境卫生、园林绿化等方面都取得了巨大的成绩，出现了崭新的面貌。1980年9月30日，人民南路人行天桥建成投入使用，成为全国第一座城市人行天桥。

住宅建设方面。改革开放前，由于越秀区经济基础薄弱，加上人多地少，长期以来住房紧张问题一直困扰着越秀区委、区政府。解决区内干部、职工，尤其是知识分子住房困难问题是历届区委、区政府的一件大事。

区委、区政府对解决住房困难问题非常重视，党的十一届三中全会以后，采取了各种渠道和措施进行解决，如对低矮平房采取公与私、私与私合建，对直管公房采取结合危房修缮淘汰重建等办法，以增加住房面积。越秀区积极筹措资金，引进外资加快住宅建设，努力改善群众居住条件和城市环境。

1979年6月，越秀区基建办公室成立，并成立了一批住房开发建设企业。1980年，“越秀区引进外资建设指挥部”成立。1981年10月10日，区委决定成立越秀区民房营建公司，按区属局级单位管理，属集体所有制企业。同时，决定成立越秀区开发公司，按区属局级企业单位管理，内设4个科，与区住建指挥部合署办公。越秀区城建系统以“经济承包责任制”为突破口，扩大企业经营管理自主权，使企业从政府机关的附属物变成自主经营、自负盈亏、自我发展、自我约束的相对独立的经济实体。如越秀区建设委员会与越秀区城建实业总公司，通过改革改变了过去分工不明和职责不清等现象，政企职能基本上分开。区城建实业总公司开展了独立活动，区建委较少干预他们的具体事务，在重大问题上是互相商量，尽力给予帮助解决，增强了企业的活力。

全区积极引进资金和采取国家、集体多方筹资的方式进行开发性建设，城区建设走上了快速发展的轨道。1979—1983年，投资2586万元新建住宅竣工面积10.6万平方米，新建了一批干部、教师、职工宿舍。1979年，越秀区机关由单位集资统一建房、按资分房，在站前路建楼2栋。区委、区政府积极引进和筹集资金开发房地产，改造旧城区，解决干部、职工和居民住房困难的问题。虽然在初期资金不足，法规不够完善，关卡重重（当时从征地、拆迁到房屋建成，要办理繁多的手续，仅需加盖的公章就有134个之多），房地产开发进展缓慢，但是经过不懈努力，到1981年，全区已引进资金1000多万美元，在洪桥街、东风街内建设3个高层住宅——小北花苑、接龙楼、流花大厦（后称南油大厦），配套建回迁楼5栋，并开始在境外售房。由此为越秀区房地产开发打开了局面，展现了引进外资开发房地产的生机。

1983年，区政府成立解决“四种人”① 住房领导小组。区政府先在全区直管公房中选择基础牢固的进行加建，同时在海珠区新港路桥东三约建楼6栋，在昌岗路建楼1栋，在白云区三元里大街建楼1栋，所需资金市区共同负担。上述“四种人”共281户、587人的住房问题全部得到妥善解决。

1984年9月22日，由越秀区自筹资金兴建的景泰新村举行奠基典礼。参加典礼的有市委书记朱森林，副市长赖竹岩、石安海，市有关部门、区属各单位负责人。景泰新村由越秀区城建开发公司负责开发建设，占地5万平方米，开发建房27栋，建筑面积共15万平方米，有效地改善了区的用房条件，缓解了住房困难问题。

道路建设方面。广州解放时，在今越秀区范围内有马路82条，总长44284米。新中国成立后，在越秀区境内先后新建马路6条（段），共长4646米。1984年，越秀区内共有马路88条，总长48930米。1979—1984年，先后完成维修行人道工程共56宗，总面积23210平方米；对19个行政街的部分内街巷道路平整维修路面总面积共计6.36万平方米；完成人民北路、长堤、沿江一二马路、解放南、环市西路、北京路、起义路、越华路、解放南街、田心新村等主次干道大中修528宗、116539平方米。

下水道建设方面。广州解放前已有修建下水道干渠之举，马路附近一带的污水，可沿渠流入珠江。而内街巷道多为明渠，亦有砖砌暗渠或瓦垌渠。新中国成立后，建立市区两级分工体制，经过不断建设与改造，已形成庞大的排水网络系统。1979—1984年，完成新建、改建主渠支渠排水工程175项、13044米；新建、改建沙井

①“四种人”：挤占私房自住户的挤占户、1970年战备疏散后回城复户的无房户、住房困难的高级知识分子和水上居民。

1193座，清疏下水道5473公里；清运余泥14737吨。同时进一步整治濠涌，使污水畅流，管理有序。

工业厂房建设方面。越秀区是广州市最早发展的中心城区，区街工业厂房多建设在居民密集区，对环境保护不利，也限制了企业自身的发展。对此，广州市委、市政府非常重视，1971—1973年，市政府批准越秀区在淘金坑、克山、吉山建立三个工业小区（后称区工业基地），用地共约18万平方米，逐步把污染环境的工业企业迁离居民点，扩大旧企业，创建新企业。至1984年，淘金坑、克山、吉山已建成厂房3.5万平方米，为区街的工业发展做出了贡献。

邮电建设方面。改革开放前，越秀区内的电信设备陈旧，技术落后，通信手段单一，线路奇缺，通信能力严重不足。区内只有14个邮政所，只能办理日常的邮政业务，电信方面也远远满足不了群众的需求。改革开放后，广州市电信部门改革传统的封闭经营方式，根据中央和省、市给予的优惠政策，积极引进技术和设备，进行了大规模的设备更新换代、技术改造，大幅度地增强了邮政电信能力。邮政电信事业进入一个新的时期，邮政业务日臻完善，邮政业务范围不断拓展，如建成全国最早的邮政通信枢纽。1983年，兴建了电信三分局，这是广州市程控电话交换主机安装枢纽工程，引进安装了自动转报系统、用户电报交换系统、程控市内电话交换设备和长途4500线程控交换设备、卫星通信和光纤传输等先进设备。在越秀区境内的广州市电信局国际电信分局是集长途、市内通信于一体的多功能综合分局，以及省内传输网、自动交换网的中心领导局，从初建时只有24条长途电路和500门市话交换设备，到1984年拥有9362条线的长途自动交换系统、31198路端的长途载波传输设备、3万门的市话自动交换设备及高速激光报纸传真设备等；从模拟通信发展到数字通信，从微波电缆传输发展到光纤、卫星传输，向用户提供公众电报、用户电报、国际长途电话、国内长途电话、真迹传真、新闻报纸传真等多种业务，长途电话可直拨世界184个国家和地区。邮政电信事业的发展，为改善越秀区的投资环境，参与国际交往和竞争创造了条件，对促进全区的改革开放和“四化”建设起了重要作用。

公共交通建设方面。越秀区内有华南地区最大的铁路客运枢纽——广州火车站，日平均接发84列，乘客达6万人次，高峰期日发接车124列，客流量达10万人次以上，有逐步增加的趋势。越秀区是省、市客运的枢纽，客运人次吞吐量占全市总量的80%以上，有省汽车站（长途）、市汽车客运站、流花车站、市郊县长途汽车站、环城车站。区内有公交汽车总站18个，线路有20多条，经过区内的电车路线有7条。1979年，越秀区辖内成立了全市第一家中外合资的白云小汽车出租公司，是广州市汽车出租行业最早与港商合作经营的汽车出租企业，率先实行沿途“扬手即停”，计程收费，昼夜服务，还承接包车业务。区辖内有码头4个，分别是天字码头、省总工会码头、36号码头、39号码头，主要停靠来往珠江两岸的水上交通船舶。

供电供气供水方面。广州市是中国电力发展最早的城市之一，新中国成立后，电力事业迅速发展，电力在生产上已成为动力能源，在生活上已进入千家万户。但是较长时期内，区内居民生活以煤为主要燃料。党的十一届三中全会后，越秀区委、区政府致力于改善环境和方便居民生活，逐步改用瓶装液化石油气为燃料，普及程度很高。1980年，广州市供水公司越秀区供水管理所将自来水管装到区里所有用户住宅，将自来水送入千家万户，基本结束了长期以来居民在公共自来水站用桶挑水回家的年代。

园林绿化方面。党的十一届三中全会后，广州市人民政府提出了要把广州建设成为名副其实的花城，城市绿化要将公园绿化作为点，将马路绿化作为线，将街巷、单位庭园、居民区、天台、阳台的绿化作为面的要求。根据市政府的要求，区委、区政府广泛发动群众在区内街巷、单位庭园及居民的天台、阳台广植花草，实施立体绿化，并在马路两旁的绿化带间种大红花、九里香、美人蕉等灌木和花卉，向绿化、美化、花、果、色彩等高层次的城市绿化方向发展，努力实现花城常绿花不断、四季有花香。每年3月12日植树节，区委、区政府都举行义务植树活动，从20世纪80年代初到市郊植树逐步转入市区的绿化美化活动，种植了大量路树，新建了草暖公园、芳华园、勐园、雅园等园林，使城区园林绿化有了飞跃的发展。

到1984年，全区绿化面积2.3平方公里，绿化覆盖率为17.7%，人均绿化面积3.7平方米。区辖内有各类公园7个，面积1.56平方公里，绿化面积1.1平方公里，绿化覆盖率70.5%。越秀远眺（越秀公园）、六榕花塔、中山纪念堂、流花公园被《羊城晚报》评选为1982年度广州十大最佳旅游点。

环境卫生管理方面。1980年5月，越秀区卫生管理局分设为区卫生局和区环境卫生管理局。6月，越秀区环境卫生管理局成立，负责区内卫生任务，同时成立区环境卫生管理局党委。20世纪80年代初期，区政府爱国卫生运动办公室等有关部门组织群众开展“除四害”[①]活动，组织卫生积极分子和中小学生定期站岗，纠正行人违反卫生规则的不良行为，组织发动人行道两旁单位签订卫生责任书，落实责任人，实行“门前三包”[②]，使区内卫生环境整洁。

环境保护方面。1979年，区政府成立环境监测站，对环境污染情况进行了全面系统的调查，首次清晰掌握到辖内的大气污染主要是煤烟型污染和交通型污染，环境噪声主要来自工业噪声、交通噪声、生活噪声、商业噪声。由于老城区内工厂企业普遍与居民区相混杂，居民深受工厂废气、废水、噪声污染。辖内交通较拥挤，人口密度大，造成居住环境较差。1981年3月17日，区政府制定的《关于加强环境保护工作的几项规定（草案）》提出，越秀区是广州市人口最稠密的市中心地区，又是省市领导机关、中国出口商品交易会、多家大宾馆、公园游览区所在地，是广州市政治、经济、外事和旅游活动的重要地区之一，搞好区的环境保护工作关系重大，并提出十项规定：加强环境管理；积极解决好区街工业的污染；严格“三同时”的规定[③]；加强环境规划，生活居住区、风景游览区及名胜古迹地区排烟装置要有消烟除尘设施；消除噪声污染，搞好环境卫生和园

---

①“除四害”：消灭蚊、蝇、老鼠、蟑螂。

②“门前三包”：包卫生、包秩序、包绿化。

③“三同时”的规定：防治污染的设施必须与主体工程同时设计、同时施工、同时投产。

林绿化；加强环境监测工作；加强环境保护基础建设；把环境保护工作纳入国民经济计划；开展环境保护普及宣传教育；加强环境保护法制建设。1981年，越秀区制定和实施了“六五”期间（1981—1985年）环境保护规划。全面实施环境监测工作，分析全区工业污染情况、特点和产生污染的原因，实行数据管理，切实抓好老企业污染的治理。1982年，全区开展了全面、系统的污染源调查，对机械、铸造、化工等污染严重的工厂、企业，结合工业调整和产业调整、工艺设备更新等方法，采取关、停、并、转和有计划地迁往市郊的工业基地等措施，解决了一大批设于居民稠密区内工厂的严重污染问题。同时加强对工厂噪声、交通噪声、施工噪声、社会生活噪声的综合治理，督促企业选用低噪声设备和技术，更新设备，采用新工艺；交通机动车安装低音喇叭。1979年起，全区机关、学校、企业事业单位、商店不能使用高音喇叭，娱乐场所要有隔音设施，限制营业时间；施工工地要使用低噪声设备，禁止使用锤桩和蒸汽桩，控制夜间施工时间。1984年，越秀区建立和健全了环境计划的管理制度，制定区环境保护工作计划和目标任务。全区实行主干路段禁鸣喇叭，禁止拖拉机无证入城。在区政府的统一领导下，区城管委、工商、规划、卫生、消防等主管业务部门密切配合，相互协调，各负其责，共同把关。对新建、扩建、改建的企业、饮食业、个体户等，在工商局发放营业执照之前，必须经环保部门加具意见，对没有防治污染措施的新建单位，规划部门不予报建，工商部门不予发给营业执照。通过对保护环境进行不懈的努力，越秀区的大气环境、水环境和声环境得到较大改善，居民的居住环境越来越舒适。

二、科学技术工作的逐步恢复

“文化大革命”期间，越秀区科学技术协会被撤销，停止了一切活动，越秀区科学技术工作处于瘫痪状态。“文化大革命”结束后，区科学委员会（简称区科委）于1977年7月恢复了工作。12月29日，越秀区科学工作会议召开，传达学习《中共中央关于召开全国科学大会的通知》和广州市科学工作会议精神以及讨论越秀区1978—1980年科技工作规划。1979年1月，越秀区委决定恢复区科学技术协会，与区科委合署办公，并召开了区第一届科学技术协会会议，选举产生第一届区科协机构。

1979年，区委、区政府提出“以更新产品品种求出路，以搞好产品质量求生存，以提高劳动生产率求发展”的工作要求，区科委、区科协发动全区各企业在搞好生产的同时，进行技术革新，全年实现技术革新300多项，其中重大项目35项。如广州友谊无线电元件厂，由生产电容、电阻、耳塞机等简单的低档产品转产电子开关，并开发了拨动旋转杠杆、推拉直键、船型等六大类100多个规格的产品，成为电子工业部在广州生产电子开关的定点厂。多个产品获省、市和电子工业部名优产品称号，产品畅销全国，企业经济效益逐年提高。企业利润从1979年不到20万元增至1984年的200多万元，职工由原来的200多人增至400多人。又如广州水泵厂坚持依靠科技不断开发新产品，生产规模逐年扩大，经济效益逐年增长。1979年，该厂将生产出口产品为主调整为以国内市场为依托，积极参与国际市场竞争，积极开展技术革新，研发新产品，从原生产单一的活塞泵发展到能生产离心泵、旋涡泵、射流深井泵、污水泵、全自动泵等20多个品种近200个规格的工用、民用产品。其中，主要产品IS型单汲清水离心泵，是全国联合设计、定型的节能新泵种，首家领取全系列29个规格生产许可证。该厂设计生产的全自动家用水泵是一大新特色，已发展出浅井系列和深井系列，深受国内外市场客户欢迎。该厂还运用微电子技术把普通车床改造为数控车床，有效地提高了加工质量和工效。从1979年起，越秀消防器材厂利用企业积累的资金在新滘猴岗征地3000多平方米建造厂房，自产消防器材，成为广州消防服务公司从事消防器材生产最早的企业，生产“越秀牌”MY10.65100升泡沫灭火器。1983年7月，在广州市纺织研究所的支持下，研制成功消防涤纶橡胶麻里水带，从挪威引进两台圆织机进行批量生产，填补了我国该项产品生产的空白，被指定为全国首家定点生产消防涤纶带的厂家。1980年，区建立了科技成果评选奖励制度，由区科委牵头，会同区经委、建委、商委、文教办等单位组成科技成果评选小组，负责科技成果评选工作，采取自下而上，逐级上报，互检互评，然后由评选小组讨论确定奖励等级。1980—1984年度全区共有获奖科技成果项目216项，其中二等奖28项、三等奖61项、四等奖127项。

1980年，根据国务院和省、市有关工程技术干部技术职称评定的规定，越秀区技术职称评定委员会成立，由15名委员组成，下设办公室，负责日常具体工作。全区贯彻落实国务院颁发的《工程技术干部职称暂行规定》，1980年起至1983年9月（国务院通知“暂停”评定技术职称）止，开展了工程技术人员技术职称的考核、评定、晋升工作。评定产生有技术职称的工程技术人员103人，其中工程师19人、助理工程师56人、技术员26人、助理农艺师2人。

1981年底，区科协选择了商业繁华、人流稠密的北京路段，率先开展“科普一条街”活动，办好科普橱窗，结合商品宣传，向居民、商店工作人员和顾客普及科学知识，使商品宣传科学化、知识化，受到省、市有关部门的好评。此后，“科普一条街”活动普及到各街道，成为宣传科学知识的园地。1979—1984年，区科委和区科协紧密结合区生产建设的实际，广泛开展学术交流、科技咨询和技术培训活动，大力做好科学普及工作，提高广大干部、群众的科学技术水平，积极办好业余教育，为现代化建设培养人才。6年时间，共举办400多次学术交流活动，累计参加人数达2.5万多人次，撰写科技论文1417篇；举办科普讲座1054期，参加人数7.27万人（次）；设立科普橱窗画廊10个，出版216期；放映科教电影录像185场，观众3900人次；举办了系统的“学科学讨论”22讲，邀请大专院校和科研院所的专家和教授，讲解有关基础科学知识；举办科普展览18次，观众3600人（次）；编印科普资料18种，发放11.27万份；编印科普刊物130种，发放7200份；组织、辅导青少年科技活动396次，参加人数7.92万人次；开展科技咨询服务，进行技术考证207项，技术攻关753项，推广新技术920项；举办技术培训班707期，参加人数3.2万多人次。与此同时，区科协及所属有关专门学会，还开展护理技术表演比赛、中医知识竞赛等活动，提高了广大医务人员的知识与技术水平。

三、教育事业的改革与发展

党的十一届三中全会后，越秀区委、区政府全面贯彻落实党的“教育要面向现代化，面向世界，面向未来”教育方针，要求区属各级党组织重视教育工作，教育部门要把学校工作的中心真正转移到教学上来，认真加强学生的思想政治工作，狠抓学生的基础知识和基本技能训练，抓好体育锻炼，使学生在德、智、体方面都得到发展。1983年，区委、区政府作出了《关于优先发展教育，深化教育改革》的决定，加大对教育事业的投入，多渠道筹集资金1800多万元，改建、扩建、加建一批学校校舍和增添教学设备，使越秀教育事业得到了较大的发展。区委、区政府还发动各单位、各街道支持教育工作，在社会上不断营造尊师重教的良好氛围。经过几年的努力，越秀区各类教育事业蓬勃发展，多层次、多形式、多渠道、学科门类齐全的办学体系日益形成，区内教育实力位居广州市前列。

从1979年1月开始，区委、区政府认真贯彻党的知识分子政策，组织有关力量复查、复审和纠正全区教育系统的冤假错案，提高教师的社会地位，尊重教师的劳动，稳定教师队伍。到1982年底，已复查案件604宗，其中需要结论的425宗（属敌我矛盾的72宗），思想方面的179宗，全部得到纠正；疏散退职的140人，全部按党的政策给予重新安排工作，为470名教师补发了工资共计643799元。[①] 恢复了13人的正校长职务，8人的教导主任职务，其中有10位非中共

---

① 广州市越秀区教育局：《认真贯彻落实党的知识分子政策》（1982年11月）。原件藏于越秀区国家档案馆。

人士担任学校主要领导。33名退休时按教师处理的老干部，全部给予恢复原行政职称。区委在清理“左”的影响中，本着实事求是的态度，坚持家庭出身看本人、社会关系看影响、历史问题看现实表现的政策，把热爱党，坚定地走社会主义道路的知识分子中的先进分子吸收加入中国共产党，这是对知识分子在政治上最大的信任。与此同时，还把一批年富力强、德才兼备的非中共知识分子提拔到领导岗位上来。1982年，区教育局党委提拔了20名新干部，其中由副校长提升为校长的3人，总务主任6人，教导主任、副主任11人，平均年龄在34—35岁，充实了部分学校领导班子，做到人尽其才。①

小学教育方面。1978年后，区委、区政府认真贯彻落实“教育必须为无产阶级政治服务，同生产劳动相结合，使受教育者在德育、智育、体育几方面都得到发展，成为有社会主义觉悟的有文化的劳动者”②的教育方针和《广东省中小学学生守则》《广东省中小学成绩考核办法》《广东省中小学奖惩办法》《广东省中小学班主任工作条例》等教育法规，坚持“两全”“四抓”③的办学原则，把小学教育作为整个教育事业基础来抓，全区小学工作重点转移到教学工作上来，教学秩序日臻好转，小学教学管理走上正轨。

1980年12月起，全区努力清除“文化大革命”中教学秩序混乱和“读书无用论”的恶劣影响，所有小学恢复六年学制，小学重回正常的教育轨道。各学校根据各个时期的要求，加强学生的思想政治工作，开展爱国主义教育、讲文明礼貌的品德教育、法制教育和学生守则教育，校风校纪有明显进步，学生精神面貌有显著改变。学校以教学为主，认真抓好教学环节，开展教研活动，教育质量不断提高，及格率、升学率有所提高。学校按体育锻炼标准开展体操

---

① 广州市越秀区教育局：《认真贯彻落实党的知识分子政策》（1982年11月）。

② 见1978年3月5日第五届全国人民代表大会第一次会议通过的《中华人民共和国宪法》第十三条。

③“两全”：全面贯彻党的教育方针、面对全体学生；“四抓”：德智体一起抓，各学科一起抓，各年级一起抓，校内外一起抓。

和球类、游泳等群众性体育活动，注意学生身体健康成长。至1984年，全区已有52所小学，并恢复了回民小学、满族小学等特色小学，在校小学生有31234人，教职工为2964人。校内外7—11岁学龄儿童为22053人，已全部入学，入学率达100%。

党的十一届三中全会后，区委在各小学中实行党支部领导下的校长分工负责制，在部分小学中试行设立专职党支部书记，实行党政分工，明确了党组织的职责是把好方向，抓好大事，出好思路，管好干部，用好人才；明确了校长既是学校的法人代表，又是学校的行政工作第一责任人。按照既保证党的领导核心地位，又保证校长充分行使行政指挥权的原则，制定相关细则，实现了管理规范、决策科学民主。

党的十一届三中全会后，区属各小学贯彻“加强基础，培养能力，发展智力，减轻负担，提高质量”的原则，进行学科教学领域的改革，撤销了学农基地，转向以教学为中心，恢复了升初中考试制度，提高教育质量成为重点。各校普遍开展了“一堂好课的标准”“向四十分钟要质量”的教学研究。为培养学生良好的思想品德，各学校全面开展了“学雷锋”“学英雄”“五讲四美三热爱”和“做党的好孩子”等活动。至1984年，各小学教学基本达到教学大纲的要求，学生合格率达到90%以上，成绩优秀率（各科成绩80分以上）达50%以上。加强教师队伍建设，改善教师生活。全区以学历达标培训为主，切实加强教师的业务培训，1980—1984年，全区组织教师分别参加二年制中等师范脱产学习班，三年制的数学、中文师范大专班和四年制中等师范学习班。到1984年底，全区教师学历达标率已从1980年的70%上升到85%以上，有效地提高了教师的教学能力和专业知识水平。区政府先后建成教工宿舍两幢，面积4286平方米，解决了120户教工住房的困难，使教师安心教学。

中等教育方面。1978年7月，广州市委决定恢复重点中学，越秀区内的市第二中学为市重点中学，市第三中学为区重点中学。市、区政府和教育行政部门对重点中学领导干部和教师的配备、经费调拨、设备设施的购置等给予政策倾斜，并制定有关措施，保证重点中学的教学质量。12月，各中学撤销了“学校革命委员会”，“工宣队”“军宣队”陆续撤离中学。学校逐步恢复党的基层组织，实行党支部领导下的校长分工负责制，有计划、有步骤地撤销中学农村分校，工作重点转到以教学为中心，逐渐恢复规范的教育管理制度。1978年底，越秀区管理的中学共25所，共有初中班443个，学生24852人，高中班393个，学生21483人；中学教职工3564人。

1980年9月1日起，原下放到区管理的中学归属市教育局管理。1984年8月，市区两级根据《中共中央关于教育体制改革的决定》和省教育厅《关于普通教育改革的意见》，在中学试行校长负责制。为改变“文化大革命”期间各类职业技术学校停办，造成中等教育结构单一化的现象，10月7日，国务院在《批转教育部、国家劳动总局关于中等教育结构改革的报告》中明确批示：“改革中等教育结构，发展职业技术教育，适应四化建设的需要，是当前亟待解决的问题。”

越秀区认真贯彻落实中央有关精神，从经济发展的实际出发，统筹安排，调整中等教育结构，分类设置，积极稳妥发展初中教育，部分普通高中改办为职业中学，逐步建立适应改革开放的中等教育体系，改变了高中阶段教育单一化的状况，更好地满足了青少年学习的不同需求，适应了广州地区社会经济发展的需要，为市、区输送了大批专业技术人才。1978年末，越秀区业余中等专业学校成立。至1984年，全区调整合并了20多所中学及其布局，区内已有8所职业高级中学，约占全区普通中学的40%。职业高级中学以招收应届初中毕业生为主，学制三年，依据广州改革开放的形势和社会经济发展的需要设置专业，课程包括文化课、专业课和实习课三类，政治课是必修课，还开设职业道德课，全面提升学生的政治、文化、专业素质。

区委、区政府在抓好中小学教育的同时，还加强幼儿、成人教育的工作。1979年，教育部颁发了《城市幼儿园工作条例》后，区委、区政府加强对幼儿教育工作的领导，成立了区托幼工作领导小组，由分管教育工作的副区长任组长，成立区托幼办公室。全区19个行政街均成立了托幼工作小组，管理行政街内的街道集体办幼儿园、私人办幼儿园及托儿所。

随着幼儿教育的发展，托幼工作的领导和管理也不断加强。在幼儿教育上，遵循“保育与教育相结合”的原则，提出“寓教于乐”，开设语言、计算、常识、音乐、体育、图画等6科课程，课堂教学以游戏为主，教学方法通过直观和感官作用，克服了幼儿教育小学化的倾向。在硬件建设上，拨出专款100多万元对幼儿园的园舍进行改建、扩建，扩大面积2212平方米，使幼儿园和托儿所的环境有了较大改观。至1984年，全区有幼儿园71所，其中教育部门办的幼儿园9所，其他部门办的40所，集体办的22所，共计409个班，在园幼儿数13862人，幼儿入园率达70%以上，教师职工有1609人。全区幼儿教育事业在数量和教学质量及管理方面，都有快速的发展和提高，体现了启蒙教育的特点，为小学教育发展和解决职工群众后顾之忧奠定了良好基础。

成人教育方面。在粉碎“四人帮”后，区委、区政府日益重视成人教育工作，出台了一系列政策，鼓励干部职工群众参加学习。随着改革开放的起步，社会上兴起了学习文化技术的热潮，越秀区的广大干部、职工积极参加各种文化技术学习。区成立了职工教育委员会，下设办公室。各街、局、公司相应成立干部职工培训机构，形成三级管理网络。区教育部门复办区教师进修学校；区科委办起了越秀区业余科技学院；区卫生局办起了医科大专班。1980年后，区职工教育委员会办公室增办了电视大学越秀区分站（后改为广州市电视大学越秀区分校）。区劳动局开办了区职工技术培训中心，区财政局开办区函授会计学校。1980年统计，区内社会开办的专业班、补习班共271个、学员1.4万多人，设有外语、家电、裁缝、会计、汽车维修等数十个专业。

1981年2月20日，党中央、国务院作出《关于加强职工教育的决定》。区委迅速贯彻落实，建立健全区办业余科技学院、区委党校，各街、局办职工业余学校，各基层厂、社、店办文化技术培训班的三级业余教育网，区成人学校每年入学人数保持在1.2万—1.5万人，占全区干部职工数的22%—27%。1982—1984年，全区计有大专班

14个，中专班18个。区属干部职工8455人取得文化合格证书，占干部职工总人数的89%；6883人取得技术合格证书，占干部职工总人数的92%，均超过国务院规定80%的标准。[①] 由于越秀区的成人教育发展迅速，1982年，越秀区被确定为联合国教科文组织成人教育考察团访华的考察点。

越秀区本着实事求是的态度，认真反思“文化大革命”对教育工作带来的问题及影响，及时澄清发展教育事业的模糊认识。通过加强对教育工作的领导，提升教师社会地位，加大教育投入，合理调整学校规模，健全教育体系，学校教学秩序得到恢复，教育质量逐步提高，为越秀区教育事业健康持续发展奠定了坚实基础。

四、文化体育卫生事业逐步繁荣和发展

“文化大革命”中，全区文化工作和文娱活动受到严重冲击。1967年1月区文化局瘫痪，1968年8月区文化馆停办，各街道文化站被改作工场或旅店。经过拨乱反正，1979年8月区文化馆复办，馆址设在应元路三元宫前座，与区文化科合署办公，馆长由区文化科副职兼任。1984年，区文化科改为区文化局。1981年，各街道文化站工作逐步恢复，群众性文化活动逐步活跃，内容日益丰富，开放了阅览室、健身室、桌球室、老人活动室、歌舞厅等活动场所，组织了各种群众性文化娱乐团体，如粤剧团、京剧团、话剧团、合唱团、曲艺队、私伙局、书画协会、插花协会、说书组、灯谜社、棋艺社等，积极健康的文化娱乐活动丰富了辖区居民的文化生活。每年街道文化站协助各街道举办规模较大、时间较长、形式多样的群众文化欢庆活动，元旦、春节期间的文化活动有迎春花会、迎春文艺汇演及

① 广州市越秀区教育局:《越秀区教育志》，1991年，第9页。

迎春书、画、盆景、花卉展览等；组织群众参加一年一度由市举办的“羊城之夏”活动；中秋、国庆期间，结合重阳节，文化站配合街道开展各种敬老活动，慰问孤寡老人。

改革开放后，区委、区政府加强了对群众文化活动的支持和引导，越秀区群众性业余文化团体和文学艺术协会相继涌现，开展了具有地区特色的“越秀迎春”“羊城之夏”“越秀艺坛文化广场”三大群众性文化活动，长期坚持不懈，深受群众欢迎。改革开放后，群众文艺创作有了较大的发展，成立了多个文艺协会和文艺创作中心组，建立越秀文艺通讯员网络，组成近300人的业余创作队伍。至1984年统计，共创作文艺作品3271件（其中文学作品1945件，艺术作品1326件），并出版文艺刊物《越秀文艺》《越秀文化》《越秀文化文学、文艺专辑》等，共计近170万字、印发4万多份。出版的书籍有《越秀民间故事传说》《越秀文学作品选》《越秀文艺作品选》《越环诗选》《花城剪影》《越秀民间谚语选》《越秀民间歌谣选》《镇海楼传奇》等。

改革开放以来，全区社会文化市场经历了从复苏到繁荣的过程。随着港澳流行音乐文化影响和群众消费需求的增长，1979年，东方宾馆办起了全国第一间音乐茶座，首开国内社会文化市场的先河。1981年，流花宾馆也开设音乐茶座，邀请越秀轻音乐队常驻演出。随着社会文化的兴起，区各文化站把非营业性舞厅改办为营业性舞厅，桌球室、电子游戏室等文化娱乐项目也相继兴起，社会文化呈现日益繁荣的景象。至1984年，区内除属广州市管理的大宾馆和酒家的音乐茶座、舞厅、卡拉OK厅、桌球室等娱乐场所外，归区管理的文化娱乐点档共有565个，其中，舞厅30个、书亭（站、车）30间、出租书屋10间、报刊摊141档、桌球室37间、电子游戏室17个。

1983年6月，中共中央批示指出，“振兴中华职工读书活动”是群众进行自我教育，掌握政治理论和科学文化知识的好办法，是加强和改进思想政治工作的好形式。区委、区政府积极响应党中央“尊重知识、尊重人才”的号召，致力推动“振兴中华读书活动”，普及群众性阅读。1982年，越秀区少年儿童图书馆建成，从区文化馆图书阅览室中腾出100平方米作为建馆场所。区工会、区妇联、区文化部门以及机关、企业单位共赞助2.2万元购置少儿图书及设备，筹集一批少儿刊物，后来所存书刊全部转送给街道文化站图书室。

改革开放后，越秀区委、区政府认真贯彻落实《中华人民共和国体育法》《全民健身计划纲要》，引导和鼓励广大市民群众积极参与体育活动，全民健身活动蓬勃发展，竞技体育成果丰硕，体育产业日益壮大。先后获得“全国田径之乡”“国家高水平体育后备人才基地”“广东省体育贡献奖”“广东省体育先进区”等荣誉，向国家、省、市和部队体育部门输送了一大批优秀运动员。1981年6月14日，广州市越秀区籍运动员陈肖霞在墨西哥举行的第二届世界杯跳水比赛中获女子跳台跳水冠军，成为中国第一个跳水世界冠军。7月19日，在布加勒斯特举行的第十一届世界大学生运动会上，陈肖霞又获女子跳台跳水冠军。陈肖霞还当选1981年全国十佳运动员。

区委和区政府逐步重视对体育的投入，发动驻区和区属各机关、企业、学校加强对体育场地的建设，体育设施不断更新，体育场地也迅速增加。随后，区内各体育协会先后发展起来。全区群众体育工作以深化改革为中心，调动全社会各方面力量，以各种形式开展干部、职工、居民、幼儿、伤残人、老年人体育运动，形成群众体育社会化、群众化，促进精神文明建设。体育工作不断改变活动形式，使群众感到每参加一次活动都有新鲜感，提高广大群众积极参加体育活动和竞赛的兴趣，促进了群众体育社会化、群众化，也促进社会主义精神文明建设。

1966年“文化大革命”开始，越秀区各级卫生行政机构瘫痪，后期曾一度设立卫生管理局，兼管爱国卫生运动、医疗卫生和环境卫生工作。1980年，恢复原卫生局建制。改革开放后，区委、区政府坚决贯彻调整中整顿、改革、提高的方针，充分利用广东实行特殊政策、灵活措施的有利条件，在发挥越秀区医疗优势，稳步发展医疗卫生事业的同时，切实加强对医院、卫生院的管理，提高医务人员的技术水平，努力开创区医疗卫生工作的新局面。

实行医疗卫生部门管理制度改革。研究制定劳动管理制度、人事制度、质量管理制度、经济分配制度和医疗管理制度等，经区政府批准，11家医院、卫生院试行了部分浮动工资制。打破“大锅饭”，改变集体所有制“全民式”的管理办法，摸索实行“责、权、利”结合的路子，提高了医疗质量、工作效率和经济效益。

加快医疗重点和特点的建设。越秀区在抓紧重点医院的建设发展的同时，发挥优势，扬长避短，办出有特色的医院。区第一人民医院新建1350平方米的医疗用房，增加了50张病床，扩大了急诊科，改善了医院的环境。购置脑血流图、B型超声波、体外反搏器等一批医疗器械。增设了杂科及皮肤、消化系等专科，成为颇具一定规模的区级综合性医院。德成卫生院正式转为中医杂病医院后，吸引了城乡、外省群众和港澳同胞、海外华侨华人就医，声誉进一步提高。区中医院、正骨医院坚持中医中药特色，采用传统的方法加工炮制中药，提高了中药的有效成分，受到了广大群众的欢迎。

解决医疗技术人员比例失调的状况。抓好医务人员业务技术的培训、考核，采取自学和培训相结合形式，组织好医务人员学习业务技术，选送高级以上医务人员出外学习进修。建立技术人员业务考绩档案，做好统考晋升工作，开展学术研究和技术革新活动，全区医疗骨干及中、初级人员和各科人员的技术水平得到提高。1979年以来，区卫生系统有10位老中医被广州市卫生局授予“广州市名老中医”称号。此外，还涌现了一批在医务工作上做出较大贡献，历年来被评选为劳动模范或先进工作者的医师、护理人员和行政人员。

第　七　节
在新的历史条件下加强和改善党的建设

1978年12月，党的十一届三中全会的召开，标志着党的工作从以阶级斗争为纲转到以经济建设为中心上来。在新的历史条件下，如何加强和改善党的组织建设，使党组织适应变化发展的新形势，越秀区委根据各个时期党的中心工作要求，结合区的实际，采取一系列举措加强和改进党的建设。

一、党的基层组织建设和党员教育管理全面加强

改革开放以来，越秀区委始终把加强党的建设摆在重要位置，全面加强党的基层组织建设，坚持党要管党和从严治党。认真落实党建工作责任制，每年召开党建工作会议，定期听取基层党委汇报党建工作，促进了党建工作的层层落实。

针对“文化大革命”对党内制度严重破坏的问题，1980年，全区建立了党支部工作检查、总结评比制度，结合开展思想教育，每年围绕一个主题开展“创先争优”活动，作为加强基层党组织的一项重要措施来抓。1981年，全区把这项制度同每年“创先进党支部、争当优秀党员”活动结合起来，充实党支部的工作内容。经过几年的探索与实践，党支部和党员目标管理制度不断健全，有效地促进基层党组织建设。

1981年起，全区基层党组织在坚持“三会一课”的基础上，主要抓民主生活会，支部思想分析会，党员向支部汇报思想、工作、生活情况，党员分工联系群众，领导干部过双重组织生活等党内政治生活基本制度的恢复和建立。

为适应改革开放后的基层政权建设和基层党组织设置特点的变化，1980年5月9日，越秀区委决定街道党的基层委员会为区委派出机关，不设常委，对街道党委成员重新予以任命；按照党政分工的要求，恢复全区19个街道办事机构，将街道革委会改为街道办事处，作为区政府的派出机关；在局（公司）一级机构中（除住建公司、区环卫局外）有7个单位分别设置了专职书记和局长，实行党政分工。[①]

区委认真总结和巩固开展“实践是检验真理的唯一标准”大讨论补课做法，加强对党员教育管理，逐步把对党员的教育管理纳入经常化、制度化的正轨上。1979年以后，全区各级党组织系统地组织党员学习党的十一届三中全会以来党的代表大会和中央全会的文件。1980年2月29日，党的十一届五中全会通过《关于党内政治生活的若干准则》（以下简称《准则》）。区委迅速组织各级党组织，特别是党员干部进行学习。党员干部认识到，经过“文化大革命”的冲击，党的组织、党员的党性观念、党的优良传统和作风，都遭到了严重破坏。《准则》对于弥补“文化大革命”给党的建设造成的巨大破坏，恢复党的优良传统和作风，增强党的凝聚力和战斗力，使党内政治生活逐步走上正轨有特别重要的作用。各级党组织以学习贯彻《准则》为主要内容，按照中央和中央纪委的要求，及时召开了民主生活会，对照《准则》，开展批评与自我批评，还制定了贯彻《准则》的具体规定，公布于众，发动干部群众监督。全区普遍进行党员、干部的轮训工作，这是十多年来前所未有的一次广泛的党内教育。区纪委和各级纪检部门也积极做了许多工作，以《准则》区

① 越秀区委组织部:《三年多来组织、干部工作情况》（1980—1983年）。

分是非，按《准则》办事，用《准则》抵制不正之风，出现了好的势头。

1981年7月1日，中共中央转发中央宣传部《学习〈关于建国以来党的若干历史问题的决议〉的通知》。越秀区委迅速组织全区各级党组织认真深入学习，并作为1981年下半年的党内中心任务之一，重点结合对“文化大革命”历史教训和拨乱反正经验总结，分清是非，统一思想，团结起来向前看，贯彻执行党的十一届三中全会以来党的正确路线、方针、政策。各级党组织在组织党员学习过程中，还向群众进行广泛深入的宣传教育。每个党组织和每个党员按照上级党委的布置，学习以《决议》为主，结合学习全会公报和胡耀邦在庆祝中国共产党成立六十周年大会上的讲话，总结历史经验，目的是更好地团结起来向前看，把大家的思想统一到《决议》的基本结论上来。对待历史问题，应贯彻宜粗不宜细的方针，不引导干部群众纠缠历史细节，更不对本地区、本单位的具体历史是非进行争论。

在实现历史性的伟大转折的新的历史条件下，区委还组织广大党员深入学习邓小平关于建设有中国特色社会主义理论，开展经受执政党地位和改革开放两个考验的教育活动，使全体党员干部进一步认识到坚持党的领导、坚持改革开放的必要性和重要性，为全区开创社会主义建设新局面提供了思想保证。

二、改革干部制度和加强干部队伍建设

党的十一届三中全会召开后，随着各条战线的拨乱反正和改革开放事业的逐步推进，我国的干部人事制度改革逐步深入。根据党管干部的原则和广州市委有关干部人事制度改革的部署，越秀区委结合全区的实际情况，在废除领导职务终身制，下放干部管理体制和干部录用、任用、人才交流、考核、培训、岗位责任制等方面进

行了改革。全区干部人事制度改革顺利起步，逐步展开，稳步推进，取得了良好效果。

1980年，区委围绕干部制度改革的任务，结合调整配备各级领导班子，逐步在党政干部中挑选22名懂业务，会管理，有一定业务知识的干部，充实经济业务部门，同时，按照省、市要求，抽调11名干部充实到政法、文教战线。区委按照精简机构的原则，在区工业局、区卫生局、区住建公司等单位中撤销政治处，建立相应机构，减少层次，加强了思想政治工作。区委坚持深化改革的原则，初步进行民主选举各级领导干部的实践，根据《中国共产党章程》和《中华人民共和国地方各级人民代表大会和地方各级人民政府组织法》有关规定，在召开中共越秀区代表大会和越秀区人民代表大会时，实行了民主选举区一级领导干部的措施。区工业局属下的电线一厂等10多个单位也开展了民主选举厂长的试点。区委制定《恢复区属机关党政干部政治级别》方案，实施以后，对于加强干部管理，发挥干部为“四个现代化”做贡献的积极性起了重要作用。

针对在“文化大革命”后干部人事上青黄不接和素质不高的问题，区委调整各级领导班子，加快培养锻炼青年干部，努力建设一支革命化、年轻化、知识化、专业化的干部队伍，为整党的开展做好组织准备。党的十一届三中全会后，全区的干部培训工作逐步建立和加强。1981—1982年，全区共输送165人到省、市、区委党校学习培养；有2293人参加区一级和基层党委一级举办的各类轮训学习班。区委举办了县级以上干部轮训班，学习党的十一届六中全会文件。各基层党委举办各种专业班57期，学习人数5217人。1983年，区委重点抓好第三梯队干部的学习培训，抽调干部进行较长期的、系统的离职学习，50多名年轻干部经过统考录取，分别参加省、市、区组织的两年以上大专班脱产学习。1984年，结合机构改革，选举产生了新的区五套领导班子，调整了部、委、办、街、局、公司等二级班子及其内设机构，改革领导班子的结构。1983—1984年，由区委选送到市办大专班、区委党校与华南师范大学合办大专班、全区业余科技学院大专班学习的青年干部相继毕业。区委坚持组织干部工作为发展经济服务的原则，按照“四化”要求和德才兼备的原则，大胆起用新人充实各级领导班子，对这些干部进行认真细致的考察，提拔了一批有理想、有献身精神、党性强、作风正派、肯钻研业务、有一定政策水平和组织能力的干部充实各级领导班子和后备干部队伍，实现新、老干部交替正常化。[①]

1980年，越秀区纪律检查委员会重新建立，针对“文化大革命”造成党纪松懈、党风不良的严重后果，充分发挥纪检工作“保护、惩处、监督、教育”的职能，坚持“预防为主，教育为主”的工作方针，把对党员的教育工作放在重要的位置，结合各个时期的中心任务，以培训班、辅导课和听英模报告等形式，对党员进行党性和党纪教育。加强对党员特别是党员领导干部“以权谋私”的违纪违法行为进行了严肃查处，大力整顿党纪，加强党风建设。区纪委注意把倡廉和肃贪结合起来，利用正、反两面的教材对党员进行教育，增强党员的党性观念，提高党员遵守纪律的自觉性，维护了党在群众中的良好形象，保证了改革开放的发展环境。

三、越秀区第四次党代会的召开

1984年3月20—23日，越秀区第四次党代会召开，出席大会的正式代表344名。会议主要议程是：听取和审查中共越秀区第三届委员会的工作报告；听取和审查越秀区纪律检查委员会的报告。选举中共越秀区第四届委员会和中共越秀区纪律检查委员会。区委书记周立新代表区委作《勇于改革，乘胜前进，加快我区“两个文明”建设新局面的步伐》的报告。会议提出必须思想更解放，措施更灵活，

① 越秀区委组织部：《组织工作总结计划资料》（1983—1986年）。

坚持改革开放，把经济建设这个首要任务继续推向前进。并要求做好“以提高经济效益为中心，大力搞好经济建设”这项工作。

大会认为，区第三次党代会以来，区委团结和带领全区党员、干部和群众，坚决贯彻执行党的十一届三中全会以来的路线、方针、政策，努力完成上次大会确定的任务，成绩显著。报告对三年来的总结，既肯定了成绩，也提出了存在问题，是实事求是的。报告根据党的十二大精神和省市指示，提出全区今后三年的任务和一系列的措施，办法是符合实际的，经过努力是可以实现的。

大会批准区纪律检查委员会的工作报告。大会认为区纪律检查委员会自成立以来，在协助区委搞好党风建设，加强党的纪律等方面，是做了大量工作的，并取得一定的成绩。并要求全区各级党组织和全体共产党员，坚决贯彻执行《中共中央关于整党的决定》，认真完成统一思想、整顿作风、加强纪律、纯洁组织四个方面的任务。大会号召全党动员起来，团结一致，以实际行动为尽快实现党风的根本好转，为促进全区各项改革和“四化”建设的顺利进行做出更大的贡献。

大会号召全区各级党组织和共产党员更加紧密地团结在党中央周围，带领全区人民，高举马列主义、毛泽东思想伟大旗帜，团结奋斗，振奋精神，开拓前进，为实现党的十二大制定的宏伟纲领，完成这次大会确定的任务，为全面开创全区“两个文明”建设的新局面努力奋斗。

大会选举产生了中共越秀区第四届委员会，其中正式委员31名，候补委员4名。选举产生了中共越秀区纪律检查委员会，其中，委员9名。3月24日，区委四届一次全会召开，选举产生中共越秀区第四届委员会常务委员会，委员9名，其中周立新为书记，陈矢云、吴必达、林孟宽为副书记。刘文淑为区纪委书记。全会通过了《关于加强自身思想革命化的决定》。

这次大会是在越秀区各项改革逐步展开、社会经济发展取得初步成效的关键时期召开的，大会既清醒地看到了越秀区发展成绩与不足，又实事求是地提出了今后一个时期发展目标与任务，是一次为推动越秀区进一步改革开放，全面推进“两个文明”建设再动员、再部署的大会。

第二章
改革开放的全面展开与经济社会稳步发展

自1984年11月到1992年1月邓小平南方谈话前，是越秀区改革开放全面展开的阶段。这一阶段，全区以全面深化经济体制改革为重点，以开展城区管理体制综合改革为标志，破除旧的制度的束缚，实施简政放权，按照市场规律办事，推行企业承包经营责任制，大力发展第三产业，培养市场要素，率先形成了全方位、多层次的对外开放格局。在全面展开改革开放的过程中，越秀区越来越重视城市管理工作，城区环境质量和公共管理水平得到大幅度提升，社会治安状况得到明显好转，社会公共服务功能得到恢复、建立和健全，党的领导核心作用逐步加强，基层党组织的社会基础日益巩固。

第一节
全面深化经济体制改革

随着贯彻落实国民经济“调整、改革、整顿、提高”方针的成效显现，进一步全面深入经济体制的改革，巩固扩大改革成果，成为越秀区发展的必然选择。全区的工业、商业、城市建设及管理成为全面深化经济体制改革的重点，区委、区政府切实把全面深化改革的重点放在增强企业活力和市场活力等方面。

一、贯彻党的十二届三中全会精神

1984年10月，党的十二届三中全会召开，通过了《中共中央关于经济体制改革的决定》，提出了进一步贯彻执行对内搞活经济、对外实行开放的方针，阐明了加快以城市为重点的整个经济体制改革的必要性和紧迫性，明确提出城市经济体制改革的中心环节是搞活企业。1985年2月4—8日，市委四届五次全会召开，市委书记许士杰作了《新思想、新办法、新飞跃》的报告，提出全面展开广州市经济体制改革的方案。报告提出要围绕增强企业活力这一中心环节，以“三放”[①]带动“六活”[②]，以提高经济效益为目标，调整多方面关

① “三放”：放宽政策、放权简政、放开小企业。

② “六活”：搞活企业、金融、流通、建筑、科研、联合。

系，建立各种相应的体制，把经济体制综合改革推向一个新阶段。[①]

越秀区委在政治上与党中央保持高度一致，及时组织传达学习党的十二届三中全会精神。1985年6月27日，召开越秀区经济体制改革会议，会议深入学习贯彻《中共中央关于经济体制改革的决定》，部署了全区改革的工作任务。成立越秀区体制改革领导小组（1989年12月，改名为越秀区体制改革办公室）。自1984年10月到1987年3月，中共越秀区第四届委员会明确“以经济建设为中心，把改革放在首位，以城市管理为重点，以加强党的建设为保证，推进两个文明建设同步发展”的城区工作指导方针，制定《越秀区经济体制改革方案》，通过全面深化经济体制改革不断增强经济发展的动力和活力。全区扎实推行以增强企业活力为内容的一系列改革，通过退制还权，落实集体经济政策；实行企业领导体制改革；试点商业体制改革；进行融通资金建立信用社的试点，推动和发展了横向经济联合，改造了一批老企业；加强了人才的引进和培训，提高了企业的管理水平，增强了企业的活力和市场竞争力，经济效益不断提高。

1986年3月10日，国务院召开第一次全国城市经济体制改革工作会议，要求城市经济体制改革要贯彻巩固、消化、补充、改善的方针，搞活和开拓市场，加强和完善市场管理，加强和改善宏观控制，把发展横向经济联合作为一项重要工作。对已经出现的企业群体和企业集团这一新生事物，要因势利导，解决我国企业组织结构不合理的问题。5月，越秀区召开经济体制综合改革经验交流会议，明确要把发展横向经济联系作为改革的重大战略来抓，开展多种形式、多种渠道的联产、联销、联营和技术协作，充分利用国内外两种资金、资源和两个市场搞活企业。出于实施越秀区综合体制改革方案的需要，1987年4月，越秀区经济技术协作办公室成立，与区计划经济委员会合署办公。至1990年，越秀区与全国35个市（区）县建立了经济、技术协作关系，实施项目36个，增加工业产值4000

---

① 廖惠霞、欧阳湘:《广州改革开放历程》，广东经济出版社2008年版，第93页。

万元，营业收入17462万元，利润1200万元。从1987年起，在第五、六届区委工作期间，区委提出并坚持了“改革、开拓、廉明、效率”的指导思想，推进城区综合改革，围绕越秀区改革总体方案进行了多方面的探索。包括全面推行企业承包责任制租赁制、工资总额与经济效益挂钩等多种形式分配制度的改革；实行了全区全民所有制和工业集体所有制企业职工的退休（退养）统筹；区街创办了信托投资公司、城市信用社等不同形式的金融机构，搞活金融服务；办好搞活消费品市场，新办了一批工业品市场，形成了一批专业特色商品“一条街”；兴办了区街劳务市场和人才交流中心，广州市首家区级技术市场、物资交流中心。

越秀区认真贯彻党的十二届三中全会精神，坚持解放思想，实事求是，积极探索符合市场要求的经济运作模式，在促进社会经济发展、规范市场价格行为中发挥了应有的作用。

二、深化企业经营机制改革

越秀区委进一步加强对经济工作的领导，深化区街工业管理体制和企业经营机制的改革。1984年10月，越秀区工业公司成立，同时成立越秀区工业公司党委。1986年7月，撤销越秀区工业局，成立越秀区工业总公司，同时成立区工业总公司党总支部，负责管理区属18个行政街的工业公司的业务。至“六五”计划期末（1985年），全区实现了从共负盈亏、吃“大锅饭”到独立核算、自负盈亏，建立各种经济责任制的转变；从与大厂挂钩的加工性生产转变到市场调节、以销定产的商品性自主生产；从只抓内贸转变到发展外贸，内外结合，以外促内；从只抓物质生产到注意培养人才，起用能人；从片面追求产值速度，转变为注重发展新产品，提高质量，搞好经营管理，提高经济效益，工业生产持续发展。

一是改革企业经营管理体制，推行和完善租赁经营责任制和承包经营责任制。由于执行进一步调整治理整顿方针和全区企业“抓大放小”[①]方法的落实到位，越秀区企业规模与效益关联的实际问题得到有效解决。1984年，全区商业系统对一些地处较偏僻地带或经营环境较差、长期亏损的商业小企业试行租赁经营责任制，取得了经验，1987年在全区推广。主要形式有集体租赁经营、职工集资合伙租赁经营、夫妻（家庭）租赁经营、个人租赁经营等。实行租赁经营责任制后，改造了一批小型门店的经营环境，改善了企业的经营管理，保证了国家、集体收入，职工收入亦有了提高。其中，越秀区糖烟酒副食品公司改革企业吃“大锅饭”的状况，把原来49个核算单位分为96个，采用“先分后包”的办法，全部实行招标租赁承包经营，具体为职工个人承包49个，集体承包31个，联营10个，租赁经营6个。经过改革，扭转了该公司面临“死火”的局面，转为年盈利百万元。1985年前，全区推行了以联利计酬为主要内容的承包经营责任制，至年底全区已有959个企业实行了承包经营，362个企业实行了工资总额与经济效益挂钩。1985年以后，全区经济部门逐步引入竞争机制和风险机制，实行公开招标承包、抵押承包等，增强了企业自我积累和自我发展能力。主要形式有：国营商业企业上交目标利润承包经营责任制，定额承包，集股承包经营，扭亏为盈承包经营责任制等。1989年9月，越秀区布置贯彻落实市政府颁布的《关于当前经济体制改革若干问题的意见》系列工作，进一步推进厂长负责制、承包经营责任制、企业内部分配、优化劳动组合，并进行企业股份制试点。1990年，区政府制定《关于加强和完善承包经营责任制企业的管理办法（暂行）》，进一步明确承包经营责任制的形式、承包程序、承包方的风险责任、承包经营管理的监督，完善承包经营责任制。

二是改革企业领导体制，建立厂长（经理）负责制和任期目标责任制。1986年，区属工业、商业、基建、外贸系统有1041家企业推行了厂长（经理）负责制，占区属企业总数的80%以上。至1990

① “抓大放小”：抓大企业发展，放活中小企业。

年底，区属企业基本上实行了厂长（经理）负责制。1987年，区内开始试行厂长（经理）任期目标责任制，内容包括任期年限、任期内实现的目标、考核要求等三方面。1988年，在区属及各公司属下的重点企业、骨干企业全面推行厂长（经理）任期目标责任制、干部评审考绩以及任期终结审计制。1988年5月5日，广州市委召开企业党政分开动员大会，颁布《中共广州市委关于理顺企业内行政、党组织和职代会之间关系的意见》，对贯彻执行意见作了具体部署。主要内容是：进一步确立厂长的中心地位，发挥厂长对企业实行全面领导的中心作用；进一步明确企业党组织的职能，发挥党组织的保证监督作用；进一步强化职代会职能，发挥职代会的民主管理作用。1991年5月25日，越秀区委转发《广州市全民所有制企业职工代表大会工作实施细则（试行）》，要求区属各全民所有制企业必须坚决执行，区属各全民所有制事业单位要结合本单位特点参照执行。

三是改革企业分配制度，实行浮动工资、计件工资、工资总额与经济效益挂钩。1986年，区街企业进行分配制度的改革，开始实行浮动工资（由区劳动局审批）。1989年后，将浮动工资划入档案工资之内。1986年，区政府委托区工业公司、区劳动局对广卫、六榕、纸行、越华等区街企业进行测算，并经审核批准，正式实行计件工资的分配形式，后逐步在全区推行。1986年开始，在区街企业的分配形式上，打破原有的八级工资制，广泛推行工资总额与经济效益挂钩，根据职工的劳动纪律、劳动态度、劳动贡献，把职工个人收入同企业的经济效益挂钩，有效地克服了分配中的平均主义。至1989年底，全区有959个企业实行承包经营，有362个企业实行厂长（经理）负责制，有109个企业实行工资总额与经济效益挂钩，劳动生产率提高26%。

四是以改革为中心，向质量、品种要效益。1991年2月，区经济体制改革工作会议召开，确定在“八五”计划前期以企业改革为中心，从三方面推进经济体制改革。通过行业分类指导，有计划地调整产品结构，发展横向经济联合；积极推行以公有制为主体的企业股份制试点。建立区街两级生产发展基金，有偿支持区街经济发展，扶持重点产品发展，帮助微利、亏损企业加强宏观管理，确保有关搞活区街企业的政策落到实处。[①] 区委、区政府在全面改革，搞活企业过程中引导企业向质量、品种要效益。1991年4月16日，市委副书记邬梦兆在区领导陪同下，到大南街延安油漆厂、越秀不锈钢制品厂调研，对区街工业企业深入开展“质量、品种、效益年”活动作了指示，强调要正确认识和处理质量及产量、品种和效益、销售和生产、“硬件”和“软件”的四个关系。1991年上半年，越秀区工业扭亏增盈措施成效显著，出现了多年来少见的全面上升好势头，主要指标实现了“双过半”，工业总产值、营业收入和利润分别比1990年同期增长34.7%、22.91%和21.13%。全区工业重点抓好“调整结构、提高质量、加强管理、提高效益”的工作，根据市场变化，开发了103项新产品，新办企业83家，抓好计量定级和认证工作，促进了产品质量管理，28家工业企业通过三级计量定级。区重点抓好盈利大户的扩产增产和亏损大户的扭亏工作，亏损企业的亏损金额降幅达41.1%，3家亏损大户均已盈利。

越秀区委结合实际，实事求是地推进企业经营体制改革，以管理体制改革为核心的一系列企业改革举措，扩大了企业自主权，释放了企业活力，企业生产效益进一步提高，工业生产得到持续发展。

三、实施价格体制改革和市场宏观调控

1984年10月，党的十二届三中全会通过的《中共中央关于经济体制改革的决定》提出“价格体系的改革是整个经济体制改革成败的关键”，决定了价格改革必然要走一个比较大的步子。区委、区政府深刻认识到价格改革牵涉市场体系和人民群众承受力等多种因素，

① 广州市委办:《每天快报》(44期)，1991年2月25日。

在坚持统一领导、分级管理的原则下，适应社会主义市场经济的要求，对物价管理体制进行一系列改革，适当下放管理权，克服过去统得过度、管得过死的弊端。

越秀区积极慎重地开展市场、企业深层次改革，培育市场体系，建立新的价格体系，给市场和企业一定的定价权，实施多种形式的价格管理方法，取得了显著成效。20世纪80年代初，全区大部分日用工业品价格尚未放开，实行政府定价和政府指导价。伴随着改革的深入，从1985年起，针对实行生产资料价格“双轨制”后，紧俏生产资料乱涨价的严重问题，全区对石油、钢材、煤炭、水泥等工业生产资料价格体系开展转制性规范和检查，大力打击各种价格违法行为，引导督促生产资料经营者自觉遵守价格管理文件精神，特别是防止把国家计划内物资随意转手倒卖成为非计划牟利，从而为企业发展创造了良好的价格环境。至1990年，区内的价格体系已从传统的单一国家定价形式，逐步改变为国家定价、国家指导价和市场调节价三种价格形式并存的格局。在全区社会商品零售总额中，国家定价部分从1979年的98%下降到1990年的5%左右，符合市场经济体制的价格体系成功建立起来。

1984年，根据中央“关于加强物价机构的通知”精神，区成立区物价科，归口区商业委员会管理。同时成立区物价检查所，配事业编制26名。1986年，区物价科升格为区物价局，为副处级单位。区物价检查所在区物价局领导下开展工作，主要职责是：依法对商品和服务价格、收费违法违规行为实施行政处罚和行政强制措施；组织指导价格、收费社会监督；受理和处理价格投诉举报。1989年6月，出台实施《物价检查人员执法守则》，对物价检查人员规定了“十要十不准”。1992年6月，越秀区行政事业收费管理所成立，与区物价检查所两个牌子、一套人马，负责对行政事业性收费、经营者和中介组织的价格行为进行监审，对全区饮食业、娱乐业的服务费及酒店、旅业的价格进行审批。全区建立健全了街道价格监督管理队伍，切实保障群众利益。从1980年开始，根据市物价局的部署，区在各街道中逐步建立义务监督检查队伍。到1990年，全区12个街道建立起72人的义务物价检查队伍，同时在各业务主管部门建立兼职的物价检查队伍80人，开展群众性物价监督。各街道建立物价监督箱，公布物价监督投诉电话，负责宣传价格法律、法规和价格政策；调查、反馈社区价格执行情况，传递价格信息，反映群众对价格方面的意见，协助做好社区价格服务宣传和价格公示，配合价格行政执法人员开展工作，日常巡查宣传栏的运作情况。主要的监测品种为鲜猪肉、鸡蛋、蔬菜、大米、面粉、食油。全区把受理群众价格举报和咨询作为价格监督基本工作来抓，配备了专人负责，制定价格举报有关工作制度，认真受理群众价格举报，耐心解答价格政策问题，及时化解价格矛盾和纠纷，做到问题有人管、咨询有人答，塑造价格执法形象。

全区认真抓好企业，特别是社会化、服务业店铺业户的明码标价工作，规范价格标签和收费项目，提高价格和收费的透明度，减少买卖价格纠纷，方便社会监督。

1986年，广州市开展“物价信得过”活动，市物价局向全市首批57家单位授予“物价信得过”单位称号，其中越秀区有15家单位获得颁发称号牌匾。1988年，根据国家发改委计划委员会和质量监督总局的要求，市将“物价信得过”活动扩展为“物价、计量信得过”活动，评出区级“双信”先进单位14家，其中越秀区有3家单位被评为市级“双信”单位，并获得以市政府名义颁发的牌匾。

越秀区认真贯彻落实各项收费政策，规范各项收费管理措施和制度，清理行政事业性收费，为全区发展创造良好的外部环境。自1988年起，对全区行政事业性收费进行了全面的审查，初步达到“严格控制各项超标准收费、严格保持收费规定范围、严格查处乱收费”的要求。

20世纪90年代，全区先后开展了城建、劳动、工商、公安、房管、交通、民政、环保、技监、税务等部门的行政事业性收费检查。行政事业乱收费现象得到有效遏制，群众和企业的负担大大减轻。区以财税物价大检查为抓手，促进深化改革、经济健康发展和市场稳定运行。从1985年起，区每年一次组织各职能部门开展财税物价大检查。1987年8月21日，广东省人民政府发出《关于进一步加强市场物价管理的紧急通知》，要求各级政府采取措施稳定和平抑物价，开展物价大检查，刹住乱涨价、乱收费的歪风。区政府对物价大检查高度重视，对在检查中表现突出的先进单位和个人进行表彰。1988年，查出违法案件80宗，违法金额960多万元。全区财税物价大检查规格高、声势大、范围广、层次深、时间和力量集中，以加强价格检查为抓手，能够有效保持市场物价的基本稳定，不仅对严肃财经纪律、维护财税秩序、抑制物价上涨、促进廉政建设起了重要作用，而且为确保财税、价格改革措施的落实和国家预算任务的全面完成，促进深化改革和经济健康发展做出了积极贡献。

20世纪80年代中后期，部分商品供应相对紧张，价格上涨明显，一些经营者乱涨价行为猖獗。全区坚持进行经常性巡查监督。1985—1986年，针对汽水价格持续上涨的情况，全区开展了三次大规模的啤酒、汽水价格大检查，共出动100多人次，检查200多个经营单位，对其中80多个违法经营者进行了查处，迅速遏制了乱涨价的歪风。全区还对洗衣机、纺织品、彩电、冰箱、自行车、日用工业品价格开展检查，有效维护了市场价格的稳定，保护了广大消费者的合法权益。20世纪80年代，粮食和农副产品价格波动大，尤其是“菜篮子”价格一度持续大幅上涨。1985年春节，区成立物价检查小组，副区长黎捌担任组长，对辖区内的粮食和肉菜价格进行了大检查。20世纪90年代开始，社会上出现通货膨胀，粮食和副食品价格节节攀升，全区出动了大量的人力对市场价格进行检查，严惩乱涨价行为。多年来，每逢春节、国庆、中秋等副食品消费旺季，越秀区都有针对性地开展节日市场价格检查，维护正常市场价格秩序。全区每年开展一次农业生产资料价格检查。1988年，在农贸价格大检查中，共查处违法案件36宗，查处违法金额27万元，有效地遏制了农业生产资料乱涨价的现象，确保减轻农民负担。

越秀区是每年春秋两季中国出口商品展览会（即“广交会”）的举办地。全区每年两次对交易会期间旅业房价进行大检查，重点检查最高限价、明码标价、订票手续费和收取代办电信服务费等情况，通过监督检查，进一步贯彻落实交易会期间旅业房价最高限价政策，规范了宾馆、酒店的价格行为，维护了交易会期间良好的旅业房价秩序。

药品价格和医疗服务收费与人民群众切身利益息息相关。由于药品价格虚高，医患双方价格纠纷频频发生，全区多次对药品价格和医疗服务收费开展检查。1986年，对区内的中药材、西药价格进行全面检查，查处一批违法经营者，维护了市场价格的稳定。同时，配合药品价格和医疗服务收费改革适时开展检查，为各项改革措施的贯彻落实提供有力支持。

四、改革商业流通体制

由于我国长期实行指令性、高度集权的计划经济模式，排斥市场和价值规律，尤其是物资比较紧缺的时期和关系人民生活的必需品，实行严格的计划分配体制，建立生活必需品行政管理机关，直接由市级部门统一管理，其管理体制也经历上收与下放的反复过程。由于国民经济治理整顿的需要，1982年1月，越秀区蔬菜食品管理处划归市蔬菜公司。1984年6月，越秀区粮油管理处划归市管。

在全面深化经济体制改革的进程中，区委、区政府决定改革尚未划归市级管理和再度下放区管理的越秀区百货管理处、饮食服务管理处、副食管理处和蔬菜管理处等商业管理处，把行业管理职能和企业管理职能相分离，作为推进流通机制市场化的重大措施，分批创办了5个区级商业公司。1984年10月，越秀区饮食服务管理处分为饮食、服务两个公司。越秀区副食管理处改为区糖烟酒副食品公司，区百货管理处改为区百货公司。各公司同时成立党委。1986年5月，把再次下放的越秀区蔬菜管理处改组为区蔬菜食品公司，11月，区蔬菜食品公司党委成立。

1984年11月8日，召开越秀区商业工作会议，会议贯彻落实党的十二届三中全会《中共中央关于经济体制改革的决定》精神，学习北京市商业体制改革经验，部署全区商业体制改革工作。1985年6月，越秀区财贸办公室改称为越秀区商业管理委员会，作为区政府管理全区社会商业和市场的行政机构。1986年5月21日，区委、区政府召开接收肉菜市场工作会议，接收由市下放给越秀区管理的肉菜市场共11家、职工1700多人，蔬菜食品行业部分企业也下放区管理。根据市委关于增加供应、繁荣市场的要求，越秀区商业管理委员会在区内增设商业网点，主要是增加饮食、服务、百货、小型肉菜市场、粮食、副食品等，做到国营、集体、个体一起上，共同搞活市场，方便居民群众。1985年，全区集市贸易和个体户营业额为21095万元，比上年增长72.05%。[①]1986年，社会商品零售总额为4.02亿元，增长23.26%，其中国营2894万元，集体2.49亿元，个体1.25亿元。[②]

在改革商业体制、疏通流通渠道的推进过程中，区委、区政府注意区别国营商业体制与自办集体所有制的性质，区别原有区街工业系统与生活服务业系统的发展定位，实行错位发展，依据中心城区商品流通的旺盛需求和生活服务业系统的发展趋势，逐步将原有生活服务业系统定位为区街商贸业系统，进行引导和管理。

1989年，越秀区生活服务总公司改名为越秀区商贸总公司，由区商委管理。越秀区商贸总公司先后开办经营批发业务的越秀果品货栈、越秀区商业贸易公司、越秀信托贸易公司和经营零售的高第百货店、美丰糖烟酒商店、回龙山货店、西湖饭店等16个企业（网点）。由于国家政策调整，市场竞争激烈，企业先后撤销、合并。至1990年，越秀信托贸易公司、翠花百货店、珠江副食贸易商行、越岭商业贸易公司、广大副食贸易部、越伟汽车维修空调装配公司、越侨汽车冷气配件营业部等7个企业完成撤并。1990年以后，由于经

① 广州年鉴编纂委员会:《广州年鉴1986年》，1986年，第507页。

② 广州年鉴编纂委员会:《广州年鉴1987年》，1987年，第473页。

营范围受政策限制，越岭商业贸易公司、翠花百货商店因经营效益欠佳而先后歇业。随着市场的变化，越秀区商贸总公司推进经济体制改革，开展租赁承包经营，并成立了越秀发展公司，组建新办企业，逐步走出资金匮乏和经营场地受制的困境。1989年，各街道生活服务公司改名为街商业贸易公司，业务也相应地改由越秀区商委管理。至1990年，街道商贸企业通过新办企业，积极开拓经营，发展很快，共有481户、4279人，营业收入2.586亿元，利润645.36万元，管理费收入272.92万元，比1982年分别增加1.7倍、0.85倍、16.13倍、3.69倍和47.91倍。

进入20世纪90年代，街道商业贸易拓展了房地产业和出口业务，新办企业增多，拥有一批有一定规模的企业。在18个街道商贸公司中，年营业额超千万元的企业就有红书房建社、广强钟表厂等28户，超5000万元的商贸公司有德成、纸行等8个公司，超亿元的有光塔商贸公司；利润超100万元的有大新、光塔、广卫、诗书、解放南、流花等商贸公司。解放南商贸公司属下大桑家具公司，原没有自己的独立经营场地，1994年，在罗冲围租用一幢8000平方米的大楼，成立了大桑贸易发展有限公司，在恒福路88号淘金购物中心和同福路扩展了3500平方米门市部，使企业销售倍增，年营业额超过1000万元，利润50万元。至1994年，越秀区属18个街道商贸公司共有企业703户、职工6870人，年营业收入9.7052亿元，利润总额1505万元，管理费收入473.88万元；与1982年比较，户数增加了2.9倍，其他三项经济指标分别增长63.3倍、9.93倍和83.92倍。

越秀区切实根据中心城区特点，发展和管理好商业，推动商业企业走向市场化，自觉适应市场发展的做法，得到上级领导的重视和好评。1991年4月12日，广州市副市长黄伟宁及市商委等领导到越秀区听取商委工作汇报，实地考察了广大肉菜市场、艳芳照相馆、高第街集群经营3个点的营销情况，到区工商行政管理部门和个体劳协了解工作情况后，要求越秀区应充分发挥位于广州市中心的地域优势，进一步搞好搞活商业经济。

五、第六个五年计划的贯彻执行

改革开放前，由于长期实行高度集权的计划经济制度，市辖区的计划工作很不完善。随着改革开放的广泛开展，特别是简政放权的逐步深入，越秀区长期计划的编制实施经历了从零敲碎打到建立健全，从单一经济增长到经济社会协调发展的过程。20世纪80年代初，广州市着手制定经济社会发展第六个五年计划的时候，越秀区试行计划体制改革，加强统计工作，尽快建立自身的发展计划体制，研究制定更为长远的发展规划。1982年，越秀区计划委员会成立，业务上属广州市计划委员会领导。1984年，越秀区经济委员会成立，业务上属广州市经委领导。同年，区计委和区经委合并，成立越秀区计划经济委员会（简称区计经委），开始承担编制并组织落实全区国民经济和社会发展的长期、中期计划和年度计划，对全区经济和社会发展实行总量调控，做好全区国民经济的综合平衡，协调物资、统计、财税、投资、信息等部门的职能，负责区基本建设和技术改造项目的论证和审批工作。

1984—1985年是国家第六个五年计划的最后两年，根据以经济建设为中心和城区管理权限，越秀区侧重贯彻落实广州市“六五”计划的分解任务，在经济领域的抓重点、上项目、抓管理、打基础工作。工业产值、营业收入和利润在1983年的基础上，年均分别递增11.3%、31.8%和9.72%。外经贸有了新突破，创汇由1983年的324万美元，增加到1986年的938万美元，年均递增42.52%。商业销售额从1983年的3.56万元增至1986年的7.16万元，年均递增26.23%。城区建设三年共完成竣工面积27.66万平方米，年均递增53%。财政收入三年共达2.1288亿元，年均递增27.83%。

在此期间，越秀区根据市政府的改革部署，逐步推进区级计划体制改革，为自主编制和实施第七个五年计划（1986—1990年）创造条件，打好基础。在社会发展方面，由于广州市中心区的行政职能逐步建立健全，规划管理区域发展的责任增加，1981年，越秀区制定和实施了“六五”期间环境保护规划。

第　二　节
贯彻执行国民经济进一步治理整顿方针

1986年—1988年9月期间，国内经济发展持续过热，不稳定因素增加。1988年9月26日，党的十三届三中全会召开，全会分析了我国当前的经济形势，确定了治理经济环境、整顿经济秩序和全面深化改革的方针，并突出地要求把明后两年改革和建设的重点放到治理经济环境和整顿经济秩序上来。1989年10月30日，中央工作会议召开，研究了我国当时的经济问题。11月6日，党的十三届五中全会召开，9日通过了《中共中央关于进一步治理整顿和深化改革的决定》。全会决定，包括1989年在内，用三年或者更长一点的时间，基本完成治理整顿任务。越秀区委、区政府坚决贯彻执行中央精神，召开系列会议作出重大决策，采取有效措施，加强对经济工作的指导，以改革促发展，广泛开展"质量、品种、效益年"活动，引导企业调整产品结构，注重拓展生产门路，关心职工，稳定人心，帮助企业渡难关。

一、越秀区第五次党代会的召开

越秀区第四次党代会以来，越秀区委坚决贯彻执行党的十一届三中全会以来党的路线方针政策，大力推进改革开放，经济社会持续稳定、协调发展，人民生活明显改善，城区面貌明显提升。为进一步明确越秀区今后一个时期经济社会发展目标和方向，开创全区工作新局面，1987年3月10日，召开越秀区第五次党代会，出席会议的正式代表350人、列席人员4人，代表全区7957名党员参加大会。

区委书记周立新代表区委第四届委员会向大会作了题为《深化改革　勇于开拓　团结前进》的报告。报告总结了前三年取得的成绩和经验。三年来，区委围绕如何发挥中心城区的综合功能作用，逐步明确“以经济建设为中心，把改革放在首位，以城市管理为重点，以加强党的建设为保证，推进两个文明建设同步发展”的城区工作指导方针，制定了《越秀区经济体制改革方案》，推行了以增强企业活力为中心的一系列配套改革：实行退制还权，落实集体经济政策；企业领导体制改革；开展商业体制改革的尝试；进行融通资金建立信用社的试验；推动和发展了横向经济联合，改造了一批老企业；加强了人才的引进和培训，提高了企业的管理水平，增强了企业的活力和市场竞争力。全区的工业总产值年均递增11.3%，工业系统营业收入年均递增31.81%，利润年均递增9.72%；商业营业额年均递增26.17%；外经贸出口创汇年均递增37.09%；财政收入年均递增27.83%。经济效益不断提高，保证了全区经济持续、稳定、协调发展。在改革开放和经济建设中，社会主义精神文明建设健康开展，科技、教育、卫生、文化事业有了新的进步，社会主义民主与法制不断健全，党风和社会风气明显好转，爱国统一战线不断巩固和扩大。

报告提出今后三年全区主要目标和基本任务是：深化改革，坚持开放，搞活企业，依靠政策和科学技术进步，加强企业管理和基础建设。抓好一批骨干企业和重点产品，逐步调整产品结构和产业结构，加快发展外经外贸，大力发展房地产业和第三产业，努力发展城区综合经济，使全区经济持续、稳定地增长。加强社会主义精神文明建设和城市管理，逐步美化越秀。在生产发展的前提下，逐步提高全区干部、职工、居民的生活水平和社会福利保障程度，要较好发挥中心城区的综合功能。会议提出了以工业为重点，以外贸为向导，以房地产开发为依托，充分发挥越秀区商业优势，积极、稳妥地进一步发展区综合性城区经济的原则。

大会审议通过了区委的报告，原则同意《越秀区“七五”计划（草案）》和《越秀区1987年经济体制综合改革工作意见》。大会经过充分讨论，反复酝酿，选举产生中共越秀区第五届委员会和中共越秀区纪律检查委员会，选出区委正式委员27名、候补委员4名、区纪委委员13名。3月13日，区委五届一次全会召开，选举产生区委常委11名，其中周立新为书记，陈矢云、吴必达、林孟宽为副书记。通过区纪委第一次全体会议选举产生的纪委常委6名，其中刘文淑为书记。

这次大会是越秀区深化改革、实现经济快速发展的关键时刻召开的大会。大会号召全区各级党组织要坚持四项基本原则，坚持改革开放、搞活经济，深入开展增产节约、增收节支，深化改革，勇于开拓，为建设社会主义现代化新城区而努力奋斗。

二、学习贯彻社会主义初级阶段基本理论

1987年10月25日—11月1日，中国共产党第十三次全国代表大会在北京召开。大会报告系统地阐述了关于社会主义初级阶段的理论，完整地概括了党在社会主义初级阶段的基本路线：领导和团结全国各族人民，以经济建设为中心，坚持四项基本原则，坚持改革开放，自力更生，艰苦创业，为把我国建设成为富强、民主、文明的社会主义现代化国家而奋斗。大会还提出了经济发展“三步走”的战略部署，确定了今后经济体制改革、政治体制改革和加强党的建设的基本方针。

11月12日，广东省委发出《关于认真学习和宣传党的十三大文件的通知》，并召开会议，传达贯彻党的十三大会议精神和中央关于把广东省作为综合改革试验区的指示。越秀区委坚决、积极地做好学习贯彻落实党的十三大精神的部署，将之作为1988年的中心工作来抓，通过学习宣传贯彻党的十三大精神，进一步坚定了贯彻落实

党在社会主义初级阶段的基本路线，进一步改革开放，建设广东综合改革试验区，克服经济社会转型期暂时困难的决心和信心。1988年2月1日，区委五届二次全会召开，提出了贯彻落实党的十三大精神和各项任务，加快全区经济发展步伐，到2000年国民生产总值和工业总值要比1980年翻三番，1990年工业总值要达到3.2亿元，到2000年达9.1亿元的目标。7月2日，区委五届三次全会召开。区委书记周立新作了《加快改革，促进全年各项工作任务的完成》的报告，再次体现了区委贯彻落实党的十三大精神，坚持“一个中心，两个基本点”基本路线，实现全区经济发展“提速”的决心和部署。

区委召开的这两次全会对于贯彻落实党的十三大精神，加快经济发展起到了统一认识、思想动员和部署重点的巨大作用，但是由于对经济发展规律把握不当、对中国特色社会主义发展规律认识不深的局限，一些工作领域出现了急于求成、偏重增长率的趋势，一些加快发展的措施促使生产发展持续过热，经济不稳定因素增加，特别是暴露了区域经济结构的内在性、深层次问题，迫切需要区委、区政府通过治理经济环境、整顿经济秩序和全面深化改革加以解决。

三、治理整顿方针的贯彻落实

1988年10月，区委五届四次全会召开，传达贯彻党的十三届三中全会、省委六届二次全会和市委五届四次全会精神，部署治理经济环境、整顿经济秩序、纠正不正之风、反腐败等工作。由于全国贯彻执行继续治理整顿的方针，受到“大气候”和“小气候”各方面的影响，自1989年下半年起，越秀区工业生产面临较大困难，区街企业的亏损面和亏损额明显增加。区委、区政府及时采取有效措施，切实加强对经济工作的指导，以改革促发展，引导企业调整产品结构，注重拓展生产门路，关心职工，稳定人心，帮助企业渡难关。为此，市召集越秀、东山、荔湾、海珠等4个老城区联合召开了主管工业的副区长和计经委主任会议，分析面临的生产困难、寻求发展的对策和措施。越秀区计经委和区工业总公司派员进行社会调查，基层提出了不少拓展生产门路的好意见，形成为区工业主管部门渡难关的决策。区内有关部门为了解决企业资金不足的困难，想方设法为企业追回了一批“三角债”。区劳动部门积极做好劳动力的统筹调配，有效地减少了待工人员。

1989年11月6—9日，党的十三届五中全会召开，通过了《中共中央关于进一步治理整顿和深化改革的决定》。全会认为，党的十三届三中全会决定对国民经济进行治理整顿是正确的。经过一年来的努力，治理整顿已取得初步成效：过高的工业发展速度降了下来，农业获得较好收成，固定资产投资有所控制，物价上涨势头趋于缓和，货币回笼情况比较好，国民经济在继续发展。全会认为，继续坚定不移地执行治理整顿和深化改革的方针，是克服当前经济困难，实现国民经济持续、稳定、协调发展的根本途径。11月21日，越秀区委召开干部大会，传达贯彻党的十三届五中全会精神。区委代理书记陈矢云作了《认真贯彻五中全会精神，抓好今冬明春各项工作》的讲话。要求全区上下正确看待当前的经济形势，坚持以市场为导向，以提高经济效益为中心，分别向调整、改革、管理、科技进步要效益。随后，区委、区政府召开各工业公司经理和68家重点工厂厂长会议，传达贯彻党的十三届五中全会关于进一步治理、整顿和深化改革的决定，部署下一步工作，确定1990年工业生产的指导思想和具体要求。会上，华达钢钉厂、德成工业公司等7个单位的厂长（经理）发言交流了做法与体会。12月12日，区委召开常委会扩大会议。区委代理书记、区长陈矢云作《统一思想，团结奋斗，努力完成进一步治理整顿和深化改革的任务》的报告，报告回顾总结了1989年全区的主要工作，部署了1990年进一步治理整顿、深化改革的各项任务，要求全区确保“四个稳定”[①]，坚持“三个依靠”[②]，实现

① 确保“四个稳定”：确保政治、经济、人心和社会的稳定。

② 坚持“三个依靠”：坚持依靠群众、依靠改革、依靠科技进步。

“两个搞活”[①]和促进“一个转变”[②]。1989年1月21日，区委五届五次全会召开。区委代理书记、区长陈矢云代表区委作了《坚持治理整顿、全面深化改革，在调整中推动城区各项工作新发展》的报告。

区委坚决贯彻党的十三届三中、五中全会精神，根据市委、市政府的工作部署，在经济增长过热转变到经济增长困难的情况下，对经济发展开展治理整顿。随着经济形势的好转，区委、区政府又及时把指导思想调整为“靠科技、打基础、促发展、上水平”，从发展战略、宏观调控、政策措施和领导力量等方面切实加强对经济工作的领导，加快了经济发展的步伐。1990年5月，越秀区第六次党代会提出“抓稳定、打基础、增后劲、保发展”作为治理整顿期间全区经济工作的指导思想，有针对性地做好工作，逐步扭转了经济滑坡。

在区委、区政府的正确领导和有力支持下，区街工业系统充分发挥积极性，克服困难。1990年上半年，全区停产或半停产的企业已从原来的36个减少为5个，待工人员从712人降为68人。大南街工业系统在开始出现困难时，实施积极的改革措施，调整工业结构，把12家小企业并为4家专业厂，拥有300多台（套）设备和2.5万平方米的厂房及仓库，成为街的骨干工业。这4家专业厂及时调整了产品结构，开发了13大类、400多个不同规格、不同式样的产品，在市内设有19个门市部，北京、沈阳等地也有联销点。该街还十分注意抓好资金、设备、人才和场地的投入，先后投入322万元更新设备，投资16000万元建设2万多平方米的厂房，招收了一批工程师和大学生，开展技术培训。大南街通过建立健全企业管理机制和制度，调动了职工的积极性，消灭了亏损户，实现了全街企业“四无”[③]。大南街工业坚持“抓稳定、打基础、鼓实劲、促发展”的思路，在困境

① 实现“两个搞活”：搞活资金和产销。

② 促进“一个转变”：促进城区经济转到以经济效益为中心的轨道上持续、稳定、协调发展。

③ 企业“四无”：无停工停业、无亏损、无降低职工收入、无裁减职工。

中大展拳脚，成为越秀区工业的佼佼者。越秀区拥有的产值超1000万元的3家企业中，大南街就占了2家。[①]1991年1—2月与1990年同期相比，大南街利润增长9.6%，上缴国家税利增长12.19%。全区工业企业积极外引内联，努力开拓外地市场，直接参与市场角逐，克服本地市场不足的困难。经过三年的努力，区委、区政府确保治理整顿的“四个稳定”、促进“一个转变”目标基本实现。

全区广泛开展“质量、品种、效益年”活动，积极实施工业企业和产品分类指导的措施，扶持发展重点企业和重点产品，有力促进了工业企业升档次、增后劲，较好地扭转进一步治理整顿带来的暂时生产困难局面。

1991年初，区政府颁布《关于扶持和发展我区重点企业的若干意见》。5月2日，区长办公会议和区经济发展协调小组会议召开，研究确定了1991年区工业重点企业和重点产品。一类重点企业有大南工业公司的延安油漆厂、越秀不锈钢制品厂、越秀工业公司的广州水泵厂、华达钢钉厂、德成工业公司的德秀五金综合厂等5家，二类重点企业有大南工业公司的永发装潢五金厂、德成工业公司的德成无线电器件厂、纸行工业公司的越秀床上用品厂、解放南街工业公司的五羊旋具厂等4家，重点产品有7项。另外，在商业系统的5个国营公司、230家纯国营企业中审定出9家重点企业，分别是新陶芳酒楼、饮食公司货栈、建红缝纫机商店、金都酒楼、红岭玻璃公司、永光科学仪器公司、百货公司购销部、风光人造革杂件商店、艳芳照相馆。5月10日，越秀区再次召开区长办公会议和区经济发展协调小组会议，确定了1991年区属工业系统的光塔工业公司永生化工厂的“敌敌畏乳油氯氰菊酯”、大南街工业公司越秀不锈钢制品厂的“不锈钢器具及装饰件”等25项重点项目的扩产和技改措施。扶持、发展重点企业和重点产品的措施经过一年的实践检验，取得了显著的成效。区工业系统重点企业9家、“三资”重点企业2家，全面超

① 《大南街工作在困境中大展拳脚》，《广州日报》1991年2月10日。

额完成1991年计划。完成工业总产值11696.29万元，为年计划的106.78%，比1990年增长24.7%。营业收入13936.48万元，为年计划的113.73%，增长33.3%，占全区营业收入的31.5%。利润823万元，为年计划的105.3%，比1990年增长19.8%，占全区利润的61.45%。[①]起到了骨干企业作用，许多产品发展成为区的“拳头产品”。区商业系统重点企业也取得较好经济效益，实现营业收入12721.28万元、利润770.96万元，分别比1990年增加30.69%和32.35，占5家国营公司、230家纯国营企业收入、利润的31.22%和45.52%，逐步起到了骨干企业的作用，为搞活国营企业积累了经验。[②]全区实施扶持发展重点企业和重点产品的系列措施还有效带动了一批微利亏损小企业协同配套，共同发展，共渡难关。

在进一步治理整顿和深化改革的过程中，区委、区政府深刻认识到，建立职工社会保障制度比搞活用工制度更为重要、难度更大，必须投入更多的人力财力，完成进一步治理整顿、深化改革的迫切任务，解决关系城市经济社会发展的基础性问题。在全面社会保险制度尚未完善之前，建立健全职工退休区级统筹制度成为深化改革的重大配套工程。

1986年4月，越秀区社会劳动保险公司成立，负责全区全民所有制和集体所有制固定职工退休养老基金的征集与发放，按照“以老养老，循环调剂，以支定筹，略有积累”的原则，确定统筹项目、统筹基金的计提标准及统筹基金的来源。1987年8月，对区属24个工业公司属下企业职工的退休年龄、退休金的统筹等问题作出改革，在全市率先实行集体所有制企业职工退休养老社会保险统筹，区工业系统8000多名集体所有制退休职工开始实行退休金全区性统筹，使职工老有所养，保障了退休职工的基本生活，解决了在职职工的后顾之忧。

---

① 越秀区委办:《情况简报》(13期)，1992年3月6日。

② 越秀区府办:《越秀简报》(17期)，1992年3月12日。

1989年5月，越秀区退休职工管理委员会成立，下设办公室，为全民事业单位，归口区劳动局管理。越秀区重视解决退休职工的温饱问题，采取了3项措施，保证退休职工获得政府规定的各种生活补贴：有经济能力的企业要使每个退休人员的月收入在105.44元水平上；亏损企业的退休补贴金报区财税部门解决，月总收入不低于80元；已倒闭企业的退休补贴原则上由主管公司负责支付，如有困难可会同上一级主管部门研究解决。至1990年上半年，共有8000名全民所有制商业职工和21000名集体所有制工业职工实现了退休金统筹。①

四、第七个五年计划的编制实施

1986年，越秀区委提出制定越秀区“七五”（1986—1990年）计划（草案）的建议，区计经委编制了《越秀区经济和社会发展第七个五年计划（草案）（1986—1990年）》。1987年3月10日，越秀区第五次党代会召开，大会审议通过了《越秀区经济和社会发展第七个五年计划（草案）（1986—1990年）》（以下简称《越秀区“七五”计划（草案）》），建议把该计划提交区第九届人民代表大会审议。这是越秀区历史上首个由本区自主编制，依据自身能力完成的五年计划。

《越秀区“七五”计划（草案）》提出今后五年全区经济社会发展的基本任务是：深化改革，坚持开放，搞活企业，依靠政策和科学技术进步，加强企业管理和基础建设。抓好一批骨干企业和重点产品，逐步调整产品结构和产业结构，加快发展外经外贸，大力发展房地产业和第三产业，努力发展城区综合经济，使全区经济持续、稳定地增长。加强社会主义精神文明建设和城市管理，逐步美化越

① 广州市越秀区地方志编纂委员会：《广州市越秀区志》，广东人民出版社2000年版，第504页。

秀。在生产发展的前提下，逐步提高全区干部、职工、居民的生活水平和社会福利保障程度，要较好发挥中心城区的综合功能。《越秀区“七五”计划（草案）》还提出实现以上目标任务需要坚持以工业为重点，以外贸为导向，以房地产开发为依托，充分发挥越秀区商业优势，积极、稳妥地进一步发展区综合性城区经济的原则。

为适应贯彻落实国民经济进一步治理整顿和深化改革的情况变化，广州市在“七五”计划实施期间采取了长远规划与中短期计划相结合的计划方法。1987年8月18日，市八届人大常委会第三十一次会议审议通过了《广州市经济社会发展战略纲要》《广州市文化发展战略纲要》和《广州市科学技术发展战略纲要》。根据这三个纲要精神，区委、区政府实事求是地采取直接计划、间接计划和市场调节相结合的计划手段，注意综合平衡，进行过多次调整，把本区“七五”计划指标和实施任务纳入到广州市发展大局中去，并分解细化为各年度的工作计划和干部考核指标。

整个“七五”时期，全区生产总值完成29.95亿元，工业总产值完成14.7亿元，销售收入42.07亿元，利润总额2.66亿元；商业营业收入完成60.87亿元；预算内财政收入完成5.48亿元。其中，1987—1989年发展较好，工业总产值、营业收入、利润平均每年递增12.18%、26.14%、2.46%；商业营业收入和利润平均每年递增25.83%、27.09%；创汇平均每年递增6.45%；基建施工面积78万平方米，竣工面积达33万平方米；财政收入平均每年递增18.59%，保持收支平衡。至“七五”计划期末的1990年，全区工业总产值33727万元，财政收入14140万元。

区“七五”计划编制完成后，虽然面临进一步治理整顿带来的暂时困难，但是全区始终坚持以经济建设为中心，通过对经济的宏观领导，加速发展外向型经济，推进科技进步，促进了城区综合经济发展。

第　三　节
培育生产要素市场体系和市场主体

伴随改革开放的全面展开，党的十二届三中全会通过的《中共中央关于经济体制改革的决定》精神得到具体化和进一步发展。1985年1月10日，国务院发布《国务院关于技术转让的暂行规定》，提出了“在社会主义商品经济条件下，技术也是商品”的新论断、“国家决定开放技术市场”的新方针。这是中央首次提出生产要素的市场概念和改革部署。越秀区委在贯彻落实中央精神，推进全区改革实践中深刻认识到，不仅要注意建立健全商品市场，还要注意发展多种生产要素市场，为企业改革和发展创造出良好的外部环境。

一、培育金融、技术等生产要素市场

在贯彻执行“七五”计划期间，区委、区政府不断推进企业外部的配套改革，重视发挥中心城区人才、知识、技术密集，流通交易便捷的优势，努力探索创办生产资料市场、劳务市场、人才市场、技术市场和金融市场。特别是在1987年，全区开办了多种类型、多种形式和数量众多的生产要素市场。[①]

广州市金融体制改革起步较早，1986年1月，广州市被列入全国

---

①《广州改革开放历程》，广东经济出版社2008年版，第111-116、153-159页。

首批金融体制改革5个试点城市之一。10月11日，广州金融同业拆借中心成立，成为有形资金市场，发挥了广州市作为珠江三角洲金融中心，开辟灵活融通资金新渠道，搞活金融，服务经济的作用。

1986—1990年，越秀区积极、稳妥创办以股份经营为特点的区街金融机构。1986年10月，广州市首批集体金融企业北京街、诗书街2家信用社成立。之后，越秀区城市信用联社与解放中街、大新街、洪桥街、吉祥、兴业、越通等7家城市信用合作社相继成立。城市信用合作社由区、街企业和个体工商户及居民集资兴办，全区9家信用合作社共有股金7505万元、公积金2139万元、固定资产817万元，有职工近600人。区信用联社、吉祥、兴业信用社直接由区人民政府领导，越通信用社由越秀区商委（后更名为越秀区商业局）领导。各信用社实行理事会领导下的主任负责制，设会计、出纳、储蓄、信贷等部门。

这9家信用社开办不久，储蓄存款便直线上升，当年就吸收存款2000多万元，贷出1600多万元，不同程度地缓解了区街资金紧缺的状况。例如，区信用联社开业两年就投放资金项目127宗、金额4002万元。此后，各信用社不断拓展新业务，有保管现金、代办侨汇、侨汇转存和外币转存、国库券转让等，金融业务互相融通，内部资金市场逐步形成。诗书街信用社仅有44人，在1987—1989年间，存款从603万元增长到1260万元，翻了一番，利润从18万元增长到157万元，增长了近8倍。1990年，诗书街信用社还在全市首先开办国库券转存业务、上门兑付国库券业务、代缴电话费业务，兑付的国库券占全市26家信用社兑付总额的30%。1991年，诗书街信用社经营各类证券交易额6500万元，收储4400万元，贷款2000万元，盈利150多万元。1992年7月27日，市委副书记邬梦兆到信用社参观时，赞扬该社是立足金融，多种服务，小门面做出了大生意。洪桥街信用社在1990年末存款余额达到2680.7万元，在当时全区6家街道信用社中居第一位。1991年，越秀区城市信用联社贷款余额为1.3亿元，其中用于支持区内区街经济发展的占全年发出总额的67.4%，高于广州市其余各区。

自1986年越秀区成立第一家信用社至1992年6月底，信用社合计存款余额达2.6亿元，比1991年增长88.3%；贷款余额1.1亿元，比1991年增长55%。根据广州市、越秀区体制综合改革发展的需要，1988年8月，筹建开业越秀信托投资公司，为区直属国有金融企业。开办以来，公司营运资金50%以上用于支持全区企业的资金急需。

1987年6月23日，第六届全国人民代表大会常务委员会第二十一次会议通过《中华人民共和国技术合同法》。为进一步宣传贯彻《中华人民共和国技术合同法》，促进技术商品流通，推动技术成果的推广和应用提供服务，9月5日，越秀区技术市场开幕。参加开幕式的有广东省、广州市的科研单位，区有关单位的代表，报社、电视台记者等300余人。这是广州市首家区级技术市场，区街企业把自己的技术需求在市场内张榜招标，开展了科技咨询、科技服务、技术转让等活动，供求双方签订了200多项意向书和技术转让合同。由广州市技术合同登记点作为区管理技术市场的服务机构，负责办理与全区有关的技术交易合同登记及按有关文件规定审批奖酬现金等事宜，适应推广应用技术成果的需求，获得发展区街经济所需的技术成果和技术信息。

二、改革劳动用工制度和建立劳务市场

新中国成立后，由于实行高度的计划经济体制以及对社会主义公有制的片面认识，企业一直实行终身的固定工制度。越秀区是用工主体众多、劳动技术密集的中心城区，自改革开放以来，随着企业搞活经营特别是民营经济和个体经济的发展，固定工制度受到很大质疑和挑战，改革劳动用工制度，放开劳务市场就成为必然趋势。

1984年8月，区委、区政府贯彻落实中央关于经济体制改革的精神和部署，率先从企业内部开始进行劳动用工制度的改革，改变原有“统包分配”的用工制度，用工试行劳动合同制，劳动者和用人单位明确各自的权利和义务，实行责、权、利相结合签订劳动合

同。因生产工作需要招用劳动力，又不能在本市待业人员中解决的，可以招用本省农村劳动力。1986年10月，全区全面推行劳动合同制，逐步取代原有的用工制度。凡破产企业职工或濒临破产企业在法定整顿期间被精简的职工，终止、解除劳动合同的工人，企业辞退的违纪职工，持“破产企业职工证明书”“辞退证明书”等证明，到当地劳动服务公司办理职工救济待遇和介绍就业。

1988年3月，广州市劳动工作会议召开，决定全面实施搞活固定工制度、企业自主决定内部分配、开放劳务市场、集体所有制企业实行劳动合同制等进一步加快和深化劳动工资制度改革的措施。5月起，市政府陆续颁发了《广州市搞活固定工试行方案》《关于国营企业全面推行搞活固定工制度的通知》和《广州市关于国营企业富余人员若干问题的暂行规定》。

按照市的工作部署，越秀区深入进行劳动用工制度的改革，先从改革企业招工办法入手，逐步扩展到专业技术人员流动。区委、区政府逐步认识到劳动力特别是专业技术人才应当成为生产要素市场中的主体之一，建立劳务市场可以完善和搞活要素市场，也是推进劳动用工制度外部环境改革的必然选择。

1987年3月20日，越秀区劳动局组织了区属19个街道的劳动服务公司在区工商联礼堂举办了广州市首个综合性劳务市场，向社会各单位和个人共提供45项服务。此后，区街举办了多种形式、多种层次的劳务集市，劳务人才市场逐渐兴旺。全区先后创办了劳动待业管理所、劳务市场、人才交流中心，举办4次劳务市场，促进了劳动力的合理流动，为辖内891个单位提供劳动力共2万人。1989年3月6日，区劳动局、区人事局正式成立劳务、人才市场的常设机构，市、区用人单位和人才需求部门到场设点，为待业、富余、离退休人员和各类人才交流牵线搭桥，为各类劳动力培训、输出、介绍就业等提供服务，劳动用工制度和手段从原来封闭型向开放型发展。

从1988年底至1989年4月，区人才交流服务中心和人才市场共为区、街、厂办理调入各类专业技术人才40人，中心设立的人才库已存入750人的资料，其中各类职称专业技术人员占了半数。与此同时，1988年，越秀区劳动争议仲裁委员会办公室成立，有效解决好企业与职工的劳务纠纷以及劳务市场运行的争议。1989年11月，全国部分城区人事信息交流会召开，越秀区在会上介绍了改革人事制度，广纳良贤，有力地支持区街经济发展的经验，得到广泛好评。

三、发展个体经济，重塑市场主体

1984年7月25日，越秀区个体户自行组建的广州市第一家个体经济联合体——华达联购分销公司开业。成立之初，公司仅有股金7400元，到1985年6月，企业资产已达到494830.36元，成为广州市个体行业中名闻遐迩的集体致富典型。[①] 越秀区委十分重视在个体经济中加强党的领导，从政治上引导个体经济正确发展。1985年9月，越秀区个体劳动协会正式成立了党支部。1985年，集市贸易和个体户营业额21095万元，比上年大幅度增长72.05%。[②]

在20世纪80年代中前期，越秀区个体经济的迅速发展，极大地活跃了市场经济。越秀区个体经济发展迅猛，总体方面是好的，但也暴露出一些问题，如个别的个体经营者不守法经营，不讲诚信，缺斤少两、以次充好、偷税漏税等现象时有发生。对此，越秀区有关职能部门结合全国贯彻落实进一步治理整顿方针，加强了对市场的管理，开展了整顿市场秩序工作，使市场秩序有了明显好转。1987年，区政府及有关职能部门要求在市场经营的个体摊档实行“一标三挂”[③] 的规范化管理。加强食品卫生管理，不准病、死、变质、灌水肉类和填沙“三鸟”上市，工商与物价管理部门配合，平抑物价，在农副产品市

---

① 中共广州市越秀区委党史研究室：《中国共产党广州市越秀区历史大事记（1949—2011）》，中共党史出版社2013年版，第182页。

② 广州年鉴编纂委员会：《广州年鉴1986年》，1986年，第507页。

③ 实行“一标三挂”：标价格、亮证经营、挂服务公约、佩戴胸章。

场设立电子公秤。1986年以后，区内个体经济进入稳定发展阶段，呈现由低档、零散向中高档、专业化、市场化、集群化发展的良好趋势。这是20世纪80年代末越秀区个体经济发展的一大特色。

1987年9月1日，国务院发布的《城乡个体工商户管理暂行条例》开始施行，为发展和管理个体私营经济提供了基本政策和法规依据。10月25日—11月1日，中国共产党第十三次全国代表大会召开。大会报告指出：目前全民所有制以外的其他经济成分，不是发展太多了，而是还很不够。对于城乡合作经济、个体经济和私营经济，都要继续鼓励它们发展。这是党的十一届三中全会以来党在代表大会上首次承认并允许私营经济发展，首次论述了对私营经济采取的政策。这给越秀区个体经济快速发展带来了新的契机。

1987年，越秀区个体工商户8558户，从业人员9571人，集市贸易成交额3.7亿元，比1986年增长31.77%。1988年下半年起，由于受通货膨胀和国家治理经济环境、整顿经济秩序的影响，全区个体经济也进入了调整、巩固、稳定的阶段。区委、区政府勉励和引导广大个体户提高服务素质，大胆经营，多做贡献。1988年，全区个体户营业收入占全区商业总收入的近四成，纳税1500万元，从事“三来一补”的达70家，有21家私营企业参加了1988年春季交易会，有5家参加了有关部门组织的出国展销及巡回展出，并与外商合资、合办企业。①

越秀区个体户发家致富不忘报国，乐于为社会奉献。1988年八一建军节前夕，高第街个体劳协的20多名代表赴广西法卡山慰问前线部队。1989年2月4日，广西军区副司令员李立成少将等部队首长一行，带着写有“勤劳致富　不忘国防”的锦旗，到越秀区高第街个体劳协进行节前慰问，代表广西边防部队指战员感谢该街个体户对人民子弟兵的厚爱。

① 中共广州市越秀区委党史研究室：《中国共产党广州市越秀区历史大事记(1949—2011)》，中共党史出版社2013年版，第219页。

党的十三届五中全会通过的《中共中央关于进一步治理整顿和深化改革的决定》指出："在坚持公有制为主体的前提下发展多种经济成分。我国个体经济、私营经济是对社会主义经济的有益的、必要的补充。"根据中央、省、市精神，区委、区政府在进一步治理整顿和深化改革过程中加强对个体经济发展的政策引导，区工商行政管理部门实施"加强管理、改善管理"，采取"整、防、建、打、治"[①]的五字方针。通过换发证照，建立和健全局、所二级个体档案管理制度，专管人员对各自管辖的个体户，基本上做到知姓名、年龄、文化、生育情况、从业人员、经营地点、经营范围、经营情况等。在改善和加强行政管理的同时，区街其他有关部门组织个体工商户参加各种公益活动、军民共建活动，办好教育基金会等。

通过加强对个体经济的政策引导和管理，全区个体经济从行业结构、人员结构和经营规模等方面得到了调整优化，过快的增长速度受到控制，呈现出稳定发展的态势。1989年，全区个体工商户达9402户，比1988年增加1060户；从业人员1.33万人，增加2266人；注册资金2439万元，增加683万元；总营业额2.84亿元，增长34.25%；上缴财政税金2370万元，增长58%。

随着中心城区建设与管理日益细化以及经营环境要求变化，区工商、个体劳协等部门逐步清理个体户占道经营、乱摆乱卖现象，积极引导个体户进入室内经营，还路于民。

区个体经济逐渐向专业化、集群化方向发展。1988年，全区个体专业市场已达16个，全年成交额5.53亿元。[②]1989年，由市政府、区政府、区工商分局共同投资650多万元，建成全市首个入室经营的农贸市场——豪贤肉菜市场，经营场地面积2400平方米，设置档位

① "整、防、建、打、治"的五字方针：根据出现的问题，不断整改；加强法纪教育和职业道德教育，预防违章违法；建立一整套规章制度，强化管理；对违章、违法行为严肃处理与打击；与建设现代化大都市的要求挂钩，采取各种形式，与有关部门联合行动，进行综合治理。

② 广州年鉴编纂委员会：《广州年鉴1989年》，1989年，第481页。

289个，其中固定档220个，临档60个，从业人员超过800人。1989年1月，位于人民北路921号的康乐大厦个体世界工业品市场开业，是省、市规模较大、设施现代化、管理规范化的新型楼层式室内个体市场，总面积达1.2万平方米，共设有个体店档902个，经营中、高档时装、鞋帽、儿童玩具、女士用品、襟花饰物、日用百货和旅游工艺品，种类繁多，规格齐全。仅1989年，该市场就接待外国友人、驻广州使领馆的领事，港、澳、台工商界人士及省内外各界代表团体30多个到场参观。1990年下半年，全区9402户个体户中已有6415户进入室内经营，占总户数的68.2%[①]，为顾客提供了良好的购物环境，网点布局逐渐专业化，形成了别具特色的室内专业化市场，出现生意转旺景象。

在区商业局和区个体劳协等单位部门扶持引导下，1990年，业户发展总数达9360户，比1989年增加1000多户，其中利用繁华地带优势，发展商业户7000多户、工业户900多户、服务修理业与饮食业分别为800多户和300多户。全区个体户月均营业总额从1990年上半年的2660多万元增加到下半年的3300万元，向国家纳税3200多万元，创历史最高水平。[②]全年个体经济营业额达3.77亿元，同比增长32.74%[③]；上缴国家税款3000多万元，比1989年有较大幅度的增长，有的专业户一年纳税超过10万元。1991年，区个体营业额达到3.95亿元，增长4.77%。[④]

① 广州年鉴编纂委员会:《广州年鉴1990年》，广东人民出版社1990年版，第458页。

②《越秀区七成个体户入室经营生意转旺》，《羊城晚报》1991年2月28日。

③ 广州年鉴编纂委员会:《广州年鉴1991年》，广东人民出版社1991年版，第547页。

④ 广州年鉴编纂委员会:《广州年鉴1992年》，广东人民出版社1992年版，第509页。

第　四　节
加大开放力度促进外向型经济发展

广州市是祖国的“南大门”，越秀区更是“中国第一展”——中国出口商品交易会的发祥地。1986年12月，中共广州市第五次代表大会指出：“以外经外贸为导向，带动国民经济向外向型方向发展，不仅是广州经济社会发展的一个重要战略思想，而且是广州经济发展的必由之路。”越秀区积极贯彻落实中央、省、市扩大开放的工作部署，坚定执行国家有关发展外向型经济的法律法规和政策措施，制定切合城区特色的涉外经济规章制度和体制机制，建立健全对开放广度深度的宏观调控机制，形成了外向型经济的良好格局，有力推动了外向型经济的发展。

一、外经贸体制改革和发展外向型经济

越秀区委、区政府贯彻落实外经贸政策法规，加强对引进外资和对外贸易的管理，开展积极而有序的外经贸业务。1984年5月，区委、区政府整合了区委对外引进先进技术办公室和区对外贸易公司业务科、洽谈科，成立了越秀区对外经济贸易委员会（简称区外经委），内设综合科、业务科、办公室；1991年，区外经委内设办公室、业务管理科。然而，由于受对外贸易方面管理体制所限，1987年以前越秀区没有自营进出口权，出口产品由省、市进出口专业公司以

人民币收购方式出口，所需设备也分别由省、市进出口部门代办。

改革开放后，随着区街工业生产的迅速发展，一些产品款式质量已经可以与国外及港澳地区同类产品媲美，出口量稳步扩大，从1980—1985年，全区年均出口值达400多万元。1985年1月17日，区委、区政府召开外经工作会议。会议听取了1984年全区外经工作总结和1985年外经工作任务的报告，讨论了外经工作的形势、任务、要求、措施、经验等等。会议决定积极适应全市外经贸体制改革，进一步扩大出口和外经贸规模，市外经委主任杨资元和区领导分别作了讲话。

1987年6月29日，广州市对外经济贸易委员会正式批准越秀区具有第三类部分产品的出口权；进口用汇则可以使用出口和“三来一补”创汇的外汇指标，为区、街工业和医疗单位引进国外先进设备和急需的原材料、器械等。1986—1990年，全区外贸直属企业的年产值、营业收入、利润、出口创汇4项指标，年均分别递增27.5%、35.4%、39.9%和34.08%；出口交货值从1986年的1586万元增至1990年的4233万元。但自营出口的比例仍占少数，1989年、1990年，自营出口值仅分别占全区年出口总值的11%和26.6%。

区委、区政府顺应区内外贸业务以港澳资金和渠道为主的特点优势，积极拓展驻港贸易业务。1988年3月17—30日，区长陈矢云带领区有关部门领导，参加了省、市在香港召开的对外经济贸易洽谈会，加强海外联谊和经济合作。在港期间召开了联谊会，签订了一批外经贸合同、协议和意向书，有关部门研究决定筹建越秀区驻港商务机构——香港伟邦发展有限公司。

1988年4月20日，区委、区政府召开加速全区外向型经济发展动员大会，区五套班子负责人、区直各单位负责人、各系统重点企业的厂长经理等共600人参加。会议传达市有关会议精神，号召为加速区外向型经济发展共同奋斗。在区委、区政府的高度重视和全区各部门、各行业的共同努力下，外经贸工作不断发展，初步形成多角度、外向型经济发展的良好局面。

1979—1989年，越秀区共创汇3500万美元，其中1989年为755

万美元，是1979年的14.5倍。1989年，全区“三来一补”和出口商品贸易分别创汇308万美元和114万美元，企业出口产品交货总值达3186万元人民币。[①]1991年10月25日，越秀区获得对外经济贸易部对外贸易企业审定证书，正式取得进出口经营权。此后，全区积极调整出口产品和出口地区的结构，出口产品多样化，出口地区逐步扩展，加上利用外资软、硬环境的不断改善，取得明显效果，有力促进了进出口业务的持续发展。1991—1994年，出口销售收入年均增长100.3%，出口创汇年均递增224.5%。[②]

二、从“三来一补”转向“三资”企业

越秀区承接“三来一补”的业务，经过第六个五年计划的打基础、强实力，在第七个五年计划中，“三来一补”业务获得快速发展。1988年5月，越秀区对外贸易公司大胆转型为专营“三来一补”业务。至1990年初，全区从事“三来一补”业务的企业有88家，加工装配产品的种类较齐全，有塑料、服装、针织、电子、工艺、土产、玩具、五金、文教用品等。[③]工缴费收入从1985年的214万美元增至1990年的328万美元，年均递增率达9%。

20世纪90年代初，受西方国家经济不景气影响，区内接到的“三来一补”订单减少，出现下滑局面。全区工业和外经贸主管部门积极采取扶持措施，发展新的加工项目，使“三来一补”业务稳步发展。1991年，区有关职能部门帮助合作时间最长、规模最大的来料加工客户太古磁电有限公司通过厂房搬迁扩大生产，形成了月装配

① 越秀区委办：《情况简报》第8期，1990年3月26日。

② 广州市越秀区地方志编纂委员会：《广州市越秀区志》，广东人民出版社2000年版，第227、235、354页。

③ 越秀区委办：《情况简报》第8期，1990年3月26日。

录像带200万盒的生产能力；帮助纸行街解决厂房、人员、技术等问题，成立了5家来料加工企业。1992年，全区发展新客户、新项目，开辟新加工点，新订合同495宗，较快地扭转了“三来一补”业务下滑局面。

随着经济开放程度的深化，越秀区的企业逐步从承接“三来一补”向举办“三资”企业[①]和建设外贸加工出口基地升级提档，克服依赖“三来一补”的被动局面。1986年，越秀区公布了引进外资的36个项目及优惠政策，越秀区外贸公司积极向外商宣传区属外贸企业的成效，建立健全“三资”企业管理制度，促使合同履行，签订合同10宗，实际利用外资146万美元。

1984年起，越秀区决定把位于黄埔吉山的越秀车厢厂划归区对外贸易公司，将越秀车厢厂的5万多平方米用地逐步建设成越秀区黄埔吉山外贸基地。越秀区集中优势要素资源发展重点外贸出口加工基地的工作成效十分显著。1987年，太古磁电公司投资130万港元引进10台新型注塑机；1989年，又投资179.69万元引进两条录像带盒的流水生产线，把其在珠江、越秀两厂的来料加工录音带业务逐步转移，集中至越秀车厢厂生产，生产效益大幅度提高。1990年，完成产值240万元，营业收入300万元，利润30万元，创汇58.38万美元。1989年4月，珠江磁带厂与香港利来行协议兴办粤港合作企业——威利电子有限公司，生产特种磁电线圈产品，由来料加工改为合作经营。同年，珠江磁带厂兼并了越秀轴承配件厂在淘金坑的厂房900平方米。1990年，越秀磁带厂职工366人，实现年产值537.52万元，营业收入697.45万元，利润34.82万元，分别比1978年增长6.9倍、14倍和12倍多。1989年2月17日，区领导及有关部门负责人到黄埔吉山区外贸基地检查工作，听取区外经委关于1988年完成外经贸任务情况的总结和1989年计划安排的汇报，区北秀实业公司（1986年10月，越秀区引进外资建设公司更名为越秀区北秀实

---

① “三资”企业：中外合资经营企业、中外合作经营企业、外商独资经营企业。

业公司）关于吉山建设、引进情况与建立股份公司多方管理吉山的意见。与会人员进行了讨论，审议通过了区委办、区体改办、区外经委草拟的《关于加快越秀区外向型经济发展的若干意见》。1990年，全区共有合资合作企业65家（合资企业8家，合作企业57家），合同投资总额2754万美元，实际利用资金1371.55万美元。1992年，区对外贸易公司全面接管黄埔吉山外贸基地的建设和管理业务，投资达4468万元，引进1亿港元的设备和先进的现代生产线，又陆续建成1万多平方米的标准工业楼宇，举办外贸加工型企业5家，基地年创汇占全区外贸工业企业创汇总数的50%。①

三、外引内联促进多领域产业发展

越秀区采取外引内联的办法，引进资金建设住宅，加快楼宇建设进度，取得了良好效益。1985年，引进资金1005万元，在大北路越秀区少年之家原址上建设天安大厦；在仙湖街新建越秀区少年宫作为易地补偿，在祝寿巷小学改建越秀区少年体校。1986年，北秀实业公司建筑面积达8万多平方米，竣工面积2万多平方米，既为国家创收了外汇，又解决了市民的住房困难问题。至1990年，全区开发房地产业共引进外资3238万元，年均递增19.65%，境外售房创汇1149.7万美元。②

20世纪90年代，随着国家对商品房发展计划适度放宽及老城区改造步伐的加快，越秀区引进外资发展房地产业有了更大拓展，按照市场规律运作更有效率，从开发单体楼向开发住宅小区发展。

① 广州市越秀区地方志编纂委员会:《广州市越秀区志》，广东人民出版社2000年版，第352—354页。

② 广州市越秀区地方志编纂委员会:《广州市越秀区志》，广东人民出版社2000年版，第356页。

1991年起，外引内联发展房地产开发项目总投资有较大幅度的增长。1991年9月24日，越秀区人民政府组织区领导及10个区街公司、4个厂的负责人参加了广州市人民政府在香港举办的广州市对外经济技术合作项目介绍会，共推出了包括工业、服务业、房地产业等22个招商项目，签订合同和意向书8份，利用资金共计约8.08亿港元。

第　五　节
开展城区管理体制综合改革

随着经济体制改革的全面深化，广州市各城区的管理职能逐步扩大，管理任务大量增加，逐步暴露出传统上城市管理方面的若干重大问题，触及条块关系、权责划分等城市治理的深层次问题，从而对城区管理体制提出了迫切的改革要求。广州市委、市政府高度重视这些问题并协调市区两级着手解决。1987年以后，市委、市政府先后召开了四次区街工作会议，制定了加快区街经济发展和加强城市管理的一系列政策措施，对促进区街经济发展和提高城市管理水平发挥了重要的作用。由此，越秀区的城区建设管理、区级职能部门设置、街道社区基层建设、社会管理与居民生活服务等领域自然地成为城区管理体制综合改革的重点领域。

一、城区管理体制的改革

1985年10月，广州市委、市政府确定越秀区为广州市城区体制综合改革试验区。在贯彻落实试验区任务的过程中，越秀区委侧重于改革城区基层管理体制，根据统一和分级管理、条块结合、以块为主的原则，建立了区街两级管理指挥体系和工作重心下沉的基层管理体制。1987年3月，越秀区综合体制改革领导小组办公室成立。全区先后制定了《越秀区体制综合改革方案》《越秀区街道管理体制改革方案》及其补充意见等文件，对越秀区的企业领导体制改革、城市管理体制改革、街道管理体制改革等多方面进行了探索。区委坚持“改革、开拓、廉明、效率”的指导思想，围绕落实越秀区改革总体方案，推进城区体制综合改革，进行了多方面的探索。

越秀区体制综合改革的基础工作是开拓街道工作制度化、规范化的新局面。1985年4月29日，经市政府批准，越秀区朝阳北路、延安路、红书路分别复名为六榕路、大南路、诗书路。从5月起，三个街道的办事处名称也相应恢复原名，党委分别复名为中共越秀区六榕街委员会、中共越秀区大南街委员会、中共越秀区诗书街委员会。1987年7月，越秀区内各街道办事处改称越秀区人民政府××街道办事处。

自第五届越秀区委起，平均每年召开一次全区性的街道工作会议，研究部署街道和居委会的综合管理工作。1986年10月7日，区委、区政府召开街道办事处工作会议，总结了自1980年恢复办事处以来街道工作的经验，明确新形势下街道办事处的性质、地位和任务，进一步加强办事处工作，开拓街道工作新局面。1987年12月12日，区委、区政府再次召开街道工作会议。会议学习贯彻党的十三大精神，进一步明确街道在新时期的地位与作用，深化改革，加强街道工作。

根据市委办公厅和市编委有关文件精神，1988年7月21日，越秀区委、区政府发出《关于理顺街、局机构建制规格和相应理顺领导干部职级配备的通知》，明确理顺区属街、局机构规格为市局属处级。区委组织部随即发文，对各街、局领导干部的职级予以明确。

区委、区政府注重把管理重心和人力物力下沉到街道和居委会，延伸发展到城区管理终端。11月24—25日，区委、区政府召开区第三次街道工作会议，总结一年来全区深化改革、加强街道工作的情况，落实市政府《关于加强街道居委会建设的决定》。

区委、区政府认真加强街道居委会建设，把工作做到实处。一是解决居委会办公用房，明确规定办公用房不得少于20平方米；二是增加居委会办公经费，在区财政每年拨款25万元的基础上，从

1989年起再增拨25万元，使全区各居委会的经费达月均893元；三是提高基干福利待遇，全区各居委会专职基干月人均收入达到280元；四是提高专职基干素质，全区举办系列培训班，对全区19个街道、204个居委会的220多名专职基干分期分批进行培训。[①]1991年12月28日，区委、区政府召开区街道工作会议，传达了广州市街道工作会议和省、市委街道党建工作会议精神，区长朱振中、区委副书记吴必达分别作了《坚持深入学习南华西街，加快我区街道经济发展》和《根据新时期的特点，进一步做好街道党的工作》讲话，要求各街道向南华西街学习，创建文明街道，加快街道经济发展，促进两个文明建设。

越秀区体制综合改革的重要内容是改革机构，调整职能，配套服务，更好地实现城区综合管理服务。在机构改革中，区委、区政府根据职能合理分解、理顺条块关系、加强基层事权财权的原则，1987年5月，在北京街、诗书街试行设立“三所一组一庭”[②]，分别由区工商局、区房管局、区税务局、区法院等向街道派出工作人员实行双重领导：属于政策性、业务性、专业性的工作，接受区主管部门领导；属于社会性、地区性、群众性的工作，接受街道党委、办事处领导。这些机构人员的党、政、工、团关系和福利待遇一律不变，街道党委、办事处有权统筹各派驻机构工作。区政府相应下放财政权给街道，实行“定收定支，收入全部上交，划分税种，核定基数，超收分成，支出下拨，节余留用，一定四年”的财政管理政策，调动街道理财的积极性，把街道分散的资金由街道财政所统筹管理，提高了街道资金的使用效益。此后，全区逐步建立街道一级财政体制，配合和加强街道基层建设。这是广州市街道管理体制的重大改革，通过体制改革，迈开了城区体制综合改革的新步伐，推动了经济社会的快速发展。

① 广州市委：《每日快报》第162期，1989年7月30日。

② “三所一组一庭”：工商所、财政所、房管所，税务驻征组，人民法庭。

1987年8月22日，越秀区编委发出通知，成立越秀区城市管理委员会和越秀区城管监察中队，各街道同时成立城市管理委员会。人民、一德等四街还开创保安公司、治安岗亭等新的治安管理形式。这些措施很好地协调了公安、工商、城监、城建、防疫、卫生等部门的关系，形成了以区为主导，以街道为基础的城市管理网络。1985年9月，市园林局将人民公园、儿童公园下放给越秀区管理，区政府委托区建设委员会接管。1989年7月，人民公园、儿童公园党支部从区越发实业总公司党总支部中分出，直属区委管理。

越秀区体制综合改革的最终目标是落实城区管理任务和提升管理水平。1985年11月19日，越秀区召开城区管理工作会议，广州市代市长朱森林到会讲话。会议强调城管工作要处理好条与块等几个关系，还专题讨论了综合治理惠福路的市容、卫生、交通秩序问题。1986年3月29日，市党政领导朱森林、宋恕忠等一行20人，在区领导陪同下，视察了惠福路、一德路的市容、卫生、交通秩序情况。越秀区汇报了整顿的方案和计划。朱森林充分肯定了越秀区所取得的成绩，并提出了进一步搞好工作的意见。4月8日，区委、区政府召开城市管理工作会议，部署全面铺开整顿二、三级马路和军民共建中山路工作。随着中心城区环境管理日益细化和严格要求，越秀区推进“摊档入室”、还路于民工作，成为广州市内“摊档入室”工作步子最快的一个区。

1987年8月11日，越秀区政府在洪桥街召开签订城市管理工作目标责任书和洪桥街综合治理内街现场验收大会。区属各街、局、公司共38个单位的责任人与区委、区政府签订了城管工作目标责任书。1988年10月22日，广州市副市长石安海在越秀区一德路综合市场召开现场会，推广一德路“摊进屋”改变占道经营的经验。至1991年4月底，一德东路43个占道摊档已迁入室内经营。1989—1991年，全区入室经营摊档达896档，占三成多，共清理人行道5000多平方米。越秀区组织区公安、工商、城监、环卫等部门及19个街道有关人员共3600多人次，对全区主干道、窗口地带的乱摆乱卖、乱停乱放状况进行整治，取缔了无证经营6200多宗，处罚违章占道经营2000多宗，纠正乱停放车辆2600多辆，收容自行车1300多辆，收缴三轮车及人力车66辆，查处清理余泥渣土5宗、计30多吨，使无牌摆卖得到初步控制。

越秀区以体制改革为契机，通过调整机构，转变职能，理顺条块关系，形成区、街两级管理网络，逐步走上统一、综合、依法、规范的管理轨道。街道建立了财政体制，推行居民会议制度等一系列改革，切实增强了城区的综合管理服务功能，带动了经济和各项事业的发展。

越秀区的体制综合改革在广州市先行一步，取得显著成效，在实施方法和步骤上经过深入调研，深思熟虑。区委、区政府认真总结了前几年“简政放权”措施的成功经验和局限性，深刻认识到“制度创新”的重要性和迫切性，积极稳妥地推进城区体制综合改革试点工作。越秀区采取了“统一规划，分步实施”和“试点—总结—扩大试点—再总结—全面推广”的步骤，对一些较难突破的改革项目进行了改革探索，使改革沿着健康轨道发展，改革工作实现了从不自觉到自觉、从被动到主动的质的飞跃，并从局部、单项、点上的向面上、综合、配套的方向发展，城区体制综合改革试点经验得到了全市推广和中央、省、市有关方面好评。①

二、稳步推进机构和编制改革

区属职能部门的机构和编制改革是越秀区体制综合改革极其重要的保障配套环节。在改革开放的全面展开的时期，特别是越秀区被列为广州市城区体制综合改革试点区时期，随着区级的党委、人

①《越秀区推进城区体制综合改革》，《广州日报》1990年11月23日。

大、政府、政协等机关恢复，功能日益完善，街道基层政权等政治体制重点领域的改革深入，越秀区有序进行政治体制内相关领域的改革，较为密集地调整部门设置和权限。

1976年3月，越秀区人民武装部恢复科的建制，设军事、政工、供管3个科。1979年8月18日，重新建立了区人民武装委员会，办公室设在区人民武装部军事科，主要任务是：研究贯彻中共中央、国务院、中央军委有关民兵建设的方针、政策和指示，结合区的实际情况，研究解决民兵工作的重大问题；研究贯彻有关兵员动员和转业、复员、退伍战士安置工作中的方针政策等重大活动，保证各项工作顺利进行。1986年6月，越秀区人民武装部改归地方建制，改称广东省广州市越秀区人民武装部，接受广州军分区和越秀区委的双重领导，下设办公室、军事科、政工科（后来增设了后勤科和以劳养武办公室）。6月27日，举行越秀区人民武装部改归地方建制交接大会，越秀区委、区政府、广州军分区、区武装部的负责同志分别在移交书上签字。

1989年2月20日，越秀区编委、区委组织部联合发出《关于理顺区体委等10个单位机构规格的通知》，决定区体委、人防办、环保办、信访办、编委办、对台办、工商联、侨联、科协、文联等10个单位的机构规格与区属部、委、办相同。6月，越秀区编制委员会改为越秀区机构编制委员会。区编委作为区委、区政府的议事机构，主任由区委副书记、区长兼任，副主任由分管党群的区委副书记和区委常委、组织部部长及区政府常务副区长兼任，委员包括区委办、政府办、人事、计划、财政、体改办、编委办等部门负责人。8月2日，越秀区编委、区政府办发文同意成立越秀区地方志编纂委员会并下设办公室。1989年末，根据广州市机构编制委员会、市财政局的部署，原越秀区财政（税务）局分设为区财政局和区税务局（区属局级单位）。12月11日，区编办发出《关于区党政群机关领导职数控制数配备等有关问题的通知》《关于街道党委、办事处和街道三个公司领导职数控制数配备有关问题的通知》《关于区属事企业单位领导职数控制数配备的通知》等三个文件，确定了区党政群机关51个单位的领导职数控制数为139人，区属事企业15个单位的领导职数控制数为54人。

1991年2月9日，区编办发出《关于区委机要科和区保密局分设的通知》，明确机要科为区委直属科，归口区委办公室管理，区保密局仍与区委保密委员会办公室按两个牌子、一套人员管理。10月18日，区编办发文通知区委对台工作办公室改称为“中共广州市越秀区委员会台湾工作办公室”，同时挂广州市越秀区人民政府台湾事务办公室牌子，列入党委机构序列。1991年，区编委发出有关区级企业编制的文件，明确了区级11家企业人员编制、内设机构、中层领导职数，审核区属209个单位的工资额，并按中央编委要求编制成区党政群机关编码。

三、试行公开办事制度

党的十三大提出“提高领导机关活动的开放程度，重大情况让人民知道，重大问题经人民讨论”。为贯彻落实党的十三大精神，提高党政机关的开放程度，增强机关工作的透明度，加强群众监督，促进机关工作效率提高和为政清廉，广州市委决定在全市范围内推行公开办事制度。1988年7月9日，区委召开了区外经委、区工商局、区财政局、区房管局、区公安分局、德成街、解放中街等单位的党委书记会议，研究贯彻市委关于越秀区作为公开办事制度试点的决定的具体方案和措施。15日，市委召开公开办事制度试点工作会议，决定从7月开始，先在越秀区及市工商、财税、公安、交通、房管、粮食、供电、邮电、银行等81个基层执法部门、行政管理部门和公用事业单位进行公开办事制度的试点，在取得经验的基础上，从10月起在全市由点到面逐步推行铺开此项工作。

越秀区委将公开办事制度作为推进政治民主化、法制化，提高工作效率的一个重要举措。7月底，区委领导及区委办负责同志分别到上述单位进行检查督促。各单位陆续公开办事制度，首先实行的是“四公开”，即公开办事的规章制度，公开办事的程序、手续，公开办事人员的姓名、工号、工作职责，公开办事的结果。9月27日，市委常委、秘书长邬梦兆等一行6人，到越秀区、解放中街、区外经委、区财政局、区工商局等单位检查公开办事制度工作，听取了各单位关于公开办事制度情况的汇报。10月17日，市委在越秀区召开广州市公开办事制度现场会，交流推广试点单位的经验，部署全市全面推行公开办事制度工作。越秀区介绍了公开办事制度的情况，区工商局、区财政局作了经验介绍。市委领导张汉青、邬梦兆和省委政改办主任张振宇发表讲话。市、区、县有关部门的负责人共200多人参加现场会。12月12日，中央政改办研究室领导同志在省、市有关部门负责人陪同下到越秀区考察公开办事制度工作的情况，听取了区委副书记吴必达关于公开办事制度的工作情况汇报后，前往区工商局、区财政局、解放中街进行考察座谈。12月16日，越秀区委召开公开办事制度汇报会，区委副书记吴必达作《进一步推开、巩固、深化我区公开办事制度工作》的报告，全区应公开的40个区直单位都部分或全面公开了办事制度。会上，市委政改办负责人介绍了全市公开办事制度的情况，省委政改办和市纪委的负责人出席了会议。

随着公开办事制度工作的推进和完善，越秀区进一步深化为“两公开、一监督”，即公开办事制度、公开办事结果、依靠群众监督。这项工作得到了市委的高度重视和直接指导。1989年3月22日，市委副书记邬梦兆、市委常委李善培到越秀区调研进一步深化和完善公开办事制度的工作，区长陈矢云及区纪委、区委办、区调研室、区体改办、区委组织部等部门的负责人参加。邬梦兆代表市委宣布越秀区继续作为广州市“两公开、一监督”工作的试点单位，并派出由市委政改办组成的6人工作组到越秀区办公，具体指导这一工作。3月22—24日，省纪委副书记康乐书到越秀区检查公开办事制度工作。区领导和有关部门负责人分别汇报了全区公开办事制度的做法和效果，并陪同省纪委领导到区财政局、区工商局、米市路农贸市场、解放中街和德成派出所检查指导。省纪委领导同志对越秀区工作给予肯定，并就深化和完善这项工作提出了意见。4月3日，越秀区委批转了《越秀区推进“两公开、一监督”廉政建设试点工作方案》，正式开始实行区领导“三公开”，即公开姓名、职务、接访时间，接待群众来访。4月7日，区委召开“两公开、一监督”廉政建设工作会议，邬梦兆在会上作了讲话，要求越秀区在开展这项工作中坚持“实、真、严”三个原则，从本地区、本部门、本单位的实际出发，扎扎实实地抓住重点，选准突破口，逐个问题加以解决。7月10日，邬梦兆到越秀区检查“两公开、一监督”试点工作情况，听取了市委工作组的汇报，并作了指示。7月13日，越秀区委召开各党委（党组）、区直各单位负责人会议，及时传达了市委对越秀区“两公开、一监督”试点工作的指示精神，并部署了全区总结此项工作的要求。会后，区五套班子部分领导、市委工作组成员和区有关部门负责人等20多人，组成4个检查组，分别到区财政局、区工商局、区卫生局、解放北街、流花街等单位进行抽检，为总结工作做准备。

1989年7月15日，区委办、区政府办联合印发《越秀区街道办事处为民服务若干暂行规则》，规则分为计划生育、民政、劳动调配、城市管理及有关公章使用范围规定等五大类，明确了办事程序、时间等项目。暂行规则在各街道办事处公开张榜，促进了为民服务工作的制度化和规范化。8月8日，越秀区委召开“两公开、一监督”廉政制度建设试点工作总结表彰大会，表彰了38个先进单位和44名先进个人。市领导在会上充分肯定了试点工作的成绩，对今后工作提出了新要求。

自1988年7月开始，越秀区作为广州市推行公开办事制度和推进“两公开、一监督”廉政制度建设试点，全区有146个单位向群众公开了党务、政务、服务、内部管理事务等方面的办事制度696项，公开监督制度288项，公开办事结果187项，使“两公开、一监督”逐步做到制度化。至1991年9月，全区应公开696项办事制度。

越秀区委、区政府在实施公开办事制度中先行先试，积极探索，通过“两公开、一监督”制度，提高了政府公共服务水平，强化了工作人员公共服务的理念。“两公开、一监督”制度逐步形成体系并实现规范化，为政务工作改革迈出了坚实一步。

第　六　节
推进社会主义民主法制建设和精神文明建设

在改革开放全面展开的时期，越秀区委切实加强社会主义民主法制与精神文明建设，大力开展普法教育，初步形成了全民学法的热潮。动员各方面力量凝心聚力，共同建设社会主义民主法制社会，提高社会治安综合治理，开展严厉打击刑事犯罪和经济犯罪等系列专项斗争，有效维护全区安定团结的局面。全面推进社会主义精神文明建设，提高公民素质，促进越秀区两个文明建设的蓬勃发展。

一、打击经济等领域的严重犯罪活动

1982年4月13日，中共中央、国务院颁布的《中共中央、国务院关于打击经济领域中严重犯罪活动的决定》指出：打击经济领域中的严重犯罪活动，是我国社会主义社会在新的历史条件下阶级斗争在经济领域内的重要表现。在共产党员和国家工作人员中进行这场坚持共产主义纯洁性、反对腐化变质的斗争，关系到我国社会主义现代化建设的成败，关系到我们党和国家的盛衰兴亡。其后，越秀区逐步铺开打击经济领域中的严重犯罪活动的工作，并把打击党员干部贪污腐败的经济犯罪列为这场斗争的重要内容。

为了持之以恒地打击严重经济犯罪活动，1985年6月，越秀区委成立打击经济领域严重犯罪活动领导小组办公室（1987年11月撤销）。1989年11月，广东省及广州市审判和检察机关联合召开了广州地区宣判处理贪污、贿赂罪犯大会。

从1983年8月—1986年11月，历时三年多，全区开展了声势浩大的严厉打击刑事犯罪斗争，分三个战役进行。其中，第二战役从1984年8月—1986年1月，主题是“打流窜，破案件”。全区不断开展清查及搜捕行动，共破获刑事案件783宗，其中破获大要案165宗，查处刑事犯罪分子2143人（逮捕323人，送劳动教养527人，收审1201人，刑事拘留92人）。第三战役从1986年3月—11月，根据广州市人民政府颁布的《关于严厉打击盗窃犯罪的通令》，开展反盗窃斗争。至8月1日通令期满，全区共收到检举线索920件，有830人投案自首，从中破获案件443宗。①

1987年7月，为贯彻落实省委和市委关于进一步查禁、取缔卖淫、嫖娼活动的指示，越秀区委召开各街、局、区直属公司党政领导干部和区直机关全体干部会议进行部署，并转发了区政法委员会《坚决贯彻省、市委〈关于进一步查禁、取缔卖淫、嫖娼活动〉的意见》。1990年11月6日，区委、区政府召开党政干部大会，部署除“七害”②、扫黄、打击走私贩私和“严打”工作。区委副书记、区长朱振中代表区委、区政府提出了三点贯彻意见：一是迅速掀起宣传高潮，发动全社会的力量投入统一行动；二是切实加强领导，抓住重点突破；三是健全各项管理制度，加强综合治理。在当月组织的除“七害”、“严打”、扫黄和反走私的斗争中，区委、区政府组织公安、工商、宣传、文化等部门联合开展行动，共抓获、收审、刑拘、送劳动教养和逮捕各类违法犯罪分子272名，抓获嫖客和暗娼525名，抓

---

① 广州市越秀区地方志编纂委员会：《广州市越秀区志》，广东人民出版社2000年版，第600页。

② “七害”：嫖娼卖淫、制作贩卖传播淫秽物品、拐卖妇女儿童、吸毒贩毒、聚众赌博、利用封建迷信骗财害人和黑社会组织。

获吸毒和贩毒案犯108名，抓获贩“黄”案犯5名，共破获各类刑事案件312宗，其中大案122宗。

1991年5月25日，区委、区政府召开大会，会议传达贯彻省市关于深入开展打击和防范刑事犯罪活动斗争的精神，并提出了越秀区的贯彻意见。全区认真贯彻落实“打防并举，标本兼治，重在治本”的方针，落实社会治安综合治理的各项措施，在预防、打击违法犯罪中取得显著成绩。区公安分局针对越秀区地处繁华市中心的特点，把保持“严打”态势作为治安综合治理的首要任务，以打击促防范。区公安分局刑警队仅用3个月就一举破获发生在本市的126宗入屋盗窃案，捣毁6个抢夺、盗窃团伙。开展取缔嫖娼和禁毒专项斗争以来，在5—7月间，全区查处的卖淫嫖娼人员约占全市的一半，查处吸贩毒人员约占全市的三分之一，打掉卖淫、吸贩毒黑窝是全市总数的一半。1991年1—8月，区内发生各类刑事案件与1990年同比下降13.4%，破案率成倍提高。

在“严打”的同时，区公安分局发动社会各界协力，搞好自防、联防工作，推动人防、技防相结合的防范措施。全区治保人员3300多人，保安员1200多名，建立了680多个安全守望岗和20多个治安岗亭。

在严厉打击刑事犯罪活动，扫除“七害”，维护社会稳定斗争中，越秀公安涌现出很多优秀人物和事迹，冯金明、李西华等英雄人物为民捐躯。

冯金明（1966—1989），广州番禺人。1987年5月加入共青团。1988年7月，从广州市人民警察学校毕业，分配到越秀区公安分局，任派出所民警。1989年8月3日凌晨12时45分，正在仁济路与沿江路交界的派出所治安岗亭内值勤的冯金明等人，接到事主指认前面一高一矮的两男青年抢劫其金项链的报案后，即冲出岗亭，与事主一起追赶案犯。追赶途中，案犯向冯金明连开三枪，冯金明被子弹击中左胸下部和左大腿。在身负重伤的情况下，冯金明仍用手捂住大量淌血的胸口，右手紧握自己的枪，竭尽全力向案犯扑去，终因伤势过重倒下。冯金明被送往医院后，醒来的第一句话就是：“我的枪还在不在？”得知自己的枪没有丢失后，又说：“案犯用的是五四手枪。”此后昏迷不醒，直至牺牲。冯金明为维护社会治安，献出了自己年轻的生命。为了表彰他这种勇于献身的大无畏精神，广东省人民政府授予冯金明“革命烈士”称号，广东省公安厅为其追记二等功，团市委授予其“优秀共青团员”荣誉称号，越秀区委作出了开展向冯金明学习的活动的决定。

李西华（1933—1989），广东阳春人。1955年11月，他参加中国人民解放军，在部队里多次受到上级的表扬。1959年4月转业到越秀区公安分局大新派出所担任民警。李西华在工作中，勤勤恳恳，踏踏实实，出色地完成上级交给的各项任务。李西华做过胃部切除手术，患有高血压等疾病，但他始终严格要求自己，坚守在平凡岗位上。1989年11月29日晚上9时，李西华正在大新派出所值班，1名青年到所报案称濠畔街阜康里一户人家被几名歹徒持手枪抢劫。李西华闻讯后，立即与当班副所长等人赶到案发现场。在他们捉拿怀抱赃物跑在前面的案犯时，后面的案犯开枪行凶，李西华被击中。当战友来扶他时，他仍以坚强的意志忍着剧痛说：“不要管我，快去追案犯……”经医院抢救无效，李西华光荣牺牲。为表彰李西华的英勇行为，广东省人民政府授予李西华“革命烈士”称号。1990年3月，阳江市委、市政府发出《关于开展向李西华同志学习的决定》，开展学习李西华模范事迹的活动。

二、普及法律常识和依法治区的开展

越秀区委加强党对政法工作和社会治安综合治理的领导，坚持推进社会主义民主与法制建设，制定了依法治区三年规划，要求全区党员干部带头，开展群众性普法宣传教育，促使依法治市、依法治区、依法治厂、依法治校等各项依法治理活动得到进一步推进。

1985年6月，中央宣传部、司法部联合召开了全国法制宣传教育工作会议。从1986年起，由中央宣传部、司法部共同组织实施的普及法律常识的五年规划开始。1986年11月22日，第六届全国人民代表大会常务委员会第十三次会议作出了《关于在公民中基本普及法律常识的决议》。1986—1990年，越秀区实施第一个五年普及法律常识规划（简称“一五”普法），普及《宪法》《民族区域自治法》《兵役法》《刑法》《刑事诉讼法》《民法通则》《民事诉讼法（试行）》《婚姻法》《继承法》《经济合同法》《治安管理处罚条例》等法律法规，称为“十法一条例”。

1986年10月，区委召开领导干部会议，传达全国、省、市法制教育工作会议精神，部署全区开展法制教育的工作，普法工作主要在区五套领导班子、各部委办、直属机构负责人和单位宣传干部中进行。1987年，普法工作主要在企业职工和全体居民中进行，企业开展了“重合同，守信用”活动。越秀区的“一五”普法工作取得了较大的成绩，通过普法教育，广大干部群众初步学习了“十法一条例”的有关基本常识；通过学法用法，干部群众开始在不同程度上树立了法制观念，初步形成了学法、议法的良好气氛，萌发了依法行使公民权利和履行公民义务、依法管理各项工作的意识，促进了各项工作的开展。全区37个普法单位经过验收全部合格，在90477名普法对象中，有88495人完成了“九法一制”学习，覆盖率达97.8%，合格率达98%；全区民事纠纷案件比普法前减少1209宗；清理经济合同7608份，挽回经济损失112宗，共1016万元；有64个单位聘请了法律顾问，12个单位成立了法律服务机构。①

1989年3月24日，由广州市副市长石安海、市精神文明办主任潘永康和市人大、市政协、团市委等有关领导组成的市普法验收团到越秀区检查工作。区直各部、委、办、局的有关领导和干部21人接受了市验收团的考核，取得了平均95.8分的优异成绩。

---

① 越秀区委办:《情况简报》第12期，1987年。

1990年4月13日，区委召开政法工作会议。会议传达了中央领导同志的重要讲话和全国、省、市政法工作会议精神，区委书记林孟宽、区委常委凌书法部署了当前政法工作任务。4月19日，市委书记朱森林，市委常委、市公安局局长宋恕忠等到越秀区一德街检查群防群治工作，并到红书房建公司调研。朱森林肯定了一德街在开展群防群治工作中发动辖内单位配合搞好活动的做法，并要求继续做好社会治安综合治理工作，确保社会稳定。区委、区政府十分重视抓好对社会治安的综合治理，从侧重打击违法犯罪向群防群治发展，从人防为主向人防与技防相结合发展。

1990年8月14日，区委召开法制工作会议，传达了市依法治市动员大会和市第五次法制宣传工作会议精神，提出了下半年依法治区工作的规划准备工作。越秀区在完成首个普法五年规划的基础上，实施"二五"普法规划（1991—1995年）之初，就根据上级指示精神，把普及法律常识活动纳入依法治市、依法治区的常年工作。1991年7月16日，区委分别批转了《越秀区普及法律知识第二个五年规划》《越秀区依法治区五年规划》等文件，要求各单位贯彻实施。7月27日，越秀区依法治区第二个五年普法动员大会召开。会议传达了市第六次法制宣传工作会议精神，部署了1991年依法治区和"二五"普法工作要点。越秀区开展"二五"普法教育，主要以学习宪法为核心，以专业法为重点，开展了宪法的再宣传、再教育活动。

从1991年下半年起，越秀区机关干部重点学习了由中宣部、司法部组织编写的《中华人民共和国宪法讲话》《社会主义法制建设若干问题讲话》两本书。各街道、各部门将普法工作的重心转向专业法的学习，采取多种形式，在本系统推开了专业法律知识的学习，并作为本行业业务学习和岗位培训来抓。"二五"普法期间，各部门做到了以学法促用法，以用法来深化普法，提高了党员干部学法用法的自觉性和依法办事的能力。

三、完善人民代表大会制度和政治协商制度，加强群团组织工作的领导

县级以上地方各级设立人大常委会，是我国政权建设的一项重大改革，是加强社会主义民主和法制建设的一个重要方面。区第七届人民代表大会第一次会议选举产生区人大常委会之后，在区委领导下，区人大常委会围绕党的各个时期的中心工作，加强自身建设，依法履行职责，不断完善人民代表大会的根本政治制度，促进越秀区两个文明建设和民主法制建设。

根据《地方组织法》规定精神，结合实际，区人大常委会制定了《越秀区人大常委会的工作任务、机构设置及其分工的意见》，建立了区人大常委会办公室，把27名委员分别组成财政经济、市政建设、科教文卫、法制等四个工作委员会，协助人大常委会工作。正确行使《地方组织法》所赋予人大常委会的职权，开展好以宪法为核心的法制教育，增强人们的宪法观念和公民意识，自觉守法，严明执法。围绕改革开放、搞活经济的方针和增产节约、增收节支运动，围绕人民群众普遍关注的问题，认真审议决定本区内的政治、经济、教育、科技、文化、卫生、民政、民族工作等重大事项，切实加强对本级政府、法院、检察院工作的监督。任命了一批本级政府、法院、检察院的机关工作人员，密切人大代表同群众的联系，组织人大代表开展活动，广泛听取人大代表和人民群众的意见，发挥人民代表作用，不断推进了越秀区政治生活、经济管理和整个社会生活的民主化，对发展社会主义民主，健全社会主义法制，巩固安定团结，促进改革开放和推动全区两个文明建设都起到积极的作用。

越秀区委积极支持政协、统战、侨务、对台、民族等部门，围绕“统一祖国，振兴中华，爱我越秀”这个目标，凝聚各方力量，大力开展海外统战和“三引进”工作，推动“一国两制”的实施，

发挥了政治协商、民主监督的作用，团结了爱国人士，巩固和扩大了爱国统一战线。

1988年，区政协八届七次常委会会议制定了《中国人民政治协商会议广州市越秀区委员会常务委员会工作规则》。1989年，又制定了《广州市越秀区政协关于政治协商、民主监督的暂行规定》及专门委员会组织通则、提案工作试行条例等一系列工作规则、条例。

1990年，越秀区委在贯彻《中共中央关于坚持和完善中国共产党领导的多党合作和政治协商制度的意见》中，制定中共党员领导和非中共人士交友谈心的制度，对完善多党合作和政治协商制度作出五条规定：一是区和各部门分别指定一名领导分管统战和联系民主党派工作，纳入行政首长任期目标；二是力争在七届政府任期内按区委要求配备27名党外人士担任委、办、局领导，并聘请有专长的民主党派成员担任顾问和特约监察员等项工作；三是按实际邀请民主党派和无党派人士参加区政府组成人员会议、常务会议和工作会议；四是及时向民主党派、无党派人士通报政府工作情况，并征求听取意见；五是重大经济案件的调查，以及廉政建设等工作，可视需要吸收民主党派和无党派人士代表参加。[①]8月10日，区委召开统战工作会议。会议传达了江泽民在全国统战工作会议上的讲话精神，区委书记林孟宽作了《全党重视，加强领导，进一步做好我区的统战工作》讲话，要求区各单位认真贯彻全国统战工作会议精神，加强越秀区统战工作，充分发挥区内各民主党派和无党派人士参政议政及监督作用。

1991年3月25日，越秀区召开首批区特约监察员、检察员、审计员、教育督导员（特约四员）聘任大会。聘任的“四员”共21名，其中民主党派成员17名，无党派人士4名。12月4日，市政协主席杨资元及市民进、民建、致公党等党派负责人到越秀区视察工作，了解区贯彻落实中央有关文件精神情况。杨资元等市领导肯定了越秀

① 广州市委:《每日快报》第231期，1990年10月4日。

区注意与党外人士交朋友，恢复政协各委员会组织，保证各党派工作时间，改善办公条件等方面的工作，并建议在全市推广越秀区的经验。

1989年12月，中共中央发出《关于加强和改善党对工会、共青团、妇联工作领导的通知》。越秀区委认真贯彻中央文件精神，指导和帮助各级工会、共青团和妇联组织，宣传群众、教育群众，积极带领群众贯彻执行党的路线、方针和政策，并围绕党在各个时期的中心任务，开展适合各自特点的活动。

1989年11月28日，区委召开工青妇工作会议，总结了越秀区近年来工青妇工作的成绩和经验，提出了今后工作的任务与要求。与会人员认真讨论并通过了《关于进一步改善和加强工会、共青团、妇联工作的决定》。1991年10月31日，区委召开工青妇工作会议，会议议题：进一步贯彻中央、省、市关于加强工青妇工作的指示，回顾近年来区工青妇工作，研究确定其主要任务。要求工青妇组织进一步发挥作用，为实现区“八五”期间经济和社会发展规划建功立业。会后，区委发出《关于进一步加强和改善对工会、共青团、妇联工作领导的若干意见》，提出各级党组织要加强对工青妇组织的领导，要鼓励和支持工青妇组织独立自主地开展工作，要为工青妇组织开展工作创造有利条件，更好地发挥工青妇组织作用。工青妇组织要加强自身建设，为促进改革开放、振兴经济，促进精神文明建设，推进民主政治建设和社会发展建功立业。

在区委的领导下，区工青妇组织独立自主地开展工作。区工会加强职工爱国主义、共产主义教育和文化技术教育，开展“振兴中华”职工读书活动；发动职工围绕生产课题，参加技术培训，提高技术水平，开展技术革新、技术革命和劳动竞赛活动，促进生产发展；坚持不懈地为职工办实事，做好安全生产工作，维护职工合法权益。1987年，市工会授予区工会区一级“职工之家”（全市第一个区一级合格单位）光荣称号。1992年，区工会再次被市工会授予“先进职工之家”称号。团区委加强共青团的基层组织，发展新团员，推荐优秀共青团员加入中国共产党；在团员青年中开展体现“爱国、改革、创业、奋进”等主题的爱国主义、艰苦奋斗、革命传统、国情区情的系列教育，以及“稻穗鲜花献人民”的广州人精神的宣传教育，鼓励团员青年建功立业。区妇联维护妇女儿童的合法权益，组织开展“越秀巾帼建功献才”和“文明家庭”创建活动，大力弘扬文明家风和奉献精神。

四、社会主义精神文明建设蓬勃发展

随着改革开放的全面推进，社会主义精神文明建设逐步向前推进。1986年9月，党的十二届六中全会通过的《中共中央关于社会主义精神文明建设指导方针的决议》提出，社会主义精神文明建设的根本任务是培养“四有”[①]公民，提高中华民族的思想道德素质和科学文化素质。

在改革开放全面展开的进程中，越秀区委大力加强社会主义精神文明建设，采用多种形式对党员、干部、群众进行马克思主义基本原理和共产主义理想等方面的思想教育，建立了思想政治工作研究会，加强思想政治工作。五届区委工作的三年期间，在全区开展了群众性的政治形势、经济形势、爱国主义、社会主义、职业道德等方面的教育。坚持开展创文明单位和军警民共建活动。社会文化事业逐步形成了地区文化、街道文化、企业文化、家庭文化等多层次的文化网络。

1987年1月，区“五讲四美三热爱”活动委员会办公室改名为越秀区社会主义精神文明建设委员会办公室。1989年9月，区委印发《越秀区加强精神文明建设工作的意见》。解放中街通过开展家庭安全、家庭文明、礼貌道德、家庭美德及文体、趣味等系列教育和在每个居委会设立街道评议亭等，积极倡导在每个家庭中开展“讲

①“四有”：有理想、有道德、有文化、有纪律。

公德，从我做起”活动，提高了家庭文明素质。1988年，解放中街有75%的家庭被评为文明家庭，在全市文明街道竞赛中荣获第一名。省委副书记谢非要求推广该街精神文明建设的经验。[①]1990年，广卫街开展“创文明单位、建文明家庭和做文明市民”竞赛评比活动，把学雷锋和弘扬广州市风、实践广州人精神活动引入家庭，提高干部、群众的综合素质。广卫街群众性精神文明建设，促进了各项工作的顺利开展，计划生育、城管卫生、绿化、环保、文化、普法、人口普查、工青妇等各项工作分别被评为市区先进单位，全街评选出52个文明单位，3339户文明家庭，15162名文明市民。全街刑事案件比往年下降21.8%。[②]1991年，大南街被授予“广东省文明单位”光荣称号。[③]

1984—1995年，区委、区政府分批组织、推荐了区属行政街道参加市委、市政府组织的“学习南华西街，创建文明街道”的竞赛活动，开展了“创建文明街道”评比活动。1989年3月，历时一年半的广州市第三批学习南华西街创建文明街道竞赛评比揭晓。越秀区的解放中街、德成街被市委、市政府授予“广州市文明街道”称号，解放中街同时获文明旧城区组的第一名。9月16日，市委、市政府在越秀区召开广州市第三批学习南华西街创文明街道经验交流会。在竞赛中获得第一名的解放中街介绍了经验。10月14日，区委、区政府召开学习南华西街创建文明街道表彰会，区委作出《关于表彰解放中街等六条行政街获得“广州市文明街道”称号的决定》。11月9日，区委分别在广卫街、大南街召开创文明街道现场办公会议，对两街的美化绿化、清除违章建筑等方面问题作了详细规划，明确责任，以“五个一点”[④]的办法解决资金来源，为参赛街创造良好的社会环境。1991年9月11日，区委、区政府召开创文明街道总结表彰

① 越秀区委办:《情况简报》第18期，1989年3月28日。

②《推动群众性精神文明建设》,《广州日报》1991年2月22日。

③《越秀区大南街精神文明建设纪实》,《广州日报》1991年4月15日。

④“五个一点”：市、区、街、各线、社会各出一点资金。

大会，表彰了第四批参赛的广卫街、大南街；第五批参赛的越华街、人民街汇报了工作设想和规划。

越秀区红书房建社于1979年成立，在企业日常管理和职工思想政治工作中，采取多种形式做好失足青年的转化工作，引导169名失足青年走上正道，其中有107人受过省、市、区、街的表彰。新华社播发了该单位的事迹。1986年3月17日，广州市委召开越秀区红书房建社青少年教育现场会，推广该社帮教失足青年工作的经验。市委副书记张汉青在会上动员全社会都来关心青少年成长。1988年底，越秀区红书房建社负责人被共青团中央和中央宣传部党建杂志社评为全国优秀青年思想教育工作者，赴京出席表彰大会，并且提交论文《失足青年的反复性及如何帮教初探》，参加了全国青教工作研讨会。①

1989年3月18日，中央宣传部、团中央、《党建》编辑部将越秀区红书房建社教育改造失足青年的事迹编入《中国共产党思想政治工作大辞典》。同年，红书房建社召开庆祝建社10周年暨红书房建工程公司成立大会。市委副书记张汉青到会并讲话，肯定了该社10年来在失足青少年教育工作上取得的显著成绩，并勉励该公司再创新业绩。10月13日，美国洛杉矶大学矫正系一行14人，在司法部、卫生部有关负责人陪同下，到越秀区红书房建社参观，听取该公司做好失足青年教育工作的经验介绍。

军民共建是越秀区委推进社会主义精神文明建设的重要抓手，也是这一时期精神文明建设的重要创新。区委把军民共建文明中山路活动纳入提升城区文明程度的“小切口”，促进市容面貌和城区管理的大变化。

1986年5月15日，驻穗陆、海、空三军指战员与越秀区、东山区的干部群众共1000多人再次举行宣传活动，推动共建文明中山路。10月11日，广州军区党委扩大会议全体同志共110人到越秀区参观

①《红书房建社有“点石成金之术” 张季乐上京参加研讨会》，《广州日报》1989年1月7日。

军民共建中山路活动的情况。广州军区负责人把绣有“军民携手，共建文明路”和“军民共建文明街”字样的锦旗，分别赠送给越秀区和北京街，表彰他们在军民共建工作中作出的成绩。广州军区空军捐助万元兴建的儿童公园雕塑组合，成为军民共建中山路的重点绿化美化工程。1987年6月1日，儿童公园雕塑组合工程竣工。

1989年5月25日，市委、市政府联合召开命名大会，命名广州军警民共建三年的中山路为广州市第一条文明路。8月24日，召开越秀区军警民共建文明中山路总结表彰大会，共建部队、武警和沿路共建点代表共150多人参加大会。自1986年以来，全区先后建立50个军民共建点，其中60%被评为区以上的文明单位，共建活动被评为区最佳成绩之一。1987年，军民共建当选广州市精神文明十件大事之一。1989年，市政府正式命名中山路为文明路段，并表彰了21个先进单位和83名先进个人。

1990年3月4日，中国人民解放军总政治部群工部部长祝庭勋少将率军民共建检查组，在广州市委副书记、市军警民共建领导小组组长张汉青陪同下，到越秀区中山路进行视察。1991年11月6日，南海舰队湛江某部首长专程来穗，为向高第街个体户赠送的市场牌楼举行落成仪式。这座高5.1米、长5.2米的不锈钢结构牌楼是由该部队出资1.2万元建成的，横匾写有“军民共建高第街工业品市场”字样，两侧对联写着“军民共建文明经商，搞活市场经济流通”字样，它表达了人民子弟兵的爱民之情。

区委根据越秀区内部队单位众多，地方开展拥军优属，军队开展拥政爱民活动具有长期优良传统的特点，在改革开放全面展开的新时期坚持“双拥”活动互相促进，建立健全工作机构，引入签约做法，鼓励创新形式，广泛发动干部群众参与，落实工作责任，形成了“双拥”活动的良好局面。

1991年5月31日，越秀区委、区政府在广州市委礼堂召开创建“双拥模范区”动员大会。广州军区后勤部政委张觉少将、省市有关方面负责人、越秀区五套班子有关领导及驻区与军民共建部队负责人出席了大会。会议发出《关于成立越秀区“双拥”工作领导小组的通知》。6月6日，区委转发了《越秀区创建双拥模范区活动规划》，要求各单位结合实际，深入开展创建“双拥模范区”活动。越秀区大南街负责人随省慰问团赴南沙慰问守岛海军官兵，其后举行慰问情况报告会。区委书记林孟宽在会上号召全区干部群众学习南沙指战员热爱祖国、无私奉献的精神，促进全区两个文明建设。6月12日，区“双拥”工作领导小组召开赴南沙慰问守岛海军官兵报告会，省赴南沙慰问团成员、大南街党政主要领导分别作慰问汇报，会议要求进一步做好拥军优属工作。6月15日，区委、区政府与驻区6个部队举行“拥军优属、拥政爱民”签约仪式。区委书记林孟宽与驻区6个部队的领导分别代表军地双方在公约上签字。

在全面推进精神文明建设活动中，越秀区委紧紧围绕经济建设这个中心，不断探索创新，为精神文明建设不断注入新的活力，有力配合了当时面临国家经济调整和治理整顿，国际社会巨大动荡的思想政治教育，保持党员干部群众的思想稳定。同时，抵制了危害青少年身心健康的黄、赌、毒等不良社会现象的进一步蔓延，倡导和树立了移风易俗、相信科学、崇尚文明的社会主义新风尚，为经济建设和治理整顿提供了稳定的社会环境和社会秩序。

第　七　节
推动科教文体卫和社会事业发展

越秀区委坚定不移推动科技、教育、文化、体育、卫生事业的改革，“科技兴区”战略被列为广州市科研计划的软课题，街道成立了地区科协，在促进科技成果商品化、开拓技术市场方面进行了有益的尝试，取得了成功的经验；教育部门在实行校长负责制、教师“三定一奖”等方面的改革取得了较好的效果；区属医院全面实行院长负责制，开展横向联系，多渠道、多层次、多形式办好有特色的专科医疗项目；文化、体育方面改革了过去政府包办文化、体育工作的做法，推动了群众性的文化体育事业的发展，其他社会事业也取得了较大发展，为广大居民群众造福。

一、实施科技兴区战略和产业结构优化升级

1985年3月13日，中共中央作出的《关于科学技术体制改革的决定》指出，现代科学技术是新的社会生产力中最活跃和决定性的因素，全党必须高度重视并充分发挥科学技术的巨大作用。

1986年12月11日，广州市第五次党代会提出，科技工作要“以应用研究和开发研究为重点，有针对性地开展一些基础研究，大力推广见效快、效果好的科技成果，努力提高科研队伍的素质和研究

工作的质量，使科研工作在推动国民经济发展中发挥主要作用”，“围绕着广州经济和社会发展的迫切课题，以及引进技术的消化、吸收、创新和扩散，加强科研工作。必须加强重点科研项目的规划，并以项目为纽带，统一安排科研、投产及推广应用，形成科研、生产一条龙”。市委、市政府专门制定了《广州市科学技术发展战略纲要（1986—2000年）》。从1986年起，广州推进科研单位与企业组成多种形式的科研生产联合体，发展了一批科研生产一体化的经济实体。市属各区积极与广州地区高等院校、科研单位建立了高层次、多形式的联合，促进了科技向生产的转化。1987年，广州市被批准为全国科技体制改革的试点城市。市政府颁发了《关于推进科技体制改革的若干实施办法》，积极发展科研部门和生产部门的横向联系，推动科研与生产相结合。

越秀区委在贯彻落实市第五次党代会精神及《广州市科学技术发展战略纲要（1986—2000年）》工作部署的过程中，明确提出了坚持把传统产业技术改造和技术进步放在科技工作的首位，有选择地加强新兴技术的研究与开发，有重点地扶持新兴产业的发展；开展科技攻关，扩大技术引进，把技术引进同研究开发、消化创新紧密结合起来，提高企业技术改造和技术开发的起点，增强企业的自主开发能力和国内外市场竞争能力，增加出口创汇。全区认真贯彻“科学技术是第一生产力”的方针，切实把经济工作的重点转移到依靠科技进步和提高劳动者素质上来，逐步形成“第一把手抓第一生产力”的工作力度，制定了全面工作部署、具体工作步骤和系列优惠政策。

一是高层策划，重视发挥科技人才作用。1989年6月13日，区委、区政府召开科技兴区工作会议，宣布正式实施“科技兴区”战略决策，着重解决实施“科技兴区”战略决策的具体问题，就急切需要解决的区街工业生产设备落后陈旧，各类专业技术人才奇缺等问题，聘请了广州地区管理科学方面的专家、教授共同研究制定了《越秀区科技兴区发展规划》。区委、区政府高度重视发挥科技人才和知识分子的重要作用，11月8日，区委组织部和区科协召开全区高级知识分子座谈会。区委副书记朱振中等区领导以及全区获得高级专业技术职称的51名专家学者出席会议，共同商讨“科技兴区”问题。

1990年7月31日，区召开科技兴区规划研究实施动员会。区有关部门负责人和广州市师范学院、市科委、市委政策研究室等单位的教授、工程师共40多人参加了会议。区科委介绍了科技兴区规划制定的情况，全国著名的系统工程专家秦寿康等5人作了发言。1991年4月30日，区委、区政府召开越秀区“科技兴区”经验交流大会，市有关领导及省、市有关大专院校、科研单位等40多人应邀出席。区委常委、常务副区长邱晒耀介绍了“科技兴区”战略决策实施两年来的工作经验，区委书记林孟宽作了《深化认识，加强领导，狠抓落实，努力开创“科技兴区”的新局面》讲话，广州水泵厂等单位分别作了经验介绍。大会表彰了广州水泵厂总工程师王耀红等12名有功专业人员。8月5日，区委、区政府召开科技恳谈会，邀请广州市师范学院的科技兴区五年规划课题组全体成员进行决策对话，区委书记林孟宽、区长朱振中及师院教授杨辉耀参加会议，秦寿康等分别介绍本课题前段时间所开展的工作情况并提出了建议。

二是充实力量，建立健全科技工作体制。区科委在“文化大革命”期间瘫痪，1977年7月，恢复活动，但并无下属机构。1985年，区科委设置科技科和科普科；1988年，科技科改为业务科，撤销科普科，另设秘书科；1989年6月，秘书科改为办公室，增设科技开发管理科。区科技主管部门先后建立起“科越技术开发中心”和“区科技咨询服务公司”。

1985年底，全区已建立街道科普协会18个，拥有会员316人，接纳了辖内省、市机构的2000余名科技人员，其中1476人有中高级职称，形成了有6000人的专职或业余科技队伍，有力推动了“创科技兴区先进街”和“先进科技站”等科技竞赛活动。

1989年，全区细化落实“科技兴区”措施，在市内最早开展“科技兴街”活动，19个街道都成立了有专人负责的科学技术管理站（简称街科技站），负责科技兴街发展规划、人才培训、情报信息、科普宣传、科技项目网络等日常工作。

1989年下半年至1990年，街道科学技术协会改为街道地区科协，成为区科协的基层组织，明确了工作任务是：团结和支持本地区科技工作者开展技术交流，推广应用新技术、新工艺，研制新产品，宣传普及科技知识，加强对青少年的科技教育。区街工业企业科技管理体制逐步建立起来，区工业公司设技术科，一名公司领导分管科技工作。重点企业设立技术股（室），配备技术副厂长；技术股（室）为该厂、企的科技管理机构，全面负责厂、企的技术管理工作；不设技术股（室）的工厂、企业配备专兼职技术干部，为该厂、企的技术管理负责人。全区实施"科技兴区"战略后，初步建立起四个方面的科技管理和组织保障体系，包括领导管理体系，区有协调领导小组，街有科技站；科技服务体系，提供信息咨询、技术等一条龙服务；科技基金体系，筹集了三级科技基金200万元；加强人才体系建设，全区有职称的专业技术人员5944名，通过地区性科协联系的科技人员近千名。①

1991年，区委、区政府召开表彰大会，授予王耀红、潘键、刘淑贤、韩浦桐、黄振鸣、杜键勋、陈椿等7人"越秀区专业技术拔尖人才"称号。10月18日，越秀区落实知识分子政策协调小组改为越秀区委知识分子工作领导小组，设立办公室。11月20日，越秀区专业技术拔尖人才选拔管理工作动员会召开，要求深入实施区专业技术拔尖人才优先发展战略，最大限度激发人才创新创造活力，充分发挥各类专业技术拔尖人才在区经济社会发展中的引领支撑作用。

三是汇集资源，成立社会科技服务机构。1985年5月30日，越秀区退休工程师协会成立，提供建筑工程、机械、化工、轻工设计等咨询服务。1987年8月11日，市委、市政府发布《关于放活科技人员的若干政策规定》。12月28日，广州市副市长刘念祖，中国科学院、广州市科委及越秀区的主要领导参加了区政府聘请科技指导

① 广州市委：《每日快报》第289期，1990年12月11日。

小组协议书的签字仪式。科技专家们在越秀区设点办公，每月办公时间不少于15天。1990年3月7日，越秀区与中国科学院广州分院、省科学院研究决定，继续签订5年合作协议。其中两院科技人员无偿援助解放南街开展科技试验街工作。

1989年10月，越秀区分别成立区科技培训中心、区科技情报信息中心、区科技服务介绍所。区科技培训中心分期分批对全区企业、事业单位的工程技术人员进行继续工程教育、职工岗位技术培训以及职工上岗前培训。至1994年，共培训2581人。区科技情报信息中心（前身是区科技情报站）的主要职能是：发展横向科技联系，与省、市及辖区内的科技情报信息和科技咨询机构建立紧密的联系；做好科技情报信息的收集和筛选工作，为企业提供科技信息服务，为领导决策提供科学依据；出版科技情报刊物和印发科技情报信息资料，促进技术成果商品化。区科技服务介绍所的主要职能是：为区街企业技术开发广泛网罗人才和项目；介绍科技人员业余兼职，采取有效措施，保障科技人员兼职和收入。自1989年—1990年上半年，越秀区已与23所高校、院所建立了合作关系，聘请了200名技术顾问，调入100名科技人员。各街道相应地建立了科技咨询公司、科技培训中心、科技情报信息中心和科技开发公司等服务机构。区街鼓励创办民办科技事业和企业，发展快、成效大。1987年，全区民办科研机构仅3家，1989年达10家，至1991年3月发展至13家，共有80多名专（兼）职工程技术人员，其中高级职称29人、中级职称29人，主要从事机电、化工、电子和现代化生活用品等方面的新技术、新产品、新工艺的研究与开发。1990年有6家共创营业收入近200万元，上缴税收22万元。①

四是组织攻关，优化升级产品结构。1989年下半年，全区实施了重点科技项目管理、科技成果奖励、促进科技进步的措施及民办科技机构管理细则，三年间，各街道运用科技基金共开发23个项目，

① 越秀区府办：《越秀简报》第7期，1991年3月4日。

其中8个项目创利181万元。[1]1990年，与中科院广州分院、省科学院续签了5年期的技术合作合同。“科技兴区”活动带动了全区经济发展，在高校、院所科技人员帮助下，长效杀虫微胶囊系列产品、劳动保护鞋系列产品和手动移印机等三项“星火计划”项目获得了显著的经济效益。1989年，创产值191.4万元，增税利20.6万元，创汇37.78万美元。其中，越华街恒昌机器厂吸收外国先进技术，开发生产了手动移印机，成为填补国内空白的畅销产品，获得了全国“星火计划”项目展览金奖、国际专利产品博览会铜奖、第四届全国发明铜奖、1990年泰国博览会金奖等8项奖励。1990年，区引进和开发了具有国内先进水平的“高回弹聚氨酯汽车坐垫国产化模具”“节能涂装设备开发”等新产品，吸收区外资金400多万元。同时，还开发了10多个新精细系列产品和10多项横向合作项目，使全区形成一派科技兴区景象。

1990年7月24日，越秀区1989年度科技成果颁奖大会召开，会议奖励了13项科技成果。11月17日，越秀区举办全国部分城区科技新项目新产品交流展销会，北京市东城区、天津市南开区、南宁市江南区、武汉市江岸区、沈阳市和平区、重庆市江北区、贵阳市南明区、长沙市北区等城区科委共选派61名代表参加。参展单位有80多家区、街企业，展出科技新项目212项，促进了各城区之间的科技交流，收到了良好的效果。1991年，全区坚持开展“科技兴街先进单位”“科技进步先进企业”和“先进科技站”3项竞赛评比活动，投资近1000万元进行25个项目的技术改造。全区利用新工艺、新技术研制了68个新品种，半数品种投入批量生产。

---

①《我市街道“科技兴街”活动倍增》，《广州日报》1991年7月31日。

二、建立与经济发展相适应的教育体系

1985年5月27日的《中共中央关于教育体制改革的决定》提出：要改革管理体制，实行简政放权，扩大学校的办学自主权；调整教育结构；改革与现代化建设不相适应的教育思想、教育内容、教育方法；要加强基础教育，发展职业技术教育，发挥高校的潜能和优势，适应经济和社会发展的多方面需要。9月24日，市委、市政府发布《关于改革教育体制，发展教育事业的决定》，提出今后加强基础教育，调整中等教育结构，发展高等教育和成人教育，增加教育投资的要求和具体做法。

越秀区委根据《中共中央关于教育体制改革的决定》和市委、市政府《关于改革教育体制，发展教育事业的决定》精神，在旧部前小学、中山六路幼儿园等开始进行改革试点。1987年，全区小学、幼儿园全面铺开教育体制改革，教育事业取得了长足的发展。教育改革过程中，基础教育始终占主要地位，区内各幼儿园、小学坚持高标准、高质量推进基础教育，严格按照国家、省、市的要求开足课程，建设名园名校。小学推行了校长责任制，进行教育整体改革。小北路小学德育改革经验和惠福东路小学德育整体改革经验受到国家教委的重视。幼儿教育被国家教委评为全国幼儿教育先进区。

1981年之前，越秀区小学学生每年平均经费不足113元，到1985年增至200元。1985年，区委决定，区财政对教育事业的正常经费拨款每年递增10%～15%；区财政年度增收部分，以不少于25%的比例用于教育。同年，区委利用区少年之家引进外资补偿，以592万元改建校舍1.4万平方米；以247万元新建教师宿舍9350平方米。五届区委工作的三年期间，切实把教育事业放在重要战略地位，共投入约4000万元，比前三年增长35.5%，新建和扩建了一批校舍，成为省“校舍建设一级区”。

全区重视发展电化教学，1985—1987年，区财政拨款149万多元，在14所学校设立了电教室，配备了放像机和彩色电视机，有的还配置了电脑、电影放映机等设备，录像教学已经进入半数小学和幼儿园的课堂。在“七五”期间，区财政对教育的拨款总额为6134万元，主要用于扩建、加建、改建一批小学校舍共3万多平方米，维修校舍3.59万平方米，使学校的面貌焕然一新。同时，还新建教工宿舍5800平方米，改善了教师住房困难的问题。

1990—1992年，全区共投入教育经费达8447.22万元，比前三年增长85.92%。① 扩建、加建、改建了12所小学校舍，共计2.2万多平方米；改建10所幼儿园，扩大面积8212平方米；为全区小学更新了2600套学生课桌椅，每所小学都配备了新型教学设备，幼儿园的设备设施也进行了更新，生活活动设施完善，学习用具和游戏材料先进新颖。1988年，区内小学的办学条件均达到“普九”发展的要求，顺利地通过了省、市普及九年义务教育的验收，全面实现了普及九年义务教育。

1985年1月26日，区委召开会议专题讨论和研究贯彻市委、市政府关于在全市开展尊师活动的指示，作出了在全区开展尊师活动的决定。1月29日，区委、区政府召开有300多名优秀教师代表参加的尊师座谈会，市委副书记朱森林、王宗春，区委书记周立新、区长陈矢云等五套班子领导到会向老师们表示亲切的慰问。市、区领导还接见了特级教师刘淑贤、全国优秀班主任肖娅燕等10位教师代表。9月7日，越秀区庆祝我国首届教师节大会在中山纪念堂举行，区五套班子的负责人、4000多名在职及退休教师出席了大会，大会向全区的教师发出了慰问信。自新中国成立以来至1992年，旧部前小学校长刘淑贤等21人获得全国优秀教师、全国五一劳动奖章、全国三八红旗手、全国优秀班主任、全国教育系统先进工作者等荣誉

① 林孟宽：《在中共越秀区第七次代表大会上的报告》（1993年2月），第7页。藏于越秀区国家档案馆。

称号；小北路小学教师陈鸿芳等32人获得广东省优秀教师、广东省劳动模范、广东省优秀班主任、广东省普教系统先进工作者等荣誉称号。[①]

学校管理的改革是教育改革重点之一，只有把办校机制改革好，才能促进教学业务的改革。越秀区教育局把办校机制改革作为大事来抓。1985年初，区教育局在各校领导班子调整的基础上，逐步实行校长负责制，明确了校长既是学校的法定代表人，又是学校行政工作的第一责任人。按照既保证党的领导核心地位，又保证校长充分行使行政指挥权的原则，制定相关细则，实现了管理规范、决策科学民主。建立由教师代表组成的校务委员会（简称教代会），发挥教代会民主管理学校的作用，每月召开一次会议，研究学校教育教学工作，每学期召开两次会议，审议学校计划和总结，评议干部，讨论学校的重大问题；加强级组建设，下放权力，实行分级管理；在定员定编的基础上建立岗位责任制。

1989年11月，市委、市政府批转市教育局《关于广州市中小学内部管理体制改革的意见》，决定成立市普教体制改革工作领导小组，推行以“两聘两制一包一奖”为主要内容的改革，即聘任校长、教师，实行校长负责制、教师岗位责任制，学校工资总额或经费包干，部分浮动奖励工资。1991年，区教育局以11所小学为试点，开展学校内部管理体制改革，随后试点扩大到25所小学。1992年，全区推行以人事制度和分配制度改革为重点的学校内部管理体制改革[②]，扩大了学校办学的自主权，增强了教师的积极性，提高了办学水平；制定教学质量及班主任工作检查标准，使教师工作有章可循。

在创建示范性幼儿园过程中，把特色建设与幼儿教育课程有机结合起来，打造幼儿园的办学特色。如区机关第一幼儿园致力于新

---

① 广州市越秀区地方志编纂委员会:《广州市越秀区志》，广东人民出版社2000年版，第819-823页。

② 广州市越秀区地方志编纂委员会:《广州市越秀区志》，广东人民出版社2000年版，第521页。

时期幼儿品德教育内容、形式和方法的改革，积极探索和实践幼儿科学启蒙教育，帮助幼儿掌握交往方式和技巧，提高交往能力，将现代教育技术的运用、语言教育、环境教育、分区教育、家庭教育等定为研究探索课题，形成语言特色园。云台里、小北路、中山六路等幼儿园先后开展了“3～6岁幼儿数学发展水平试验”“幼儿园科学启蒙教育”“幼儿心理健康教育”等课题研究，形成科学特色园。通过特色办园以点带面，推动了全区幼儿园的发展。1989年10月6日，国家教委授予越秀区“幼儿教育先进区”称号。1991年，全区幼儿园发展到92所，其中教育部门办的幼儿园8所，其他部门办的63所，集体办的21所，共计467个班，在园幼儿16292人，幼儿入园率达90%以上，教师职工2339人，基本满足了区内适龄儿童接受学前教育的要求。[①]

全区小学以“减轻负担、生动活泼、全面发展”为目标，优化课堂教学，开辟第二课堂，积极探索两个课堂相结合的新教学体系，实施目标教学，实现了“基础实、负担轻、教法活、耗时少、效果好”的教学目标。如小北路小学开展了以培养学生自理能力为中心的德育整体改革，通过班主任工作和队活动相结合，学校和家庭、社会相结合，学生在日常生活中能自理，在集体生活中能自理，在学习生活中能自理，达到了提高学生“三自”能力的目的。旧部前、朝天路、东风西路、雅荷塘、惠福东、教育路、惠福西等小学通过开展以优化课堂教学为中心的学科同步改革，使学生在打好基础的前提下，能力得到综合培养，智力得以多向发展，逐步形成学校“乐学、会学、善练”的教学特色，减轻学生的负担。惠福东路小学坚持课内与课外、校内与校外各项教育活动相结合，开展读好书活动，实现了“学校有图书馆，班级有图书角，学生家里有图书柜（架）”的目标，读书活动蓬勃发展。市委副书记张汉青批示，应很好推广惠

① 广州市越秀区教育局:《1991学年度幼儿园概况一览表》(1991年9月)。原件藏于越秀区档案馆。

福东小学开展读好书活动的经验。[①]通过系列改革，全区小学的管理水平和教学质量均有显著提高，适龄儿童享受良好的义务教育。全区适龄儿童入学率由1985年的98.9%升至1992年的100%，毕业班升学率由1985年的95.9%升至1992年的99.5%，体育达标率由1985年的88.5%升至1992年的98.45%，三好学生率由1985年的24.4%升至1992年的39.2%，小学毕业升中考试成绩逐年提高。[②]

1985年后，广州市教育局根据《中共中央关于教育体制改革的决定》和广东省教育厅《关于普通教育改革的意见》精神，在全市中学中进行一系列的改革。1985年起，越秀区推行九年制义务教育。1988年，全区通过普及九年义务教育的验收，实现了普及九年义务教育。从20世纪80年代起，广州市第二中学在每年中考、高考成绩多次名列广州市的前列，几乎每年都有总分或单科状元出现，被誉为"历史名校，状元摇篮"。广东华侨中学积极稳妥地推进高中新课程实验，努力探索一条符合素质教育要求的成功之路。在每年的高考或中考中均取得优异成绩，高中升学率排在广州市老城区同类学校前列，高考升学率达90%以上。广州市第三中学坚持走德智体全面发展的办学之路，为创建国家级示范性普通高中迈出了坚实的步伐。自1977年恢复高考以来，到1992年，越秀区高考成绩一直名列全市前列，充分显示了越秀区教育的综合实力及其在全市普教系统的排头兵作用。

在改革开放后，越秀区职业技术教育跨进崭新的发展阶段。政府加大了对中等职业技校的投入，中等职业技校不断增多，规模不断扩大，办学质量不断提高，呈迅猛发展的势头。20世纪80年代，全区共有8所职业高级中学，约占全区普通中学的40%。随着改革开放的推进，社会急需大批中等专业技术人才，中专学校接受委托代培的任务，举办进修、短训、函授、自费走读班等。1989年，为贯彻教育部《关于调整中等职业学校布局结构的意见》精神，市政

① 广州市委办:《每天快报》第40期，1991年2月20日。

② 广州市越秀区地方志编纂委员会:《广州市越秀区志》，广东人民出版社2000年版，第644页。

府按照结构优化、布局合理、专业门类齐全、特色明显的原则，调整职业教育的整体布局。区委、区政府坚持中等职业技术学校的建设与发展，同市场经济的需要密切联系起来，做到升学与就业并举、教学与科研并举、技术培养与素质教育并举，形成了较为完整的多层次、多形式、多渠道的办学格局，培养了大批各类应用型人才和劳动后备力量，为推动地区经济社会发展做出了重要贡献。

1987年2月25日，国家教育委员会作出关于改革和发展成人教育的决定，要求干部职工进行相应的岗位培训。区委根据国家教委的要求，结合越秀区的实际情况，从1988—1990年有计划、有步骤地对全区干部职工进行分批岗位培训和学历达标教育，参加岗位培训的干部有10987人次，职工有14514人次[①]，完成了45岁以下干部的中专、高中学历达标教育。通过教育培训，干部职工的工作生产知识和技能得到了提高，职工文化结构有较大的改变。全区大专学历以上人数比例从1986年前的3.9%提高到1990年的4.97%（其中干部大专学历从14.4%提高到16.3%）。1990年统计，全区企业有1495人获得专业技术职称，比1987年的200人增加了647.5%。[②]

通过改革教育管理体制，扩大学校的自主权，调整教育结构，加强基础教育，发展职业教育，越秀区教育事业取得了长足的发展，不断适应经济和社会发展的多方面需要。

三、文化体育事业健康发展

1986年，市人大常委会审议通过了市政府制定的《广州文化发展战略纲要》，提出到20世纪末广州文化发展的指导思想：促进社会主义物质文明和精神文明建设，健全社会主义民主与法制服务，培

① 广州市越秀区教育局：《越秀区教育志》，1991年，第11页。

② 广州市越秀区教育局：《越秀区教育志》，1991年，第11页。

养有理想、有道德、有文化、有纪律的社会主义新人；初步建立起与社会主义现代化进程相一致，与发展社会主义商品经济和对外开放相适应，与经济体制和政治体制改革相协调，促进人的全面发展，具有中国特色和地方风格的广州新文化。越秀区积极贯彻落实《广州文化发展战略纲要》，以改革为动力，以人民群众日益增长的文化体育需求为导向，保护和发掘本地历史文化资源，推动群众性的文化、体育事业的发展，建设文化繁荣的越秀。

区委、区政府花大力气改革文化体制，繁荣社会文艺，使群众文艺创作和文化活动出现欣欣向荣的局面。1989年，区文化局与文化馆实行行政与事业分家。区文化馆属事业单位，实行馆长责任制。12月，区文化馆迁入新建成的越秀文化科技大楼，共有场地1500平方米，设有办公室、会议室、音乐室、戏曲室、舞蹈室、美术室、书画室、摄影室、综合性舞厅等。区文化馆主要负责全区性大型群众文化专题活动组织策划和对全区19个街道的文化站进行业务指导工作。区文化馆主动与街文化站携手协作为繁荣文艺创作、活跃群众文化服务。编印《越秀文艺》《文化室》《越秀宣传演唱材料》《越秀文化》《越秀美术》等书籍、专集、简讯、宣传资料，组织文艺演出及书画、摄影、板报展览和文体比赛，开办各类文艺培训班等。区文化馆还组建了知音乐社、民族轻音乐队、舞蹈队等8支业余文艺团体和书画、文学、摄影等8个协会，把1000多名文艺爱好者组织起来，进行辅导、排练、创作、演出。在文学创作方面，区文联和区文化馆编印了《越秀文学作品选》《越秀诗词联选》《越秀新故事选》《新诗选》等。在艺术作品方面，全区业余作者创作了包括电视剧、话剧小品、曲艺、音乐、舞蹈等作品97个，美术和摄影作品955幅。全区群众文化活动呈现形式多样、丰富多彩良好局面，1989年的“羊城之夏”活动，共举行了447项活动，吸引了群众48万多人次参加。同时举行了全区性的“越秀区庆祝建国40周年书画摄影作品展览”“越秀区家庭小品剧比赛”“爱我中华、爱我广州、爱我越秀”演讲比赛、“民间曲艺大会串”等大型文艺活动。1989年国庆期间，举办了“越秀区庆祝中华人民共和国成立40周年文艺活动周”，接待观众8万多人次。

越秀区切实把群众性体育纳入社会事业，统筹安排，以不同的形式广泛开展全民体育运动。1987年，第六届全国运动会前夕，组织全区性的“迎全运火炬接力跑”，参加人数多达1.5万人。1988年，组织“越秀地区龙年迎春长跑活动”。1990年，结合迎接第十一届亚洲运动会在北京举行，组织迎亚运长跑系列活动，如小学生迎亚运环湖跑、“三八”妇女迎亚运环山跑、“五四”青年迎亚运越野跑、环卫工人迎亚运募捐长跑、白衣战士迎亚运长跑等，策划“亚运之光火炬传越秀”接力跑活动。组织“体育集市”“体育花会”等，把竞赛活动引入家庭，在全区开展家庭体育大赛活动。在开展群众性的体育活动中，注意针对区域性人群特点，推广不同层次、不同类型群众喜欢的体育活动。如区体委专门在街道举办老年人健身操培训班，每年组织一次比赛，使之越来越成为老年人积极参加的体育活动。为了方便老年人进行文娱体育活动，区内不少公共场所都为老年人开设文娱体育场地，区政府在人民公园为老年人建造了“寿星乐园”，设有舞厅、健身房、棋艺活动等场所。区还先后举办三届伤残人运动会。

1987年9月，越秀区少年儿童体育实验小学开办。这是全市第一所半训半读形式的全日制小学体校，多年来，先后向国家、省、市中心体校和体工队输送了大批优秀苗子，为区争光。

改革开放以来，区组团参加历届市运动会比赛和选派运动员参加省运动会、全国运动会和国际比赛，都取得较好的成绩。据1990年统计，全区有16万多人经常参加体育锻炼，占全区人口的37.6%。1985年、1986年、1988年、1989年，越秀区多次被市体委评为群众体育工作先进单位，其中1989年获一等奖；1987年被市评为“人人锻炼迎全运”活动先进区；1987—1989年，连续三年被评为市体育达标先进区；1986年被评为省达标先进区；1986年、1988年被省、市评为长跑先进区；1986年被省体委授予“游泳之乡”称号。

四、深化卫生体制改革和推行计划生育政策

越秀区一直是广州市医疗卫生资源比较集中的城区。20世纪80年代，越秀区有越秀区第一人民医院、越秀区第二人民医院、越秀区正骨医院等23家区属医疗卫生单位，有中国人民解放军广州军区总医院、中山医科大学附属孙逸仙纪念医院（中山医科大学第二附属医院）、广东省人民医院门诊部、广东省中医院、广州市第一人民医院、广州医学院附属第一医院等综合性医院，有广州市儿童医院、广州市妇幼保健院等专科医院。它们都具有设备先进、科室齐全、规模大、专家多的特点。

在改革开放全面深入的时期，越秀区深入推进卫生体制改革，对全区23家医疗卫生单位全面实行了院长负责制，切实加强了医院内部管理，提高了基层医疗卫生水平，收到良好效果。区第一人民医院，80年代经过扩建，医疗业务用房达8000平方米，设有内、外、妇、儿、中医等临床科室23个，留医病床204张。有高、中级技术人员56人，占全院卫技人员的21%。区第一人民医院通过市一级甲等医院的评审，并获最高分。区儿童医院设有中西医儿科、五官科、口腔科、小儿保健科、消化系统专科、佝偻病专科及小儿精神咨询等科室，是市属区仅有的一所具备危急重症抢救和疑难病诊断的区级儿科医院。区正骨医院以中医传统方法治疗为主，配合西医现代科技诊断治疗，医疗设备先后配备齐全，有病床200多张，是一家颇具规模的中医骨科医院。区第一人民医院和区妇幼保健院分别通过省、市爱婴医院评审。

1989年3月8—13日，联合国儿童基金会、世界卫生组织、卫生部和省、市卫生防疫部门共25人联合组成的审评调查小组，对越秀区进行“计划免疫”抽样调查和全面评审，经审评调查小组评审，认为越秀区“计划免疫”工作处于先进水平，其中“带冰接种盒”

的创新使用走在世界前列。这次“计划免疫”工作的审评调查是新中国成立以来的第一次。

越秀区通过推进卫生体制改革，加大医疗卫生经费投入，有计划、有步骤地对医务人员进行培训，发展多形式办医和开展专科诊治，增强各类医疗单位防病治病能力，积极开拓联合办医的新路子，努力提高全区人民的健康水平。

1984年以后，越秀区计划生育办公室改为区政府直属机构，设置秘书行政科、业务科和生育宣传技术指导站等机构。各街道办事处逐步设置了专职、兼职干部，各局、公司也指定干部专管、兼管计划生育工作。1989年8月23日，区编委发出文件，同意成立各街道计划生育工作小组。1991年8月6日，按区编办通知，全区19条行政街均成立了计划生育办公室，配备计生专职干部，负责计划生育工作。

20世纪80年代，政府明确地将控制人口数量、提高人口素质作为基本人口政策。党的十二大将实行计划生育提高到基本国策的高度。区、街积极宣传计划生育是一项基本国策和控制人口过快增长的意义，大力宣传优生优育，对只生一个孩子的给予各种优惠和奖励。90年代，计划生育和优生优育宣传工作更加深入扎实。19个街道都成立了婚育学校，连区的婚育学校共20所。婚育学校运用电视、录像、面授等形式，把婚育知识传授给新婚学员，向学员提供避孕药具、优生优育资料，接受学员有关生育、避孕、育婴等优生优育知识的咨询。

1990年，区委、区政府认真贯彻省、市计生工作会议精神，要求各级干部抓紧做好计划生育工作，把计划生育纳入科学管理的轨道，建立了以百分评比考核奖惩法，落实各级领导和专职人员搞好计划生育、控制人口过快增长、完成人口指标的责任。同年，区政府开始实行与各街道办事处签约，街道办事处与居民委员会签约，层层落实计划生育责任制。同时，全区开展了大规模计划生育和优生优育宣传活动，区领导和机关干部分别到街道、居民家中进行计划生育“五访五问”[①]活动。1991年，区委、区政府下发《越秀区关于加强计划生育工作齐抓共管的决定》，开创了计划生育同台大合唱的先河，使计划生育工作得到制度化、规范化管理，逐步纳入了法治的轨道。3月16日，召开越秀区计划生育工作会议，区长朱振中与各街道办事处主任签订了1991年人口目标责任书。全年，区政府及各街道就与区辖内138个省、市单位签订了人口管理责任书，并逐年扩大了签订人口指标责任书的单位。至1992年，区政府已经与全区直属单位签订计划生育工作责任书；各街道办事处也与辖内机团单位签订人口目标管理责任书。经过多年的计划生育宣传教育和技术咨询服务工作，越秀区的人口再生产由过去的盲目生育，进入到有计划生育，人口过快增长得到控制。

五、加强城市基础建设，搞好社会福利

改革开放以来，越秀区以建新村、改旧城为宗旨，发展房地产业为突破口，通过内建和引进外资相结合，大力发展全区房地产业，使住宅建设由零星建设进入成片开发的新阶段。1986年，为落实市政府《关于解决广州市人均两平方米以下的特殊困难户住房问题的方案》，越秀区成立了解决特殊困难户住房办公室，把解决住房难问题作为为群众办实事的具体措施和行动。

越秀区对住房极端困难户，按职工所在单位归口安排的政策，属区街干部职工、无业居民共696户、3596人，由区负责安排解决。至1990年上半年，全区解决了475户、共2400人人均居住面积2平方米以下的困难户的住房问题，另有221户基本落实了房源；修缮了

① “五访五问”：“五访”，访只有一个孩子的家庭、访计划生育受术者、访因不实行计划生育政策被罚户、访新婚夫妇、访计划生育工作模范人物积极分子；“五问”，问寒、问暖、问母女（子）健康、问家庭困难、问对计划生育工作的意见。

891幢危房；在东风小区兴建了3幢回迁楼，有200户居民回迁。在此期间，越秀区在旧城区改造中尝试了实行有偿使用国有土地的改革，如公开招标的“东风小区”改造工程，按规划拆除面积12.5万平方米，可新建房屋40.6万平方米，从而有效地改善了区的用房条件，缓解了住房困难问题，收到了较好的社会效益和经济效益。

1986年，越秀区环卫局组建了市容卫生监察队，对卫生违章单位、个人实行监督处罚。同年，区环卫局成立了“门前三包”[①]办公室（对内称市容科），进一步实施《广州市“门前三包”责任制管理办法》，加强环境卫生管理。1987年起，建立区内门前三包检查评比制度，逐步形成区、街管理网络和制度化。区内一、二、三级马路路面的6800多个单位签订了“门前三包责任书”，约占总数的92.22%。区强化了城市管理专责机构和专职队伍建设，1987年8月，越秀区城市管理委员会和越秀区城管监察中队成立，各街道城市管理委员会同时成立，区街两级的城市管理协同运作，职责分工进一步理顺和强化。1988年，越秀区“门前三包”办公室配合区城市管理委员会、各街道城管科，齐抓共管，加强该项工作领导，并成立执勤队伍，检查落实。每季度由区城市管理委员会牵头，区门前三包办公室会同区商委、工商、公安等部门，组成联合小组进行检查，检查情况与结果以简报的形式在区内公布。1990年9月19日，越秀区余泥渣土排放管理所成立，依据《广州市余泥渣土排放管理暂行办法》，对区内工地、单位、个人的余泥渣土强化管理和监督。

随着城区人民生活水平日益提高，越秀区日益重视城区环境保护和污染整治。1985年1月，区政府作出了调整区街工业发展方向、合理布局、严格控制新污染源、坚决制止污染转嫁他人、加强对区街企业的环保管理等五项加强环境管理的决策。1986年6月6日，广州市召开“世界环境日”大会，全市有31个街荣获“无黑烟街道”称号。其中，越秀区的北京街、解放中街、大南街、泰康街、诗书街、

---

① “门前三包”：包卫生、包秩序、包绿化。

光塔街、六榕街、大新街、解放北街、越华街、广卫街、流花街等12个街榜上有名。越秀区在全市率先建成“无黑烟区”。1989年底，通过市、区有关部门检查验收，全区19个行政街均达到低噪声安静区标准，越秀区在全市率先建成“低噪声安静区”。

1981年3月9日，广东省委书记兼广州市委第一书记、广州市市长梁灵光在省人民政府礼堂召开的广州地区卫生绿化动员大会上，代表省委、市委宣布，让广州市成为名副其实的花城，并提出了城市立体绿化的要求。其后数年间，越秀区把公园绿化作为点，把马路绿化作为线，把街巷、单位庭园、居民区、天台、阳台的绿化作为面，广泛发动群众，齐抓共管，城区园林绿化有了飞跃的发展。区内原有的园林得到了维修和充实，新植了大量花草树木，新建了草暖公园、芳华园、勐园、雅园等园林公园，为群众提供观赏、憩息、游乐等功能更加完备的休闲娱乐场地。1989年6月29日，越秀区绿化工作会议召开，贯彻实施区人大常委会通过的区政府关于《奋战三年，提前实现越秀区基本绿化实施方案》，区领导分别与19条街和区教育局、区环卫局、区卫生局、越秀工业公司等单位签订绿化目标责任书。1991年底，越秀区对23个绿化签状单位进行验收。1989—1991年，全区绿化共投入资金270万元，种植乔木1204株、灌木77652株、藤木3615株、草坪1320平方米，绿化率达95%。全区有31个单位获“花园式单位”，42个单位成为“绿化达标单位”，居民阳台基本实现了绿化。①

区委、区政府坚持全心全意为人民服务的宗旨，在发展经济、提高职工工资收入的同时，加大社会福利力度，对社会优抚对象和孤寡老人、残疾人员的待遇和救济标准也作了相应的提高，从1985年开始，社会困难户的定期救济标准每人每月130元，除了区政府按救济标准发放外，各街道还在街道和居委会收入中付给一定的补贴作为救济资金。并发动社会关心生活困难群众，个体户为他们捐资

① 广州市委办：《每天快报》第32期，1992年2月11日。

献物，居委会与当地机团单位有组织地定人定期定项目帮助他们解决日常生活中的困难。

1989年8月，成立越秀区残疾人联合会，由区民政局代管，与区民政局社会福利科合署。12月，区残联召开第一次代表大会，选举产生区残联第一届主席团委员和执行理事会理事长。1990年12月开始，越秀区认真贯彻执行《中华人民共和国残疾人保障法》，区残联按照国家规定的每年5月第三个星期日为“全国助残日”，开展有关活动，组织区属单位、社会团体，举行讲座、法律咨询、服务集市等系列助残活动。区、街重视对残疾人的安置工作，街道普遍设立了福利企业，成立了残疾人联合会和弱能人辅导中心、工疗站，对有工作劳动能力的都尽量安排其力所能及的工作；对没有劳动能力的也挂靠在福利企业，每月给予一定的生活费。1989年，全区有福利企业65家，安置残疾人343人，领有个体工商营业执照的残疾人122名。当年全区各街道统计四类残疾人（除精神病人）就业，有劳动能力的1329人，安排就业1126人，达84.7%。对智障人士，由辅导中心帮助他们治疗康复、教育康复、心理康复和职业康复。每逢民间节日都上门慰问，了解他们的生活，听取他们的需求，还组织他们游览观光、团年餐等。如广卫街经过了多年的努力，逐步形成了社区服务网络，13个社区服务机构向居民提供28项服务，21个各类服务点档为居民提供有偿或无偿服务，解决居民日常生活难题。[①] 随着经济社会的不断发展，越秀区社会基本公共服务也逐步得到发展和完善。

---

①《广卫街社区服务形成系列化》，《广州日报》1991年2月17日。

第　八　节
在社会主义初级阶段党的基本路线指导下加强党的建设

在贯彻落实社会主义初级阶段党的基本路线过程中，越秀区委不断加强党的建设，坚持和改善党的领导，坚持“一个中心，两个基本点”，针对社会上出现对改革开放政策的模糊认识、姓“资”姓“社”的争论，坚定地反对资产阶级自由化、平息1989年政治风波、开展城市社会主义思想教育、加强社会主义精神文明建设，带领全区党员干部和职工群众坚定不移走中国特色社会主义道路，经受住1989年政治风波、东欧剧变、苏联解体的历史性考验，以实际行动和成效回应解决了困扰改革开放的诸多难题，迅速扭转了经济增长放缓的局面，保证了越秀区国民经济和社会发展第六、第七个五年计划的完成。

一、开展形势教育，筑牢党员思想防线

1986年9月，在党的十二届六中全会上，邓小平指出：“搞自由化就是要把我们引导到资本主义道路上去，所以我们用反对资产阶级自由化这个提法。”1987年1月28日，中共中央《关于当前反对资产阶级自由化若干问题的通知》指出，搞资产阶级自由化否定社会

主义制度、主张资本主义制度，核心是否定共产党的领导。反对资产阶级自由化的斗争关系到党和国家的命运，关系到社会主义事业的前途。进行这场斗争也是对广大党员进行一次坚持四项基本原则，全面、正确地理解和贯彻执行党的十一届三中全会以来的路线、方针、政策的教育。2月24日，广东省委发出《关于在广大党员、干部中开展坚持四项基本原则教育的通知》，要求各级党组织把这项工作作为今年的一件大事认真抓好。根据中央、省委、市委的有关部署，区委召开常委会会议研究贯彻落实，专门作出了关于组织全区党员干部认真学习中共中央文件，深入开展反对资产阶级自由化斗争的工作意见。2月，区委召开全区领导干部会议，传达了全国省长会议精神，部署了全区开展反对资产阶级自由化斗争的工作。越秀区委在全区范围内反复开展了坚持党的基本路线、坚持四项基本原则、反对资产阶级自由化的教育，通过系统的深入学习，全区党员干部加深了对四项基本原则是立国之本、改革开放是强国之路这个真理的认识，认清资产阶级自由化的表现和危害。

1989年的政治风波平息以后，结合近年来资产阶级自由化思潮泛滥造成的恶果，留给越秀区党员干部和职工群众很多的反思，特别是有些模糊认识需要澄清。1990年下半年，区委在全区干部职工中开展了基本国情、党的基本路线教育活动（简称“双基”教育）。全区深入宣传贯彻党的十三大确定的“以经济建设为中心，坚持四项基本原则，坚持改革开放”的基本路线，特别是党的十三届四中全会以后，全区各级党组织紧密联系职工群众的思想实际，以“四热爱”[①]为主要内容，宣讲党的十三届五中全会确定的“长期、稳定、发展经济工作”方针，广泛开展了基本国情与基本路线的教育。区委针对全区实际，重点在企事业单位的党员干部和职工中开展集爱国主义、基本国情和党的基本路线等内容于一体的综合性思想政治教育。深入学习理解马克思主义基本原理和党的基本路线，深刻认

①“四热爱”：热爱祖国、热爱共产党、热爱社会主义、热爱本职工作。

识我国基本国情和党的社会主义初级阶段基本原理和基本路线，坚持四项基本原则，深化改革开放和经济治理整顿，建设社会主义民主法制等方面知识。通过教育进一步激发了党员干部职工的政治热情，促进了生产工作的开展和安定团结大好局面的形成，推动了治理整顿和各项改革的深化。

东欧剧变、苏联解体以后，越秀区委、区政府十分关注国际形势的变化，及时引导党员干部提高认识，认清形势，统一思想。1990年1月6日，越秀区委召开传达中央办公厅关于东欧局势问题文件的大会，区委领导向全区副处级以上干部作了国际形势报告。1991年9月，区五套班子领导集中讨论苏联局势，并召开区二级班子领导会议，传达中共中央关于苏联局势的有关文件精神。10月，区委发出《关于开展形势教育的通知》，在全区开展形势教育。形势教育的主要内容是：坚持四项基本原则，反对资产阶级自由化，反对“和平演变”和进行爱国主义、集体主义、社会主义教育。教育活动时间为期2个多月，分为宣讲学习讨论、制订措施和总结3个阶段，按照领导干部、骨干、党员和群众4个层次分别进行。通过形势教育，全区党员干部和广大职工重点解决了3个认识问题：一是认识到苏联的危机不是社会主义制度和马克思主义本身带来的，而是其背离马克思主义基本原理和放弃社会主义道路的结果。二是认识到我国确实存在“和平演变”的现实威胁。三是认识到建设有中国特色的社会主义伟大事业一定能够成功。与此同时，越秀区委组织了广大干部群众学习党的十三届七中全会文件精神，结合苏联解体和东欧剧变的事实与教训，学习《马克思哲学基本观点和方法》和社会主义理论，广泛深入地开展坚持四项基本原则、反对资产阶级自由化、反“和平演变”的形势教育。

1991年8月，市委召开了广州市农村社会主义思想教育工作会议，传达贯彻全省农村工作会议精神，介绍农村社教试点工作经验，部署全市第一批社会主义思想教育工作。越秀区委结合国际形势、国情和中心城区实际进行贯彻落实，有的放矢地进行宣传教育活动。

区属单位以建设有中国特色社会主义理论和思想为指导，以“一个中心，两个基本点”的基本路线为内容，结合形势教育，对党员干部职工进行社会主义基本理论的系统轮训，同时开展具体生动的系列活动，如“十一届三中全会路线好”大家谈、“千家齐齐话（改革开放）新事”等，引导党员干部职工正确认识国情，实事求是地看待社会主义的优越性，使“改革开放好，党的路线好，社会主义好，党的领导好”成为人们的共识。同时，区委还组织党员干部职工学习《邓小平文选》，坚持四项基本原则，对干部和群众进行社会主义、爱国主义为内容的教育活动。

越秀区委通过开展深入细致的形势教育和思想教育，确保全区各级党组织和党员干部经受住1989年政治风波和1991年国际局势剧变的考验，特别是在1989年的政治风波中，越秀区委及全区各级党组织、党员干部严守政治纪律，政治立场坚定，旗帜鲜明地反对动乱，通过采取一系列坚决审慎的措施，坚持生产和工作，稳定了全区大局，为广州地区制止动乱做出了应有贡献。实践证明，越秀区各级党组织以及广大党员和干部、群众是经得起严峻政治考验的。

二、开展全面整党，纯洁党的队伍

1983年10月11日，党的十二届二中全会召开，全会通过《中共中央关于整党的决定》，决定从1983年下半年开始对党的作风和组织进行全面整顿。根据中央、省委、市委的具体部署，自1985年3月—1986年12月，越秀区分三批开展了整党和党员重新登记。这次整党在学习贯彻《中共中央关于经济体制改革的决定》，进一步搞好改革开放的新形势下进行，中心内容是端正工作的指导思想，彻底否定“文化大革命”，使党员在思想上、政治上同党中央保持高度一致。

按照市委的工作安排，每批整党分为学习动员、对照检查和问题整改三个阶段。1985年3月，根据《中共中央关于整党的决定》，越秀区成立整风办公室，区委副书记林孟宽任主任。区委召开第一批整党单位整党工作会议，31个单位的党组织负责人和整党办工作人员共80人参加了会议，参会人员认真学习了整党工作的有关文件，会议印发了《整党准备工作调查提纲》。3月13日，区委召开整党工作动员大会，区第一批整党单位全体党员以及全区各街、局、公司的党政主要负责人近800人参加了会议。为保证工作质量，区委派出联络员小组到各整党单位，及时掌握整党情况。6月起，区政协每月召开“清茶一杯座谈会”，听取政协委员和各界人士对中共整党的意见，并把意见综合整理，送区委和区政府有关部门及时处理。10月4日，区委召开第二批整党单位动员大会。参加这批整党的单位有43个，党员人数1583人。在整党中，对犯有各种错误的党员作了处理，其中，暂缓登记3名，劝退出党7名，开除党籍5名，通过处理不合格党员，纯洁了党的队伍。这次整党工作到1987年5月基本结束。

1989年9月，中央作出关于对发生动乱的部分地区和单位进行党员重新登记的指示，市委发出《关于在部分单位进行党员重新登记工作的意见》，通过清查、清理和重新登记，坚决清除党内的敌对分子、反党分子，清除政治隐患；清除党内的腐败分子，妥善处置不合格党员，保持党的纯洁性和先进性，增强党的战斗力。根据中央、省、市的工作部署，1990年2月22日，越秀区委召开部分单位党员重新登记工作会议。会议明确对这项工作的范围、时间、内容和要求作了部署，要求在全区搞好清查清理工作的基础上，在区委、人大、政府、政协、纪委机关，各局、党校、检察院和法院机关等进行党员重新登记工作。

通过整党和党员重新登记工作，增强了广大党员干部对党的十一届三中全会以来路线方针政策理解和贯彻落实的自觉性，党的民主生活制度和党内各项制度得到进一步建立和健全，党员素质和各级党组织的战斗力得到进一步提高，促进了党风的进一步好转。

三、加强党内制度化管理和基层党组织建设

1987年6月，区委办公室印发《中共五届越秀区委常委任期目标》，要求区委委员、各党委、全区党员干部对区委常委任期目标责任制的实施情况进行评议和监督。1988年11月29日，区委印发《中共越秀区委常务委员工作和会议的若干规则》，要求各党委（党组）及区直各单位结合实际，相应建立和完善有关议事规则、表决及生活会制度，进一步加强监督和制约。

1989年政治风波之后，区委吸取了淡化党的领导，忽视党的建设的深刻教训，认真贯彻党的十三届四中全会和市委三级书记会议精神，切实加强党的建设。1989年8月14日，区委五届六次全会召开。会议的主题是：坚持贯彻党的十三届四中全会精神，着重研究各级党组织抓党建工作的问题。区委代理书记、区长陈矢云代表区委常委会作了《党组织要聚精会神地抓党的建设，切实增强党的凝聚力、吸引力、战斗力》的报告。会后，区委及时制定和印发《关于建立区委和基层党委抓党的建设工作责任制的决定》《关于加强我区各级领导班子建设的意见》《关于建立和健全党员干部培训制度的若干规定》3个文件。8月下旬，区委常委吴必达、朱振中等区领导带领有关人员分头深入12个基层党委召开党委书记座谈会，检查指导基层党建工作。全区各级党组织认真贯彻执行党的十三届四中全会精神，形成了聚精会神抓党建工作，健全基层党建管理的制度化的大气候。

越秀区注重从机构上调整完善，力量上充实，加强党建工作。1989年，区委对基层党组织的机构和党务干部的配备进行深入调查，针对基层党组织力量较薄弱，党务干部兼职多的情况，相应理顺了基层党委的机构设置，街道设立了党委办公室。1989年下半年，区委贯彻落实广州市委关于市、区、县党委建立党委抓党建工作责任制的要求和市委发出的《关于加强各级领导班子建设的意见》文件

的精神，建立健全6项工作制度：党委成员抓党建工作责任制、定期讨论和研究党建工作的例会制度、党建工作调查研究制度、党建工作分工联系制度、党建工作定期检查制度、党委书记定期汇报党建工作制度，并提出了具体工作考核标准。9月，贯彻落实市委发出的《关于贯彻执行〈中共中央关于加强党的建设的意见〉的通知》，区委制定了《越秀区党建工作责任制实施细则》，明确工作目标、责任要求。自1990年起，在街、局党委进一步落实了组织委员、宣传委员等专职党委委员的配备，增设了党委办公室，充实加强了党务机构的力量；增设了纪委，配备纪委书记、专职副书记。1990年7月，根据省、市机构编制委员会有关文件精神，成立中共越秀区委党史领导小组和越秀区委党史研究室，负责收集党史资料和史料研究工作，发挥"存史、资政、育人"的作用。

全区各级党组织在加强党的建设方面做了大量卓有成效的工作和探索创新。五届区委工作的三年期间，全区发展了新党员554名。1985年底，全区已经建立党组5个、党委27个、党总支部6个、党支部641个，党员7052人。区委切实加强基层党组织建设，针对不同特点充分发挥各级党组织的战斗堡垒作用和全体党员的先锋模范作用，基层党组织得到发展壮大。1985—1987年，全区发展党员826名，新党员质量进一步提高。至1991年底，全区有党委35个、党总支部6个、区直支部3个、基层党支部719个，党员8182人。

1985年以后，随着经济体制改革的不断深入发展，全区企业逐步全面推行厂长（经理）负责制。各基层党组织围绕企业党组织设置、如何发挥政治核心作用、保证监督作用等问题进行了积极探索。一是配合全区国营商业经济体制改革，在对商业系统党组织进行调查研究的基础上，结合商业机构的实际，制定了《我区国营商业体制改革后党支部设置和作用的意见》，指导商业系统的党组织在新的形势下，开展党的组织建设工作。二是探索基层单位党政分开的路子。1988年，区委根据党政职能分开的原则，对10个基层党委属下的71个党支部的党政职能分开、党支部设置等一系列问题进行调查和调整。经过试点实践，逐步实行企事业单位党政分开的新的领导体制。在党组织的组织形式和工作机构设置方面，坚持生产力标准，从实际出发，允许多种形式，不搞“一刀切”，探索了一条比较适应城区企事业单位特点实行党政分开的路子。工业系统以越秀制药厂为重点，摸索出党支部发挥保证监督作用的路子，制定党支部的工作细则。明确了企业党支部除积极支持厂长行使统一指挥生产经营职权外，要保证党和国家各项方针政策的贯彻执行；加强企业党的思想建设和组织建设，加强对企业工会、共青团组织的领导；做好企业职工的思想、政治教育工作。三是探索在外资企业开展党建工作。1991年1月30日，区委召开越秀区外商投资企业党建工作经验交流会，传达了省、市外商投资企业党建工作经验交流会精神，区委副书记吴必达作了《提高认识，积极探索，努力把我区外商投资企业工作提高到新的水平》的报告，区饮食公司党委等4个单位介绍经验。4月，区党建工作会议召开，审议通过《越秀区党建工作五年规划》，重点提出做好区内外商投资企业党建工作的意见，强调在新的经济组织，主要是“三资”企业和私营企业中做好发展党员工作。

从1989年开始，越秀区实行民主评议党员工作。3月13日，区委召开民主评议党员工作动员大会，并举办了第一期骨干培训班，各基层党委书记、副书记、党支部书记参加会议。评议工作分区级领导班子、基层领导班子和全体党员三个层次进行，通过民主评议，全区党员受到一次从严治党和党员标准教育。全区共评出先进党支部38个，优秀党员88名，优秀党务工作者35名；处置了不合格党员105名（其中除名、开除、取消预备期的19人，同意退党的53人，限期改正的27人，留党察看的2人），占全区党员总数的1.2%。

1991年2月25日，区委批转区委组织部《关于在我区基层党组织中实行党支部、党员目标管理的意见》（简称“双目标管理”）。其中党支部管理目标的内容包括支部班子建设、思想建设、政治建设、组织建设、作风建设、制度建设、两个文明建设等7个方面，要求各级党组织要根据自己的实际情况开展此项工作，并不断探索，总结经验。至6月底，有332个支部、1394名党员实行了党支部目标管理。

区委还通过“三抓”[1]完善党建工作责任制。[2]为加强党的建设，充分发挥基层党组织的战斗堡垒作用和党员的先锋模范作用，区委根据《越秀区经济和社会发展第七个五年计划》的指导思想，发挥基层党组织的政治核心和组织保障功能，制定了《越秀区党建工作五年规划》，在1991年4月召开的区党建工作会议上审议通过。党支部、党员目标管理工作对于基层创先进党组织、争当优秀党员的活动，以及基层党组织党务规范化起到了很好的促进作用。6月27日，区委召开越秀区庆祝中国共产党成立70周年暨表彰先进党组织、优秀党员、优秀党务工作者大会，表彰了41个先进党组织、94名优秀党员、36名优秀党务工作者。

四、改革干部管理体制

在改革开放全面展开的历史时期中，越秀区委积极开展干部人事制度和机构改革的探索，破除领导干部终身制，试行领导干部职务任期制，对干部进行分级管理，在机关和事业单位中进一步建立和完善岗位责任制。

1985年，区委按照干部管理体制改革的精神，贯彻“管少、管好、管活”的原则，对干部实行分级管理。部、委、办副职以上，公、检、法副职以上，各局、街道、公司的党政正职，工、青、妇、区直单位正职，以及相当职务的干部，由区委直接管理，其职务任免和政治级别的确定，由区委审批；各局、街道、公司的党政副职，工、青、妇、区直单位副职，以及相当职务的干部，区委委托区委组织部管理，其职务的任免和政治级别的确定，区委授权区委组织部审批，报区委备案；党群系统（含人大、政协、检、法）中层科室的正、副职，

---

① “三抓”：抓各项制度衔接配套，抓规范管理，抓目标量化。

② 广州市委办：《每天快报》第55期，1991年3月9日。

以及相当职务的干部，由区委组织部管理，其职务任免和政治级别的确定，由区委组织部审批；政府委、办（含不设党委的局、公司）中层科室的正、副职，以及相当职务的干部，由区政府党组委托区人事局管理；各局、街道、公司的中层科、室的正、副职，以及相当职务的干部，由所在党委管理；有技术职称的知识分子、技术干部，由区人事局管理。

五届区委工作的三年期间，按照“四化”的方针和德才兼备的原则，调整充实了二级班子，提拔了134名政治素质好、年富力强的干部担任领导职务。1987年8月13日，为适应干部人事制度改革的需要，越秀区首次实行公开招考、择优录聘干部。由区人事局对报考的564人组织复习、考试，根据考试成绩与平时表现情况择优录聘。1988年3月，区委批转区委组织部《关于民主评议、民意测验和民主推荐领导干部的意见》，对领导干部进行民主评议、民意测验。1989年，根据适当调整干部管理范围和原则上“下管一级”的精神，调整区委管理和推荐干部的范围，基层党委管理干部的范围，进一步下放管理权限。

1982年11月，区委老干部科成立，隶属区委组织部。1987年4月，改为区委老干部局，直属区委领导，隶属区委组织部管理。区委老干部局负责对新中国成立前参加中国共产党所领导的革命战争、脱产享受供给制待遇的和从事地下革命工作、达到离职休养年龄的老干部的管理工作。1994年底，全区有离休干部257人，其中享受局级以上待遇的19人，享受处级待遇的135人。

区委老干部局成立以来，切实在思想上、政治上、生活上关心离休老干部，积极组织开展多项活动，为离休老干部在“老有所为、老有所学、老有所乐、老有所养、老有所医”等方面做了大量工作。

政治上，每年以区委、区政府的名义召开一次颁发荣誉证大会，由区领导授予当年办理离休手续的老同志“老干部离休荣誉证”，并赠送纪念品。区内一些重要的会议精神传达和重大节日纪念活动，均按规定范围通知他们参加，一些重大的会议邀请老同志出席。区召开党代会、人代会和党内评选先进党组织和优秀党员，区委明确规定按一定比例推选离休干部参加。

生活上，区委按照中央文件规定，每年每人拨给一定特需经费，解决离休干部的特殊困难，短期保健疗养补贴，给老同志订阅老年刊物，提供必要的活动开支与参观工农业生产建设项目经费、交通费。根据市委、市政府文件精神，解决老干部离休后住房困难，按级别、参加工作年限等发给补贴和享受待遇。每年元旦、春节、敬老节，区委、区政府领导分别上门慰问，把党的温暖送到老同志家中。对长期患病或住院的老同志给予健康慰问及补助。设立老干部活动场所，组织形式多样的活动，使他们晚年生活丰富多彩。有计划地分批组织老同志到省内外参观旅游学习，开展文娱体育活动及观赏书画、盆景展览等，让老同志陶冶性情，增长知识，安度好晚年。

五、加强党风廉政建设

1985—1986年，区纪委结合整党工作，以培训班、辅导课和听英模报告等形式，对党员进行党性和党纪教育。1987年，配合组织、宣传部门教育党员坚持四项基本原则，反对资产阶级自由化，自觉维护党的政治纪律。党的十三大以后，党纪教育工作更是作为一项经常性工作深入开展。1988年初，在党员中开展了“共产党员必须经得起执政和改革开放两个考验”的专题讨论，要求党员干部自觉过好“五关”①。在这次专题讨论中，各单位联系实际，开展了“三查三看”②活动。9月，广州市委发出《关于在全市党政机关中认真开展

①“五关”：权力关、廉洁关、子女亲属关、改革关、对外开放关。

②“三查三看”：查党性，看抗腐防变能力强不强；查党风，看抵制和纠正行业不正之风的自觉性高不高；查党纪，看执行党的路线、方针、政策和各项纪律情况好不好。

保持廉洁遵纪守法教育的通知》。9月12日，区委、区政府召开全区党政领导干部会议，研究和部署全区党政机关开展以廉洁为主要内容的纪律教育工作。区委副书记吴必达作了《公开办事制度，保持公正廉洁》的报告，区委常委、组织部部长梁丽群作了《从严治党，保持廉洁，抓好我区党组织的整顿和建设》的报告。

1989年1月19日，《人民日报》发表《中共中央书记处会议纪要》，强调在繁荣经济的同时要保持廉洁。区委采取多种形式把党纪教育与形势教育、党员标准教育结合起来。在7月开展的首次纪律教育月活动中，组织党员干部、公职人员学习了国务院发布的《国家行政机关工作人员贪污贿赂行政处分暂行规定》，增强了党员干部职工的法规纪律观念。8月12日，区委印发《越秀区五套班子成员保持廉洁的若干规定》，要求各单位参照规定的内容，结合本单位实际，制定相应的规定，监督做好廉政工作。9月15日，区委印发了区委五届六次全会通过的《越秀区领导机关和工作人员保持廉洁的若干规定》。在加强机关工作人员廉政纪律教育的同时，区委及时把廉洁工作推向企业。11月13日，区委、区政府召开企业廉洁制度建设试点工作会议，区委副书记朱振中对开展试点工作提出了意见。试点单位区百货公司介绍了企业廉政制度建设的做法。

1990年10月24日，区委、区政府召开廉政建设工作会议。区委书记林孟宽就今后廉政建设工作谈了六点意见：一是认真学习领会市廉政建设工作会议精神，进一步提高对廉政建设、纠正行业不正之风重要性的认识；二是深入调查研究，抓准行业不正之风的主要问题进行整改；三是领导干部重新树立模范表率作用；四是进一步推进廉政制度建设；五是抓好队伍建设，提高人的素质；六是继续抓好落实中央有关文件的工作。

1991年5月16日，区委发出《关于抓好领导班子思想作风建设的意见》，要求各级党委、党总支认真贯彻实施。6月10日，广州市委批转市纪委《关于在全市党员中开展党内法规教育的意见的通知》，部署下半年对党员进行反腐倡廉、党纪基础知识和党的基本纪律规范、党的政治纪律、遵纪守法与勤政廉政、社会主义道德、党的外事纪律等6个专题的教育。区委积极贯彻落实这一通知精神，批转了区纪委《关于在全区党员中开展党内法规教育的意见》，要求各单位贯彻执行。

经过党风党纪教育学习，增强了党员的党性观念，提高了党员遵守纪律的自觉性，全区干部职工拒收钱物的风气逐步形成。据不完全统计，这期间共有332名党员干部拒礼拒贿，共计人民币6.5万多元、美元7000元、港元12890元以及进口香烟等物品一大批。

越秀区委、区政府注重加强与基层群众的联系，认真听取意见。1987年3月，区委、区人大、区政府、区政协、区纪委五套班子主要负责人分别到区属街道、厂、社、学校、医院等单位就群众关心的问题同市民对话。基层群众认为，这个做法有利于下情上达，有问有答，彼此沟通。5月19日，区政府印发了区各领导成员1987年度责任目标表，让全区干部、群众进行检查、监督。5月20日，区委办发出区委常委联系点通知，指出为了更好地改进作风和工作方法，区委决定继续建立区委常委联系点制度，联系情况由常委会每半年作一次交流。全区共有28个基层党委安排了区领导联系点。

1990年2月，区委、区政府从机关各部门抽调155名干部组成调查小组，分别由16名区委常委、副区长以上领导干部带队，采取点面结合的办法，到基层调查研究，指导基层抓好经济工作以及征兵、人口普查、人大普选、治安等工作。区委领导进一步加强同人民群众的联系，为基层为群众办实事，身体力行，深入基层开展调查研究，听取基层单位和群众意见，进行具体的工作指导。

区五套班子及其机关共建立基层联系点241个，其中，班子成员的联系点有51个，区二级班子有41个单位共组织173名领导干部和696名机关工作人员下基层。[①]1991年5月9日，区委组织部发出《关于区领导参加基层党委民主生活会的通知》，要求从1991年开始区

---

① 越秀区委办:《情况简报》第4期，1990年2月25日。

委常委和党员副区长按分工联系点参加基层党委领导班子的民主生活会。

1986年，区委部署开展“为基层服务”“为群众着想”活动，当年为群众办成了10件实事。1990年，越秀区把扎实为群众办实事作为加强廉政建设、密切同人民群众联系的重要措施，为群众办了10件实事：一是东风小区改造工程建成商品房6178平方米，回迁房8554平方米，使121户居民回迁并改善了居住环境。二是投资320万元全面整治四方塘和司马涌，拆除一批违章建筑，增加排水设施，并在沿岸种树栽花，美化环境。三是投资79.46万元，完成市政道路工程43096平方米，新建、改建下水道1534米，新砌沙井318个。四是投资490万元，维修直管公房危房160栋、严损房185栋，抢修私房危房245栋，使全区房屋完好率达到53.28%。五是投资54.87万元，修缮教育系统危房校舍27栋、面积6290平方米。六是在棠溪兴建的4000平方米环卫工人宿舍竣工，环卫工人的居住条件得到改善。七是筹集145万元购置了一批比较先进的医疗设备，新开办7个专科专病特色门诊。八是基本完成了全区职工退休金统筹工作，从1991年起可参加市的统筹。九是新建的区图书馆于1990年10月1日前向社会开放，图书馆藏书超过5万册。十是利用人防工程改建的“广州地下城”工程竣工，内设有卡拉OK音乐厅，水、电、电话等基本设备开通使用。

1985年3月21日，区委召开专门会议，传达了中央领导同志关于纠正新的不正之风讲话精神，研究贯彻意见并提出全区纠正新的不正之风，加强党纪党风，促进经济体制改革的五条措施，要求各基层党委认真贯彻会议精神，进一步把党的纪检工作做好，为实现全区党风的根本好转而努力。区委副书记、区长陈矢云就贯彻会议精神作了讲话，强调各级党委必须“有令必行，有禁必止”，做到对新的不正之风既不要惊慌失措，又不能掉以轻心，确保改革初战必胜。

在区委的坚强领导下，全区各职能部门党组织和基层党组织加大力度，重点抓好党的作风建设。一方面抓“两公开、一监督”的廉政制度建设，建立基层党风责任制和党内监督机制、领导任期目标责任制、领导班子成员民主考评、领导下基层联系点等制度。另一方面开展了反腐败斗争，认真查处违纪案件。区委、区纪委贯彻广州市委《关于建立和健全各级领导班子抓党风责任制的决定》，于1985年第四季度组成党风检查团，分别对区属单位进行党风大检查。根据国务院和省市有关开展纠正部门和行业不正之风的指示，区纪检监察机关始终把区公安分局、区工商局、区税务局、区房管局、区教育局、区卫生局等“窗口”单位作为纠风工作的重点，加强检查监督。

自1987年4月—1990年5月，区委认真贯彻中央纪委关于纠正建房分房中的不正之风的指示精神和向全党发出的《公开信》精神。1989年7月，全区开展了对党政领导干部建私房、用公款购买商品房和住房装修情况实行公开监督的工作。1989年第四季度，区委贯彻落实广州市委、市政府局以上领导干部大会精神，切实解决党政领导干部在建私房、用公款高标准装修住房等方面的问题。区委把此项工作作为廉政建设的一项重要内容，下大决心，从全区的实情出发，查处党政干部以权谋私违纪违法的问题。在区六届委员会的三年工作期间，全区共立案查处违纪案件32宗，涉及34人；处分党员28人，其中开除党籍11人。

1987年12月，越秀区监察局成立，后来与区纪委合署办公。1989年，全区行政机关监察网络初步形成，有2个局设立了监察室，38个委、办、局、街道、公司配备了监察员，共有专兼职监察员53人。① 至1989年底，区纪委会和区委组织部按照市纪委、市委组织部的有关文件精神，相继批准各街成立纪律检查委员会，并选举产生了街纪委书记、副书记。1990年5月，区纪委内设的纪律检查科、信访科、案件审理科改为纪律检查室、信访室、案件审理室。为切实纠正部门和行业不正之风，1991年5月，越秀区人民政府纠正行业不

① 广州市委:《每日快报》第115期，1989年5月16日。

正之风办公室（简称纠风办）成立，设在区监察局内。1991年上半年，区属各局、公司党委设立纪律检查委员会。19个街道建立了居民代表会议制度。1991年7月19日，区委成立区廉政工作指导小组，下设办公室。

越秀区委通过加强党员党风党纪教育，推进和完善基层廉政制度建设，开展企业廉洁制度建设试点和探索建立权力制衡机制，建立了一级抓一级和常抓不懈的党风廉政建设工作机制，有效遏制不正之风，推动了党风廉政建设的深入开展。

六、越秀区第六次党代会的召开

1987年越秀区第五次党代会召开以来，全区各级党组织坚决贯彻党的基本路线，坚持以经济为中心，坚持四项基本原则和改革开放方针，加强城市管理，两个文明建设一起抓，有力地促进了全区政治、社会的稳定，经济建设持续发展和其他各项事业的不断进步。为进一步谋划今后一个时期改革开放和经济社会发展的目标，1990年5月14—18日，越秀区第六次党代会召开，出席代表345人、列席人员15人，代表全区8113名党员参加大会。区委书记林孟宽代表区委向大会作了《加强党的领导，发挥政治优势，把我区两个文明建设推上新台阶》的报告。报告对五届区委三年来的工作进行总结回顾。

1989年政治风波之后，区委认真贯彻党的十三届四中全会精神，制定了有关建立各级党建工作责任制、加强各级领导班子建设、建立健全党员干部培训轮训制度等若干意见的决定以及具体措施，全区形成了聚精会神地抓党建工作的气候。区委坚持以经济建设为中心，通过对经济的宏观领导，加速发展外向型经济，推进科技进步，促进了城区综合经济发展。三年来，工业总产值、营业收入、利润平均每年递增12.18%、26.14%、2.46%；商业营业收入、利润平均每年递增25.83%、27.09%；创汇平均每年递增6.45%；基建施工面积78万平方米，竣工面积33万平方米；财政收入平均每年递增18.59%，保持收支平衡。

报告提出今后三年的奋斗目标和主要任务：

一是进一步加强党的领导，充分发挥党的领导作用。加强对党员进行马克思主义基本原理、党的基本路线等方面的教育。按照“学习、团结、廉洁、求实”的要求加强领导班子建设，按照德才兼备和干部“四化”方针培养选拔干部。要加强廉政建设和党风建设，建立健全以民主集中制为基础的党内各项制度，建立民主的、科学的决策和决策执行程序。各级党组织要围绕党建工作责任制建立健全一系列党建工作制度，争取在全区范围内逐步形成一个比较统一、规范的党建工作制度。

二是进一步坚持党的群众路线，密切党同人民群众的联系，在各项工作中不折不扣地坚持贯彻党的群众路线，制定可行的实施细则。要坚持和完善干部下基层和领导干部到基层现场办公等制度，努力为基层、为群众排忧解难。

三是进一步加强对经济工作的领导，促进城区经济工作的开展。确立稳中求活、稳中求进的思路，积极依靠科技进步，大力加强企业管理，发挥优势，走内涵和外向型发展相结合的道路。发展的要求是：经济要保持一定的增长速度，经济效益要不断提高，财政要有所增加，收支平行。

四是进一步完善深化改革，为治理整顿服务。要深化企业经营机制的改革，流通领域的改革主要围绕着治理整顿来进行。加强物价管理，健全市场法制和市场监督体系。深化商业、物业管理体制的改革，进一步深化城管、街道、政法、劳动人事、社会福利保障、教育、卫生等一系列综合体制改革。进一步办好人才、劳务、科技信息和金融市场。

五是进一步加强精神文明建设和思想政治工作。要深入开展形势、坚持四项基本原则、爱国主义、集体主义、社会主义等方面的教育，扎实开展学雷锋、学先进和创建文明单位及各种共建活动，要探索新路子，创造新经验。

六是进一步加强社会主义民主和法制建设，确保政治、经济、社会人心稳定。要改善和加强对人大工作的领导，充分发挥人大在社会政治生活中的作用。进一步加强政协和民主党派工作，完善合作、协商和监督一系列制度和形式。充分发挥群众团体和群众组织的作用。要深化普法教育，从重从快打击各种刑事犯罪活动，坚持惩治经济犯罪行为，继续开展除“七害”的斗争。

大会审议通过了五届区委报告。大会通过民主程序，选举产生了中共越秀区第六届委员会，选出正式委员29名，候补委员4名，区纪委委员14名。5月18日，区委六届一次全会召开，选举区委常委11名，其中林孟宽为区委书记，朱振中、吴必达、向东生为区委副书记。选举区纪委常委5名，其中徐干为区纪委书记。

这次大会不仅对过去三年越秀区发展成就回顾和总结，也对三年来的工作经验进行全面分析，还从实际出发，提出了越秀区今后一个时期经济社会发展新的目标、任务和措施，为越秀区今后经济社会各项事业发展指明了方向。

第三章
深化改革开放与初步建立社会主义市场经济体制

从1992年1月邓小平南方谈话发表到1996年12月，是越秀区进一步扩大改革开放，全面建立社会主义市场经济体制，社会主义现代化建设各项事业有了新发展的阶段。在这一阶段，全区以邓小平南方谈话为动力，以“有利于发展社会主义社会的生产力、有利于增强社会主义国家的综合国力、有利于提高人民的生活水平”为工作标准，全面学习宣传、贯彻落实党的十四大精神，再次掀起了解放思想、改革开放的新高潮，抢抓机遇，加快发展，深化改革，力争率先建立社会主义市场经济体制。这一阶段，越秀区委、区政府越来越清醒认识并自觉把握越秀城区的历史文化特点，着手开展北京路等市区中心重点地段的环境综合治理，建设商贸旅游中心城区，有力推动了全区经济增长、社会发展和环境改善。区委坚持“党要管党、从严治党”的原则，切实加强了社会主义市场经济体制下的党建工作，进一步发挥了基层党组织战斗堡垒作用和党员的先锋模范作用。

第　一　节
驱动经济社会新发展

1992年2月，邓小平南方谈话发表后，新一轮改革开放高潮出现，国内经济形势逐步好转。越秀区冲破旧城区束缚，调整经济结构，确定第三产业为重点产业，优先发展房地产业、商业服务业、金融业，优化工业，积极拓展对外经济和对外贸易，大力支持各种经济成分的发展，圆满地完成了“八五”计划提出的各项任务，经济整体质量有新提高，社会各项事业有新的发展，两个文明建设上了新的一个台阶。

一、贯彻邓小平南方谈话和党的十四大精神

1992年1月18日—2月21日，邓小平到武昌、深圳、珠海、上海等地视察，发表了重要谈话。邓小平南方谈话标志着中国改革进入新的阶段，对20世纪90年代的经济改革与社会进步起到了关键的推动作用。其中，邓小平要求广东20年赶上亚洲“四小龙”，不仅经济要上去，社会秩序、社会风气也要搞好，两个文明建设都要超过他们，这才是有中国特色的社会主义。这对于广东、广州工作有着特别重要的现实指导意义。2月28日，党中央发出《关于传达学习邓小平同志重要谈话的通知》。从中央到地方，迅速掀起学习贯彻落实的热潮。

1992年5月5日，广州市委、市政府根据邓小平南方谈话精神和中央、省委关于深化改革扩大开放的要求，发出了《关于进一步深化改革、扩大开放的若干决定》。越秀区委、区政府积极贯彻落实中央、省委、市委部署精神，部署好学习贯彻邓小平南方谈话精神的相关工作。区委召开工作会议，传达贯彻市委工作会议精神。区委书记林孟宽代表区委常委会作《进一步解放思想，把握有利时机，集中精力把全区经济推上新台阶》报告；区委常委、常务副区长邱昞耀就区委、区政府《关于进一步深化改革、扩大开放的若干意见（讨论稿）》作说明。会议要求全区各单位要全面贯彻党的“一个中心，两个基本点”基本路线，进一步解放思想，坚持实事求是，一切从实际出发，加快改革开放步伐；克服满足现状、故步自封、无所作为的思想。在讲求效益的同时，加速经济建设，增强综合经济实力，不断提高人民生活水平。坚持两手抓，加强社会主义精神文明建设和法制建设，促进精神文明和物质文明取得双丰收。5月28日，区委举行全区党员干部理论教育讲师团成立及辅导报告会。报告会聘请12名讲师团顾问和13名讲师团成员，华南师范大学教授黄家驹作了学习邓小平重要谈话的专题辅导报告。

为贯彻落实邓小平南方谈话精神，深化改革开放，加快经济发展，1992年上半年，越秀区五套班子领导组织了18个检查组深入基层，检查指导区内32个部门进行改革开放的决策实施和制定细则工作。

邓小平南方谈话为党的十四大召开奠定了思想基础。1992年10月12—18日，中国共产党第十四次全国代表大会在北京举行。党的十四大确立了邓小平建设有中国特色社会主义理论在全党的指导地位，作出了抓住机遇、加快发展的决策和战略部署，确立了社会主义市场经济体制的改革目标。

10月31日，区委、区政府召开全区改革工作会议，会议以党的十四大精神为指导，总结近两年全区改革工作情况，交流经验，部署深化改革，加快区经济发展的任务。区委副书记、区长朱振中作了《深化经济体制改革，进一步加快全区经济发展》报告；区计经委、区劳动局、北京街、永光科学器材公司等4个单位作经验介绍。

12月1日，越秀区委召开六届六次全体（扩大）会议。区委书记林孟宽作《以党的十四大精神为指针，进一步改革开放，加快全区现代化建设步伐》报告；区委副书记、区长朱振中作《以十四大精神为指导，进一步加快全区改革开放和经济的发展》的讲话。会议要求全区要认真学习贯彻党的十四大精神，再一次掀起解放思想、改革开放新高潮，抢抓机遇，加快发展，深化改革，围绕建立社会主义市场经济体制，加快转变政府职能，着手行政管理体制和机构改革；加强社会主义精神文明建设，搞好社会治安，为改革开放和现代化建设创造良好的社会环境；加强党的建设，更好地发挥党的领导核心作用。

全区共产党员和广大人民群众通过认真学习贯彻邓小平南方谈话和党的十四大精神，推动了思想进一步解放，促进全区改革开放、艰苦奋斗、迎难而上新局面的形成，城区两个文明建设得到稳步发展。

二、以发展第三产业为重点，调整经济发展战略

邓小平南方谈话发表后，出现新一轮改革开放高潮。广州市确定了力争用15年左右的时间基本实现现代化，赶上亚洲“四小龙”，建设广州国际大都市的宏伟目标，制定了一系列的改革开放新措施。但是，广州市的改革开放也面临着新的机遇和挑战。一方面，经过10多年的改革开放，除深圳和珠海两个经济特区之外，广州市周边地区迅速崛起了以南海、顺德、东莞、中山“四小虎”为代表的新兴工业经济带，对广州的经济发展形成了迫切的压力。另一方面，随着经济特区、沿海开放城市、沿海开放区到沿江、沿边开放的全方位开放格局形成，原有的“特殊政策、灵活措施”优势效应已趋于淡化，广州面临着进一步扩大开放的课题。

1987年，《广州市经济社会发展战略纲要》强调了发展第三产业，

促使全市第三产业得到空前的发展，在全国大城市中名列前茅。越秀区委清醒认识到，越秀区是具有深厚基础的中心城区，对外开放的起点较高，应当充分发挥已有优势，冲破旧观念束缚，打破老城区发展局限，向技术密集、知识密集和资金密集型方向发展，积极调整经济结构，确定第三产业为重点产业。

在20世纪90年代，越秀区积极推进商业、外贸、金融、房地产、咨询中介业发展，逐步形成了较为完善的第三产业体系。1992年5月，区委书记林孟宽在接受《广州日报》记者访谈时表示，越秀区地处闹市区，人口密集，商业网点密布，自古以来商贾云集，市肆繁荣的优势说明，这是一块做生意的“黄金宝地”。尽管有地域少（仅有8.9平方公里）、财政负担重、经济基础薄弱的制约，但在今后15年里，越秀区将大力发展商业、房地产业等第三产业，为实现广州市委提出的力争15年左右赶上亚洲“四小龙”奋斗目标做出应有贡献。①

1992年5月14日，区委召开工作会议，提出全区要确立“立足全区发展，跳出全区发展，利用外力发展”的思路，力争今后15年内工业销售产值、商业营销额、外贸创汇年均增长率分别为11%、15%和11%，基建竣工面积年均10万平方米左右。区委工作会议把经济工作指导思想及时调整为“靠科技、打基础、促发展、上水平”，从发展战略、宏观调控、政策措施和领导力量等方面切实加强对经济工作的领导，进一步解放思想，加快改革开放和经济发展的步伐，把区经济建设推上新台阶。

越秀区积极争取市委、市政府的支持，调整和落实区经济发展战略。为落实好“立足全区发展，跳出全区发展，利用外力发展”的发展思路，7月21日，区政府决定成立越秀区经济技术协作开发公司。该公司是具有法人资格的全民所有制企业，实行独立核算，自负盈亏。8月30日，副市长伍亮与市计委负责人到越秀区现场办公。区长朱振中等领导汇报了全区发展经济的基本思路和当前遇到的有关

① 《珍惜“黄金地”》，《广州日报》1992年5月21日。

固定资产投资、资金、发展金融业等方面的困难，市计委负责人就此提出了解决方法，伍亮对越秀区经济发展提出了具体意见。

1993年3月，越秀区第七次党代会通过了越秀区1993—1998年的工作任务，提出依靠科技进步，优化工业，优先发展以商业、房地产业、金融业为重点的第三产业。1994年1月25日，区委召开七届三次全体（扩大）会议，要求区各单位认真贯彻党的十四届三中全会精神与省委、市委全会精神，抓住历史机遇，团结一心，开拓创业，为把全区的改革与发展推上新台阶而努力奋斗。区委及时制定《关于加快全区经济新发展的意见》，提出经济发展新思路是加快改革，加大投入，加速发展，加强协调和管理，大力培植新的经济增长点。1995年，区委七届五次全会针对市政建设“三大工程”[①]拆迁，提出重造优势，加快发展商业、房地产业、金融业等第三产业，把房地产业作为经济发展的龙头；借“三大工程”拆迁之机，推进区国有、集体企业改革，优化区街工业，加快区工业基地建设，推动企业集团组建。为避免经济决策出现主观失误，促进区街经济又快又好地发展，8月18日，越秀区成立了经济工作决策顾问团，作为区委、区政府直接领导下的经济决策咨询机构。由常务副区长刘毅东担任主任。顾问团秘书处设于区委政策研究室，区委办、区府办、区委政研室指定人员参加秘书处工作。由区委、区政府聘请广东省、广州市领导机关及有关单位中有理论水平、有实践经验、热心区街建设的11人担任顾问，加强经济决策咨询。

越秀区积极适应广州市中心城区的新变化，主动调整经济发展战略和产业结构，经过几年努力，成效逐步显现出来。从1991—1993年底，全区第三产业的重点领域如商业、房地产业、金融业已经成为挑大梁的角色。全区商业营业收入、商业利润有较大幅度增长，引进外资20.7亿元合作开发房地产业，开发面积近50万平方米。[②]

---

① 市政建设“三大工程”：东风路、解放路扩建工程及地铁建设工程。

②《冲破旧城区束缚　调整经济结构　越秀区“三产”挑大梁》，《广州日报》1993年3月31日。

至1996年，全区工业总产值、营业收入、利润三项指标分别为10.65亿元、31.6亿元、5388万元，比1992年分别增长94.85%、102.53%、54.87%。区外贸出口创汇2122万美元；金融业存款余额为15.58亿元；房地产引进外资5088万美元。

三、第八个五年计划的编制实施和完成

1991年1月21—24日，广州市委召开五届八次会议，通过了《关于制定广州市国民经济、社会发展十年规划和“八五”计划的建议》。全会提出今后10年广州市的战略目标：国民生产总值平均每年增长7%，到1995年实现国民生产总值比1980年翻两番。到2000年，国民生产总值比1980年增加近5倍，城乡人民生活普遍达到小康水平。参考广州市制定“八五”（1991—1995年）计划的工作部署，越秀区着手编制全区的“八五”计划。

“八五”时期是越秀区经济和社会发展的关键时期。1990年5月，越秀区第六次党代会提出了经济工作“抓稳定、打基础、增后劲、保发展”，促进经济稳定发展的指导思想，为制定“八五”计划指明了方向。

从1990年下半年开始，越秀区委、区政府部署有关职能部门分别制定全区经济和社会发展“八五”计划以及与之相配套的工业、商业、外贸业、城市建设、科技、教育、卫生、文化、体育、依法治区等11个分计划的工作。有关部门尤其是经济部门集中力量研究全区经济和社会发展过程中所面临的问题，在进行大量调查研究工作的基础上，起草了《越秀区1991—1995年国民经济和社会发展计划》（简称“八五”计划）。

1991年8月29日，区委常委会扩大会议讨论区“八五”经济和社会发展规划、党的建设、精神文明建设等三个规划稿。其后，通过召开不同类型的座谈会，征求各方面意见，四易其稿，形成了《越

秀区1991—1995年国民经济和社会发展计划（讨论稿）》，提交区委六届四次全体（扩大）会议审议。9月20日，区委六届四次全会召开，审议通过了《越秀区“八五”经济和社会发展规划（1991—1995）》（草案）、《越秀区党建工作规划（1991—1995）》、《越秀区社会主义精神文明建设规划（1991—1995）》，规划了越秀区今后五年的发展蓝图。根据全会提出的意见，有关部门对“八五”计划又作了修改。1992年3月28日，越秀区十届人大三次会议审议通过《越秀区1991—1995年国民经济和社会发展计划》。①

在学习贯彻邓小平南方谈话和党的十四大精神的过程中，正值全区全面执行“八五”计划的关键时期。越秀区委、区政府以邓小平南方谈话精神和党的十四大精神为指引和动力，根据党的十四大关于抓住机遇，加快发展，集中精力把经济建设搞上去的精神，作出了抓住机遇，加快经济发展的决策和战略部署，明确了坚定不移地落实“打基础，靠科技，增后劲，促发展”的方针和“立足全区发展，跳出全区发展，依靠科技发展，扬长避短发展，借助外力发展”的思路。全区充分利用、发挥地处广州旺市中心的地理优势和潜力，优先加快发展以房地产业、商业服务业、金融业为重点的第三产业，优化工业，积极拓展对外经济和对外贸易，大力支持各种经济成分的发展，圆满地完成了“八五”计划提出的各项任务。

“八五”时期，全区生产总值完成53.47亿元，比“七五”时期增长78.5%，年均递增12.29%；工业总产值完成35.35亿元，比“七五”时期增长1.4倍，年均递增19.14%；全区商业营业收入完成182.61亿元，比“七五”时期增长2倍，年均递增24.57%；预算内财政收入完成10.36亿元，比“七五”时期增长88.99%，年均递增13.58%。

全区经济社会发展的主要成绩表现在六个方面。一是经济实力不断增强。“八五”期间，全区生产总值（按可比价格计算）平均每

① 越秀区地方志编纂委员会编：《广州市越秀区志（1991—2005）》，广东人民出版社2009年版，第295页。

年递增22.04%。其中，第二产业14.66亿元，第三产业35.69亿元，年均递增分别为24.67%和20.84%。第二、三产业的比重由1990年的30.06%和69.94%转为1995年的24.38%和75.62%，产业结构日益符合全区实际。“八五”期间，全区销售收入197.76亿元，利润总额8.54亿元，分别比“七五”期间增长3.7倍和2.21倍，年均递增分别为36.28%和26.27%，比“七五”期间年均递增速度分别高16.82%和23.09%。

二是市场繁荣，购销畅旺。1995年，全区社会消费品零售总额达34.8亿元，比1990年增长3.39倍，年均递增34.43%。其中，集体、个体、私营经济增长快于国有经济增长。

三是外经外贸发展迅速。“八五”期间是全区利用外资迅猛发展阶段。1991—1995年，全区累计实际利用外资1.32亿美元，年均递增59.7%。1995年，实际利用外资3210万美元，比1990年增长9倍。“八五”期间，全区“三资”企业和外贸出口发展迅速，1991—1995年累计出口总值2.23亿美元，年均递增25.26%。房地产、娱乐、信息、广告等新兴行业成为外商投资热点。

四是财政收入较快增长。相比“七五”期间，“八五”期间区级财政收入增长83.57%，比“七五”期间年均递增高出6.8个百分点。1994年，实行税制改革后，全区财政收入仍保持两位数增长的好势头。

五是固定资产投资步伐加快，城区建设成绩喜人。“八五”期间，全区完成固定资产投资11.45亿元，比“七五”期间增长1.25倍。其中房地产业发展最明显，5年完成投资额达9.47亿元，占全区投资额的82.75%。

六是科技、卫生、教育事业进一步发展。“八五”期间，科技事业进一步发展。全区认真贯彻实施科技兴区的方针，通过技术引进与消化创新，自主开发，使产业结构、产品结构、技术装备水平、企业素质发生了明显的变化。教育事业得到优先发展，“八五”期间，对教育事业费以年均24%的速度递增。预算内资金5年里对教育部门的基建拨款共投入875万元，占全区基建拨款的20.24%。不断深化卫生事业的改革，改进了医疗卫生服务模式，使医疗质量不断提高。5年来区财政对卫生事业的发展共投入3318万元，比“七五”时期增长1.11倍，年均以19%的速度递增。

随着全区经济实力的不断增强，全区职工工资水平和人民生活水平不断提高。1995年，全区职工年均工资8566元，比1990年增长1.67倍，年均递增21.66%。1995年，平均100户家庭拥有摩托车12.7辆，比1990年增长2.2倍，空调器57.3台，增长43倍，电脑进入部分家庭。[①]

“八五”时期，越秀区经济发展经历了“打基础、增后劲”和“加快发展”两个阶段，整体素质上了一个新台阶：从本区实际出发，扬长避短，发挥优势的发展思路和格局以及有利于经济良性循环和加快发展的运行机制逐步形成，经济体制改革初见成效，经济总量规模扩大，产业结构调整加快，不仅主要经济指标大多提前两三年时间完成计划，有较大增长，而且发展势头好；科技、教育、文化、卫生、体育、环保、人防、社区服务等各项事业有新的进展。这就为“九五”时期越秀区加快经济社会发展创造了有利条件。全区广大干部群众解放思想，更新观念，增强了开拓意识、机遇意识、竞争意识、发展意识，积累了适应中央宏观调控政策，坚持在紧中抓机遇、争主动、求发展的经验，为“九五”期间加快发展夯实了重要思想基础。

---

① 越秀区地方志编纂委员会编：《广州市越秀区志（1991—2005）》，广东人民出版社2009年版，第664页。

第　二　节
扶持区域经济和行业经济

1992年10月，党的十四大提出建立社会主义市场经济体制，这是在党的历史上第一次明确提出建立社会主义市场经济体制的目标模式。1993年9月27—29日，江泽民在广州主持召开中南、西南十省区经济工作座谈会时指出：解决当前和今后经济发展中的矛盾和问题根本出路在于深化改革，加快建立社会主义市场经济体制。1993年11月，党的十四届三中全会通过了《关于建立社会主义市场经济体制若干问题的决定》，将党的十四大提出的经济体制改革目标和基本原则具体化。越秀区积极贯彻落实党的十四大精神，发展社会主义市场经济，给经济社会加快发展带来了新的机遇，对区域经济和行业经济的扶持和管理提出了更高的要求。

一、搞活商业流通，拓展商业新形态

广州市素有“千年商都”的美誉，买卖活跃，市场繁荣。但是由于特殊的历史原因，曾经一度被淡化，甚至有意削弱。在贯彻落实邓小平南方谈话和党的十四大精神过程中，越秀区委对此进行了回顾反思和积极调整。进入20世纪90年代，商业贸易逐步成为越秀区经济发展的龙头和经济结构调整的重点。

巩固和发展全民所有制和集体所有制商业企业。1992年4月27

日，越秀区委、区政府召开商业工作会议，研究和部署加快全区商业经济发展的任务、措施和对策。会上，区委副书记向东生作了《认真总结经验，努力深化改革，推动全区商业全面发展》的报告。8月4日，区委、区政府发出《关于加快商业经济发展的若干规定》，全区商业系统干部职工认真贯彻落实文件精神，抓住机遇，创造出优秀业绩。越秀区第二糖烟酒副食品公司班子领导带领公司员工开拓业务，鼓励公司属下的98个部门、3个购销部放开手脚，跨行业经营家用电器畅销商品，使公司销售额和利润大幅度增长。1992年，实现销售额5918万元，利润198万元，在广州市属八区集体商业中居首位。越秀区商业系统重点企业金都酒楼自1990年11月复业后，营业额和利润节节上升。1992年，月营业收入最高达195万元；全年营业收入2127.04万元，比1991年增长25.11%，完成年计划的188.27%；利润353.25万元，比1991年增长36.95%，完成年计划的149.15%。

1991年9月，越秀区政府常务会议通过《关于把部分内街摊档引入市场经营的方案》，把流花街、一德路等占道经营的部分摊档引入市场经营。1992年4月，区政府常务会议通过《关于加快商业网点建设的实施方案》，要求巩固和发展“女人街”、“水族街”、服装市场、鞋类市场、西湖路灯光夜市，建设特色的专业市场、专业街、专业店。11月，区政府常务会议决定抓好人民南路、惠福西路、长堤大马路、北京路等地段用于全区商业发展用地的开发前期工作；加快筹建惠爱大厦新大楼；结合区内开发企业的旧城改造，把一些中小店铺重新组建成若干个新的经营实体，扩大商业网点。针对区商业经济起点不高、缺乏具有龙头作用和规模效益的大企业、大项目的状况，1995年4月，召开区长办公会议，决定加快拓展商业新网点的工作，主要措施是发展连锁经营，组建连锁企业，扩大经营面积。1995年底，全区新开办专业市场9个，经营面积1万多平方米，组建泰康、永华等一批连锁企业。连锁经营方式的实施初见效益，全系统实施连锁经营的企业有4家，连锁分店合计10间，1995年营业额为7513.11万元，比实施连锁经营前的1993年增长19.38%；利润为348.26万元，比1993年增长5.6%，上缴税利240.3万元，比1993年增长11.16%。

1996年4月18日，召开全区商业工作会议，就如何贯彻实施区委、区政府提出的“优二强三、兴商富区”发展方针，加快区商业发展步伐进行了讨论交流，提出建设性意见；并对《越秀区“九五”时期商业发展与网点布局规划》《“羊城商业旅游区”规划建设方案》《越秀区肉菜（农贸）市场建设计划》等讨论稿提出了修改意见。会议明确要进一步坚持“重造优势，兴商富区”的发展思路，按照城市规划的要求，不断调整和完善区商业网点布局，抓好“一区十街”[①]建设。“一区”，计划在辖区内增加一批专业店和商场，完善配套设施，带旺商业和服务业。“十街”，以“加强特色，规模经营，提高效益，适应都市环境”为要求，进一步完善和发展。抓好网点建设。抓紧富宏花园、天宇广场、环球广场等小区和商住两用楼宇的一批大型商场开业，要在新办商场中引入“名店”和“名牌”经营，改善本区商业的社会形象。结合旧城区改造，新建改造2—3个肉菜市场，有计划有重点规划建设高第街商业购物中心。

在“八五”期间，越秀区切实根据经济发展的总体形势和自身所处的地理环境，充分发挥社会各方面力量发展商贸业，形成了以国有、集体为主，多种经济成分、多种经营方式、多种流通渠道相交融的商品流通网络，搞活了流通领域，繁荣了全区市场，方便了居民生活。区内形成北京路等若干繁荣的商业区，拓展规范了新商业形态。

---

①“一区十街”：一区，北京路—西湖路—教育路商业中心发展区；十街，西湖路—教育路服装精品专业街、高第街服装专业街，大新路—玉带濠鞋业专业街、濠畔街皮革配料专业街，天成路纸张油墨专业街，一德路干果海味专业街，泰康路、大南路、惠福路3条装饰材料专业街，依托光孝寺、六榕寺、三元宫、城隍庙等旅游景点发展旅游文化专业街等10条专业街。

二、推进区街工业经济发展

区委、区政府贯彻落实邓小平南方谈话精神和党的十四大精神，坚持紧中抓机遇，难中求发展，加快改革，加大投入，加速发展，加强协调和管理，大力培植区街新的经济增长点，有的放矢地解决突出矛盾和关键问题，促进越秀区经济上规模、上档次、上水平、上效益。

区街工业经济发展初战告捷。1992年，全区生产总值达到7.9617亿元，财政收入达到1.7669亿元。其中，区工业生产发展呈快速增长的好势头，完成工业总产值53773万元，为年度计划的120.32%，比1991年增长31%；营业收入156024万元，为年度计划的121.1%，比1991年增长32%；利润3479万元，为年度计划的109.5%，比1991年增长15%。年创利100万元以上的有大南、北京、解中、越华、一德、洪桥、人民、德成、诗书、直属企业、劳动服务等11个公司，占全部24个公司的46%。[①]

越秀区以建立社会主义市场经济为目标，促进工业生产持续、稳步发展。在“八五”期间，全区累计完成工业总产值45.70亿元（按可比价格计算），比“七五”期间增长2倍，年均递增25.84%，比“七五”期间年均递增速度高13%。“八五”期间，外向型工业发展迅速。1995年，“三资”企业完成工业总产值8.24亿元，比1990年增长3.57倍，年均递增35.52%，比全区工业总产值年均递增高9.68%；占全区工业总产值的比重，从1990年的37.5%上升到1995年的58.27%。“八五”期间，轻重工业的结构有所改变，重工业发展快于轻工业。重工业年均递增33.07%，比轻工业年均增速9.64%高，其总产值占全区工业总产值的比重，由1990年的20.24%上升到1995

① 越秀区府办公室:《越秀简报》，1993年1月18日。

年的27.8%。

越秀区工业系统贯彻落实中央“抓大放小”改革原则，抓好了重点企业、重点产品，加强技术改造和新产品开发。1992年，11家区重点企业完成工业总产值17144万元，占全区工业总产值的31.37%；实现利润1086万元，占全区纯工业利润的69.66%；全年新增工业总产值2771万元，工业产品销售收入3016万元和利润309万元，分别占全区独立核算企业新增产值、销售收入和利润的43.73%、45.34%和67.61%，企业主要产品如油漆、水泵、水泥、钢钉、日用不锈钢制品等已成为“拳头”产品。1993年，区内确定一类重点企业8家：延安油漆厂、越秀不锈钢制品厂、广州水泵厂、华达钢钉厂、德秀五金综合厂、永发装潢五金厂、越秀制药厂、亨达利钟表公司；二类重点企业3家：越秀床上用品厂、康宝（裕华）塑料制品公司、时代金属制品厂；“三资”重点企业3家：明新玻璃纤维工程公司、恒和纺织实业公司和越秀车厢厂。1994年5月17日，区计经委、区工业总公司确定在1994—1995年要实现产值超5000万元的企业分别是广州永发装潢制品厂、广州水泵厂；要实现产值超亿元的企业是广州市延安油漆厂、广州市越秀不锈钢制品厂和东粤铝材厂。同时，越秀区工业系统积极鼓励企业开发新产品。1992年，共研制开发新产品89项，大部分投产。实现产值6513万元，占全区新增产值的54.7%；实现销售7457万元，占全区新增销售总值的68.9%；实现利润332万元，占全部新增工业利润的37.5%。[①]1994年4月，区委书记朱振中在区街工业调研中，对区消防实业总公司和德成街三联自行车有限公司走“三快两好”[②]的发展路子给予了充分肯定。

经过“抓大放小”多年努力，全区发展了一批有一定规模的工业企业，生产水平和整体技术水平有了明显的提高。到1995年末，年产值超1亿元的工业企业有 1 家，年产值超1000万元的工业企业

---

① 越秀区委办公室：《越秀信息》，1992年12月31日。

② “三快两好”：筹建快、投产快、打开市场销路快，产品质量好、经济效益好。

有26家。这些工业企业合计完成工业总产值9.26亿元，实现利税7191万元，分别占全区工业总产值和全区工业利税总额的65.5%和17.56%，已成为全区工业经济的支柱。

区街经济基础薄弱，起点不高，缺乏规模效益的企业项目，特别是区街工业企业期望走出横街窄巷，实施易地改造，加快发展，但又存在资金短缺等困难。这些问题一直困扰越秀区工业经济主管部门。为增强工业发展后劲，全区大力加强工业基地建设。在20世纪90年代，越秀区各街道工业公司租用、购置近郊场地建设工业基地，“借巢引凤”，吸引新办企业进驻。

1991年，诗书街工业公司在白云区萧岗租用面积3万多平方米厂房作为工业区。1993年，越秀区开发棠溪工业区。1994年5月13日，越秀区十一届人大常委会第八次会议审定了《加速黑山工区的二期改造工程，尽快把黑山建设成购物、饮食、住宿、娱乐的多功能的商业点》和《采取有效措施筹集资金，加速江夏工业基地的建设》的议案，决定立案交区政府实施执行。11月，广州市人民政府从白云区划给越秀区200公顷土地作为开发用地，越秀区人民政府遂决定在竹料镇建设占地2500亩的综合经济开发区，同时在同德围进行商住楼开发，为工业区建设筹集资金。

1995年5月31日，越秀区委、区政府组织领导班子成员视察了同德围、龙归、竹料等三个正在建设和待开发的工业基地，并现场研究确定了江夏工业区在建厂房的缺口资金300万元，竹料基地200亩征地款2000万元，区工业房产开发置业公司开办费20万元的解决办法，同时协调了有关单位、部门支持，强调各有关方面要“同台大合唱”。1995年，越秀区租用石井小坪村当地物业发展为小坪工业区，共吸引入驻规模企业28家。1999年7月，广州市实行工商、税收属地管理，市政府对越秀、东山、荔湾三个老城区在外区工业基地中工业企业的工商税收归属作保护性确认。越秀区获确认的工业基地共13个，有企业74家，总建筑面积22万平方米。

三、发展房地产业和区街金融业

为加快建立社会主义市场经济体制，越秀区委、区政府加强对城市开发建设的管理与扶持。首先是加强城市规划与土地管理，扶持房地产开发企业做大做强。1992年8月20日，根据市编委的有关文件精神，区政府召开广州市城市规划局越秀区规划分局成立大会。10月，越秀区国土局成立。区国土局与区房管局合署办公。1992年7月21日，区政府同意北秀公司与羊城工程承包公司合并，主要以北秀实业公司进行经营活动。其次是培育扶持房地产开发龙头企业。1994年8月15日，越秀区城建开发公司被评为“广州市首届房地产开发综合经济实力”十强企业（“十强”企业是从全市300多个房地产企业中筛选出来的）之一。

区委、区政府充分发挥房地产业作为本区经济重要支柱和“龙头”作用，利用自身条件和优势，努力争取外商投资及落实资金到位。拓展综合经营。认真规划，为本区第三产业提供经营场地，带动相关行业的发展。1992年上半年，越秀区铺开施工面积达14万平方米，其中房地产开发占11.2万平方米，竣工1.1万平方米。越秀区与香港伟邦公司、泰国曼谷一家公司进行合作开发房地产，在番禺南沙经济开发区内购买土地13公顷（13万平方米），引进资金合建新秀广场、湖滨花园、越富大厦、华苑中心，总投资7.6亿港元，面积19.6万平方米。[①]8月8日，全市最大规模的旧城区改造项目——西湖路大小马站小区开发工程拉开序幕。小区贯通中山五路和西湖路，地处广州最繁华的传统商业闹市中心，占地1.3公顷（1.3万平方米），总投资2.5亿元。小区首期工程“夜明珠银座广场”奠基兴建，高20

① 中共广州市委办公厅:《每天快报》，1992年7月15日。

层，总面积1.7万平方米。为加大引进资金开发房地产业的规模和力度，1993年，区政府引进3.85亿港元，房地产铺开施工面积9万平方米；1994年，引进4.95亿港元，铺开施工面积66.67万平方米。1995年12月19日，越秀区旧城区改造大项目亿安广场举行奠基动土典礼。亿安广场总投资13亿港元，由区北秀实业公司与香港亿安国际发展公司合作兴建。亿安广场位于海珠广场西侧，楼高55层，内有商场、酒楼、会所、公寓和写字楼等。至1996年底，全区在建的项目有中建广场、泰康广场、亿安广场、丰业大厦、太平洋中心、嘉和苑等；已竣工的项目有富宏花园、鹏源大厦、天宇广场。东风小区拟建55幢楼宇中已竣工33幢，建筑面积35万平方米，实现了密集型居住旧城改造的新尝试。此外，高第街小区、北京路广场等一批规模较大的改造项目也在规划筹建中。区内较大面积铺开房地产施工，出现连片规模开发和多个项目同时进行的好势头。

越秀区在全方位、多层次开发房地产业的同时，加快区街金融业的发展。1986年1月，广州市被列为全国首批金融体制改革五个试点城市之一，广州市对金融体制改革做了积极探索。越秀区委清醒认识到金融服务是城市经济和社会发展不可或缺的领域，应当大力发展。因此，积极按照广州市委关于“搞好财政、金融、工资、价格管理的配套改革，要发挥好它们的经济杠杆作用……要运用经济手段，融通资金，使现有资金得到更好的安排和调剂使用”指示精神，拓展资金市场，发展各种金融机构。

在“七五”和“八五”计划的10年期间，越秀区主动适应金融体制改革，扩大业务范围，积极开拓吸纳资金的多种渠道，扩大资金的筹措能力和存贷能力，扩大经营领域，使全区金融业快速发展。1986年10月，越秀区首先创办了诗书街、北京街两家城市信用合作社。至1994年，全区共发展信用合作社9家，实现利润4546万元，上缴各项税金2270万元。1995年末，全区9家信用社和7个营业部，自有资本金共1.7亿元，实现利润首次突破1亿元大关。区街金融企业存贷业务大幅增加，1995年末，存款余额21.2亿元，比1990年增长约14倍，年均递增71.82%。“八五”期间，贷款余额11.8亿元，以年均79.55%的速度递增，5年内向区街企业贷款金额累计达20亿元，以年均46.05%的速度递增。

1994年3月8日，越秀区诗书街的广州市信用社仁济营业部开业，成为广州市首家日夜营业银行。4月，北京街城市信用社存款余额突破3亿元大关，在同行中脱颖而出，成为广州市首家存款超3亿元的城市信用社。[①] 区街城市信用社对支持区街经济发展发挥了积极作用，充分发挥贷款“小额、短期、面广”的特点，把资金投向区、街经济效益较好的重点企业，支持区街工业的技术革新，促进区街经济发展。1995年，全区信用社投放给区街企业的资金占贷款总额的61%以上，如以优惠税率投放给区重点企业、重点项目4000多万元。其中，越秀区信用社分别以优惠利率贷款150万元给区重点企业红锋玻璃公司和延安油漆厂；贷款800多万元给玛莎广场、惠福广场、登峰市场网点等3个重点项目；贷款100万元支持外经企业。

各信用社业务上接受中国人民银行广州分行的管理、协调、监督和稽核，建立健全内部操作制度，把好账户结算往来关，通过扩股，资本金增加6141万元，资金充足率达到人民银行的要求，贷款比例控制在65%以内，确保资金安全运行。1995年8月，经中国人民银行总行批准，全市信用社组建为广州城市合作银行。1996年9月17日，广州城市合作银行正式挂牌试业。至此，区街信用社作为城区金融机构的历史结束，纳入市级管理。

1988年8月，越秀区信托投资公司筹建开业，为区直属国有金融企业，实行董事会领导下的总经理负责制，内设信贷部、投资部、证券部、财务部和办公室。公司逐步开展了投资、信贷、委托存贷款、租赁、担保、代售证券等业务，支持区属企业资金占公司营运资金的50%左右，取得了较好的经济效益。1994年末，公司资产总额已达1.12亿元。1996年，按照中国人民银行与广州市人民政府要求，越秀区信托投资公司与东山区、荔湾区等3家同类公司并入广州

---

①《北京街信用社居同行中之冠》，《广州日报》1994年5月31日。

市对外经济贸易信托投资公司，名称变更为广州对外经济贸易信托投资有限责任公司。

四、探索发展多元经济

越秀区委、区政府意识到促进越秀区经济成分的多元化，是培育和拓展经济新增长点的重要途径。因此主动适应国家经济政策的调整，以提高效益为中心，利用越秀区的区域优势、产业优势，采取措施，深挖潜力，发展侨属企业和台资企业，拓展对外经济贸易，大胆发展个体私营等民营企业，切实保护越秀区各种经济成分的企业依法经营及其合法权益，为各种经济成分企业的发展创造更好的条件和宽松的环境。

探索发展侨属企业和台资企业。越秀区内归侨和侨属众多，归侨侨属爱国爱家乡、关心和参与越秀区发展的热情高涨。改革开放后，特别在贯彻落实邓小平南方谈话精神过程中，逐步出现了由归侨侨属投资兴办的小型企业，侨资经济逐步成为全区社会经济发展的重要组成部分。

越秀区委、区政府很重视保护、引导和管理这一新生事物，使之成为区街经济的生力军。1991年，全区侨属企业生产型6家（3家是出口创汇型）、商贸型9家、饮食服务型3家，缴税24万元，出口创汇折合人民币56万元。引进生产设备1200多台（套），安排就业800多人。同年，全区确认华侨投资企业共31家。1992年，区侨属企业发展到36家，上缴税收48万元。

1993年8月20日，越秀区政协十届二次常委会会议召开，议题是：为发展区经济加快侨属企业的发展献计出力。会上，7名委员和区领导分别发言。越秀区委、区政府负责人表示要大力发展侨属企业，使之成为区街经济支柱。同年，区政府制定《关于加快发展全区侨属集资企业的意见》，提出“发展经济一年见成效，二年成绩显著，三年后侨属企业成为区、街的经济支柱之一”的要求。1993年6月，区侨办印发《关于成立各街侨属企业服务公司的通知》，各街道相继成立侨属企业服务公司。

在中央“和平统一、一国两制”方针影响下，海峡两岸经济贸易往来取得了较大的进展。中央提出，必须把对台经贸工作提高到政治高度和战略高度来对待，采取积极、稳妥的方针，既要充分发挥各地、各部门的积极性，利用多种方式扩大两岸经济交往，又要加强集中统一领导，搞好组织、协调和管理，使对台经济贸易工作沿着健康的轨道发展。

1985年起，区台办积极宣传改革和吸引台资的政策，台属集资兴办了第一家企业——振中贸易公司。通过区领导关心和支持企业经营活动，充分发挥他们与港澳和海外亲友的桥梁作用，发动广大台属引介台湾亲友的资金或自筹资金办台属企业。

1988年7月3日，国务院颁布《关于鼓励台湾同胞投资的规定》；1990年2月4日，国务院颁布《关于加强对台经贸工作的通知》；1990年4月2日，《中共广州市委、广州市人民政府关于进一步做好吸引台资工作的若干决定》颁布后，越秀区委结合实际拟订贯彻意见，区内各单位作了传达学习。之后，全区大力引进台资，扶持台资企业发展。区成立了台湾同胞投资咨询服务组，做好台胞投资咨询服务工作，不少台属还亲自陪同从台湾回来的亲友到区台办或区台联会咨询洽谈投资贸易。如华鼎电子有限公司和双钱饰物加工厂两家台资企业均是台属引介进来兴办的。至1994年底，全区已立项或开业的台资企业有10家，投资总额近800万美元。1989—1994年，办理台属、台资企业确认证书30多份，为台资企业投资者办理多次入出境证件30多人次80多件。1994年3月，八届全国人大常委会第六次会议通过《中华人民共和国台湾同胞投资保护法》，区委、区政府认真贯彻落实，对台资企业做好管理和服务工作，切实维护台商的合法权益。

为发挥中心区位优势，发展外向型经济，区委、区政府出台了利用外资和发展外向型经济的新举措，主动适应国家外经贸政策的调整，在招商、引进外资和大项目、开拓国外市场和引进出口贸易方面，进一步发挥香港伟邦公司等境外企业的作用，通过扩大规模，多元化经营，增强自我发展能力，创造更好的效益；同时，充分发挥积极作用，有效支持越秀区经济发展。因此，越秀区利用外资出现了新动向，逐步向高端、科技项目发展。

1992年，人民街与香港明新公司合作兴办明新玻璃纤维有限公司，生产用于中央空调的玻璃纤维冷却水塔。1992年1—10月，创利润就达223万元，上缴税收110万元。[①]1993年1—5月，越秀区外向型经济有较大发展。全区利用外资方面新批准合同21项，比上年同期增长2倍，合同金额达7394.74万美元，比1992年同期增长133.5%；实际利用外资1489.12万美元，比1992年同期增长277.35%。“三来一补”应收工费142.88万美元，为年计划的39.7%，结汇金额134.9万美元。出口创汇79.56万美元，为年计划的66.3%，比1992年同期增长3.5倍；境外售房创汇8.26万美元，产品出口交易4120万元，为年计划的61.3%，比1992年同期增长155.9%。[②]

越秀区主动走出去，热情招商引资。1993年10月13日，越秀区组成60多人的代表团，由区主要领导带队参加广州市在香港举办的“高新技术项目介绍会”等招商活动并取得了良好成果。参加招商的项目有机械、电子、轻工、缝纫、食品、医疗、化工、饮食娱乐、商业及房地产等60多个项目，签订引进外资项目21宗（合同13宗、意向8宗），投资总额达19894.37万美元，利用外资19676.58万美元。越秀区主动配合做好外贸体制改革，抓住外贸自主权下放的机遇，推动自营外贸出口逐步增长。1994年外贸出口总值是1990年的113倍，进口总值776万美元。其中，区外贸公司充分发挥自营出口的优势，外贸业务不断拓展。1995年，出口产值709万美元，比

① 广州市委办：《每天快报》，1992年11月14日。

② 越秀区府办：《越秀简报》，1993年6月18日。

1990年增长约21倍，年均递增85.82%。此外，劳务输出成为新的亮点。1993—1994年，执行劳务输出合同共45人次，得以用劳务管理费收入弥补正常贸易运作所需资金的部分缺口。

邓小平南方谈话和党的十四大，给予处在稳定发展阶段的越秀区个体经济带来了加速发展的机会和动力。区委、区政府促进全区经济成分的多元化，引导私营个体业户逐步扩大经营规模，提高经营档次和实行经营多样化。

1992年，越秀区个体工商业发展至8862户，从业人员13053人，营业额3.57亿元。①1993年5月底，全区各类企业已发展到5688家，个体户10244户，从业人员17135人。全区集贸市场成交额达3.07亿元，比1992年同期增长38.3%，其中工业品市场成交额1.27亿元，比1992年同期增长53%；农副产品市场成交额为1.8亿元，比1992年同期增长29.5%。②

1994年，越秀区认真贯彻落实市委、市政府《关于加快个体和私营经济发展的决定》，进一步放宽政策，允许外籍人士凭就业许可证在全区领取个体工商营业执照，当法定代表人，允许民营企业在区辖内跨工商所管辖地段核发营业执照等。区工商行政管理部门通过对个体工商户营业执照的验照、换照，切实加强对个体工商户管理。1994年，实际验照8493户，占应验照总户数的92%。

---

① 广州市越秀区地方志编纂委员会:《广州市越秀区志》，广东人民出版社2000年版，第206、261页。

② 中共广州市越秀区委党史研究室:《中国共产党广州市越秀区大事记》，中共党史出版社2013年版，第291页。

第　三　节
增强市场活力和企业后劲

社会主义市场经济体制是在对传统计划经济体制进行全面、深入改革的基础上建立和发展起来的。在贯彻落实党的十四大精神过程中，越秀区委、区政府切实加强对经济改革的领导，把准政治方向，通过多方面、多层次深化改革开放，在发展经济的同时，对全区企业经营机制改革、区域经济管理和市场建设提出了更高的要求，一系列行政管理、经济管理和企业管理的改革措施有效增强了市场活力和企业后劲。

一、深化企业制度改革

区委、区政府加强企业改革步伐，多渠道、多形式大胆探索企业改革的路子，加快企业经营机制的转换和企业制度的创新，抓好股份制、股份合作制改革和组建企业集团的试点工作；理顺产权关系，推进产权制度改革，逐步建立起产权明晰、权责明确、政企分开、管理科学的现代企业制度。

1992年3月23日，区委办公室和区政府办公室联合印发《越秀区集体所有制企业职工代表大会工作实施细则（试行）》。10月9日，区委、区政府召开学习贯彻《全民所有制工业企业转换经营机制条例》（简称《条例》）会议，区五套班子有关领导和部分单位负责人参加了会议。会议传达了市领导干部学习贯彻《条例》研修班的主要精神，区计经委负责人就如何贯彻《条例》作了发言，区委书记林孟宽作了讲话，提出区街企业要适应市场的要求，增强企业活力，提高企业经济效益，成为依法自主经营、自负盈亏、自我发展、自我约束的商品生产和经营单位，成为独立享有民事权利和承担民事义务的企业法人。越秀区全民和集体所有制企业采取多种形式进行改组、改造、改制。主要形式有：股份合作式、资产承包经营式、联合兼并式、公有民营式、出售转让式、中外嫁接式、易地改造式、连锁经营式、集团经营式。至1994年，区属5个国有公司所属国有企业，实行集体租赁承包的有72家，由个人租赁承包的253家，占企业总数的62.86%。1995年，全区总结推广了纸行工业公司建新蓄电池厂的“公有民营制”，解放北工业公司星华五金厂、六榕工业公司塑料三厂的“资产承包租赁制”等，在区属企业铺开资产承包经营模式。

1994年5月13日，召开区十一届人大常委会第八次会议，审议了区体改办《关于全区股份合作扩大试点的情况》的报告。1994年6月7日，区政府召开经济体制改革工作会议，广州市体改委领导就推进股份合作制的有关问题作了专题发言。1995年，越秀区企业改革以建立现代企业制度为目标，以产权制度改革为突破口，重点推进股份制、股份合作制试点工作，同时采取多种形式，加大区街企业改革的力度。为了探索改革企业产权制度、理顺产权关系，越秀区结合实际，制定了《越秀区集体企业资产评估、产权界定若干问题的规定（试行）》《越秀区国有企业资产评估、产权界定及国有产权管理若干问题的规定（试行）》。这两个文件为区街国有企业、集体企业在改制中进行资产评估、产权界定提供了政策依据和操作办法，使全区在产权制度改革方面取得突破性进展。1995年，全区有8家企业试行股份合作制，27家企业完成清产核资和资产评估工作。金都酒楼是第一家实行股份合作制改组的国有企业，该酒楼250名职工共投入现金127万元，使个人股占了企业总股本的49%，改变了企业原有单一的产权结构，使国有企业产权结构多元化走出了一条新路。

在深化改革开放、加快经济发展过程中，越秀区的民营企业经济迅速发展。但是，由于前段时期业主对“姓公、姓私”所有制问题的顾虑以及一些政策尚未放开，很多私营企业在初创阶段纷纷寻找主管部门“挂靠”，工商注册登记为集体所有制企业。这一方式既有利于尚处于初步的市场监管，有利于壮大区街经济，但也带来企业性质与形式不一致，发生经济纠纷会给主管部门带来连带责任的问题。越秀区委认真贯彻落实邓小平南方谈话精神，消除所有制“姓公、姓私”问题的顾虑，明确企业产权制度及其表现形式的改革方向。1995年和1996年，区人大常委会组织有关工委会专题调研全区挂靠企业状况以及区街公司与挂靠企业的关系问题，先后写出《全区挂靠企业的现状调查及对策建议》和《对区街公司与挂靠企业之间有关责任问题的初探》的报告，有关的对策建议被区政府采纳。区政府决定逐步引导企业规范注册登记，对于已挂靠企业逐步进行变更所有制性质登记和建立健全法人治理制度的改革。

二、推进劳动就业制度和社会保障制度改革

社会主义市场经济机制的形成和发展，不可避免地带来劳动力就业情况的快速变化。越秀区委、区政府坚持从关心群众生活、维护城区社会安定的目的出发，进一步培育和发展劳动力就业市场。逐步健全劳动就业服务保障体系。积极推进以养老保险、失业保险为主的社会保障制度改革，依托广州市社会保障体系，尽快形成与全区经济社会发展水平相适应的多层次社会保障体系。

在20世纪90年代，越秀区每年新增失业人员1万人左右。为保障职工的劳动权益，1993年起，越秀区劳动局设立劳动监察科，实施劳动监察检查。劳动监察部门保护劳动者与用人单位的合法权益，严格监督检查招用工、签订和履行劳动合同、职工工资支付、社会

劳动保险、职工福利执行、职业中介机构执行劳动法律法规的情况；监督指导劳动保护和职业培训工作；受理对违反劳动法律法规行为的检举、申诉和控告；处理因劳动纠纷引起的集体上访、罢工等突发事件；履行国家法律、法规规定的其他监察职责。与此同时，为妥善做好劳动力的市场调节，1994年，各街道建立起劳动服务就业机构，统一设立劳动事务所，为城镇待业人员、下岗职工介绍工作。

1992年，越秀区劳动局和区人事局合办劳务集市；1993年，区劳动、工商、税务部门和人才交流中心合办第三产业劳务集市；1995年，全区重点为富余劳动力、失业人员举办劳务集市，后来统一改称“劳动力市场”。1993—1995年，区职业介绍服务中心与广州电视台创办了电视专题栏目《帮你找工》，为劳动力市场提供劳务人才信息交流的新形式，影响遍及珠江三角洲一带。1996年，越秀区认真贯彻市政府《关于实施再就业工程的通知》，组织区属企业劳资人员学习贯彻；加强失业人员就业形势教育，组织失业人员2800多人参加“同在阳光下，温暖满人心”等大型活动和劳务集市。与此同时，扩充区劳动局的职业介绍“窗口”，扩大就业招工信息栏，与广州日报社、羊城晚报社合作，审批招工单位在两报上刊登的招聘广告，提供劳务就业信息。按照“安置就业为主，发放救济为辅”的原则，建立了失业登记、发放救济、职业介绍、转岗转业培训，组织生产自救的“一条龙”服务，促进“再就业工程”的实施。

为协调市、区两级社会保险管理机制，1994年，区属企业职工养老等社会保险管理由原来的区一级统筹管理改为市、区一体化统筹管理，并且随着劳动制度的改革，相应建立与全市统一步骤的职工工伤保险、失业保险、生育保险和医疗保险。1996年，越秀区贯彻落实《广州市社会保险条例》，社会保险覆盖面逐渐扩大。全区参加退休养老保险的单位352个，在职职工14263人，退休职工17414人，扩大统筹净增2477人。根据市关于提高退休职工生活待遇的精神，于1996年7月将退休职工的退休金比例调升为13%，全民所有制企业退休职工月人均增加47元，人均退休金388元；集体所有制企业退休职工月人均增加30元，人均退休金254元。全区月增加退休金支出55万多元。1996年，全区参加失业保险企业单位273个，职工23266人，16406人领取失业保险金，发放失业救济金总额2678万元；参加生育保险单位341个，职工14547人，享受生育保险待遇138人，支付保险金额56万元；参加工伤保险单位247个，职工23632人，享受工伤保险待遇41宗，支付保险金额83万元。各种社会保险均参加全市一体化统筹。至此，越秀区基本建立起职工工伤保险、养老保险、失业保险、生育保险、医疗保障为支撑的社会保险体系，为保障劳动者的生活与健康，维护社会稳定，推动经济发展打下坚实的基础。

三、第九个五年计划的编制

“九五”（1996—2000年）计划时期是广州市贯彻落实邓小平南方谈话和党的十四大精神，用15年基本实现现代化战略任务，建成国际大都市的重要时期。1994年10月，越秀区委、区政府开始部署《越秀区国民经济和社会发展第九个五年计划（1996—2000）》（简称“九五”计划）的编制工作。工业、商业、外经贸、城市建设、城市管理、科技、教育、文化、卫生、体育等有关部门先提出“九五”分计划，由区计划局汇总草拟计划初稿，在广泛征求各个部门意见的基础上，形成了“九五”计划二稿，提交区委常委会（扩大）会议讨论。会议回顾“八五”计划的执行情况，总结了主要成绩及存在问题，分析了全区“九五”时期面临的形势，再次确定经济和社会指导思想、奋斗目标和主要任务及保障措施，由此修改形成了“九五”计划（草案）。

1996年1月23日，区委召开七届六次全体（扩大）会议。会议审议《越秀区国民经济和社会发展“九五”计划（1996—2000）》（草案），区委副书记、区长向东生代表区委作了关于制定越秀区“九五”计划（草案）的报告。区委书记朱振中作了《迎接新挑战，夺取新胜利，为全区实施“九五”计划创造良好开端》的报告。全会原则通过了《越秀区国民经济和社会发展“九五”计划（1996—2000）》（草案），决定由区人民政府提交区十一届人民代表大会第四次会议审议。1996年3月25日，越秀区第十一届人民代表大会第四次会议审查批准了《越秀区国民经济和社会发展“九五”计划（1996—2000）》。

“九五”时期，越秀区委、区政府坚持以邓小平建设有中国特色社会主义的理论和党的基本路线为指导，牢牢把握“抓住机遇、深化改革、扩大开放、促进发展、保持稳定”的大局，围绕广州市用15年基本实现现代化，建成国际大都市的目标；坚持全区加快经济新发展的新思路和“优二强三，兴商富区”的方针，进一步深化改革，挖潜创新，重造、增创新优势，培育和拓展新的经济增长点，发挥全区中心城区的区位优势、产业优势、历史文化资源发展优势和体制优势，保持经济持续、快速、健康发展，促进社会各项事业的新发展和加快社会全面进步；坚持区经济和社会发展的目标和广州市15年基本实现现代化，建成国际大都市的奋斗目标相适应，加快形成与广州市这一政治中心、商贸中心、金融中心、旅游中心和信息中心相适应的中心城区发展格局；坚持从实际出发，量力而为的原则，保持全区国民经济持续、快速、健康发展；坚持以经济发展建设为中心，加快经济发展速度，提高经济整体素质，增强经济综合实力；坚持推进经济体制和经济增长方式的根本性转变，为加快经济发展注入新的动力和活力，提高经济增长质量；坚持速度和效益的统一，既要加快发展速度，更要提高经济效益；坚持正确处理城市建设和城市管理与区经济和社会发展的关系，使城市建设和城市管理工作更好地为经济社会发展和服务；坚持“两手抓，两手都要硬”的方针，在加快经济发展的同时，切实加强精神文明的建设；坚持经济和社会协调发展，通过加快经济发展，支持和促进社会各项事业同步发展。

奋斗目标是保持经济和社会快速发展的好势头，大力提高区街经济发展，加快社会各项事业发展，增强综合经济实力，增强中心城区的社会功能，使全区与广州市建设现代化国际大都市对中心城区的要求相适应，把全区逐步建设成为商业服务业等第三产业发达的中心城区。具体设定经济增长和社会发展两个方面的奋斗目标。“九五”期间，生产总值年均递增22%，到2000年达到46亿元。工业总产值（按1990年不变价）年均递增15%，到2000年达到20亿元。商业营业收入年均递增16%—18%，到2000年达到115亿元。社会商品零售额年均递增18%，到2000年达到46亿元。利用外资实际投资额年均递增6%，5年累计3.4亿元。房地产开发竣工面积5年累计达到100万平方米以上。区属全社会固定投资规模累计达到70亿美元。财政收入年均递增10%，到2000年达到4.32亿元。到2000年，科技进步对工业增长的贡献率达到50%；六岁半健康儿童入学率达100%，特殊儿童入学率达98%以上，幼儿园入园率达98%。科技、教育、卫生、文化、体育、环保、人防、社区服务等各项社会事业的发展要达到作为广州现代化国际大都市对中心城区的要求。

越秀区扎扎实实地把“九五”时期区经济社会发展的指导思想和原则具体落实到经济社会的各项工作中去，切实做好12个方面的工作并取得实质性的成效。12个方面即进一步认识分阶段发展战略的重要性；进一步优先加快发展第三产业；进一步优化工业；进一步拓展对外经济贸易；进一步促进经济成分的多元化；进一步深化改革；进一步实施“科教兴区”战略；进一步多渠道筹集资金；进一步做好城市建设和城市管理；进一步强化社会治安综合治理；进一步加强精神文明建设；进一步加快社会各项事业发展。

越秀区委、区政府在深入学习贯彻邓小平南方谈话关于社会主义的市场和计划的新论断，依据党的十四大提出建立和完善社会主义市场经济体制的工作部署，结合全区“八五”时期的经济增长及当时的发展趋势，从全区经济发展的需要与各方面条件出发，按照统筹兼顾、突出重点、协调发展的原则，在广泛调查研究基础上制定的区“九五”计划，明确“九五”期间越秀区经济增长和社会发展两个方面的奋斗目标，为全区在21世纪的加速发展打下坚实的基础。

第　四　节
建设商贸旅游中心城区

历经2200多年，广州城市中心一直没有迁移，都在现今越秀区内。随着城市的快速发展，越秀区委、区政府意识到把越秀区建设成为商贸旅游中心城区，具有重大经济效益、社会效益和环境效益。全区以建设现代化国际大都市为目标。围绕建设商贸旅游中心城区的具体工作，开始了一场规模宏大、广泛深入的环境综合治理、净化美化越秀的行动，加快城市建设步伐，提升城市管理水平。

一、北京路等重点地段的环境综合治理

现有史料证明，至少在隋唐时期，北京路已是官府所在地。在南汉初年，北京路一带削山叠石，建造了礼仪性建筑“双阙”。宋代，“双阙”改为“双门”，北京路就称为“双门底”。明清时期，北京路周边成为广州老城的商业中心。因此，北京路是广州老城的主干道和中轴线，是展示广州市中心城区风貌的“窗口”，更是越秀区环境综合治理的重点地段。

为了把西湖路、教育路创建成为一条文明、卫生、繁华的街道，1994年初，越秀区专门成立北京路环境综合治理领导小组，制定了整改方案，以整治交通、市容、卫生为主要内容，以整治脏、乱、差为重点，着重解决车辆乱停放、乱占道经营、乱摆卖、市容卫生

差等问题，使此路段市容得到了明显改观。1994年7月，广州市委、市政府在越秀区召开了“清洁广州整治市容——北京街教育路现场会”。市委常委、宣传部部长朱小丹，市委常委、常务副市长陈开枝，副市长姚蓉宾分别作了讲话，会上，充分肯定了越秀区抓典型整治教育路的做法，并要求全市每条行政街都要抓出这样的一条样板路。[①]1995年7月8日，越秀区委、区政府组织开展军警民共建文明、安全、卫生、繁荣北京路样板路统一行动日活动，北京街、大南街、广卫街、泰康街、广州军区后勤部、武警二支队、武警市支队和市消防支队等单位共500多名军民对该路段进行卫生清理和“六乱”[②]整治。越秀区大力推进北京路等重点地段的建设和治理，力争打造全方位的“样板路”。1996年10月30日，国家、省、市社会用字工作检查组到越秀区内一些单位、路段检查评估，国家语委副主任孟吉平对越秀区辖内北京路商业一条街良好的规范用字环境给予了高度的评价。

西湖路、教育路卓有成效的做法迅速普及到各街道地区的综合治理工作中，1994年4月2日，副市长戴治国到越秀区重点检查了盘福路、法政路、东风路沿线一带的市容环境卫生和道路交通情况，就如何加强、改善区的城建、城管工作作了指示。1995年，越秀区根据城市管理发展的需要，结合地铁建设，逐步清拆占用马路开办的市场，解决占道路经营等“马路经济”问题，实现还路于民。4月13日，市长黎子流、常务副市长陈开枝等在越秀区召开市长办公会议，研究全区经济发展和城市管理等问题。市有关职能部门负责人、荔湾区的领导及越秀区委、区政府领导和区有关职能部门负责人参加了会议。4月16日，常务副市长陈开枝和市有关部门负责人，到越秀区检查米市路农贸市场拆除摊档，还路于交通的工作情况，并给予充分的肯定。

---

① 越秀区委办:《越秀信息》第20期，1994年7月26日。

② “六乱”：乱摆卖，乱堆放，乱张贴，乱拉挂，乱停放，乱搭建。

二、大力支持城市地铁建设

广州市地铁建设工程是广州城市建设的重点项目，自1987年开始规划，1993年启动一号线的用地拆迁工作。越秀区委、区政府以大局为重，把拆迁任务摆上重要议事日程，从思想工作入手，层层动员，统一认识，并通过深入调查研究，确定了化困难为机遇的总体思路，制定了一系列对策和具体措施，认真组织落实。

1993年2月24日，副市长石安海和市有关部门领导到越秀区现场办公。区领导汇报了地铁工程和东风路沿线改造对区商业的影响、房地产开发用地容积率低等问题，市政府领导提出了有关解决办法。越秀区大力支持城市地铁建设，承担经济和民生较大影响的行动得到人大代表的重视和支持。5月27日，广州市人大代表视察了越秀区，区领导分别介绍了越秀区经济发展和两个文明建设方面的基本情况。代表们通过视察研讨，向市十届人大第一次会议提出《关于解决东风路沿线扩建地铁工程对越秀区商业经济影响》等7件议案。12月28日，地铁一号线地下工程正式动工。越秀、东山两区的领导与市政府签署工程用地拆迁协议。

为了加快推进地铁工程用地拆迁，1994年5月21日，越秀区政府发出《关于成立广州市地铁工程建设指挥部越秀区拆迁领导小组的通告》。由区长向东生担任领导小组组长，下设办公室，并从区属各部门抽调了39名干部落实地铁拆迁安置有关工作。5月25日，召开越秀区地铁拆迁安置动员大会。会上，有关街道、部门、公司与区政府签署了责任状。越秀区承包下达的地铁拆迁任务包括西门口和公园前两个车站，共11块地，约70764平方米，其中西门口地块要求当年11月交出。区拆迁办颁布了关于地铁西门口站拆迁的奖励政策规定，与地段有关部门、街道、居委会签订了“军令状”，以加速搬迁进度。中山六路266号的居民住户以大局为重，于当日上午搬迁，成为地铁西门口站拆迁户动迁的第一户人家，受奖人民币1万元。此举也正式拉开了越秀区地铁征地拆迁的序幕。①

11月26日，越秀区西门口地铁首期建设用地交地仪式在中山六路西门口举行，区地铁拆迁办负责人与地铁总公司负责人共同签署了《地铁交接协议》。至此，地铁西门口首期建设用地提前5天交付使用。经过全区上下通力合作，越秀区在时间紧、任务重、资金不到位的困难情况下，较好地完成了第一、二期地铁建设用地的拆迁任务。

三、中心城区的建设与管理

越秀区委、区政府切实加强城区建设和管理，加快城市开发建设和旧城改造步伐，按照区街工作会议精神，理顺城市管理体制，层层落实城管目标责任制，完善和健全各项检查监督制度，实行量化管理。进一步充实城市管理力量，抓好街道城监中队建设，形成区、街两级城管网络。坚持城市管理"以块为主，条块结合"的原则，开展以治"乱"为主的综合整治，加强环境保护，提高城市管理水平。

城市开发建设与城市管理协调。"八五"期间，越秀区委、区政府切实加强了对房地产开发的职能领导和调控能力，以建设和改造旧城区为主导，把参与新城区建设和老企业厂房改造作为房地产开发的主体工作。坚持联合开发与自己开发相结合的方针：一方面争取外商投资，积极引导外资投向住宅和安居工程；另一方面根据自己的实力，选择适合的项目自己开发，提高开发效益。积极采取措施，搞好资金运筹，确保了泰康城广场、天宇广场、流花广场、越富大厦、鹏源发展大厦、嘉和苑、富宏花园等一批重点项目和在建项目按时竣工。

①《鼓励早搬迁　奖她一万元》，《羊城晚报》1994年7月15日。

全区加大城区建设和管理力度，完善城市管理体制，发挥区、街两级管理城市的积极性。正确处理发展经济与城管工作的关系，清理无证经营和违章经营，加大内街管理力度，促进城市管理和各项卫生制度逐步规范化、制度化、经营化，确保市容环境卫生和交通秩序有较大改观，美化、绿化、净化水平有较大提高。对全区的主要道路、人行路面和排水设施进行综合整治，较好地解决了“水浸街”和“路难行”问题。“八五”期间，全区完成固定资产投资11.45亿元，比“七五”期间增长1.25倍。其中以房地产业发展最为明显，5年完成投资额达9.47亿元，占全区投资额的82.75%。

越秀区根据建设现代化国际大都市和创建国家卫生城市的要求，贯彻落实《中共广州市委、广州市人民政府关于加强和完善城市管理的若干规定》的精神。在广州市开展的规划、建设管理工作“红棉杯”竞赛活动年度评比中，越秀区均获总分第一，实现“三连冠”。在广州市开展的“羊城环卫杯”竞赛活动中，越秀区两年夺得羊城环卫奖杯；1994年，越秀区囊括了竞赛活动全部7个项目的第一名。

随着深化改革开放，发展社会主义市场经济进程加快，越秀区委、区政府探索推行城市管理目标责任制取得显著成效。1996年4月10日，区政府召开越秀区1995年度城市管理工作总结表彰暨1996年城管目标责任状签订大会，区长向东生与各街道办事处主任签订了《1996年城管目标责任状》。区、街着重从四个方面加大城市管理的力度。一是着力整治内街。撤销了13条不符合开设集市条件的内街临时集市和摆卖点，取缔乱摆乱卖乱占道摊档1100多档，对火车站附近路段和区辖内饮食大排档占道经营及“三车”修理店的超占经营进行了重点整治。二是完善管理体制。继续以红、绿、黄、灰旗表示各责任单位城管工作的实绩，明责分权，把区公安、工商、市政、环保、规划、环卫、文化、卫生等部门在城市管理方面的一部分职能下放给街道，进一步明确了行政街道在城市管理方面的职责。三是抓好专项整治。在对户外广告的专项整治中，共清拆违章落地广告、灯箱招牌129个。此外，由区城管办会同公安、工商、环卫、城监等部门和光塔街组成10人的执勤队轮流驻点，对米市路无牌乱摆卖进行专项治理，使该路段市容环境和交通秩序明显好转。四是强化治乱工作。全年共取缔无证经营2.5万多宗，查处违章建筑125宗、违章占道6842宗，清理无主余泥垃圾70多吨，教育处罚单车、摩托车乱停放4万多辆次，拆除乱搭乱建23宗，清理乱拉、乱挂、乱张贴4.5万多宗。经过整治，区内街（巷）基本达到了交通顺畅、秩序井然、清洁卫生，为群众提供了一个良好的生活环境。

从1991年起，越秀区大力开展城市环境综合整治，投资1576万元，重点解决污染大户及饮食店档的废气、噪声扰民等问题。1993年第一季度，全区辖内的1063个烟囱已整改1055个，达标率99.2%；1098个噪声单位整改1020个，达标率93%。[①]1996年，越秀区继续实行环境保护目标责任制，开展城市环境综合整治定量考核，把好环保“三同时”审批关，严格控制新污染源，完成新污染控制项目和老企业的污染治理项目共158项，治理资金总投资392万元。在坚持依法足额全面征收排污费的同时，加强了对“烟尘控制街”和“噪声达标街”的复查、巩固、创建工作，超额完成了市下达的“双控街”的建设任务。在“八五”期间，烟尘控制区覆盖面积8.9平方公里，覆盖率达100%；噪声达标区覆盖面积5.81平方公里，覆盖率65.5%，全区19个街道中有13个建成“噪声达标街”。完成了区政府与市长签订的环保目标责任状。

越秀区城市建设和管理工作以创建国家级卫生城市为目标，在积极开展爱国卫生运动的同时，充分运用行政、经济、法律等手段，切实搞好城市管理的综合协调，加强市容环境的日常管理，下大力气治理脏、乱、差。在大规模的拆迁使城市管理难度增大的情况下，采取新对策，解决新问题和新矛盾，使越秀区的生活、工作环境有了大改观。

---

① 广州市委办:《每天快报》，1993年3月4日。

第　五　节
推进经济管理体制和行政管理体制改革

1993年3月，越秀区第七次党代会提出要按照党的十四大提出的建立社会主义市场经济体制的总体要求，以“转变职能、理顺关系”为实施内容，部署全区经济管理体制、行政管理体制和党政机构改革。在此期间，全区进行了党政机关和街道机构的改革，试行国家公务员制度，开展了对领导干部和部门工作的民主评议，大力发展新时期统一战线工作，完善政治协商制度，全面改革的深化取得了扎扎实实的成效。

一、建立和完善市场经济管理体制

1993年8月，越秀区糖烟酒副食品公司对基层店经营机制作大调整，将原来6个基层单位改为贸易发展公司，区糖烟酒副食品公司从单纯管理型转变为管理经营型。1994年8月3日，越秀区商业贸易总公司成立。越秀区商业流通机制改革以来，大胆创新经营模式，推进商贸业引进资金，增强了发展后劲。1996年12月20日，香港最具规模的百佳超市连锁集团与越秀区蔬菜公司合作的广州百佳超级市场在广州开业。

1992年，广州市工商行政管理局越秀分局增设市场建设科，并成立市场交易服务公司（后改称广州越秀市场经济发展总公司、广州市越秀区市场建设管理服务中心），负责市场建设。1994年，全区内市场建设实施开办主体、开办形式、经营主体、经营范围和经营方式的“五开放”，市场建设出现前所未有的好势头。1994年，越秀区进一步清理整顿党政机关自办的公司，区属各部、委、办、局自办的公司有10家，经区清理整顿工作领导小组确认后，全部撤销。根据国家工商行政管理局《关于工商行政管理机关与所办市场尽快脱钩意见的通知》要求，1995年9月，广州市工商行政管理局越秀分局与自办或参与投资的市场脱钩，政事分离，包括：机构分离，分离出来的市场服务机构，定为越秀区分局下属的事业单位，实行独立核算，独立承担法律、民事、经济责任；财务分离，市场服务机构的财政收入与支出，必须单独设账，设独立的财务机构和专门财务人员；人员分离，工商分局有权委派人员到市场服务机构工作，人员不足部分，由市场外聘；职能分离，市场监督管理机关和市场服务机构互有分工，监督管理机关主要监督检查市场执行国家有关法律法规情况、核发市场登记证、查处违法行为、参与制定市场建设规划等，服务机构主要做市场行政性工作，维护市场正常运作。

根据广州市人民政府办公厅《关于调整广州市工商行政管理体制的通知》精神和广州市工商局《关于更换区工商局及工商所名称牌的通知》精神，1995年2月28日，越秀区工商行政管理局更名为广州市工商行政管理局越秀区分局，并举行了挂牌仪式。4月1日起，区工商局属下的高第、西湖、康乐、流花、米市、豪贤、一德、长堤、瑞南等9个工商所的对外名称，由原广州市越秀区工商行政管理局xx工商所，改称为广州市工商行政管理局越秀区分局xx工商所。

1995年4月，越秀区财政局和越秀区税务局合署办公（称区财税局）；5月，区税务局分设为越秀区国家税务局和越秀区地方税务局，与区财政局分挂三个牌子，局领导一套人员，相应业务机构亦分设。1999年5月19日，越秀区财政局、越秀区国家税务局、广州市地方税务局越秀区征收分局正式分设；7月起，分三套机构、三套人员独立运作，国税、地税分别归市垂直管理。

1993年，按全国实施的新税制分配财政。1994年，实行分税制的分级财政，广州市对各区实行分税包干制，既保留原包干的主体，又在原“递增上缴”5%的基础上，再按1993年比1992年新增财力的12%调增上缴基数，继续递增上缴。越秀区财政按照“一要吃饭，二要建设”方针和全区经济发展战略，开源节流，精心理财。

二、适应新形势精简党政机构

1992年底，越秀区作为广州市区级机构改革的试点区，全面调查了区党政群机关及其内设科室职能，确定分三批进行机构改革。首批为区委、区政府35个工作部门，第二批是街道，第三批是财税、人大及政协机关和群团等18个单位。1993年，越秀区机构改革领导小组成立，由区委书记任组长，区长任副组长，领导小组下设办公室（简称区机改办）。1995年3月11日，越秀区委、区政府召开越秀区党政机构改革动员大会。改革后，区党政机构设32个，减少11个，编制上核定党政群机关人员总额832名；区党政群机关在职人数738人（不含公、检、法、司、规划、街道）；非常设机构由77个减至37个。通过机构改革，精简了党政机构，进一步转变了政府职能，提高了工作效率和服务水平。

1995年11月24日，越秀区委、区政府召开全区领导干部大会。会议传达贯彻省委第七届四次全体（扩大）会议和广州市第四次区街工作会议精神，动员、部署实施街道机构改革和街道党委换届工作。街道机构的改革按照“精简上层，充实基层，发挥街道管理城市、联系群众、服务居民的作用”的要求，实施“三定”①。明确街道党委的领导地位和办事处为区政府派出机构；政企职责分开；街道内设6个科室；机构配置行政编制20名，专项事业编制6名，集体所有制事

①“三定”：定职能，定内设机构，定领导职数。

业费人员控制在35名以下。街道企业通过创办经济实体或经区批准成立经济发展总公司，逐步实现政企分开；成立经济管理科，街道机关保留部分经济管理干部。1996年8月，街道一级机构改革基本完成，进一步明确了街道部门的职能，理顺了关系，充实了基层政权建设和经济部门力量，提高了工作效率。1997年7月，广州市对越秀区机构改革的最后一批单位完成验收。

1996年3月，根据《中共中央、国务院、中央军委关于（市、区）人民武装收归军队建制的通知》精神，区委完成区人民武装部收归军队建制工作。越秀区人民武装部正式收归为部队建制后，称中国人民解放军广州市越秀区人民武装部，隶属广州警备区，全体干部为现役军人，受军队和地方双重领导，工作性质和任务不变。收归军队建制后，下设军事科、政工科、后勤科。4月1日，广州市委在黄花岗剧院举行区、县级人民武装部收归军队建制交接暨授牌仪式。4月1日下午，越秀区举行了人民武装部收归部队建制的挂牌仪式。这是自1986年6月越秀区人民武装部改归地方建制近10年后，又重归军队建制。越秀区按照“便于领导、便于集中、便于活动、便于开展工作”的原则，加强民兵组织建设，在10个街道分别成立民兵应急分队。每年组织开展民兵集训和分训，民兵组织积极参加保卫巡逻与维护秩序，或应急出动和抢险救灾，做到“召之即来、来之能战”。在全区积极开展兵役登记工作，1991—1996年，越秀区连续5年被市政府评为“征兵工作全优单位”。

三、试行国家公务员制度和开展民主评议工作

对原有国家干部实行分类管理是中央关于机构人事改革部署的重大任务，1993年10月1日起《国家公务员暂行条例》正式施行。推行国家公务员制度是政治体制和行政体制改革的重大措施，其中非

政府序列的机关工作人员主要实行依照和参照实行公务员制度。按照《国家公务员暂行条例》的规定和国务院的统一安排，1993年10月，全区执行公务员的职级工资标准。1994年下半年，全区成立推行国家公务员制度领导小组，并设立办公室。领导小组和办公室制定了《越秀区推行国家公务员制度实施方案》。1996年5月8日，越秀区推行公务员制度和参照公务员管理领导小组会议召开，全面部署了区参照管理工作。1997年初，全区开始职位分类和人员过渡。至1997年底，首批23个单位的383名机关干部已经办理公务员过渡手续。

1994年5月24日，越秀区党政领导班子民主考评会议召开。会上，越秀区委书记朱振中、区长向东生等区领导分别代表区委、区政府、区纪委作了工作报告，会后分小组进行了民主评议。7月21日，区人大代表评议公安、司法机关工作动员会召开。区人大常委会主任吴必达作动员部署，区公安分局局长张一寰代表区公安分局表态欢迎评议，一德街代表联组介绍了1993年评议工作的做法。区委副书记、评议工作组组长沈继承代表区委讲话，市公安局副局长凌书法参加会议并讲话。9月8—9日，区人大代表评议区公安工作会议召开。参加评议会议的市、区人大代表共66人，被评议的有区公安分局全体领导等21人，会议由评议工作组副组长、区人大常委会副主任张克闽主持。区公安分局局长张一寰向人大代表汇报了区公安分局1993年以来工作情况，越华街等16条行政街人大代表联组和区人大的5个工委会分别对区公安分局的工作进行了评议。

1993年12月，区首次进行全区干部年度考核。1995年，区委制定《广州市越秀区二级班子领导干部年度考核实施办法》。此后，年度考核每年进行一次，于当年11月开始至第二年3月结束。考核的环节包括个人自评、民意测验、单位评议、区分管领导评议，经区年度考核领导小组考评后提交区委常委会会议审定考核等次，然后反馈给干部本人。年度考核的内容为干部的德、能、勤、绩、廉5个方面，重点是考核干部的工作实绩。年度考核的结果分为优秀、称职、基本称职、不称职4个等次，其中评为优秀等次的约占参加考核人数的15%。1996年，组织全区机关、事业单位8052名工作人员参加年度考核，被确定为“优秀”1066人，“称职”6700人，“不称职”6人，“告诫”13人，不定等次267人。

四、重视统战工作和完善政治协商制度

越秀区是广东省、广州市的政治、文化中心，有着悠久的历史传统，统战工作任务历来比较重，越秀区委一直十分重视统战工作，支持和帮助民主党派及无党派人士履行政治协商、参政议政、民主监督职能。区委每年组织民主党派、工商联和无党派人士举行民主协商会、情况通报会，区委作出每项重大决策之前都进行协商。区委统战部定期与民主党派举行“双月恳谈会”，鼓励和支持民主党派对区国民经济及各项工作的社会热点问题提出意见、批评和建议。聘请有专业知识的民主党派成员、无党派人士担任特约监察员、检察员、审计员、教育督导员，协助区监察局、区审计局、区教育局、区检察院（合称“三局一院”）开展工作。各民主党派和工商联与区政府有关部门建立对口联系制度，包括会议协商、领导走访、文件交换、检查及交流等制度，构成政府行政的整体协调性。

越秀区委坚持和完善中国共产党领导的多党合作和政治协商制度，加强同民主党派、人民团体和各界人士团结合作，支持区政协履行政治协商、民主监督、参政议政的基本职能，围绕区的中心工作，服务大局，为区的各项建设事业做贡献。区政协组织学习贯彻《中共中央关于坚持和完善中国共产党领导的多党合作和政治协商制度的意见》，制定贯彻措施，完善政治协商制度。区政协在每年的全体会议上，对政府工作、区国民经济和社会发展规划、财政预决算等大事进行协商议政，坚持每季度召开常务会议和参加区委、区政府的重要会议，听取区内两个文明建设、社会经济发展、重点项

目建设等工作情况通报，商议重大问题。就《越秀区国民经济和社会发展规划（1991—1995）》和《越秀区社会主义建设规划（1991—1995）》提出意见和建议。以“顾全大局、振奋精神、继续发展”、“加快发展外向型经济”和“依靠科技发展经济”为重点课题开展调查，提出了一系列建议和提案。1992年11月17日，越秀区委召开区政协工作会议，会上，区委书记林孟宽作《在中共十四大精神指引下，加强党的领导，努力开创区政协工作新局面》的讲话；区长朱振中作《同心同德，为加快区改革开放和发展而努力》的讲话；区政协主席陈矢云作《认真贯彻区委工作会议精神，努力开创政协工作新局面》的讲话。

1993年，经全国政协八届一次会议决议，修改政协全国委员每届任期为5年，政协越秀区委员会也执行相关规定。4月14日，越秀区政协第十届委员会第一次会议召开。参加会议的有政协委员244人，列席39人，市、区领导及来宾119人，特邀港澳嘉宾10人。市政协、区五套班子的主要领导等应邀出席。会议听取和审议了区政协第九届常委会工作报告和提案工作情况报告。政协委员列席区第十一届人民代表大会第一次会议，听取和讨论了区政府工作报告及其他报告。会议选举产生了区政协第十届委员会。选举林孟宽为区政协主席。会议要求，区政协工作要学习贯彻邓小平南方谈话和《中共中央关于坚持和完善中国共产党领导的多党合作和政治协商制度的意见》精神，围绕经济建设这个中心，以更大的胆量、气魄，进一步发挥自身的职能作用和独特的优势，增强参政议政的责任感，开拓政协的新领域，为加快区的经济建设和社会进步做出贡献。

1993年12月7日，越秀区委举行区五套班子党员领导与党外人士交友座谈会。区五套班子党员领导与27名党外人士交上了朋友，大家畅谈了对工作的认识和建议。区委帮助民主党派加强自身建设，支持民主党派发扬自我教育的优良传统，进行坚持四项基本原则、反对资产阶级自由化的教育，爱国主义、社会主义教育，民主党派同中共长期合作优良传统的教育。1994年6月22日，区委召开全区首次统战工作联席会议，区检察院等13个单位的领导和区8个民主党派、工商联负责人参加了会议。内容是贯彻落实中央有关文件精神，总结交流对口联系、特约四员和党外干部实职安排的工作经验，研究如何进一步加强这三方面工作，使民主党派及无民主党派人士更好履行政治协商、参政议政、民主监督职能，进一步强化统战工作，推动区政协为加快全区各项建设事业的发展做出新的贡献。

第 六 节
民主法制建设和精神文明建设成效显著

1991年2月19日，中共中央、国务院作出《关于加强社会治安综合治理的决定》。该决定贯彻了党的十三届七中全会精神，对社会治安综合治理进行了全面部署，要求动员全党全社会力量加强综合治理工作，促进社会治安状况稳定好转，顺利实现国民经济的持续、稳定、协调发展和现代化建设的第二步战略目标。越秀区委高度重视社会治安综合治理工作，落实社会治安综合治理目标管理责任制。推进民主法制建设和精神文明建设，全力维护好社会稳定和人民群众综合素质的全面提高。

一、社会治安综合治理与维护社会稳定

越秀区委认真贯彻执行中共中央、国务院《关于加强社会治安综合治理的决定》精神，通过落实社会治安综合治理责任制，建立健全治安防范网络，加强出租屋与外来人口管理，坚持和完善巡警制，建立警务专业与群众业余相结合的巡防队伍，建设群防群治技术网络，全力维护社会稳定。全区社会治安综合治理形势大为好转，人民群众对社会治安综合治理成效的满意度大为提升。以此为契机，推进了越秀区社会主义法制和社会主义精神文明建设。

越秀区委深刻认识并向全区党员干部反复强调，社会治安综合

治理是解决城区社会治安的系统工程，是实施国民经济和社会发展“八五”计划的重要保证，也是全区人民十分关心的大事。贯彻落实党的十三届七中全会精神和中共中央、国务院《关于加强社会治安综合治理的决定》，加强社会治安综合治理，不仅对于维护社会稳定很必要，而且对于加强民主与法制建设，加强社会主义精神文明建设，密切党和人民群众的联系，开拓具有越秀特色的解决社会治安问题的新路子，都具有重要的意义。

为切实加强社会治安综合治理的组织领导，1991年7月，越秀区社会治安综合治理领导小组改为越秀区社会治安综合治理委员会（简称区综治委），作为协助区委、区政府领导社会治安综合治理工作的常设机构（1995年1月，区综治委与区委政法委机关合署办公）。区综治委下设办公室，各街道也相应成立街道综治委。

1992年5月15日，省委常委、政法委书记方苞，市委副书记曾庆申到越秀区公安分局视察工作，对越秀区在改革开放的新形势下，科学地组织指挥警力，狠抓打击、管理、防范、综合治理这几个关键环节，坚持不懈除“七害”，取得较好成效，给予了充分肯定和较高的评价。1993年4月10日，越秀区公安分局被公安部授予“1992年度全国优秀公安局”的荣誉称号。

全区对严重影响社会治安的犯罪活动保持“高压”态势。1995年5月16日，全区禁毒斗争动员大会召开，会上，区法院对一批毒品犯罪案件进行公开宣判，对16名涉案被告人依法进行了判决。5月23日，广东省公安厅在越秀区召开全省部分地、市公安局参加的除“七害”斗争现场会，区委常委、区公安分局局长凌书法作了搞好社会治安和除“七害”的经验介绍。5月25日，越秀区社会治安综合治理工作会议召开。会上，区委副书记、政法委书记沈继承传达了省社会治安综合治理工作会议和市委工作会议精神，对越秀区的社会治安综合治理工作提出了四点要求：一是各级党政的一把手要高度重视社会治安综合治理工作，切实负起领导责任。二是充分发挥政法公安部门的主力军作用，加大“严打”斗争力度，坚决遏制重大刑事案件上升的势头。三是依靠社会力量齐抓共管，大力推进社会治安综合治理，不断提高总体水平和效果，并坚持重点治理，切实解决好社会治安的突出问题。四是坚持不懈扫除“黄赌毒”，突出抓好禁毒斗争，坚决刹住毒品犯罪蔓延的势头。区委书记朱振中在会上强调搞好社会治安，必须党政齐抓，党政一把手亲自抓，要抓好关键，落实好领导责任制；各级领导必须真抓实管，并在经费、机构、人员等方面解决社会治安综合治理工作中的实际困难和存在问题。会上，区属各街、局、公司负责人代表本单位与区委、区政府签订了社会治安综合治理责任状。1995年6月5日，区委召开全区禁毒工作电话会议，传达贯彻市禁毒统一行动工作扩大会议精神，对第二阶段禁毒工作做出部署，要求区各单位继续深入开展禁毒工作，务必取得实效。

1996年，越秀区委把强化社会治安管理纳入全区政法工作中，进一步加大力度，依法治理中心城区的社会治安问题。区公安机关开展“严打”斗争重点战役，共抓获犯罪分子1573名，其中刑事犯罪分子278名；打掉犯罪团伙76个，成员348名；查破刑事案件486宗，其中重特大案件195宗，占40%；缴获毒品海洛因34.68千克。

1992年起，越秀区先实行试点，后在各街道、各部门普遍实行以量化指标、计分考核、奖优罚劣为主要内容的综合治理目标管理责任制，具体措施落实到位。每年度，区委书记、区长与各街道、各综治委成员单位签订责任书，各街道、各综治委成员单位与属地的机团、企事业单位签订综治责任书；年底考核各街道、各综治委成员单位综合治理目标管理责任制的落实情况，实行“一票否决”制。实行了目标管理责任制的部门和单位，落实“谁主管、谁负责”原则，把任务层层分解，级级负起责任，基本上做到“看好自己的门，管好自己的人，办好自己的事”。区属各党委（党组）、区直各单位领导重视综治工作，坚持“两手抓、两手硬”的方针，全面加强社会治安综合治理。各街道多方面筹集资金，用于综合治理的硬件和软件建设。全区刑事、治安发案下降，社会治安明显好转，涌现出一批“无发生案件、无职工犯罪、无治安灾害事故”的安全单位，受到各级表彰奖励。1996年4月2日，越秀区委、区政府召开了全区政法工作暨社会治安综合治理总结表彰大会。区委书记朱振中、区长向东生分别与各街道党委书记、办事处主任签订了《1996年社会治安综合治理目标管理责任书》。

1992年10月，越秀区在全市率先建立巡警制，与报警指挥中心相结合，强化社会面上治安防控。区公安分局以防暴大队为主，派出所民警为辅，试行巡警制，形成以巡警为主体的三级巡逻防范网络，对全区40个警区开展巡逻。1994年起，区公安分局调动户籍民警承担社会面巡逻防范工作。1995年5月，巡警大队成立（为副处级机构），内设防暴大队（后改名特警中队）；各街道派出所成立巡警中队。1996年，巡警大队编制增员。区内群众普遍反映“有巡警上街，我们就有安全感”。

越秀区抓住治安的首要环节，宣传和发动群众，提高群众参与意识和自防意识。各街道把指导居民参与社会治安综合治理的资料和《致居民群众的一封信》发给辖内居民；居民群众出钱出力、关心治安蔚然成风。北京街聘请下岗工人组成夜间巡逻队，在辖内街巷夜间巡逻。广卫街在华宁里试行居民大楼治安自治管理，由大楼业主委员会组织力量，对大楼范围的治安、卫生等实施综合自治管理。大新街针对状元坊商业街的治安和防火情况，组成一支“红帽子”队伍，专门负责商业街内的治安消防工作。人民街完善区域联防队、夜间巡逻队、海珠广场治安巡逻队3支群防群治队伍，保障辖区治安环境稳定。区内各机团单位绝大多数都加强内部的安全防范，重视“人防、物防、技防”相结合。全区逐步形成以巡警巡逻为主体，各种联防执勤、保安队伍力量配合的区、街、居委会三级治安防范体制。

1991年初，越秀区逐步建立群防群治的技术网络，推广越华街设置电话报警点的做法，在辖内设报警点近600个，覆盖全区。1992年7月，越秀区公安分局在全市率先建成了区域性社会公安安全报警系统。该系统是越秀区一个多功能、全方位的电脑联网报警指挥中心，有480多个机团单位实现联网。1996年，全区投资460万元，建成“110”报警、技防报警、图像监控、通信调度、计算机网络五个系统，提高技术防控能力。

1993年下半年起，越秀区选择光塔街、解放中街作为试点，开展安全文明小区建设工作，其他街道各自抓一个社区为试点。1994年后，在全区铺开安全文明小区创建工作。1995年，全区实施第一个《越秀区安全文明小区建设三年规划》，区综治办、各街道以及公安、城管、宣传等职能部门，互相配合，积极开展协调推动、检查指导和培养典型小区等多项工作。1995年底，全区有61个小区92个居委会开展安全文明小区建设，地域覆盖面占全区205个居委会总数的45%，常住人口约20万人。流花街桂花岗小区、解放南街魁巷小区被命名为“广州市安全文明小区”。

二、“二五”普法顺利完成，依法治区全面启动

越秀区以推进“二五”（1991—1995年）普法学习和全面完成“二五”普法教育任务为重点，组织干部职工学习与社会主义市场经济有关的法律。1991年下半年，越秀区组织实施“二五”普法宣传教育，开展普法、学法、用法活动。“二五”普法教育以《合同法》《专利法》等专业法规为重点，立足行业普法，注重实效。全区抓好普法骨干队伍的培训工作，通过举办不同形式的培训班、讲习班，丰富他们的法律知识，提高他们的讲解能力，为开展群众性的法律知识宣讲工作做好充分准备；开展大宣传、大动员，营造强大的舆论声势和舆论环境，通过各种宣传形式，“二五”普法规划的内容家喻户晓，人人明白，进而变成广大干部、群众的自觉行动。领导干部增加学习《社会主义法制建设若干问题讲话》和《中华人民共和国宪法讲话》。越秀区“二五”普法工作通过了省、市普法部门的验收，全区36个党委和5个执法部门均达标合格。区普法办被评为“市普

法工作先进单位”，通过开展形式多样的普法宣传教育，有效地增强了广大干部职工的法制观念。

20世纪90年代前期，广州市的青少年违法犯罪呈上升趋势。越秀区针对社会重点群体开展法制教育，特别建立了越秀区青少年法制教育基地。由区综治委组织协调，区人大监督，区教育局、区司法局、团区委共同主办，分别负责拟制年度法制教育计划和教育内容、学校的教学计划具体组织操作实施、针对青少年特点的法律知识讲座、指导和咨询等。各学校聘请法制副校长，培训校外法制辅导员；团区委加强区内的团员、青年的法制教育；区人大、区综治委每年年底组织一次有关青少年法制教育基地工作开展情况的检查，检查结果纳入社会治安综合治理目标管理责任制的考核内容。

1996年，成立依法治区领导小组及其办公室，建立和完善责任制，加快依法治区步伐。区政府自觉接受区人大及其常委会的法律监督和工作监督，定期报告工作，政府组成人员以严肃、认真的态度向人大述职，并积极主动听取政协的意见和建议。1996年，办理人大代表议案、建议和政协委员的提案共245件，办理满意率为98%。区人大、区政府联合组织执法大检查，分别到有关单位检查了《中华人民共和国经济合同法》《中华人民共和国环境保护法》《中华人民共和国劳动法》《关于社会治安综合治理的决定》的贯彻执行情况和实施《中华人民共和国行政处罚法》的准备工作，监督有关单位健全和落实行政执法责任制，提高政府及其部门的依法行政水平。加强对行政执法人员的管理，建立和实行行政执法和行政执法监督检查证年审制度，认真办理行政复议案件，依法维护公民合法权益。做好清理规范性文件和行政复议工作。加强仲裁法律服务，为经济发展和社会稳定提供有效的法律保障。

三、社会主义精神文明建设持续推进

1996年10月7—10日，党的十四届六中全会在北京举行。会议主要讨论了思想道德和文化建设方面的问题，审议通过了《中共中央关于加强社会主义精神文明建设若干重要问题的决议》。12月30日，越秀区委七届七次全体（扩大）会议召开，学习贯彻党的十四届六中全会、市委六届七次全会和市第七次党代会精神，审议通过《中共越秀区委关于进一步加强社会主义精神文明建设的意见》，区委书记向东生在会上作了《坚持两手抓、两手都要硬方针，努力开创两个文明建设新局面》的报告，专题总结了越秀区近几年来的精神文明建设工作，要求各单位领导从战略高度认识精神文明建设的重要性，增强搞好精神文明建设的使命感和紧迫感，全面促进全区公民素质和城区文明程度的提高；切实加强领导，加大投入，为精神文明建设提供有力保障。越秀区委认真贯彻落实中央关于加强社会主义精神文明建设部署和要求，加强对社会主义精神文明建设的领导，围绕全面提高人文素质，培育“四有”新人，坚持突出重点与整体推进相结合，提高整体水平，努力创建文明城区。积极创新精神文明创建活动形式，坚持抓重点、创特色、争先进，全面提高全区社会主义精神文明建设水平，为加快越秀区改革与发展创造安定、和谐、团结的良好社会环境。

越秀区拓展“双拥”工作和军警民共建活动的广度和深度，进一步加强军政、军民团结，密切军政、军民关系。1992年，越秀区级及下属各街、局、公司全面成立了“双拥”领导小组，建立了军地联席会议制度、工作汇报制度和检查评比制度。区、街、基层（居委会）三级拥军优属服务网络不断完善，落实好优抚政策，积极为军烈属、优抚对象排忧解难。建立了各类拥军优属服务组织318个，有2万多人的队伍；从1990年以来的3年期间，区有关部门和单位共投入资金322万元，帮助部队解决实际问题8600件，为优抚对象解决实际困难6749件。部队也全力支持越秀区的两个文明建设，为有关活动提供了人力、车辆等支持，并为区国防教育提供教员、武器和良好的训练场地。由于军地双方共同努力，越秀区连续9年荣获广州市人民政府和广州军分区授予“征兵先进单位”称号，并被评为全国开展使用军地两用人才先进单位。①

1992年3月，越秀区党政负责人邀请区内驻军有关负责人，共商落实“同呼吸、共命运、心连心”的“双拥”工作措施，力争越秀区首批建成广东省“双拥模范区”。4月12日，全国“双拥”工作领导小组副组长、民政部副部长范宝俊一行在市、区有关领导陪同下，前往大南街“双拥”工作图片展览室、高第街工业品市场军民共建坊等视察，称赞大南街的拥军优属工作层次高、基础扎实，并为越秀区个体劳协题词：“越秀区个体劳动者协会为发展羊城经济作出更大的贡献”。6月22日，广州市召开首批双拥模范区、县，拥军优属模范单位，拥政爱民单位的命名表彰大会，越秀区荣获“双拥模范区”称号。6月29日，越秀区委、区政府召开荣获“双拥模范区”称号暨“双拥、共建”总结表彰大会，市委副书记曾庆申出席了大会。会议对双拥模范街道、拥军优属模范先进单位、拥政爱民标兵单位和军民共建先进单位进行表彰。8月29日，全国“双拥”工作领导小组副组长周文元，解放军总政治部群工部副部长邓先群，民政部优抚司司长李本公，市委副书记曾庆申等一行7人到越秀区检查、指导“双拥”工作，视察了大南街、高第街个协八分会及武警二支队。周文元一行对越秀区“双拥”工作给予很高的评价，认为大南街“双拥”做到社会化、制度化、规范化、网络化，尤其是“征兵、优抚、安置”一条龙服务的经验值得推广，并希望大南街早日进入全国“双拥”工作先进行列。8月29日，省委、省政府、省军区在广州召开

---

①《同呼吸　共命运　心连心——越秀区“双拥”工作蓬勃发展》，《广州日报》1992年3月27日。

广东省“双拥模范城县（区）”命名大会，越秀区被授予省“双拥模范区”荣誉称号。

1994年6月3日，省委、省政府、省军区在省政府礼堂召开广东省“双拥模范城（县）”命名大会，共授予全省32个市、县、区双拥模范城、县（市）、区光荣称号。越秀区再度被授予“双拥模范区”称号。这是自1992年以来越秀区相继获得省、市授予“双拥模范区”称号后，第三次获此殊荣，也是在双拥模范城（县）命名实行动态管理后首次命名中越秀区获得的荣誉。

1995年8月29日，市、区及广州军区后勤部有关领导，在区政府门前举行了越秀区获广州市“双拥标兵区”挂匾仪式。1996年，省委、省政府、省军区命名广东省双拥模范城县（市、区），越秀区再度被命名为广东省“双拥模范区”。越秀区委继续深化“双拥”工作，出新招，做实事，越秀区“双拥”领导小组审议了《越秀区随军亲属就业安置办法》《越秀区拥军优属保障基金筹集使用管理办法》及《关于预防和妥善处理军警民纠纷意见》，努力促进拥军优属工作取得更大成效。7月31日，越秀区举行庆祝建军69周年暨荣获广东省双拥模范区军民联欢大会。会议对40个创建省双拥模范区的有功单位进行了表彰和奖励。

越秀区抓好“创‘三优’①，建文明城区”和创建文明街道竞赛活动。1993年2月，经过验收评比，广州市第五批参与学习南华西街创建文明街道竞赛的11条街道全部达标。其中，人民街被评为文明街道，越华街成绩突出，获评市级文明街道优胜街。5月13日、区委、区政府召开1991—1992年度精神文明建设活动总结表彰大会，表彰了越华街等124个优胜、文明、最佳单位，100户文明家庭和100名区文明市民。1995年，广州市部署在全市开展“创‘三优’，建文明城”竞赛活动。越秀区发动30多个单位参赛。6月19日，区委召开了深化“创‘三优’，建文明越秀”活动暨创建文明街道表彰及复评

① 创“三优”：创优美环境，创优良秩序，创优质服务。

动员大会，市、区有关领导参加了会议。会议部署了“创‘三优’，建文明越秀”和文明街道复评工作，表彰了全区第六批参赛街。

从1996年开始，广州市在创建文明街道活动的基础上提升为创建文明城区活动。越秀区通过开展维修市政基础设施，“还路于民，还绿化于民”；加强环保执法，辖区“烟尘控制街”达标率100%；整治脏乱，区内面貌改观；维护社会稳定，社区综合治理工作覆盖全区208个居委会；重点抓党政机关、行政管理与执法部门、“窗口”行业的优质服务，倡导良好职业道德风尚，强化政德、商德、警德、师德、医德教育，推行便民措施，树行业新风，开展服务承诺制、文明服务礼貌待客等工作，推进全区的精神文明建设。北京街在两个文明建设中成绩显著，于1995年9月获广东省民政厅授予“广东省街道之星”称号，11月获民政部授予“中国街道之星”称号。1996年1月8日，市委常委、宣传部部长朱小丹率领市“创‘三优’，建文明城”竞赛活动总评检查团对越秀区“创‘三优’，建文明城区”工作进行检查，给予了高度评价。7月12日，越秀区召开创建文明城区动员暨文明街道复评总结表彰大会，全区参加竞赛活动单位通过市的评比，全部达标，其中3个街道被评为广东省文明单位，北京路商业步行街被中央宣传部确定为“全国文明示范点”。获得广州市文明街道标兵称号的4个街道及保持文明街道称号的11个街道受到奖励。

第　七　节
科教文体卫事业和社会事业协调发展

在深化改革开放，发展社会主义市场经济过程中，越秀区委、区政府把改革开放奋力推进到科技、教育、文化、体育、卫生事业和社会事业领域，在运用市场机制手段的同时，充分发挥政府的作用，努力满足人民日益增长的物质和文化精神生活需要，使科技、教育、卫生、文化、体育、环保、社区服务等各项社会事业的发展达到广州市作为现代化国际大都市对中心城区的新要求，为一方百姓造福，更快更好地推动经济和社会发展。启动“科技兴区”战略，推动经济发展；优先发展教育，促进教育强区建设；加强医疗基础设施，发展卫生事业；增加文化事业的投入，利用、改善和发展现有的文化阵地；实施“全面健身计划”，形成系统主办体育场地；落实计划生育基本国策，严格控制人口过快增长。

一、依靠科技进步推动经济发展

在广州市属各区中，越秀区率先提出“科技兴区”，强调科学技术工作以促进生产力发展为目的，持续加大依靠科技进步推动经济发展的力度。1989年6月，越秀区就制定了《越秀区经济、科技发展总体规划》，成立了科技兴区协调领导小组、科技信息中心、培训中心、人才交流中心、科技开发中心及科技顾问小组，各街也建立了科技站，工业、建筑业企业内成立技术科（股）。越秀区专业技术队伍迅速壮大，1993年底，全区具有专业技术职称的人员由5939名增至81444名。1993年6月，全区科技基金已达390万元、科技立项经费86万元，各街拨付科技资金共达336.32万元。技改项目96项，投入经费7041万元；科技三项经费项目8项，投入经费48万元；市、区科技重点项目43个，已取得经济效益的项目共创产值6153.11万元，利税880.31万元，创汇156.47万美元。全区民办科技实体从零个发展到24个，从业科技人员211名，其中高级职称56名、中级职称78名。1989—1992年，民办科技创业和科技管理部门共创产值2022万元，营业收入10314万元，利税572万元。

1992年6月25日，区委、区政府召开区科技工作会议，动员实施区委、区政府制定的《越秀区关于依靠科技进步推动经济发展的若干规定》；颁发了越秀区1991年度科技成果奖和优秀科技项目奖。《越秀区关于依靠科技进步推动经济发展的若干规定》主要内容：一是划出一定工业用地面积，作为科技开发小区，有计划地重点引进高新技术产业和技术密度较高、产品附加值高的项目；二是凡达到国家级或世界先进水平的产品，可享受高新技术产品政策优惠待遇；三是建立和完善企业技术进步考核指标和制度；四是区各街道配备好科技工作人员；五是建立三级科技基金制度，到1995年全区科技基金累计达到1000万元；六是区设立“科技兴街先进单位”“科技进步先进企业”等奖项；七是区科技三项经费从1992年起按区财政开支预算额的0.5%比例划拨，重点用于创新、技术开发项目。全区依靠科技进步推动经济发展的系列政策推动作用十分显著。1992年7月，在墨西哥城举行的中国实用科技及产品贸易展览会上，越秀区区街企业恒昌机器厂研制生产的电脑新型烫金机荣获世界金奖及证书，国家科委同时授予“金盘奖”。

1993年6月3日，越秀区委、区政府召开区科技工作会议，区委书记朱振中作“实施科技兴区五年规划”的动员，广州市师范学院教授秦寿康就《“科技兴区”规划》作说明。会上颁发了1992年科技进步奖、科技创业奖及首批“三项”评比活动的奖励。1994年，全区有10家企业被列入广州地区科技型企业100强。FM调频信息数据广播系统等两个项目列入全国新产品计划；CTB银行出纳终端机等三个项目被列入省、市火炬计划。

为贯彻落实中共中央、国务院颁发的《关于加速科学技术进步的若干决定》和1995年全国科技大会精神，1995年，区委、区政府制定了《关于加速科学技术进步的若干规定》。该规定的主要内容包括：明确各级党政第一把手抓第一生产力的具体要求；鼓励和帮助企业提高自主创新能力；强化人才激励机制，区财政拨款100万元建立科技奖励基金；多层次、多渠道增加科技投入；建立科技开发基地，区政府在竹料工业基地划出50亩土地作为区科技开发基地，以优惠价格和政策引进高新技术项目（企业）；加强街道科技站建设；大力扶持民营科技企业的发展；鼓励引进科技成果，改造传统产业；鼓励推广应用计算机管理；将教育专项资金（科技部分）全额用于发展科技事业。

1995年，全区新立科技项目10项，其中市星火项目1项。投入1300万元，实施技改项目15项，这些项目投产后每年新增产值1.8亿元，创利税2000多万元。大力发展科技型企业，加速科技转化为生产力，共发展22家科技型企业，使全区科技型企业达139家，营收创税比1994年增长1倍以上。7月27日，区委、区政府召开越秀区科学技术大会。会上，区委书记朱振中作了《实施科教兴区战略，加快全区发展》的报告，回顾总结近年来越秀区的科技进步工作，提出了今后科技兴区的主要任务。大会表彰奖励了区科技进步先进企业、先进科技站、科技管理先进个人，并授予黄敏、潘明生、陈进、伦厚基、董炽强等5人“1995年度区专业技术拔尖人才”称号。

二、深化教育改革，发展教育事业

在深化改革开放，发展社会主义市场经济过程中，越秀区委、区政府贯彻落实《中华人民共和国教育法》《中华人民共和国教师法》和《中国教育改革和发展纲要》，把改革推进到教育事业领域，促进办学体制改革，坚持优先发展教育，更新教育思想，全面推进素质教育。20世纪90年代中期开始，越秀区逐步实施以政府办学为主、社会各投资主体共同参与的办学体制，逐步开放教育市场，区内形成政府办学、公有民办、企业集体办学、私人办学等多种模式，初步形成学前教育、基础教育、非学历教育、成人继续教育、职业培训教育和特殊教育等多种办学层次、门类齐全、分布合理的终身教育体系。

1991年，全区开始实施《越秀区以教学为中心的学校教育整体改革规划》。1992年起，全区小学开设学科活动课程，安排语文和数学活动课。调动学生自主学习意识，培养兴趣，拓宽知识，强化实践操作，发挥个性特长，提高学生素质。有5所学校承担了国家教委4项科研课题。1995年，越秀区全面推行对学生的素质教育，坚持德育为首、五育并重的素质教育。实施《越秀区学校德育管理工作评估方案》，开展形式多样的教育活动，如学习《新三字经》系列活动，“敬老爱幼助残扶困”活动，培养学生“五自”能力活动等，促进学生德、智、体全面发展。全区学生三好率为37.91%，甲等操行率为97.6%，体育达标率为98.6%，犯罪率为零。区小学生参加市级以上各类竞赛获团体奖25项，个人奖387项（国际级7项、国家级171项、省级127项、市级107项）；获市教育委员会、市教育基金会颁发的国际、全国、省级体育、艺术、科技、学科竞赛优秀奖共105项，居全市12个区、县级市之冠。1996年，全区组成三级教研网络，其中以区的学科中心教研组为主力，主攻9个学科的教学改革研究。全区小学分成10个学区，成立10个一级教研网。1995—1998年，重点开展“优秀设计与实践活动”和深化“目标教学”的研究。

越秀区多渠道增加投入，改善办学条件，提高教师待遇。1993—1996年，区财政预算内教育经费拨款达18414.1万元，年均增长率达34.72%；投入1824.61万元，扩、加、改建学校13所，面积34358平方米，改善了办学环境，使办学条件日趋完善，教育质量得到稳步提高。越秀区还发动全社会参与广州市教育基金百万行专题募捐活动，广泛吸引社会各界人士参与到关心教育、关爱学习行动之中，支持越秀区教育事业。全国政协委员、广州市荣誉市民、香港圆玄学院主席赵镇东代表圆玄学院多次向朝天小学捐资共计810万港元，用于新建校舍及捐赠教学设备一大批。1995年4月12日，赵镇东率香港道教联合会石围角小学等12所学校的校长、主任到朝天小学参观访问。

区委、区政府十分关心教师生活，制定实施了《越秀区教师住房建设规划》。1993年起，共投入2086万元建、购教工宿舍1.11万平方米，改善了教职工的居住条件。1995年9月6日，区五套班子领导为桂花岗教师宿舍落成剪彩。该宿舍大楼分南、北楼，高9层，建筑面积6000平方米，可安排133户。

在全区加强教育硬件建设的同时，还推进了基础教育从应试教育向素质教育过渡的工作，注意把师德建设与教师业务素质建设结合起来，涌现出一批优秀教师和教书育人先进工作者。1996年，全区教育系统3人被评为广东省南粤教坛新秀，40人被评为市优秀教师和先进教师，131人被评为区优秀教师和先进教师。区小学教师参加广州市课堂电化教学设计，成绩居全市各区（县级市）之首。全区学生德、智、体得到全面发展。朝天小学、旧部前小学、小北路小学被评为省一级学校，云台里幼儿园被评为省一级幼儿园。[①]

经过全区上下共同努力，越秀区教育体制改革深入开展，有力

① 越秀区委办:《越秀信息》第23期，1997年9月11日。

地促进了教育教学管理上水平，促进了教学质量的全面提高；成人教育、幼儿教育得到进一步发展；逐步构建起既适应社会主义市场经济体制和现代化建设需要，又符合城区实际的办学体系，使越秀以教育强区的面貌跨进新世纪。1995年1月22日，国家教委公布了全国首批实现“两基”[①] 的县（市、区）名单，越秀区榜上有名。在“八五”计划期间，全区实现了普及九年义务教育，学龄儿童入学率连续5年均达100％。1994年，越秀区被评为义务教育先进区；1996年，越秀区被评为全国特殊教育先进区。

三、发展文体卫事业和社区服务，落实计划生育国策

“八五”期间，越秀区把繁荣城区文化作为“兴商富区”战略的组成部分，建设国际化大都市中心城区的重要标志。坚持一手抓繁荣、一手抓管理的方针，落实文化经济政策，大力提倡政府投入与社会办文化相结合，发挥政府投入主渠道作用，同时积极引导社会各界依法经营文化事业。充分发挥文化阵地的育人功能，努力改变街道文化站活动项目少、形式单调、质量不高、难以吸引广大群众的情况。区逐年增加对文化事业的投入，多渠道筹集资金新建、扩建和完善一批文化设施，促进文化阵地建设。

自1993年广东省第一次文化站达标评估以来，越秀区着重加强文化站阵地建设，使街道文化站总体水平明显提高。在1995年全省开展的第二次文化站达标评估活动中，全区文化站达标率由1993年的68％提高到90％。继1993年洪桥街、一德街文化站被评为省一级文化站之后，大新街、解放南街、越华街3个文化站被评为省一级

① “两基”：基本普及九年义务教育、基本扫除青壮年文盲。

文化站。加强图书馆的管理与建设。成功创办了全区第一家图书分馆——越华街分馆。建立了一批新的馆外图书服务点。区图书馆自1993年开始全部实行电脑化管理，1995年接待读者逾14万人次，外借书刊9万多册（次），均超过了1994年同期水平。积极开展业余文艺创作。1995年，越秀区共创作文艺作品540件，包括文学作品266篇、戏曲97首、摄影92幅、美术88幅。这些作品获奖达230项，其中全国奖13个。利用丰富的历史文化资源，开展以“爱广州、兴越秀、促发展”为主题的群众文化活动，推广《新三字经》《新增广贤文》。开展“读一百本好书、看一百部好电影、唱一百首好歌”活动，活跃群众文化生活。实施“南粤锦绣工程”，促进越秀特色文化项目发展。解放南街的粤剧，洪桥街的客家山歌，六榕街的插花艺术，东风街的小品、戏剧、书画等，在群众中都有一定影响。深化管理体制改革，加强社会文化市场管理，在人民、洪桥街试行“以块为主，责、权、利相统一”的管理模式，建立和完善区、街、居委会三级文化管理网络，确保文化市场健康发展。

为了迎接国家《全民健身计划纲要》的颁布和实施，越秀区加大群众体育工作的宣传力度，引导广大群众积极参加各项健身活动。1995年6月，在人民公园启动“95迎春‘121’工程”和全民健身活动，中心会场安排了太极拳、小学生韵律操、武术醒狮等8个项目的表演，各街、局、公司亦组织了具有娱乐性、趣味性的体育活动和体育游戏供群众参与。1995年，全区共举行各类职工体育比赛21项、39次，学生体育比赛14项、18次，促进了群众性健身活动的广泛开展。继1993年有5个街道被市评为首批体育先进街之后，1995年泰康、广卫、解北、大新、大南5个街道被市评为第二批体育先进街。1996年，掀起了群众体育活动的热潮。越秀区组办了6场全区性的运动会、20项比赛、18项活动。区先后获得广东省、广州市全民健身活动优秀组织奖，3个街道、4个单位被评为广州市全民健身活动先进单位，18人被评为先进个人。为促进全民健身活动广泛、扎实地开展，越秀区从辖内社区群众体育场地严重短缺的实际情况出发，着力开展便于推广的“越秀大众体育”自行创编系列项目的创作、展示表演活动。各街、局、公司共创编项目79项，经评议，其中11个项目获优秀创作奖。

越秀区积极向省市专业队输送优秀运动员，进一步提高训练水平和体育竞技成绩。1995年，向国家集训队输送优秀运动员2名、省专业队6名、市专业队10名、市中心体校24名。在代表广州市参加第三届城市运动会中，越秀区运动员共取得9枚金牌、4枚银牌、5枚铜牌的好成绩，居全市各区之首。参加全国比赛中，共有12人获3个第一、17个第二、5个第三、5个第四；参加省一级比赛，共有19人获25个第一、14个第二、11个第三；在广东省首届少数民族运动会上，越秀区派出17名运动员代表广州市参赛，取得男、女子毽球2个第一名，抢花炮第二名的好成绩。

进入20世纪90年代，越秀区适应深化医疗体制改革的需要，重点抓好医疗结构、服务结构、医药结构、技术结构和医疗网点布局的调整工作。重视医德医风教育，努力提高医疗服务质量，开办了一批有特色的专科门诊，既促进了业务发展，又提高了经济和社会效益。

自1991年开始实施城市人人享有卫生保健计划以来，越秀区按照广州市“2000年人人享有卫生保健”发展规划要求，区成立初级卫生保健委员会。各街道和有关部委办局成立初级卫生保健委员会，居委会成立初级卫生保健领导小组。1992年，区成立健康教育所，街道成立健康教育协会，居委会成立健康教育小组，区属各学校成立健康教育中心，区属医疗卫生单位成立健康教育领导小组，在群众中广泛开展宣传教育。越秀区先后被市、省、卫生部定为城市初级卫生保健试点区。1994年起，多次调整内部结构和网点布局，改造、合并地段医院和卫生院，并将其转型为社区卫生服务机构。完善了区、街两级初保网络和健康教育网络，普及社区保健，开展对公共场所、饮用水和食品卫生、工业企业有毒有害作业点等方面的卫生监督监测，强化环境保护。

1995年，区加强对初级卫生保健工作的领导，拨款45万元作初保达标工作专项经费，年末又增拨了140万元卫生经费，全面落实初保工作的各项措施，19个街道通过区组织健康教育的评审。1996年，越秀区通过卫生部和省、市对城市初级卫生保健试点工作的联合评审，10项评价指标总得分在90分以上（85分为达标），实现“城市2000年人人享有卫生保健”的规划目标，成为全国第一批初保达标的城区之一、广东省首个（全国第三个）达标城区。随后，西湖医院率先在居民区成立了社区医疗保健服务部，为居民群众提供医疗、预防、保健、康复一体化的社区健康服务，受到群众好评。

1996年，越秀区制定了越秀区卫生事业“九五”计划和2010年发展规划，并开始逐步实施。积极引进外单位（借助大医院）技术和管理的经验，开展劳动人事制度改革，以区级医院为龙头，专科医院为依托，实行以大带小，综合利用卫生资源。通过执法监督，落实了一系列的法律法规，进一步规范医疗卫生服务行为。区中医院被市中医医院分级管理评审委员会评为二级乙等中医院，成为老城区第一家达标上等级的中医院。区红会医院被批准为一级甲等医院。投入305万元扩建的区妇幼保健院，实现了“一无三配套”[①]，被市评为爱婴医院。为将区第一人民医院建设成为现代化区级中心医院，8月正式拆迁改建。在拆迁期间，区卫生局采取了以大带小、优势互补的措施，将区第一人民医院与广卫卫生院、洪桥卫生院合并，人、财、物调整充实到两家卫生院，实行一院两制，统一管理，从而迈出了医疗体制改革重要的一步。

从1991年起，越秀区委、区政府清醒认识到，社区服务业是在改革开放中发展起来的新兴社会服务业，必须把社区服务业作为一项重要工作来抓，逐步加强社区服务工作，基本建成多种经济成分并存、多种社会组织共同发挥作用、服务门类齐全、服务质量优良的社区公共服务体系。1992年起，全区探索在街道成立社区服务中心和智障人士辅导中心，开展社区基本公共服务。12月10日，解放

①“一无三配套”：无危房，业务及生活用房、医疗卫生技术人员、医疗设备配套。

中街成立社区服务中心。以此为标志，全区19个街道均成立社区服务中心和智障人士辅导中心，初步实现社区服务网络化，成为全市第一个所有街道都建立社区服务中心和智障人士辅导中心的行政区，形成了面向社会全体居民的多元化、系列化的社区服务体系。在1992年度的社区服务检查评比中，越秀区19个街道全部达到市政府提出的标准，获得市政府颁布的“社区服务达标街”奖牌，标志着全区社区服务走上了新台阶。

1993年8月27日，民政部、国家计委、国家体改委等14个部委联合下发《关于加快发展社区服务业的意见》，要求贯彻落实党的十四大精神和《中共中央　国务院关于加快发展第三产业的决定》，适应社会主义市场经济的需要，加快建立健全社会保障体系和社会化服务体系，推动社区服务业全面、加速地发展。1994年，全区各街道和社区居委会把兴办便民利民服务点作为为居民服务的具体措施，发展满足居民生活需要的服务网点，举办清洁服务、下岗人员职业介绍中心、家政家教、婚姻介绍服务、家电维修、送水服务、车辆保管、工疗站服务等多个服务项目。

随着广州市城市化进程加快，城区人口管理要求日趋完善和严格。区、街按省、市的要求，大力宣传计划生育是一项基本国策和控制人口过快增长的意义，积极宣传优生优育，落实好计划生育政策。

1992年，全区各街均成立计划生育办公室，配备3名专职干部；至当年底，全区计划生育专职干部增至68人。全区实行人口计划、统计、档案“三位一体”管理；并在市的指导下理顺了管理关系，有关的卡、表、报、册，全部归类管理。1995年，为加强计划生育工作，越秀区计划生育委员会改为计划生育局，设办公室、业务科；独立设置区计划生育宣传技术指导站，负责计生技术服务、避孕药具管理及病残鉴定、人口与计划生育基础知识教育等技术性、服务性工作。从1995年起，配合越秀区“条块结合”的电子政务建设，启动了全区计生管理和服务工作信息化建设。1996年，越秀区成立流动人口计划生育办公室，各街道成立流动人口计划生育协会，负责管理流动人口计划生育工作。

针对空挂户、待业户、拆迁户、个体户、私人车主驾驶员等计划生育管理的薄弱环节，1992年11月15日，越秀区发布《越秀区计划生育重点育龄妇女管理办法》，切实加强了重点人群的计划生育管理工作。1993年，建立越秀区婚育学校，各街道相应建立街道婚育学校。婚育学校运用电视、录像、面授等方式，把婚育知识传授给新婚学员，向学员提供避孕药具、优生优育资料，接受学员有关生育、避孕、育婴等知识的咨询，开展“五期”[①]计生知识讲座，为群众提供婚育知识的传授和服务。为进一步完善重点人群的计划生育管理工作，1995年初，越秀区发出《关于实施〈越秀区重点育龄妇女计划生育管理办法〉具体问题的通知》，使计划生育工作进入规范化管理。3月25日，按照市委、市政府提出的计划生育工作的目标要求，越秀区委、区政府1994年度计划生育总结表彰暨1995年人口目标管理责任签约大会召开。会上，区政府分别与区直属12个部门和19个街道签订了人口与计划生育工作目标责任书。各街道分别与辖内省、市、区单位和居委会签订计划生育责任书。经考核，全区19个街道均完成人口三项计划指标。

---

①“五期”：青春期、新婚期、怀孕期、育婴期、更年期。

第　八　节
加强社会主义市场经济条件下党的建设

在全党和全国人民贯彻落实党的十四大精神，建立社会主义市场经济体制的热潮中，越秀区委认真抓好党的建设，全面实施“堡垒建设工程”，在各级党组织和广大党员中开展争创先进的活动，切实加强领导班子和新时期干部队伍建设，健全纪检监察机构，加强党风建设，进一步提高党的战斗力，为越秀区改革开放的全面深化和社会主义市场经济体制的建立健全提供了坚强的组织保障。

一、越秀区第七次党代会的召开

1993年3月24—27日，越秀区第七次党代会召开，到会代表349人，列席人员24人，代表全区8383名党员。会议听取和审议了区委书记林孟宽所作《解放思想，开拓前进，为把越秀区建设成为社会主义现代化新城区而奋斗》的报告，听取和审议了区纪委书记徐干所作《切实履行纪检机关职能，努力为改革开放和经济建设服务》的报告。

大会认为，三年来，区委带领广大党员、干部和群众坚定不移地贯彻执行党的基本路线，以经济建设为中心，坚持“两手抓”的方针，积极推进改革开放，实现了政治稳定、社会安定和经济持续发展，完成了区第六次党代会提出的各项任务。

三年来，区委根据经济大环境和全区的具体情况，先后提出以“抓稳定、打基础、增后劲、促发展”的经济工作指导思想和“靠科学、打基础、促发展、上水平”的发展战略，逐步扭转了经济滑坡。1990—1992年工业总产值、商业营业收入、外经贸外汇收入、财政收入分别年均增长19.51%、16.77%、32.55%、8.66%。金融业存款余额和贷款余额三年平均增长分别为71%和45.8%。基建竣工面积共25.98万平方米，房地产开发建筑面积77.31万平方米，其中利用外资开发面积49.87万平方米。

围绕搞活企业这个重点，越秀区从改善外部环境和转变内部经营机制两个方面深化改革，在依靠科技进步、加快第三产业发展以及扩大对外开放等方面陆续制定了一系列政策措施。经济管理、调控、监督等部门相应制定了简政放权、为企业服务的有效措施，并进行了放开经营、股份合作制、组建企业集团的三项改革试点。

三年来，在全区党员中深入开展社会主义理论教育和党史党建理论教育，培训3200多人次。每年围绕一个主题开展创先争优活动，涌现出先进党组织129个，优秀党员293人，优秀党务工作者113人。三年来共发展新党员486人。基层党组织全面推行双目标管理。干部实行交流、下基层锻炼的制度。调整、配备二级领导班子356人，其中提拔137人。

三年来，坚持在广大干部群众中开展形势、政策和“双基”等教育，坚持开展创文明单位、军民共建等活动，“双拥”工作被省、市命名为首批“双拥模范区”。根据中央、省、市的部署，全区进行了首次企业政工人员专业职称评聘工作。

三年来，科技、教育、卫生、文化、体育等各项社会事业设施不断改善。1990—1992年，科技开发投入资金2607.2万元，创税利781.22万元，比前三年分别增加5.81倍和4.27倍；科技立项（市、区级）27项，比前三年增加14项。全区专业技术人员7670人，比1989年增加29%。教育总投资8447.22万元，比前三年增加85.92%。医疗、卫生、计生、城管、社会、文化等工作也有了新的进步。

三年来，越秀区先后召开人大、政协、工青妇工作会议，提出了进一步加强和改善党对人大、政协、工青妇工作领导的意见；抓好党外人士在政府部门担任实职的工作，有145名党外人士担任科以上的领导职务；在全市最先聘请民主党派、无党派人士担任特约检查员、监察员、审计员、教育督导员。制定和实施了区的“二五”普法规划和依法治区五年规划，总结推广了洪桥街基层民主建设的试点经验。坚持开展“严打”和除“七害”斗争，效果显著，受到省、市公安机关的肯定。

大会提出今后5年改革与建设的目标和任务：抓住机遇，深化改革，扩大开放，加大投资，依靠科技进步，优化工业，优先发展以商业、房地产业、金融业为重点的第三产业，加快经济发展的步伐，促进经济总体素质和综合实力迈上新台阶；“坚持两手抓”的方针，加强社会主义精神文明建设，加强民主与法制建设，加强城市管理，促进城区各项事业的全面发展。

经济发展主要目标：各项经济指标每年递增10%以上，进一步建设好太和岗和开发吉山、同德围等工业基地，组建一批竞争力强的企业集群或集团公司。1995年工业利润比1992年翻一番；再造商业新优势，积极扩大商业网点，拓宽商业发展渠道强化经营特色，建造5—7个大型商场和购物中心，利用外资改造老企业；房地产要有新突破，完成东风小区连片开发和开发新项目；形成一批一、二级开发企业和建安企业。加快发展外向型经济，使出口产品产值逐步提高到占全区工业总产值的35%。

大会选举产生了中共越秀区第七届委员会和中共越秀区纪律检查委员会。选出区委委员29名、候补委员4名，区纪委委员15名。1993年3月27日，区委第七届委员会召开第一次全体会议，选举产生了新一届的区委领导班子，选举区委常委11名，其中，朱振中为区委书记，向东生、孟霞、沈继承为区委副书记；选举区纪委常委5名，其中刘小骏为区纪委书记。

越秀区第七次党代会对六届区委三年来的工作进行了认真回顾和总结，根据党的十四大精神，提出了今后5年全区改革、建设的目标和各项任务，鼓舞了斗志，增强了信心，对加快越秀区经济社会发展，全面建设社会主义现代化新城区起到促进作用。

二、全面加强基层党组织建设

区委深刻意识到，在经济发展和各方面工作面临很大困难和压力的情况下，全区各级党组织能否团结和带领广大党员、干部、群众全面完成各项任务，关键是要加强自身建设，提高基层党组织的战斗力。为此，必须进一步加强和改进基层党组织建设。1991年，区党建工作会议审议通过《越秀区党建工作五年规划》，提出做好加强基层党建工作的意见，强调切实抓好支部班子建设和新时期党员队伍建设。1992年，区重新修订“五年规划”，把经济效益作为考核党建工作的重要标准。1994年，越秀区委认真贯彻落实《中共中央关于加强党的建设几个重大问题的决定》精神，制定《中共越秀区委关于贯彻党的十四届四中全会〈决定〉的十项规定》；明确围绕经济建设这个中心，抓住关键，努力提高党组织的领导水平；结合新时期党建工作实际，制定《越秀区集体企业和股份制合作企业党建工作意见》；强调在新的经济组织主要是“三资”企业和私营企业中做好发展党员工作。

1995年初，按照《中共中央关于加强党的建设几个重大问题的决定》精神和市委关于开展基层党组织“堡垒建设工程”活动的要求，区委决定用3年的时间在全区基层党组织中开展“堡垒建设工程”，并把这项活动作为加强党组织建设的一项重要举措来抓。越秀区委围绕推进“堡垒建设工程”，以整顿后进、薄弱支部和提高党员素质为重点，扎扎实实地开展富有特色的活动。根据广州市委《关于整顿后进支部的意见》精神，区委对全区738个党支部进行摸查分析，从中列出后进支部1个，薄弱支部83个，其中有条件但5年以上没有发展党员的支部60个，其他方面薄弱的23个。各单位认真落实好党建工作责任制，全面组织实施“堡垒建设工程”，通过开展支部书记培训、健全双目标管理制度、开展创先争优活动、做好党员发展工作及抓好后进、薄弱党支部的整顿等，促进实施“堡垒工程建设”取得阶段性实效。

区委加强和改进党的基层组织建设，以社区、党政机关、执法部门和区、街企业为重点，组织实施好“堡垒建设工程”和“新时期党员教育工程”，探索加强基层党组织建设的新路子，使基层党建工作更好地适应发展社会主义市场经济的要求。

认真抓好街道居民区党支部建设，重点推进居委会主任、支部书记“一身兼”。为了进一步落实广州市委提出的“居民区党支部要发挥领导核心作用”和《关于加强城区街道党的建设工作的意见》精神，越秀区委在重点推广德成街居委会专职基干兼任居民区党支部书记做法的基础上，强化党组织对居委会各项工作的领导，调整部分工作成效不理想或年龄偏大的支部书记。1996年，全区205个居民区中有196个建立了党支部，其中居委会主任兼支部书记的有120人，占总数的61%，比1993年增加了36.4%，有效地发挥了居民区党支部的领导作用。

理顺区直属机关党组织设置，保证机关党的工作正常开展。区委根据机构改革中区直机关的党组织变动较大的实际情况，理顺党组织设置。机构不变的支部要进一步健全支委会；支部委员调动的要及时补缺；新设的机构要同时成立党支部；机构撤并的要及时理顺归入有关党组织；从而发挥好区直属机关对基层党组织的带头示范作用。

发挥企业党支部的政治核心作用，促进企业的经营管理。有关基层党委根据深化企业改革和转换经营机制的过程，把抓好党支部建设与实施“堡垒建设工程”紧密结合起来，通过合理设置党支部，全面实行党政“一身兼”，配备一名副书记抓党建工作，调整支部班子结构，实现班子结构优化，促进企业党组织在经营管理中发挥政治核心作用。1996年，全区企业有664名在职党员，在生产一线的党员214名，管理人员327人，技术员和工程师123人。在161个企业支部中，支部书记兼厂长（经理）的有97人，占总数的60.2%。

做好新经济组织中组建党组织的工作，强化新经济组织中党的力量。1995年上半年，区委深入调查研究，制定了《越秀区关于加强外商投资企业党的工作的意见》，着重抓好开展党的活动和发展新党员的工作。区工商分局党委对全区的私营企业党员进行系统的摸查，分别成立了外商合作企业党支部、个体户和私营企业联合党支部。至1998年全区在新经济组织中发展党员7名。

加强对离职（流动）党员的联系和管理，使离职（流动）党员有了温馨的家园。全区有离职（流动）党员332名，建立离职党员党支部8个，共有党员149名，其余党员由户口所属居委会党组织管理。在对离职（流动）党员的管理上，各党委都能根据形势的要求，结合实际，支部的组织生活形式多样，制度健全，管理工作日趋正常化。

1992年起，越秀区各级党组织广泛深入开展创先争优活动，形式多样，具有一系列新特点：一是围绕经济建设中心，开展“奉献在岗位”竞赛。二是结合创先争优开展正、反两方面的典型教育活动。三是创先争优与服务基层、服务群众紧密结合。四是在创先争优中进一步坚定党员的社会主义信念。[①]1995年，全区基层党组织围绕“塑造共产党员新形象”、“双学双建”活动等主题开展创先争优活动。各公司党委开展“学业务、比技术、当能手”竞赛，街道、机关党委开展“三闪光”[②]和“三个一”[③]活动。全区共有32个党委、总支结合本单位的实际，宣传展示优秀共产党员形象，通过各种形式赞颂身边优秀共产党员的事迹，使党员的形象具体化、生动化。区委结合庆祝“七一”活动，表彰了一批“杰出党员岗位能手”“优秀党员领

---

①《越秀区党组织创先争优活动有新特点》，《广州日报》1992年5月13日。

②“三闪光”：党员在本单位闪光、在本职岗位闪光、在社会活动中闪光。

③“三个一”：创出一项优异成绩，掌握一门过硬本领，培养一名要求入党积极分子。

导干部”“优秀党员企业家”“优秀党员专业技术人才”“优秀共产党员”“优秀党务工作者”等，弘扬先进，树立榜样。

三、加强领导班子和新时期干部队伍建设

为深入贯彻党的十四届四中全会及区委七届四次会议精神，进一步加强对二级班子领导干部的管理，越秀区委制定《二级班子领导干部年度考核试行办法》《二级班子领导干部请销假制度》等，从制度上巩固领导班子建设的成果。抓好各级领导班子换届后的巩固工作，对换届选举中留有空额的班子，按班子应配备数进行了补充；对班子结构不够合理的，进行调整，进一步完善班子结构。同时，为区的各级班子物色、选拔并调整充实了一批优秀年轻干部，使全区各级领导班子的成员结构得到进一步完善，整体素质得到提高，领导改革开放和现代化建设的能力有所增强。

1994年12月6日，越秀区委召开区领导班子建设经验交流会。在会上，大新街、北京街党委介绍了加强领导班子建设的经验。1995年2月，召开区委七届五次全会，明确必须按照“团结、开拓、务实、廉洁”的要求，进一步加强各级领导班子的思想作风建设。充分发挥领导班子的整体效能和群体优势，努力提高党组织的领导水平。各单位围绕“抓学习、学楷模、倡自省、强监督”四个环节，突出抓好各级领导班子建设，具体要求做到“两提高、两加强”：提高政治素质，提高领导水平；加强团结，加强民主集中制。

20世纪90年代中期，为加快培养适应新时期发展的中青年干部，越秀区委决定开展大范围的干部双向交流、换岗活动。1993年9月17日，由区委组织部牵头召开越秀区干部交流动员大会，参加交流的干部、派出单位和接收单位的领导共100多人参加了会议，会议对干部交流提出具体要求。1996年1月，区委七届六次全会召开，要求

进一步提高领导班子的思想政治素质，加强领导班子建设；把培养选拔优秀年轻干部的工作摆上重要位置，加快工作步伐。要坚持“四化”方针和德才兼备的原则，进一步加强后备干部队伍的建设，重点做好优秀年轻干部的培养、选拔工作，逐步建立起富有竞争性的干部使用和激励机制，大胆选拔、起用年富力强、思想解放、政绩显著、为政清廉的创业者和实干家，使区各级领导班子的组成在年龄结构、知识结构、专业结构和人才结构上实现新的突破。

区委围绕经济建设中心，加强干部培训，注意把重点放在领导干部、青年干部和经济管理干部上，开办不同类型、不同层次的培训班，推选干部到省委、市委党校学习，参加外经干部业务培训，组织“经济理论研修班”和“干部进修班”学习，推动广大党员、干部尤其是领导干部更好地学习、领会和掌握邓小平建设有中国特色社会主义理论，并用以指导工作。区委还对干部培训工作进行了探索，在指导思想上，树立“大培训”观念，向广开渠道、多层次、多类型、快节奏、重实效转变；在培养训练对象上，分行业、多层次，把党政领导干部和青年干部作为培训的重点；在培训内容上，贯彻邓小平提出的“学习马列要精，要管用”的原则，结合工作需要，加大经济知识、政策和法律等学习内容。1995年，全区各部门举办的各种类型培训班共212期，22875人次参加了学习。1996年5月，区委组织部召开干部培训和知识分子工作领导小组会议，审议《越秀区干部培训规划》，审定《1996年越秀区机关干部培训计划》，提出做好区干部培训和知识分子工作的要求。

通过组织广大干部，特别是各级领导干部学理论、学经济、学管理、学科技，增强执行党的基本路线的自觉性、坚定性，提高社会主义现代化建设的本领，进而成为有知识、懂业务的骨干。

四、健全纪检和监察工作机制

越秀区委深入开展反腐败斗争，加强对党员、干部的廉政勤政、法纪法规、职业道德教育，增强廉政服务意识。继续抓好领导干部廉洁自律，重点清理解决车子、房子等群众关心的“热点”问题。加强基层站所负责人和国有企业领导干部的廉洁自律工作。强化监察、审计等职能部门作用，严肃查处违法违纪案件，坚决清除腐败分子，有效地遏止腐败现象的发生。

根据广东省委要求，越秀区委自1992年开始，每年7—10月，在全区范围内开展纪律教育学习月活动，组织党员和公职人员围绕各个时期党的中心工作，开展学习党纪政纪法律法规、运用典型开展反腐保廉教育、召开领导干部学习会等形式的活动。1992年起，以学习党章和《中国共产党纪律检查机关控告申诉工作条例（试行）》为学习的主要内容，在全区党组织中举办以“廉洁奉公、勤政为民，争当两个文明建设的模范”为主题的教育活动。1994年起，以反腐保廉、增强纪律观念和廉政勤政意识为主题，以学习邓小平关于新时期党风廉政建设的论述和江泽民在中纪委三次全会上的讲话为主要内容。全区党组织突出“理想、信念、艰苦奋斗和加强民主集中制”，开展了“四个一”[①]的活动，进一步加强反腐保廉教育工作。配合纪律教育学习月的开展，区纪委、区委组织部、区委宣传部联合摄制录像宣教片，通过真实记述越秀区近几年出现的正面、反面典型，提高教育学习效果。通过定期开展纪律教育学习月活动，进一步提高了各级党政领导和广大党员干部廉政勤政意识，逐步形成深入基层，廉洁自律，为群众办实事、办好事的良好风气。

① “四个一”：做好一个动员、上好一个辅导课、组织看一次录像、开好一次支部民主生活会。

1995年，仅公安、财税、房管、卫生4个局就收到群众表扬信269封，锦旗、镜框99件，有911人（次）拒收钱物达人民币230015元，港币4200元。

1993年9月23日，召开区委常委会（扩大）会议，制定《越秀区五套班子领导成员廉洁自律公约》，各区委常委成员对照中央关于领导干部廉洁自律的五条规定开展批评与自我批评。会后，区属各单位针对新时期廉政建设和反腐败斗争的新特点铺开相关工作。11月22日，区委组织6个检查小组，分别由区领导带队，到区环卫局、区工商局、区卫生局、区城管委、区公安分局、区税局、区房管局、区教育局、区文化局、区环保办和人民街、德成街等12个单位进行党风党纪、党建和反腐败斗争工作检查。在8—12月，越秀区检察院重点查处党政机关、司法、行政执法和经济管理部门工作人员贪污受贿犯罪案件，共依法立案侦查贪污、贿赂等犯罪案件13件、14人，侦查终结18件、23人，移交审查起诉13件、15人，移交审查免诉5件、5人，为国家和集体挽回直接经济损失11.73万元。[①] 反腐败斗争取得了阶段性成果。越秀区在重点抓好党政机关县处级以上领导干部廉洁自律的同时，把廉洁自律对象扩大到基层站所负责人和国有企业领导干部，通过民主生活会形式，按规定对用车、用房、内部接待、借用公款等问题进行了自查自纠，并对重点问题进行清理和整改。公安、房管、工商、税务等单位在自查自纠中，针对群众反映较多的问题提出了49条相应的整改措施，收到较好的效果。

自1991年起，越秀区监察局聘请了由民主党派成员和无党派人士组成的特约监察员，每批聘请特约监察员5—6名，每期聘用2—4年。区有关部门制定了工作制度，明确特约监察员聘请的条件、职责、任务和待遇；定期向特约监察员通报反腐败工作情况，组织参加行风评议和专项检查；对受处分人员进行回访教育等。区特约监察员积极履行检查监督职责，参与监察活动，发挥好廉政监督作用。1993年

① 越秀区委办:《越秀信息》第2期，1994年2月4日。

6月，区纪律委员会与区监察局合署办公，实行一套工作机构、两个机关名称、两种职能的体制。撤销原有区纪委、区监察局的内设机构，改设办公室、纪检监察室、案件审理室、信访室（举报中心）、党风廉政宣传教育室、监察综合室（纠风办）6个机构。1995年，在全区19个街道设立了纪委办公室、监察室，设党委的局在保留公安、工商、房管、卫生、税务局原有监察室外，还在教育、建设、环卫等局中增设监察室。1996年，为强化依法推进“反腐保廉、依法治区”工作，越秀区反贪污贿赂局成立。

1996年4月17日，区委召开反腐败工作、组织工作、宣传工作会议。会议传达了中央、省、市的反腐败工作会议精神，区委书记朱振中对区的反腐败工作要求，坚持“两个不变”[①]，筑牢“两道防线”[②]，落实好“三项任务”[③]，坚持“四抓”[④]。区长向东生在会上也从政府的角度对反腐败工作提出了具体要求，提出要加强廉政建设，改进机关作风。9月16日，区委常委（扩大）会议召开。会议主要内容是：学习江泽民关于领导干部一定要讲政治的有关论述，贯彻省委、市委常委（扩大）会议精神，围绕“反腐保廉、依法治区”这个主题，以正反典型为镜子，联系实际，总结经验教训，提高认识，统一思想，明确方向和任务。区委书记朱振中在会上提了四点意见：一是提高认识，增强“反腐保廉、依法治区”的自觉性和紧迫感。二是切实加强教育和管理，进一步搞好反腐保廉工作。三是全区动员，进一步落实依法治区工作，要求从提高认识，加强领导，开展普法教育和充分发挥人大、政协作用等方面落实依法治区工作。四是坚持“两手抓”的方针，全面完成各项工作任务。

---

① 坚持“两个不变”：坚持指导思想、基本方针、基本原则不变，坚持“三项任务”的工作格局不变。

② 筑牢“两道防线”：筑牢思想道德防线，筑牢党纪国法防线。

③ 落实好“三项任务”：落实好领导干部廉洁自律，落实好案件查处，落实好纠风专项治理。

④ 坚持“四抓”：坚持抓认识、抓巩固、抓落实、抓深入。

1994—1996年，越秀区开展专项清理工作。一是清理领导干部住房。1994年，落实执行全区二级班子党政领导干部住房分配、装修、购房问题的有关规定，领导干部在住房分配前必须申报，经主管领导和区纪委审批同意后才能入住。1996年，区委制定了相关的补充意见，增加购买商品房的条件、手续、标准、审批办法和权限等内容，建立领导干部住房档案。全区有442位领导干部填写“领导干部住房档案资料”。1995—1997年，区有关部门审批领导干部调整住房申报185宗；1994—1997年，处理违反住房规定的县处级领导干部12人。二是清理公务用车。1995年，全区清理处级以上领导使用的超标小轿车3辆，并作转换或转卖处理；持公安牌的汽车8辆，除1辆归还公安部门外，其余7辆办理了更换民用车牌手续。同时，对区委、区政府党政领导一把手公务用车实行申报、备案制度；调整部分领导干部原来用车，填报“党政主要领导干部乘车情况登记表”和“使用特种车辆情况登记表”。1996年，全区检查贯彻领导干部工作用车调配制度、公务用车的管理制度、购车审批制度等。

越秀区通过开展执法监察工作，纠正部门和行业不正之风。初期工作重点是治理乱收费，包括中小学乱收费、医疗部门多收费等。1994年11月，区纪委、区监察局与物价局派员会同区特约监察员组成检查组，对区已停止或取消的36项不合理的行政事业性收费项目的落实情况进行检查。1995年，越秀区卫生系统治理药品回扣工作领导小组成立，实施了自查和重点抽查相结合，全面清查卫生系统各单位的购药程序、购药渠道、让利情况及个人收到折扣的处理方式、财务部门对折扣或回扣的会计处理方式等。1995年查处医药回扣的受贿案件2件，清理出违纪金额8万多元，追究刑事责任2人。为延续和巩固纠风成效，1996年起，区卫生系统针对存在问题，制定和落实了整改措施75条。1996年，越秀区纠正部门和行业不正之风领导小组成立，下设区纠风办，为常设机构。由区人大代表、政协委员、民主党派人士、特约监察员和工、青、妇等群众团体代表组成的行风评议团，先后对区工商、卫生、教育、公安、税务、建设、国土房管、规划、环卫、城监、人防、区政府办公室、环保、交通、物价、区劳动和社会保障、财政、民政、人口和计划生育等单位开展行风评议。行风评议团通过召开座谈会，实地调查，听取意见，收集建议，向市民发放“行风评议调查表”等了解情况。行风评议团向评议单位反馈意见，监督被评议单位整改存在问题。行风评议团对被评议单位实行投票评议，满意和基本满意率达96.88%。

区委、区政府通过坚持不懈地开展廉政建设，各级领导干部强化了公仆意识、服务意识，起好廉洁自律的表率作用。通过加强廉政制度建设，完善监督和自律机制，实行“两公开、一监督”制度，增加了办事透明度。通过开展执法监察工作，坚决纠正行业不正之风，制止“三乱”现象，保证了政令畅通。通过改进机关工作作风，建立和完善部门的岗位责任制和各项办事制度，简化办事手续，提高了办事效率。

第四章

增创越秀发展新优势
建设现代化中心城区

1997—2005年，是越秀区全面建设小康社会，推动经济社会可持续发展阶段。这一阶段，全区学习贯彻党的十五大精神，促进思想进一步解放，以江泽民对广东提出的“增创新优势，更上一层楼”和“在全国率先基本实现现代化”的要求统揽全局，实施“科教兴区、兴商富区、可持续发展”三大战略，推进商贸旅游中心区的建设，建成全市第一条实行全日制商业步行街；经济体制改革向纵深发展，全面完成企业经营机制转换的历史性任务，推进向社会主义市场经济体制的“两个根本性转变”，克服亚洲金融危机的影响，努力增创越秀区的发展新优势。

在这一阶段，区委、区政府切实加强对经济和社会发展的坚强领导和正确指导，通过深化城市管理体制改革，推动环境治安综合治理，全区城市环境和城市面貌实现了“一年一小变，三年一中变”，动员全民抗击传染性非典型肺炎，初步建成宜业宜居的现代化中心城区。区委党的建设力度空前，在全区基层党组织开展了“堡垒建设工程”、“建设跨世纪先锋队工程”、“三讲”[1]教育、学习贯彻“三个代表”重要思想、扎实推进“固本强基工程”、加强党的执政能力建设、保持共产党员先进性教育活动、“理想、责任、能力、形象”教育活动，深入推进党风廉政建设与反腐败斗争。

---

①三讲”：讲政治，讲学习，讲正气。

2005年10月，按照市委、市政府部署，推进区划调整工作，原东山区与原越秀区合并，新越秀区整合了原东山区、原越秀区各方面资源要素和区位优势，实现了强强联合，新越秀踏上发展新征程。

第　一　节
开创城区经济社会发展新局面

坚持中国特色社会主义道路，践行改革开放，开创城区工作新局面，必须进一步解放思想，加强党的思想建设。越秀区委广泛发动党员干部和职工群众学习宣传党的十五大精神，高举邓小平理论伟大旗帜，实现新一轮的思想解放，贯彻落实党的十五大对建设有中国特色的社会主义事业的跨世纪发展作出的全面部署。

一、新一轮思想解放

1997年2月19日，伟大的马克思主义者、无产阶级革命家、政治家、军事家、外交家，中国共产党、中国人民解放军、中华人民共和国主要领导人之一，中国社会主义改革开放和现代化建设的总设计师邓小平在北京逝世。噩耗传来，越秀区人民深感悲痛。根据越秀区委指示，区属各单位举行了悼念邓小平的系列活动。全区党员干部群众认识到，坚持改革开放的道路，发展中国特色社会主义事业，建设小康社会就是对邓小平的最好怀念。

中国共产党第十五次全国代表大会于1997年9月12日在北京召开。江泽民向大会作了《高举邓小平理论伟大旗帜，把建设有中国特色社会主义事业全面推向二十一世纪》的报告。这次大会是在我国改革开放和社会主义现代化建设发展的关键时刻召开的，是在世纪之交，承前启后，继往开来，保证全党继承邓小平遗志，坚定不移地沿着党的十一届三中全会以来正确路线胜利前进的大会。大会高举邓小平理论伟大旗帜，总结了我国改革和建设的新经验，把邓小平理论确定为党的指导思想，把依法治国确定为治国的基本方略，把坚持公有制为主体、多种所有制经济共同发展，坚持按劳分配为主体、多种分配方式并存，确定为我国在社会主义初级阶段的基本经济制度和分配制度。党的十五大对建设有中国特色的社会主义事业的跨世纪发展作出了全面部署，全区广泛学习宣传和贯彻党的十五大精神，进一步促进思想解放。

9月25日，越秀区传达党的十五大会议精神报告会召开，传达了党的十五大和十五届一中全会精神。会后，在全区掀起学习宣传贯彻党的十五大精神，促进新一轮思想解放的高潮。越秀区组织全区党员领导干部认真学习十五大文件，在领会精神实质的基础上，结合思想实际，进一步清除各种旧的观念和“左”的束缚，拓宽改革的思路，增强反腐保廉的自觉性。与此同时，举办了区宣传系统理论骨干培训班，对全区学习宣传十五大精神作出部署，并通过报告会、讲座、知识测验等形式，帮助全区干部群众领会党的十五大的精神，把学习不断引向深入。

11月20日，区委七届八次全体（扩大）会议召开。会议的主题是学习贯彻党的十五大精神和省委、市委全会精神，研究部署今后一段时期全区改革与发展的任务。抓住机遇，解放思想，开拓进取，团结求实，推进经济建设和各项事业的发展，以新的业绩迎接区第八次党代会的召开。区委书记向东生代表区委作《认真学习贯彻党的十五大精神，抓住机遇，开创我区改革开放与现代化建设新局面》的报告。报告动员全区党员和干部群众，高举邓小平理论伟大旗帜，强调要实现新一轮的思想解放，必须在四个方面破旧立新：一是克服“怕”的情绪，确立积极进取的改革观；二是破除“旧”的套路，确立适应市场经济的发展观；三是突破“左”的束缚，确立各种所有制经济共同发展的观念；四是消除“无为”思想，确立发展区位优势新观念。报告从全区的实际情况出发，提出了贯彻党的十五大精神的意见：认真学习十五大精神，把握精神实质，促进思想进一步解放；加大改革力度，突破难点，增强经济发展后劲；坚持“优二强三、兴商富区”方针，抓住机遇，促进经济持续增长；围绕中心，加强政策研究，进一步推进政府职能转变；推进民主法制建设，切实维护社会稳定；继续推进精神文明建设，繁荣社会主义文化；加强党的建设，改善党的领导；精心组织，做好换届工作。

在党的十五大精神指引下，越秀区高举邓小平理论的伟大旗帜，紧密团结在以江泽民同志为核心的党中央周围，带领全区广大党员、干部和群众，进一步解放思想，振奋精神，抓住机遇，排除困难，扎实工作，不断开创全区改革开放与现代化建设的新局面。

二、越秀区第八次党代会的召开

1998年3月23—27日，越秀区第八次党代会召开。全区360名党员代表出席了大会。会议的主题是：学习贯彻党的十五大精神，为把越秀区建设成为社会主义现代化新城区而努力奋斗。

区委书记向东生代表七届区委作《高举伟大旗帜，把握发展机遇，把我区现代化建设事业全面推向21世纪》的报告。工作报告回顾过去五年的工作，从1993年3月区第七次党代会召开以来，区委高举邓小平理论伟大旗帜，全面贯彻党的十四大和十五大精神，依靠各级党组织和广大党员，带领全区人民积极推进改革开放和现代化建设，开拓进取，艰苦拼搏，圆满完成了区“八五”计划，区“九五”计划开局良好。一是经济持续、稳定发展，综合经济实力进一步增强；二是经济体制改革不断深化，新的所有制格局初步形成；三是城市建设与管理力度增强，城市环境逐步改善；四是精神文明建设硕果累累，社会各项事业全面发展；五是民主法制建设取得新进展，全区政通人和政局稳定；六是党的建设进一步加强，战斗堡垒作用日益明确，党风廉政建设和反腐败工作不断向纵深化和具体化推进。

报告提出今后五年的奋斗目标和任务：今后的五年是跨世纪的五年，是完成“九五”计划的各项工作任务和制定实施第十个五年计划的五年，是关系越秀区未来发展的一个重要时期。香港顺利回归、十五大胜利召开、国民经济宏观调控取得显著成效，以及广州市地铁一号线即将开通，这些都正在或将给越秀区经济发展带来新的历史机遇。然而日趋激烈的经济竞争，特别是周边商业新区的崛起，使越秀区的经济发展特别是区的传统商业中心地位面临严峻的挑战。我们必须认清形势，抓住机遇，正视困难，勇敢地迎接挑战。同时，动员全区各级党组织、党员干部在今后五年内，必须以邓小平理论和党的十五大精神为指导，坚持“优二强三、兴商富区”的发展方针和“稳中求进、有效增长”的总体思路，进一步深化改革，扩大开放，充分发挥越秀区的区位优势、产业优势和人文旅游资源优势，构筑适应建设现代化大城市目标要求的中心城区的经济发展新格局，促进城区经济优化，扩大规模，上档次、上水平、上效益，保持持续、稳定、健康地发展；坚持和发扬两个文明一起抓的好传统，抓重点、创特色、求实效、争先进，进一步繁荣城区的社会主义文化，为把越秀区建设成为第三产业优势地位更加突出，综合经济实力明显增强，中心城区社会功能进一步完善，社会各项事业协调发展，人民群众的综合素质和生活质量显著提高，城区文明程度显著提高，民主、文明、繁荣、安定的社会主义现代化新城区而努力奋斗！

代表们经过认真的讨论，一致通过了区委的报告。大会选举产生中共越秀区第八届委员会正式委员33名，候补委员6名；选举产生中共越秀区纪律检查委员会委员17名。

3月27日，区委八届一次全会和区纪委一次全会召开。全体区委委员、候补委员出席了区委八届一次全会，区纪委全体委员列席会议。这次会议选举产生新一届区委常委11名。其中，向东生为区委书记，沈继承、刘毅东、刘小骏为副书记。区纪委一次全体会议召开，选举产生区纪委常委7名，其中刘小骏为区纪委书记。区委书记向东生表示要以对党忠诚、对越秀区高度负责的精神，创造性地做好工作，并向新一届的区委委员、候补委员和区纪委委员提出五点希望：联系实际努力学习，不断提高政治觉悟和领导水平；进一步解放思想，积极开拓进取；认真履行职责，真抓实干；加强团结，坚持民主集中制；弘扬新时期的创业精神，做廉洁自律的带头人。

越秀区第八次党代会是在跨入21世纪之际、全面实施“九五”计划的关键时期召开的大会，这次代表大会明确了未来五年越秀区改革开放和现代化建设的目标和任务，为建设民主、文明、繁荣、安定的社会主义现代化新城区指明了方向。

三、实施“优二强三、兴商富区”经济发展战略

1996年1月，区委七届六次全会通过了《越秀区国民经济和社会发展“九五”计划（1996—2000）》，确立“优二强三，兴商富区”经济发展战略，即优化城区的工业结构，大力发展第三产业，通过大力发展商业、服务业实现强区富民。由此，越秀区全力推进“优二强三，兴商富区”经济发展战略的实施。

区委、区政府坚持工业要在“机制优化、结构优化、产品优化”和“增强发展后劲”方面有新的突破，促进全区工业上规模、上档次、上水平、上效益，推动重点企业向集团化发展，走出优化第二产业的成功之路。

1998年9月，越秀区决定组建延安油漆厂企业集团，实行股份制改造。组建过程中，区委、区政府提出了实事求是、分开处置、逐步集中、稳定税源、企业优先、保持水平、委托代管、同步推进等八项原则及具体要求，为企业集团的顺利组建提供了保证，其中“稳定税源”“企业优先”“保持水平”等原则已成为全区企业改革所遵循的普遍原则。11月23日，越秀区第一家集团股份有限公司——广州市延安油漆集团股份有限公司正式挂牌成立。该公司是在原延安油漆厂的基础上，按《中华人民共和国公司法》规范改组，经广州

市人民政府批准，市工商局核准登记设立的。公司有固定资产1.3亿元，生产、经营场地占地面积5万平方米，拥有高、中、初级专业工程技术人员30多人，年产量过万吨，年产值和销售额超亿元，产销率达98%，在全国涂料行业50家重点企业中排名第20位，在省内同行中排前5名。广州市延安油漆集团股份有限公司的成立，标志着越秀区区街集体企业在进行产权制度改革、建立现代企业制度等方面有了新的突破，并将充分发挥其优势带动相关企业的发展，逐步成为集科、工、贸为一体的跨行业、跨地区的龙头企业。

1999年6月8日，越秀区人民政府召开越秀区重点企业命名大会，五羊制漆有限公司、深圳虎威制衣有限公司等27家企业被命名为1999年度区重点企业。区委、区政府提出明确要求：全区各经济管理部门、各街道都要切实加强对重点企业的协调、指导和服务，引导和扶持重点企业继续上规模、上档次，争取创造更好的效益。在区委、区政府的帮助扶持下，区街工业加大优化产业结构力度，促进产品升级换代，新办了一批高科技企业或高新技术企业，有效提高了竞争能力和规模效益。

新办富有竞争力的工商联合企业，形成区街工业系统经济新增长点，也是越秀区落实“优二强三”经济发展战略的具体措施。各街道工业公司以商业贸易为发展重点，“八五”计划期间，各街道工商联合公司发展第三产业企业715家。1997年1—9月，区属19个街道工业公司新办企业达1019家，与区街工业老企业数量之比为6∶1。新办企业利润总额为全区工业企业利润总额的43%，成为绝大部分街道主要经济来源。[①]

在“九五”计划期间，区街工业公司凡有条件的都已经向商业等第三产业转移。1998年5月，区政府工作会议决定举办首届广州（流花）服装节。8月13日，省委副书记、市委书记黄华华到越秀区检查工作，先后视察了延安油漆厂、白马商场、区工商局“办证一

① 越秀区府办：《越秀简报》第50期，1997年12月2日。

条龙”服务中心、北京路商业步行街、朝天小学、东风小区等，听取了区委、区政府的工作汇报。黄华华充分肯定了越秀区近年的工作成绩，并对越秀区今后工作提出了三点希望：一是千方百计把经济工作搞上去，努力完成全年的经济指标。二是“强三”要突出重点，抓好商业这个大头。“优二”要抓大放小。“强三”的重中之重是北京路商业步行街的建设，另外两个重点是以白马商场为代表的流花地区服装批发市场和中山五路、中山六路商业带的恢复。三是希望越秀区城市管理率先实现“一年一小变”。

1999年6月8日，大新街举办的首届皮革鞋材销售节在大德路丽日广场门前开幕，广州联发皮革商行等670多家企业向来自港、澳和闽、浙等地的1000多名客商展示和销售了1000多种产品。11月，“99广州（流花）服装节”在广州中国出口商品交易会开幕。这届服装节按照“讲规模，重特色，求实效”的总体要求，集时装设计、表演、研讨、贸易洽谈于一体，先后举办了设计大赛、动态展示、名牌展示、服饰大赛，组织了多场服装设计、研讨讲座，还首次在互联网上发布服装节的有关信息，以扩大辐射、方便交流和交易。服装节期间，总客流量达260万人次；主场共签订合同350宗，金额1.2亿元；主、分会场日均成交额达1.5亿元。“99广州（流花）服装节”的成功举办，进一步扩大了广州服装行业在全国的影响，为奠定广州服装批发的“龙头”地位发挥了积极的作用。2000年，全区工业公司的非工业营业额达1.26亿元、利润457万元，有效弥补了工业生产下滑的经济损失。2001年，各街工业公司大兴“商旅富街”，地处闹市的街道主办的商贸业发展迅猛，营业额、利润大幅上扬。广卫、六榕、洪桥、光塔4个街道的工业公司利润明显增加。2004年，广州市提出“退二进三”[①]策略，加快推进老城区工业布局的调整，区街工业企业基本迁离了老城区。

随着改革开放的深入，老城区经济结构逐步调整，越秀区的商

① “退二进三”：退出第二产业，发展第三产业。

业中心地位得到显著提升。全区坚持优先发展优势行业，拓展新行业相结合的方针，大力和加快发展能够充分利用全区“地利”的优势行业，如商业服务业、房地产和金融业等等，走多元化、多层次、高素质、具有地方特色的路子，积极拓展与全区三大优势行业相关的以及为区域经济和外向型经济服务的信息咨询、会计服务、法律服务、技术服务、物业服务、广告装潢、中介等新兴服务行业，增强中心城区的功能。

1997年，区委工作会议决定建设以北京路为核心的羊城商业旅游区及10条各具特色的商业专业街（即“一区十街”规划），区旅游局随即全面调查辖区内旅游资源。2月，区政府工作会议决定申报北京路商业旅游区，实行步行街管理，步行的时间为每周末双休日和节假日，步行范围为中山五路至惠福东路路段。9月25日，越秀区在西湖路举行“羊城商业旅游区”挂牌亮灯仪式，为开展旅游造势。广州市旅游局制定了广州市旅游总体规划，将越秀区内商务区域及广百、新大新纳入广州购物旅游区域；惠福东风味小食专业街、西湖路金筷子美食广场、广卫路餐饮小食等入选美食旅游专线；北京路商业步行区、西湖路—教育路迎春花市入选民俗节庆游专线；市博物馆、中山纪念堂、广州苏维埃政府旧址、海珠广场、东亚酒店入选近代专题游专线；广交会、东方宾馆、中国大酒店、对外贸易中心入选会议旅游专线。区内的宗教寺观、公园、五星级宾馆、北京路步行区、高第街等分别被纳入市中心区的“四条旅游活动带”和市区半日游、一日游专线。

1998年3月，越秀区第八次党代会提出经济发展“稳中求进、有效增长”的总体思路，调整商业街区的规划布局。4月，区决定投入500万—800万元，用于完成北京路商业步行街沿街店铺立面整饰、管线和广告招牌整顿等，改善步行街的投资环境。5月，成立越秀区专业街建设工作领导小组，组织摸查全区专业街发展状况，制定全区专业街发展规划。新发展了惠福路风味食街、解放路花卉街等一批专业街。1999年，区投入500万元，继续改善北京路商业步行街的投资环境。2001年，通过北京路商业旅游区发展的规划方案；并决定整治改造状元坊商业街等一批商业集市；2003年开始，建设改造一德路特色商业街，重新规划、布局市场设置，整饰房屋立面，调整经营业态，并以一德路专业街为契机，推动以沿江路、长堤大马路、一德路为主体的沿江路商贸区建设。

越秀区坚持“优二强三、兴商富区”的经济发展方针和“稳中求进，有效增长”的总体思路，依靠改革与发展，突出重点，统筹协调，从地利、改革、政策、科技进步、管理、人才方面挖潜创新，力促房地产业、工业优化、对外贸易、重点企业的规模和效益、发展新企业、建设专业街和发展个体、私营经济等工作有新突破，确保全区经济增长和各项经济任务完成。

四、第九个五年计划的完成

越秀区执行国民经济和社会发展第九个五年计划（1996—2000年）（简称“九五”计划）时期，经历了国际金融风暴的冲击和通货紧缩的挑战，以及经济体制上的深刻变革。“九五”时期，越秀区贯彻落实邓小平南方谈话和党的十五大精神，经济社会发展实施了“重塑优势”和“加快发展”两个阶段的发展战略，经济保持平稳发展态势，经济效益有所改善，社会各项事业有新发展，促进了“九五”计划各项任务的圆满完成。

“九五”期间，全区实现生产总值107.88亿元，年均递增12%；外贸出口总值2.11亿美元，实际利用外资2.53亿美元；财政一般预算收入20.62亿元，年均增长14.48%。二、三产业增加值占国内生产总值的比重分别为20%、80%。

“九五”期间，通过实施“一年一小变，三年一中变”工程，城区形象进一步凸现，人民公园、状元坊专业街的环境提升，流花地区、洪桥地区、沿江路综合整治等，成为越秀区城市建设与管理的新亮点。主要道路的占道市场全部实现入室经营。到2000年，全区拥有绿地189.2万平方米，绿化覆盖率达28.19%。

“九五”期间，越秀区中心城区的地位得到巩固和提高。建立并完善了商业流通体系、现代服务体系和立体交通体系，增强了商业、商务、政务中心的地位。进一步挖掘了丰富的历史文化资源，使越秀区成为广州市历史文化名城的象征和重要的对外窗口。五年来，商业营业收入达400亿元，年均增长15.6%，有8家大型商业企业营业额超亿元。

“九五”期间，越秀区体制改革继续向纵深推进。采取各种形式改革转制的企业达468家，占公有企业总数的86.3%，商业的5个国有公司本部建制改革已经启动。非国有经济在越秀区得到迅速发展，成为城区经济的重要支撑。到2000年底，仅在区内登记的个体私营企业已经达到18784家，初步形成了多种经济成分共同发展的格局。按照建立“两级政府，三级管理，四级网络”的城市管理模式，初步建立了城市管理新体制。社会保障工作卓有成效，初步建立了以养老、失业、工伤、生育为重点的社会保障制度，社保覆盖率达到95%以上。

“九五”期间，越秀区社会事业发展实现新的跨越。科技创新和高新技术产业加快发展，1999年，越秀区被评为“全国科技工作先进区”。教育工作以全面推进素质教育为目标，加快教育现代化和信息化建设，全面完成薄弱学校改造。2000年，全区适龄儿童入学率和小学升中率均达100%，城区居民人均可支配收入13966元，人均居住面积13平方米，城镇登记失业率控制在3%以下。人民生活开始进入富裕水平。

“九五”时期，越秀区坚定不移地执行两个文明建设一起抓的方针，在物质文明建设获得较快发展的同时，精神文明建设也取得了显著的成就。实施“四大工程”①，有力地促进了全区精神文明建设

① “四大工程”：理论武装“红棉工程”、文明城区“形象工程”、群众文化“金穗工程”、敬业文明“光彩工程”。

整体水平的提高，市民的现代文明素质和城区文明程度显著提高。全面实施“依法治区”方针，建立和完善“依法治区”体制和监督机制，“三五”普法工作顺利通过验收。国防教育和国防动员以及“双拥”共建工作都取得很好成绩。

经过五年的奋斗和建设，在全区人民的共同努力下，越秀区“九五”计划圆满完成，综合经济实力迈上了一个新的台阶，社会各项事业也获得了长足的发展，为实施“十五”计划打下了坚实的基础。

第　二　节
完善社会主义市场经济体制

1995年9月，党的十四届五中全会通过《关于制定国民经济和社会发展第九个五年计划和2010年远景目标的建议》。全会指出：要实现从传统的计划经济体制向社会主义市场经济体制，从粗放型增长方式向集约型增长方式的两个根本转变。越秀区委从中心城区的历史发展和实际工作经验中深刻体会到“两个根本转变”的重要性和迫切性，主动调整发展策略，转变管理手段，营造良好投资环境，发挥地域优势、区位优势和资源优势，实施“科教兴区”“依法治区”“可持续发展”战略，推动商贸旅游中心区的建设，建设适宜创业和居住的现代化中心城区。

一、迈向社会主义市场经济体制的根本性转变

经济基础的变革必然带来上层建筑的改革。随着越秀区内企业改革不断深入，市场经济体制机制逐步形成，国家宏观经济管理体制，特别是与经济紧密相关的政府职能部门的改革已经迫在眉睫。1998年3月，越秀区第八次党代会决定进一步深化城市管理体制改革，逐步建立起与发展社会主义市场经济相适应的城市管理体制和运作机制，推进经济体制改革，促进城区经济社会全面发展。

越秀区加大行政管理工作改革力度，规范和简化办事程序，缩

短办事时间，增加办事透明度，把优质服务与加强管理结合起来，促进经济的健康发展。1998年6月10日，越秀区在全市率先建立企业注册事务受理大厅，大厅内共设有12个项目16个窗口，工商、公安、环保、卫生、防疫、城管、财税、文化等审批部门集中办公，为辖内企业注册登记提供“一条龙”服务，使办证时间缩短了2/3，因而受到了广大工商业户的普遍欢迎。2003年7月，越秀区投资服务中心揭幕。该中心以“一站式”向投资者和区内企业提供咨询、信息、办理证照等全方位服务，大大缩短从投资立项到跟踪、协调等审批全过程的时限。同时建立招商资源库，加大招商网络建设，吸引外商直接投资办企业。区投资服务中心成立半年来，在为企业提供信息咨询服务、协调解决经营困难、开展各类招商引资活动等方面发挥了积极作用；累计引进国内外投资项目7个，涉及金额500万美元、1.42亿元人民币。

为适应社会主义市场经济体制这一根本性转变，越秀区强化工商行政监管及其体制改革。1999年2月12日，越秀区有关部门向广州市工商局移交越秀区工商分局领导班子成员及相当职级干部名册、档案、考察材料，后备干部名单、考核材料等。3月1日，广州市工商行政管理局越秀分局举行挂牌仪式，自此越秀工商分局由广州市工商行政管理局垂直管理，为工商行政管理机关强化市场监管和执法力度提供了体制上的保障。

1999年，按照市的统一部署，启动财税管理体制改革。实施财税机构分设，将原三个牌子、一套人员的架构分设为财政、国税、地税三个牌子、三套人员，区国税局由市国税局垂直管理，区地税局由市地税局垂直管理。5月19日，区委、区政府在区财政局召开区财政局、区国税局、区地税局分设会议。实行机构分设后，区财政局进一步强化了财政职能，加强财政资金的调控和监督，努力促进各项城市管理体制改革。区国税局在着力完成年度税收任务的同时，积极推行税收征管改革，对增值税纳税人试行分类管理。区地税局积极推进地税征管模式改革，确保7月1日如期实施“属地征收”“各收各税”的税款征收管理方法。

2002年1月30日，广州市质量技术监督局越秀分局正式成立并举行挂牌仪式。广州市质量技术监督局越秀分局是市质监局的派出机构，自2003年起，负责管理越秀区产品标准化、计量、质量和特种设备安全监察工作。3月19日，广州市举行越秀区等8个区和广州经济技术开发区及直属稽查分局等10个药监分局挂牌仪式。

越秀区落实肉菜市场建设和改造任务，全面推行市场承诺制，做好“放心肉”和“净菜”上市等工作，拓宽市场监管领域，规范经营活动，维护市场秩序。1997年起，加快市场建设管理步伐，在区工商分局与430档出售蔬菜档主签订“净菜”上市协议书基础上，按照市政府的要求，推行“放心肉”上市工作，由大茅山肉联厂提供肉类产品。区工商分局举行以“放心肉”上市为主要内容的大型宣传咨询活动，并针对“放心肉”上市进行执法行动。1999年，全区各肉菜市场“放心肉”和“净菜”上市率均达100%，收到良好的社会效益。2000年3月24日，越秀区成立广州地区第一家肉类行业协会和“放心肉”肉品质量鉴定小组。越秀区通过强化肉菜市场网点布局的建设和管理，切实杜绝“私宰肉”的销售。

2001年起，根据市的统一安排，联合多个相关职能部门对肉菜市场、销售“私宰肉”的市场、档位以及周边地区开展专项整治行动，分别清理、查处了60多档和101户销售“私宰肉”的猪肉档和业户，查处“私宰肉”1500多公斤，取缔无证无照肉档27户；有80%的业户换发新的经营肉类的营业执照，162户重新核发卫生许可证。同时，越秀区实行市场巡查制和市场属地管理责任制，对辖区内有形市场进行监督管理，做好处理市场突发事件、食品安全卫生、安全防火、市场交易秩序的维护等工作，2003年5月起，按防治非典的卫生标准和指引，督促各农贸市场、熟食和饮食店档及其经营从业人员，落实做好各项卫生防疫措施，搞好市场内外、店档内外环境卫生，确保辖区内人民群众的身体健康。

2004年，越秀区在2003年完成广大、豪贤、惠福新街市三个试点市场升级改造的基础上，全面推进辖内室内肉菜市场的升级改造工作，先后完成了惠福西、大德、太平沙、仁济、大北、登峰、桂花、东风、米市、净慧、盘福等11个市场的升级改造。经过升级改造，越秀区室内肉菜市场的环境卫生有了较大的改观，设施设备进一步完善，商品档次和质量以及市场的整体服务水平均有较大的提高，升级改造总体水平一直走在全市各区的前列，多次受到市有关领导及市有关职能部门的充分肯定，深受市民的欢迎和好评。广州市室内肉菜市场建设领导小组授予越秀区“2004年度广州市室内肉菜市场升级改造工作优秀奖”的称号。2004年底，全区共有肉菜市场17个，成交额达1.31亿元。

二、推动区街企业全面转换经营机制

越秀区委、区政府以理顺产权关系，推进产权制度改革为突破口，对企业进行产权重组，用1—2年时间对全区企业进行全面清产核资。加快企业转制改革步伐，逐步向现代企业制度过渡，落实以产权制度改革为突破口的改革创新。

1996年起，越秀区试行涉及企业产权制度的改革。1997年2月24日，区委常委会会议审议通过了《关于加强我区企业改革的实施意见（试行）》。4月，区政府工作会议决定企业改革的落实部署，包括：建立和完善企业的激励机制和监督机制，推行厂长（经理）离任经济责任审计制度，试行厂长年薪制度，制定企业责任人退休政策等方面改革。至1999年，全区集体企业清产核资工作相继完成。为贯彻落实区第八次党代会关于进一步以产权制度改革为突破口，推进经济体制改革的会议精神，区委、区政府密集推出了企业整体改革方案，制定《越秀区集体企业产权转让（出售）试行办法》。

1999年11月18日，越秀区委八届三次全会召开。全会学习贯彻党的十五届四中全会和省委八届四次全会、市委七届六次全会的精神，研究区国有、集体企业改革与发展问题。区委书记向东生在报告中提出两点要求：一是认真学习，统一认识，开创越秀区国有、集体企业改革与发展的新局面。全区各单位要破除“无为”“无关”“无得益”等思想障碍，增强搞好企业改革的紧迫感和责任感。二是明确思路，突出重点，大力推进区国有、集体企业改革。在改革时必须坚持“三个有利于”的原则，坚持建立现代企业制度的方向，坚持有进有退，有所为、有所不为的策略，坚持因企制宜、一企一策等4条原则，着力抓好7个方面的工作：加大经济布局战略性调整和公有企业战略性重组的力度；以产权制度改革为切入点，进一步加快国有、集体企业转制改革；从加强管理入手，积极探索公有资产管理的有效形式；深化分配制度改革，建立有效调动企业经营管理者积极性的激励机制；继续推进政企分开，加快政府及其部门的职能转变；进一步完善社会保障制度，确保各项改革顺利进行；进一步加强党对国有、集体企业改革与发展工作的领导。全会在部署区国有、集体企业转制改革的同时，要求同步推进政府职能转变和社会保障制度改革。

2000年，越秀区委常委会会议通过《越秀区2000年经济体制改革工作计划》《越秀区商业系统国有公司改革方案》《越秀区工业企业改革总体方案》；通过《越秀区外贸公司本部体制改革方案》《越秀区信托投资公司停业整顿方案》等等。其中，越秀区推进国有企业所有权的转制改革措施是明确实行国有资产全部退出企业，不再承担企业的经营风险，企业与原管理公司的隶属关系脱钩，企业可租赁国有资产（如场地）经营，但不再保留原国有制身份。为此，越秀区商业局、区体改办、区商业系统5个国有公司组织筹划和指导国有企业转制改革，区委组织部、区财局、区国资办、区劳动局、区信访办予以大力支持，稳步推进企业体制改革。

2000年起，越秀区全面推进公有制企业完成转制。首先，国有商业公司转制，新组建成股份制企业。2000年5月22日，召开区长工作会议，研究区商业系统国有公司改革方案，听取了区商业局、体改办、国资办负责人对商业系统国有公司改革方案的情况汇报，确定了商业系统国有公司改革的原则。其后，区委常委会通过了《区商业系统国有公司改革方案》。5个国有商业公司本部按照“产权明晰、权责明确、政企分开、管理科学”的现代企业制度要求，全部实行转制，新组建成5个股份制企业。

其次，区街工业集体企业全部转制，形成新的企业管理层级架构。2000年8月24日，越秀区召开工业企业转制改革座谈会，区委书记向东生、区长沈继承等与有关单位负责人一起商讨工业转制改革中遇到的问题及如何加快企业转制改革的步伐。会后，区政府提出年内全面完成集体企业的转制，区工业系统直属企业转制改革全面铺开，改革的目标为：进一步明确企业资产归属，明确资产所有者的责、权、利；企业同上级主管部门的隶属关系脱钩；逐步转变职工身份，增强职工的竞争意识；老企业不再发生新亏损或新债务；推进社会保障各项改革工作，实现退休职工社会化管理；推动政企分开，促使企业在市场经济中实现自主经营、自负盈亏、自我约束、自我发展。改革的方法是实行“先易后难”“突出重点”“分类处理”“一企一策”“统筹解决”“保持稳定”策略，改革成本按企业、主管部门、区政府各解决三分之一的办法筹集。至2001年底，全区203家区、街工业公司直属工业集体企业全部完成转制，共计实行股份合作制企业16家、股份有限公司1家、有限责任公司2家，实行租赁承包经营的9家，出售、转让、重组的24家，关闭（停产、停业）的151家，占区直属工业企业总数的73.66%。而且全区形成了“区、街集体资产管理办公室—街道集体资产管理科—经营性企业”层级管理架构。

再次，国有经营性企业全面转制。2000年9月，区政府决定自1998年6月后实际上已处于停业状态的越秀区信托投资公司停业整顿，通过改革妥善解决公司的遗留问题。2001年8月23日，越秀区委、区政府召开区国有商业企业转制大会。原区属商业国有企业全部实行转制。至2004年末，全区全面完成区属商业企业的转制改革，区工业总公司转制改革，区外经贸系统企业改组、合并和转制改革，区住建公司改制，区房地产企业改组和合并。

越秀区落实企业产权制度的大力改革和大胆创新，达到了预期目标，使原来国有、集体企业转变为多种形式职工集资经营的企业；企业经营成为自主行为，随市场变化调整策略；经营者和职工的利益与风险同企业的经济效益结合得更紧密；企业建立股东会、董事会、监事会及其章程，制定内部经营管理制度，建立企业内部法人治理结构，使经营走向制度化、规范化，以搞活企业经营为核心的改革目标基本实现，社会主义市场经济新体制框架基本确立。

三、个体私营经济发展壮大

进入21世纪，越秀区的个体私营经济呈现专业化聚集发展。到2000年底，在区内登记的个体私营企业达到18784家，商品专业街基本上就是个体私营经济的“天下”。2001年12月16日，由越秀区个体劳协西湖分会自筹资金建设的新西湖夜市商场正式开业。区委、区政府因势利导，标本兼治，一方面致力提高专业街的档次，先后升级改造状元坊、高第街、米市路、昌兴大街、六榕路和濠畔街等专业街；另一方面引入行业协会进行规范管理，天成路、濠畔街、泰康路、米市路、流花地区等专业街相继成立行业管理机构，加强业户的防火安全、市容秩序、守法经营意识，同时协调商户自律经营。通过行业协会实现政府对企业的管理和引导，促进企业实现自我服务、自我协调、自我监督、自我保护、自我管理。

2002年8月23日，越秀区促进个体私营经济发展工作会议召开，会议表彰了43户私营企业纳税大户、100户先进个体工商户、50户先进私营企业以及5个私营企业先进党支部、8名私营企业优秀党员、5名支持私营企业党建工作先进个人。

2003年，推进注册制度的改革，企业注册登记实行网上并联审批；推行一审一核制，对部分无须前置审批的企业实行一人受理、一人审核；实行个体工商户歇业由工商所审核制，简化环节；建立信息发布制度和政府经济决策咨询制度，建立与一德路、北京路等商会定期联系制度，努力为企业解决发展中存在的困难和问题；为下岗职工和应届大学毕业生开通“绿色通道”提供优质服务，并落实国家规定的各项优惠政策。2004年，实施便民措施，优化营商环境。落实CEPA（内地与香港澳门关于建立更紧密经贸关系的安排）协议相关规定，实行中午不间断服务措施，完善“绿色通道”，设立港澳居民办照专窗，准时核发符合CEPA协议规定的391位港澳人士的个体工商执照，占全市该项领照的半数以上。

越秀区大力发展个体私营经济，充分发挥地利优势，打破各种界限和壁垒，扩大个体私营经济发展空间和发展领域。在区委、区政府的重视、支持和引导下，个体私营经济不断发展壮大，在全区经济中占有相当比重，成为城区经济发展一支重要的生力军，逐步形成了多种经济成分共同发展的协调格局。2004年，越秀区个体工商户23662户，民营企业6868户。

四、开发人才资源，推进经济增长方式的根本转变

人才是科技进步和经济社会发展最重要的资源。区委、区政府针对经营管理人才、专业技术人才缺乏的状况，采取多种措施，努力建设一支与市场经济相适应、与区街经济发展相适应的、年龄和专业的结构合理的高素质人才队伍。

1997年，为贯彻中央关于经济增长方式从粗放型向集约型转变的重大决定，发挥人才资源的作用，越秀区成立区人才资源开发领导小组，区长沈继承任组长。为营造有利于人才成长的环境，让各类人才脱颖而出，区通过开展高级职业技术教育，培养各行业应用性速成人才；通过实施“二次教育”计划，提高企业专业技术人员的业务水平和业务适用程度；通过压担子，促使他们成长为企业的骨干。有计划地组织区内一些经济管理和工程技术专业的大学毕业生、

研究生到专业对口、相关的行业锻炼，用其所长，促其成长。进一步优化凝聚人才的环境，深化人事制度改革，完善激励机制，不断提高各方面人才的待遇。扩大延揽人才的视野，重视扶持非公有制企业中的管理人才，注意吸纳区外优秀人才，通过聘用、合作等多种形式，把个体、私营企业队伍中的佼佼者，省、市国有企业下岗人员中的经营管理、专业技术人才吸纳到越秀区，优化越秀区人才队伍结构。至1996年底，越秀区共有各类专业技术人员3589人，占职工（13795人）的26%。其中事业单位3204人，占89.27%；企业单位385人，占10.73%。全区现有高级职称的专业技术人员55人，占总数的1.33%；中级职称的有1388人，占总数的38.67%；初级职称的有1810人，占总数的50.43%；未聘任专业技术职称的有336人，占总数的9.36%。[①]

2002年，越秀区围绕建设"教育强区"的目标，制定《越秀区教育系统引进高层次人才试行办法》，规定高层次人才的引进可以采取调动、录用、兼职、讲学、科研等多种形式，引进的高层次人才在待遇、住房、职称评定、子女就读等方面享受优惠。当年共引进本科学历以上人才329人。至2004年，全区科技干部5253人，其中高级职称347人，中级职称1969人，初级职称2937人，主要分布在教育、卫生、经济和建设等领域。[②]

越秀区稳步推进人才资源开发，坚持"管少、管好、管活"的原则，进一步抓好区专业技术人才队伍建设和管理，完善《越秀区专业技术拔尖人才选拔管理办法及实施细则》，从满足区域各项事业发展的人才需求与规范编制管理相结合，调整人才引进策略，按需引才，积极储备人才资源，有计划、有目的引进高素质人才到教育、卫生等一线工作岗位，逐步提高人才资源储备，为越秀社会经济可持续发展提高人才智力支撑。

---

① 越秀区委政研室:《越秀调研》第15期，1997年2月8日。

② 越秀区地方志编纂委员会编:《广州市越秀区志（1991—2005）》，广东人民出版社2009年版，第544页。

五、对外开放进一步扩大

越秀区委、区政府继续坚持以经济建设为中心，加大发展城区经济的力度，结合政府职能转变的要求，进一步适应经济全球化和加入世界贸易组织（WTO）的新形势，在更大范围和更高层次上参与国际经济技术合作，开展对外交流。加大招商引资项目的推介力度，建立具有本区特色的招商载体，有重点、分行业、分国别进行招商，积极开展服务招商、环境招商、产业招商、以商招商，营造经济发展的良好环境，吸引更多的企业落户越秀区，鼓励他们以合资、合作、特许经营权、开发权转让、项目融资等多种经营方式，投资越秀区第三产业以及基础设施建设。鼓励、引导、帮助企业申请自营进出口权，拓展出口渠道，扩大出口份额，增强企业国际竞争力，进一步提高越秀区出口能力，以外需的扩大拉动区域经济增长。

为努力克服1997年亚洲金融危机带来的不利影响，2001年，越秀区成立外贸系统企业督查小组，逐家落实企业出口任务；并引导企业利用国际电子商务网，参加广东省外商投资企业原材料网上交易会，澳大利亚、广州经贸平台展示会等，广泛接触外商，促进出口业务发展。2001年，全年外贸出口总值完成5378万美元，比2000年增长4.67%。

为积极应对我国加入WTO的挑战，越秀区委加强对领导干部的培训，增强干部解决新问题的能力和信心。2002年3月22日，区直属机关党委、区妇联、区科协联合举办题为“面对入世挑战”的专题报告会，邀请广东商学院副校长、省经济学会副会长徐印州主讲。6月27日，区长沈继承参加了越秀区政府与市委政策研究室、广州经济社会发展研究中心共同主办的“加入WTO与政府职能转变”的研讨会，并作了《转变政府职能，优化发展环境——兼谈政府职能转变的基本要素》的发言。

越秀区抓住我国入世后进一步扩大对外开放，国家放宽自营出口经营权的有利时机，帮助24家有条件的企业申办自营进出口权和进出口经营权，使区管辖的外贸企业增加至29家。区3家重点企业取得参加交易会的参展资格。2003年，自营进出口企业出口交货总值比2000年增长3.51倍；民营企业成为越秀区外贸出口的新力军，占全区出口总额的42.12%。2004年，自营进出口企业完成出口值4443万美元，拉动全区外贸出口大幅增长，达12263万美元，比2003年增长32.84%，创历史新高。其中来料加工出口总值4789万美元，同比增长124.31%。“九五”期间，越秀区出口产品由1994年的12大类、共25种，增至2000年的19大类、共590多种。商品出口销往的国家和地区达75个，销售额前三位：中国香港2862万美元、美国603万美元、西班牙292万美元，分别占出口贸易总额的55.7%、11.73% 和5.68%。2002年，在出口的18大类产品中，大幅增加45% 以上的有6大类。2001—2004年，出口产品以宝石、服装、纺织物、杂项制品、金属制品、机电音像制品为主。2004年，全区进出口贸易总额达3.93亿美元，比2000年增长3.93倍。2001—2004年，全区出口贸易总值为32873万美元，相当于20世纪90年代10年的出口贸易总值。

招商引资重点向第三产业项目转移，发展现代服务业。进入21世纪，越秀区重点采取两项措施招商引资，一是拓展招商引资渠道。2001年，创设越秀区外经贸系统招商网页，并利用电子商务网和电子邮件与外商联系沟通。2002年，又利用律师事务所、国内咨询公司、投资贸易促进机构和投资服务中心等多渠道进行招商。2002年，新批准利用外资合同和合同利用外资分别为2001年的4倍和6倍，其中通过上述机构推介引入的新增项目占60%；参加年检的“三资”机构88家，比1990年增加23家，年销售收入比2001年增加93.7%，利润总额增加5倍。2004年，力促有发展潜力的外资企业增资扩产，全年有10家企业共增资1451万美元，占全年项目合同外资额的15%。二是抓大项目，引入大客户。2002年，全区招商引资项目投资额在100万港元以上的大项目20宗，占项目总数的60%，投资额最大的项目达5400万港元。2003年，引进投资额折合人民币6亿元的广州万菱置业有限公司等大客户，使合同投资总额较2002年猛增3.5倍。2004年，CEPA实施后，市场准入条件相继降低，投资者加快投资步伐，加上区投资环境的改善，招商引资取得新进展。全年实际利用外资4005万美元，比2003年增长3.99倍，新签项目52个，为历史最好成绩。

世界500强企业伯灵顿全球有限公司、万宁连锁商业有限公司、广东三井物产有限公司、广州数码通客户服务有限公司等一批大型企业总部到越秀区落户，打破了以往以咨询服务业为主的格局，进一步优化了区的产业结构，有力促进区域经济发展。

越秀区致力于提供优质高效的中介服务，助力外经贸业务扩展。1997年7月28日，中国国际贸易促进委员会越秀区委员会（简称越秀区贸促会）、中国国际商会越秀商会在流花宾馆召开成立大会。商会会员单位包括工业、商业、外经贸、城建、环保、财政等部门和212家企业，形成区域性贸易工作网络，为会员单位拓展外引内联、维护合法权益创造条件。2000年，越秀区贸促会先后6次组织会员企业参加各类展销会、招商会、洽谈会。2003年、2004年，区贸促会两次组织广州汇泰隆有限公司等民营企业前往德国参加世界著名的科隆五金展；组织濠畔街皮革专业个体经营者35人参加香港国际皮革展，主动与香港贸发局、博文国际展览公司协商，取得进入特别展区权与世界名牌鞋业代理商洽谈业务，为企业创造商机。

越秀区投资服务中心围绕拓展第三产业的招商引资，开辟宣传推介区投资环境新渠道，组织辖区内投资咨询中介公司、物业公司通过商务考察进行信息交流，联系美国商会在其刊物上刊登越秀区投资环境选介。2004年，共接待意大利皮埃蒙特区政府代表团访问和7批300名港商，推介了包括北京路步行街，一德路海味、干果、玩具商业市场，大新鞋城，流花服装展区等投资载体。6月15日，“广州中心城区（越秀）物流商机暨经验介绍会”在东方宾馆会展中心举行。区委书记谭应华、区相关职能部门负责人及150多家香港、澳门的物流企业参加了推介会。近10家企业与区签订了投资协议。

第　三　节
实施可持续发展战略

党的十六大制定了全面建设小康社会的具体目标，从经济、政治、文化、可持续发展方面界定了全面建设小康社会的具体内容，提出“经济更加发展、民主更加健全、科教更加进步、文化更加繁荣、社会更加和谐、人民生活更加殷实”。越秀区委贯彻落实党的十六大精神和“三个代表”重要思想，认真履行党的地方组织职责，切实加强党的领导，充分发挥党组织和广大党员的作用，带领全区干部职工和人民群众，加快推进社会主义现代化，开启了中心城区全面建设小康社会的新征程。

一、学习贯彻党的十六大精神和“三个代表”重要思想

中国共产党第十六次全国代表大会于2002年11月8—14日在北京召开。江泽民代表第十五届中央委员会向大会作了题为《全面建设小康社会，开创中国特色社会主义事业新局面》的报告。大会高举邓小平理论伟大旗帜，全面贯彻“三个代表”重要思想，继往开来，与时俱进，提出全面建设小康社会的奋斗目标。

越秀区委围绕党的十六大报告和“三个代表”重要思想为理论学习重点，把运用党的十六大精神、“三个代表”重要思想，提高素

养、指导实践、解决问题、推动工作作为出发点和落脚点，作为衡量学习成效的重要标准，推进理论学习纵深发展。通过召开全区学习报告会、宣传理论骨干学习座谈会、成立区宣讲团、在区公众信息网开设专栏，在全区掀起了学习党的十六大精神和“三个代表”重要思想的热潮。

区委中心组采用“上下同学”“学习论坛”的新形式带动学习，参加人员由区五套班子全体领导扩大到区各部、委、办、街、局的领导干部。“学习论坛”有专家谈学习体会，有区领导谈学习认识和工作要求，还有基层领导谈学习经验，有力地促进区委中心组成员和基层单位主要领导之间的交流，发挥了区委中心组示范和辐射作用。区各套班子领导结合自己分管的工作，深入到分管的部门和联系点，开展调查研究。全区确定十大调研课题，大兴调查研究之风。区委加强对基层理论学习的指导，制发全区各党委中心组学习意见，开展越秀区“学讲话、鼓干劲，全面建设小康”宣传教育系列活动。

区属各单位分层次分类别地开展“贯彻党的十六大精神，机关怎么办”“新精神、新动力，促进社区建设新发展”“我为越秀献一计，同心同德谋发展”“展示越秀风采，促进城区建设”等四大主题活动，以胡锦涛视察北京路步行街为契机，激发干部群众的学习自觉性、加快发展的信心和决心。区编辑《胡锦涛总书记视察广东》电视学习片，组织广大党员、干部观看。区委宣传部、团区委、区委党校联合开展“学习党的十六大精神，建设商旅中心城区”知识竞赛，举办“学习‘三个代表’，共铸越秀新辉煌”演讲比赛等形式多样的宣传学习活动。

为更好地贯彻落实党的十六大精神和“三个代表”重要思想，增强领导干部全面建设小康社会的综合素质和本领，2003年9月3日和10月15日，区委分别组织区内正处级以上领导干部分两期赴清华大学参加越秀区领导干部公共管理高级研修班，每期22天。培训学习内容，主要结合区发展实际，特别是针对现阶段重点、热点和难点问题，由区委提出培训核心课程，主要包括商业服务与资源配置、民营经济发展、城市建设规划与管理、社区建设与发展4个方面课题。课程涉及中国社会经济发展、城市基层领导综合素质、WTO后政府职能转变、危机管理、招商引资策略管理等前沿课题。这次培训，借助清华大学良好的学习氛围和雄厚的师资，提升学员理论深度和知识面。学员普遍反映收获很大，深受启发，开阔思路，对开展工作极具理论指导和实效操作作用。12月，全区党政领导工作会议召开，会议决定调整区的工作思路，提出“四个加快”①，实现“两个促进”②，落实“三个加强”③，达到“一个目标”④。在区各套班子领导的带动下，区各单位积极推动理论学习与理论研究相结合，与探索本区建设发展新问题相结合，与解决本单位实际问题相结合，促进了各项工作的开拓与落实。

二、实施“商旅富区、科教兴区、环境立区、依法治区”的可持续发展战略

越秀区委在学习贯彻党的十六大精神中深刻认识到，全面建设小康社会的具体内容的核心理念在于可持续发展。区委、区政府对于推动全区发展的思路经历过一个逐步明晰、不断升华的过程，就是运用邓小平理论，贯彻落实党的十六大精神和坚持可持续发展理

① “四个加快”：加快“三大商圈”（以北京路为核心的国际商贸区、沿江路商贸区、流花展贸区）和“三大商务区”（沿江路商务区、东风路商务区、中山路商务区）建设，加快生态城区建设，加快学校布局调整，加快事业单位和用人机制改革。

② “两个促进”：促进文化、体育等社会各项事业发展，促进劳动就业、社会保障和社会稳定工作水平的提高。

③ “三个加强”：加强机关作风建设，加强社区和非公经济组织党建工作，加强各级领导班子建设。

④ “一个目标”：经济与社会协调发展。

念，对传统发展路子作出不断反思矫正和改革创新的过程。

2000年2月，越秀区委八届四次全会决定调整发展策略，转变管理手段，营造良好投资环境，发挥地域优势，挖掘发展潜力，培植区域税源，加快区街经济发展。2001年1月，区委八届六次全会决定实施"科教兴区""依法治区""可持续发展"战略，发挥区位优势和资源优势，推动商贸旅游中心区的建设；以建设宜于创业和居住的现代化中心城区为目标，把城区建设与管理的重心转向社区。2002年2月，区委八届八次全会提出"商旅富区、科教兴区、依法治区、环境立区"的可持续发展战略，明确城区经济建设重点是营造环境。围绕现代化商贸旅游中心城区建设，以科学发展观为指导，实施城市管理体制改革，城区工作重心向城市管理、公共服务转移；高度关注民生大事，促进城区经济和社会的持续发展。

越秀区加大市场宏观调控力度，运用"经营城区"和"规模经济"的理论整合区内的文化旅游资源和富有特色的商业贸易资源，充实"商旅富区"的内涵。发展经济与历史文化传承、环境整治和景观建设有机结合，促进"商旅互动"；择优扶强、引导产业调整，推进商业区街的升级改造；继续有重点地倡导与国际接轨的经营模式，引导批发市场由物流型向贸易型转换，推广电子商务应用。全区生产总值第二、三产业的比例从1996年的22.4∶77.6，逐步调整至2004年的4.8∶95.2。

2005年1月20日，区委九届四次全体（扩大）会议召开。会议学习贯彻中央经济工作会议和省委、市委全会精神。区委书记谭应华代表区委常委会作《实施环境立区战略，全面落实科学发展观》的报告，提出要全面落实科学发展观，把环境管理与建设摆上城区发展的首要位置；通过"五抓"实现"五个促进"[①]。

---

① 通过"五抓"实现"五个促进"：抓设施建设，促进城区功能逐步完善；抓长效机制，促进城市管理规范有序；抓商贸发展，促进"三大商圈""三大商务区"持续繁荣；抓统筹协调，促进社会和谐稳定；抓组织保障，促进基层党组织战斗力不断增强。

以“商旅富区、环境立区”为发展重点，中心城区的区位优势得到进一步提高。完善北京路商业步行区、流花服装批发区、广交会贸展中心区、沿江路—长堤休闲旅游商业区、东风路行政金融商务区等五大商贸旅游区。商务区环境的完善也吸引了一批国内外有较大影响力的企业进入越秀区域设立总部。其中，建设以北京路商业步行街为核心的商业旅游区，逐步形成“三纵五横”的商贸格局。经过两年的分步整饰，“北京路商业步行街”品牌已经打响，人流量增加50%以上，营业额增长了近三成。1996—2004年，全区商业营业收入达400亿元，年均增长15.6%，营业额超亿元的大型商业企业8家。至2004年，全区商贸服务企业达3.1万多家，年营业收入785亿元，分别是1991年的3倍、58倍；全区社会消费品零售总额191亿元，为1994年的11倍；在第三产业中，批发零售贸易业、餐饮业、社会服务业的生产总值为135.81亿元，占全区生产总值的44.79%。

越秀区以创新的观念和方法积极推进“三大商圈”“三大商务区”建设，在加强规划、完善管理、致力提升专业街的品位和档次，实施对重点商业街和室内市场的升级改造等方面做了大量工作，城区营商环境进一步改善，区位优势得到发挥。越秀区建设完善了一德中路干果海味食品专业街、一德东路玩具精品专业街、天成路印刷用品专业街、濠畔皮革鞋材专业街、长堤—西濠二马路美食专业街、惠福东路美食街、大南路灯饰材料专业街、泰康路装饰材料专业街、状元坊学生文化用品街、高第服装专业街等各具功能特色的专业街，同时，在光孝路、净慧路、六榕路新建广州市六榕文化旅游商品专业街。这些提升举措使12条专业街成为上规模、上档次，设施齐备、经营文明、环境良好的购物市场和吸引游客观光游览的景点。

越秀区全面启动“商旅富区”经济发展战略，确立并完善旅游业发展的总体规划，建成了越秀公园—中山纪念堂—人民公园—儿童公园的古城史迹游览带，光孝寺—六榕寺—光塔—五仙观—石室的宗教文化游览带，越秀山—中山纪念堂—市政府—人民公园—起义路—海珠广场城市传统中轴线游览带等三条旅游带。向社会推介，形成旅游专线一日游，发动旅行社组织或鼓励市民游客自助游。2005年，越秀区与南航旅游公司合作，推出集游览、购物和美食于一体的“广州市发祥地经典文化游”系列线路：广州发祥地经典文化游、宗教文化游、近现代史迹游和商业文化游四条特色一日游线路，制作精美旅游线路宣传册广为宣传。充分利用区内的历史文物景观、近现代史迹，以此增强越秀区的集聚力和辐射力。

三、第十个五年计划的编制

“九五”时期，是越秀区经济和社会发展富有成效同时又充满挑战的时期，也是进一步深化改革，增创新优势，确保经济持续、稳定发展的重要时期。在这五年里，经历了金融风暴的冲击和通货紧缩的挑战，以及经济体制上的深刻变革。在全区人民的共同努力下，“九五”计划圆满完成，为实施“十五”计划打下了坚实的基础。

为了进一步落实越秀区新世纪经济社会发展的目标和任务，全面建设小康社会，区委、区政府做好越秀区国民经济和社会发展第十个五年计划（2001—2005年）（简称“十五”计划）的编制工作，使之具有更强的科学性和可操作性。1999年8月，区委、区政府成立编制领导小组和编写小组，着手研究和编制区“十五”计划纲要。

2000年1月11日，区委八届六次全会召开，会议学习贯彻党的十五届五中全会、中央经济工作会议精神和省委、市委全会精神；审议区第十个五年计划（草案），明确今后五年发展的总体思路和目标任务。会上，区委书记向东生代表区委常委会作了《优化结构，加快发展，在新的起点上铸造越秀新的辉煌》的报告。会议肯定了2000年的工作成绩和主要经验，明确了“十五”期间全区经济和社会发展的总体思路和主要目标，强调要实施“科教兴区”“依法治区”“可持续发展”战略，发挥区位优势和资源优势，推动商贸旅游中心区的建设，达到全市先进水平，成为广州市的“窗口”。以建设宜于创业和居住的现代化中心城区为目标，把城区建设与管理的重心转向社区。提出“十五”期间的8项主要任务：大力发展服务业，推动产业升级、结构优化；挖掘资源潜力，建设商贸旅游中心区；推动制度创新，消除体制上的障碍；构建网络体系，开创社区建设新局面；贯彻法治原则，整体提高城区建设管理水平；坚持同步建设，促进精神文明建设和社会各项事业全面发展；坚持依法治区，大力推进民主法制建设；实践“三个代表”重要思想，全面加强党的建设。

2000年3月1日，区政府常务会议研究了《越秀区“十五”计划编制工作方案》等问题。3月17日，区十二届人大三次会议审议《越秀区国民经济和社会发展“十五”计划（2001—2005）》（草案）。会后，编写组再次进行深入调查研究、广泛征求意见和反复修改，“十五”计划》（草案）最终在2001年3月22日召开的区十二届人大四次会议上审议通过。

编制工作的重点是进行发展趋势研究，提出区域经济和社会发展的方向性、指导性原则意见。越秀区重点针对“九五”计划执行中存在的问题，如经济整体素质不高，科技与经济结合还不够紧密，采用高新技术改造传统产业的力度还不够大，管理和技术人才缺乏，经营管理水平较低、竞争力有待提高；城区规划、建设和管理仍存在很多薄弱环节，城区基础设施和功能与现代化中心城区的要求仍有一定的差距；政府职能转变与经济社会发展不同步，城市管理体制有待进一步理顺，社区管理模式落后，社区服务水平未能适应新形势发展的要求等。越秀区对这些问题给予了高度重视，努力在“十五”期间有针对性地采取措施加以解决。强调在规划编制中要把握6个原则，即正确处理改革、发展、稳定的关系；遵循速度和效益的同步；推进经济增长方式、经济体制的根本性转变与经济结构的调整；充分发挥市场机制的作用；坚持可持续发展战略；坚持科学性和可操作性。同时，在研究区域经济和社会发展的定位、方向目标及措施要求是：体现政企分开，明确分清政府和企业各自的职责任务；坚持实事求是，科学测算发展速度和确定规划目标。

越秀区“十五”计划纲要的指导思想：高举邓小平理论的伟大旗帜，以“三个代表”重要思想为指导，坚持以经济建设为中心，以建设现代化的历史文化商贸旅游中心城区为总目标、总任务，以结构调整为主线，以制度创新和科技创新为动力，把提高人民生活水平作为根本出发点。认真实施“商贸旅游富区”“科教兴区”“依法治区”和可持续发展战略。大力发展服务业，运用现代信息推动全区传统产业的优化升级，实现辖区经济持续、快速、健康发展。充分发挥区位优势和资源优势，推动越秀区商贸旅游中心区的建设，达到全市先进水平，成为广州市的“窗口”。把城区建设与管理的重心转向社区，大力加强社区建设，推动城区现代化建设和管理迈上新台阶。坚持物质文明和精神文明同步推进，经济与社会协调发展。正确处理好改革、发展与稳定的关系，推动创建文明城区水平进入全市先进行列。

越秀区“十五”计划纲要提出的发展目标：到2005年，将全区建设成为商业发达、历史文化旅游景观丰富的繁华商都；环境优美、服务完善、体现传统文化与现代生活方式交融的聚居区；市场经济体制比较完善、社会安定有序、人与环境协调发展、生活舒适富裕的现代文明城区。区域经济持续快速健康增长，产业结构调整取得明显成效。“十五”时期，国内生产总值年均增长8%；社会商品零售总额年均增长10%；财政收入年均增长7%。城区现代化建设和管理迈上新台阶，初步展现生态型中心城区的轮廓。到2005年，人均公共绿地3.8平方米，绿化覆盖率28.5%。科技综合水平要进入全市先进行列。到2005年，区科技进步对工业经济增长的贡献率达到45%，高新技术产品产值占工业总产值的比例达到20%，要在全区广泛应用信息技术，提高计算机和网络的普及应用程度。社会事业要取得更大的进展，社会保障体制和社区服务网络进一步完善，人民生活进入比较富裕阶段。到2005年，15周岁人口初等教育完成率达99%，18—35岁人口平均受教育程度达12年，城镇居民人均可支配收入和人均居住面积达到全市平均水平。

越秀区“十五”计划纲要的主要任务：一是大力发展商贸旅游业。依托商贸旅游资源优势，改善环境，调整业态，完善功能，以商贸带旅游，以旅游促商贸，使之成为区域支柱产业和特色产业，将越秀区建设成为繁华商都和古城文化旅游区。完善商贸旅游布局。坚持商贸、旅游一体化发展和突出“古城商都”特色的原则，发挥全区专业市场的特色优势，重点规划建设好“五区三带十二街”，增强越秀区作为广州市城市中心商业区的功能和地位。

二是加快发展现代服务业。以社会化、产业化、现代化为方向，大力发展信息咨询、会计、法律服务等行业，规范发展中介服务业，通过政企分开，企事分开，营利性机构与非营利性机构分开等，改变服务领域政府办、公益化的现状。

三是转变房地产发展方向，以改善人民群众居住条件和为区经济发展提供良好环境为目的，积极开拓房地产二手市场，鼓励发展与房地产开发相配套的物业管理、房地产咨询、评估、经纪等中介服务。

四是加快发展科技高新技术。优化发展工业，要充分重视技术创新对优化工业的重大推动作用，立足全区科技园建设，推动工业优化升级和持续发展。大力推进企业技术改造，建立以企业为主体的科技创新体系，采取“扶优扶强、抓住重点、形成特色”的方针、措施，择优扶持生物农药、活性肽、高回弹聚氨酯汽车坐垫等附加值高的产品向规模化经营发展。

五是进一步优化所有制结构。要适应生产力发展的要求，继续调整和完善所有制结构。扶持发展以个体私营经济为主体的非公有制经济，引导私营企业、个体工商户调整产业结构、行业布局和发展方向，拓宽投资领域。

六是扩大对外开放新领域。全方位调整和优化出口商品结构，积极发展技术贸易和服务贸易，不断拓展对外贸易的领域和空间。抓住我国加入 WTO 的有利契机，建立符合国际惯例、运作高效的外商投资管理机制和服务体系，迎接利用外资新高潮的到来。多方式、多渠道、宽领域扩大招商引资，加强国际间合作。

七是加快现代信息技术设施的建设。按照“统筹规划，统一建设，互联互通，资源共享”的原则，加大投资力度，集中精力建成一个区的网络交换中心，适应区属各部门和所属街道联网、用网的需要，使其作为区党政机关网络互联和信息交换的统一平台；加快区党政机关信息网络的建设，逐步扩大网络的覆盖面。区机关新办公大楼内各政府部门、10条行政街道和大楼以外80%的政府部门实现与区网络交换中心宽带高速互联。

八是加快信息技术在经济社会方面的应用。推进党政机关各部门的建网、联网和用网工作。建立区机关内部涉密办公网，大力推进以实现机关办公自动化为重点的“电子政务”应用，逐步实现公文处理电子化及办公事务网络化。将电子商务技术和网络营销概念引入传统的市场营销体系，推进企业管理信息化，提升和优化越秀区商贸旅游业的档次和水平。重点建设社区信息网络、社区管理系统和社区服务系统，推动社区的管理和服务向信息化、网络化发展，逐步实现区、街道和居委会三级计算机网络互联。

九是加强城市建设。加快市政建设。抓好样板路建设管理，重点加强商业专业街、沿江路等路段的市政设施建设、管理和维护。搞好辖区珠江北岸的环境整治与绿化美化，加快拆违复绿和原有绿地的绿化改造，建设一批各具特色的绿化广场、园林小景。到2005年，增加绿地面积5万平方米以上，绿地率达21.5%。加强环境保护，强化城市噪声污染的综合整治和发展环保产业，推广绿色产品。

十是优先发展教育事业。加快教育改革和发展，全面推进素质教育。努力完善从婴幼儿教育、九年义务教育、高中教育、大专教育到成人教育，从学校教育到家庭教育、社会教育，形成结构合理、投入主体多元化、办学模式灵活多样、相互衔接和沟通的教育体系。到2005年，建设示范性高中一所，增加省一级学校两所，市一级学校一所，省、市一级幼儿园各一所。两年内使每所学校至少有一个电子计算机室，并实现“校校通”。

十一是繁荣社会主义文化。要坚持“二为”方向和“双百”方针，继续实施“金穗工程”，加强对文化市场的规范管理，发展具有现代化中心城区特色、格调高雅、丰富多彩的社会主义文化事业。

十二是提高医疗卫生水平。以社会效益为最高准则的卫生工作宗旨，全面实施卫生管理体制、医药管理体制、医疗保障制度三项改革，有效推动全区卫生事业的持续稳定发展。到2005年，全区共建立和完善10个社区卫生服务中心和15个社区卫生服务站，社区卫生服务覆盖人口达80%，社区卫生服务中心（站）纳入社会医疗保险定点单位。人均期望寿命达75岁以上。

十三是大力发展体育事业。积极开展全民健身运动，鼓励体育场馆向社会开放。加强区直属各单位业余训练和适龄小学生达标锻炼，组织多种形式的全民健身运动，使全区经常参加体育活动的人数达到总人口的55%以上，全区全民健身运动进入全市先进行列。争取保持每年获省竞技体育贡献奖。

十四是全面推进依法行政。依靠法律手段，使行政活动的各个方面、各个环节严格依照法律、法规对行政机关设定的职责和程序去运作，努力做到依法行使职权、权责统一、规范运用。加强对行政权的监督。把经济、社会、文化等各项事业的活动和管理逐步纳入法治轨道，做到依法办事、依法决策、依法处理问题。规范政府审批权限，采取有力措施维护投资者、经营者、消费者的合法权益。

2001—2005年，是越秀区改革开放和现代化建设承前启后、继往开来的重要历史时期，也是建设现代化中心城区的新阶段。越秀区“十五”计划编制，明确了“十五”期间全区经济和社会发展的总体思路和主要目标，为把越秀区建设成为经济发展平稳、城区管理有序、社区环境优美、人民生活富裕的现代化中心城区指明了方向。

四、全民动员抗击传染性非典型肺炎

传染性非典型肺炎（简称非典）自2002年11月在我国内地出现病例并开始流行。2002年11月—2003年3月，非典疫情主要发生在粤港两地，特别是2003年春节前夕，广东发生了突如其来的疫情高峰。越秀区内广医附一院收治了来自河源的本市第一例“不明原因肺炎”病人后，辖内省中医院又发生9例“不明原因肺炎”。越秀区疾病预防中心立即进行针对性流行病学调查，并马上向省疾控中心报告。越秀区是全国较早收治、报告非典病例的地区，也是接收非典病人最多的区域之一。

越秀区是省、市党政机关所在地，有众多商厦、星级酒店、展览中心、娱乐场所、交通枢纽等人流量大、聚集度高的公共场所，加上居住稠密、中小学集中等因素，区内的防非典形势严峻。区委、区政府按照省、市的统一部署，把抗击非典工作摆上突出位置，面对疫情，沉着应对，果断决策，带领广大医务工作者、各行各业和社会各界齐心协力，在全区范围内掀起了声势浩大的抗击非典行动。

2003年4月22日全市抗击非典工作大会后，越秀区印发《关于进一步做好非典型肺炎防治工作的意见》。召开全区非典疫情处理工作领导小组会议，对防治非典型肺炎工作提出要求：一是各部门、各领导要严格落实领导责任制，坚守工作岗位。二是卫生部门要做好人力、物资的调配工作，财政部门要做好经费保障工作。三是有关部门要抓好严格控制农民工返乡工作。四是要加强对社会面情况的监控，及时掌握各种动态，及时处理存在问题，确保社会稳定。五是各街道、各有关部门要按照属地管理原则，进行全面检查，消除防治非典工作的盲点和薄弱环节。

2003年4月，越秀区建立非典疫情处理工作领导小组，设应急办公室负责日常工作。在区卫生局成立疫情控制指导小组，实行24小时值班监控；建立报告和汇报制度、周会分析制度、疫情监控制度。成立医疗救护专家指导小组，制定《越秀区非典型肺炎防治预案》《越秀区医院收治非典型肺炎病人工作指引》《越秀区医院收治非典型肺炎病人消毒隔离工作指引》等工作方案，指导全区开展非典流行病学调查、消毒隔离、个人防护等预防控制工作和对非典的诊断、救治工作。根据国务院确定的建立快速应对突发公共卫生事件的基本原则，区制定《广州市越秀区突发公共卫生事件应急预案》，建立疫情预测、预报、预警体系，形成防治疫情有效的公共卫生事件应急处理机制。为防止疫情反弹，制定《2003—2004年越秀区预防传染性非典型肺炎工作方案》，按照“防治结合，以防为主；群专结合，以专为主；中西医结合，优势互补；条块结合，以块为主；强化培训，实战为主；依法管理，科学防治；统一领导，高效处理”的原则，坚持做好预防控制、健康教育、医疗保障、卫生监督等工作。2004年，抓早期预警病例监测、疫情报告，使年初发生的1宗非典疫情得到及时发现和控制，未造成疫情扩散，并完善人禽流感疫情监测报告。

针对非典疫情，全区调配医疗卫生资源，在区第一人民医院设立发热留观病区，购置急需医疗器械、消毒药品、检测试剂和有关物资；按照“三早两合理”[①]的要求做好救治工作。对经济困难的患者，给予减免医疗费用。针对非典病因不明、传染性强的特点，加强对疫情的预防和监测，为抗非医务人员购置大批防护用品如口罩、护目镜、隔离衣、手套、鞋套等，并对医院、疾控中心、救护车等场所和设施严格消毒。区疾病预防控制中心工作人员深入病区收集流行病学和临床第一资料作专项调查，督促医疗机构落实防治措施；调查全区非典病人或疑似病人的病学个案604例，并对康复者重新进行完整的流行病学个案调查和采样，研究和查找源头，提供完善的原始数据和资料。越秀区首创以户为主隔离医学观察的做法，有效防止非典在学校、社区的发生与传播，使第93届广州对外商品交易会与会客商及全区中小学应届考生未发生非典感染。

针对非典疫情，越秀区开展多形式的抗非典宣传教育。越秀区通过主动和因势利导，在全区各街社区、医疗单位、中小学、托幼机构、饮食行业及公共场所，广泛开展以宣传综合性防治非典措施为重点的教育活动，帮助和引导群众掌握非典的预防、救治知识，消除恐惧情绪，提高心理素质和辨别水平。统一派发宣传资料、彩色挂图、宣传海报等28万份，印发《致全区居民群众的公开信》《文

① “三早两合理”：早发现、早报告、早隔离，合理使用激素、合理使用呼吸机。

明卫生行为规范》等宣传单张28万份。全区组织开展非典防治知识普及、健康教育、全民健身和爱国卫生运动等群众性活动。街道发动社区党员开展“一个党员带十家”活动，发动社区义工组织“义工总动员、服务社区抗非典活动”；教育部门对中小学生在全市率先实行学生健康登记卡制度，并开展“一个学生带动一个家庭，一个家庭带动一个社区”活动。

2003年5月，按全市统一部署，在全区发动“为人民健康而战，抗击非典爱国卫生运动”行动月。行动月以个人卫生、家庭卫生、环境卫生为突破口，开展社区大清扫活动；以治脏乱为重点，开展社区环境整治行动；加强对公共场所的卫生整治和管理；开展除“四害”活动。区成立抗击非典爱国卫生行动月指挥部，下设办公室和督查组，对各街、各部门实施统筹、指挥、协调、督促和检查。建立联席会议制度、区级领导联系制度、工作汇报制度和督办巡检制度。在全区掀起卫生行动高潮，区委、区政府主要领导带头，率领机关干部和群众在北京路商业步行街和广州火车站等公共场所开展大扫除和卫生整治行动。坚持周末卫生行动日制度，各街道发动辖内机关、学校、企事业单位、市场、商户及社区居民，全体动手，清理卫生死角、下水道等，对一些困难家庭，由街道组织干部、义工上门帮助清扫。组织联合整治队伍，突击查处占道经营、无牌摆卖多的一批市集，关闭管理混乱的肉菜市场，整治饮食店档；加大社区环境消杀，整治闲置工地；延长环卫作业时间，增加收集垃圾次数，保持全天候洁净，最大限度消除公共场所疾病传播的可能性。活动月全区居民20万人次参加社区卫生大行动，抗非典爱国卫生突击行动取得阶段性成果。越秀区继续发扬连续作战精神，在6月开展环境保护行动月的第二战役。发动干部职工加强执法检查，突出解决区内餐饮业噪声和油烟污染扰民、娱乐业夜间扰民、建筑工地污染和道路防尘污染等问题。打击违法经营、滥吃野生动物行为。行动月被群众誉为“集中时间长、执法力度大、参与部门多、相互协调好、公众参与积极、社会反响强烈”的活动，促进提高全民环境保护意识，遏制非典疫情的蔓延显实效。

越秀区配合全市开展的抗非典斗争，有效切断非典可能传染源和传播途径，遏制非典疫情的蔓延。区属医疗机构医务人员没有发生一例感染，越秀区防治非典工作取得阶段性胜利。越秀区抗击非典工作得到了上级的充分肯定，涌现出一大批抗击非典先进单位和先进个人。区市容环卫局等9个单位被评为广州市抗非典模范、标兵、先进单位，肖晓玲等6人被评为市抗非典标兵，322人被评为市先进个人。区疾病预防控制中心等6个单位被评为广东省抗非典模范单位、先进集体，湛柳华等142人评为广东省抗非典先进个人。肖晓玲被评为全国卫生系统抗击非典先进个人。5名抗击非典一线医务人员光荣成为中共预备党员。

在抗击非典斗争中，越秀区紧紧依靠中央和省、市的正确领导和具体指导，坚持解放思想，实事求是，尊重科学，依法办事，果断决策，周密部署，充分发挥各级党组织的战斗堡垒作用和共产党员的先锋模范作用。一系列抗击非典的做法和经验，充分展现了与时俱进、探索创新的精神风貌。在这场没有硝烟的战争中，越秀人经受了洗礼和锤炼，越秀人精神得到了升华。

第　四　节
推进商贸旅游中心区的建设

越秀区委、区政府坚持立足越秀历史文化传统和区位优势，注重把商业贸易与文化旅游结合起来，突出现代服务业特色，发展好第三产业。重点建设以北京路为核心的羊城商业旅游区以及10条各具特色的商业专业街。1998年3月，区第八次党代会提出了经济发展“稳中求进、有效增长”的总体思路，并调整商业街区的规划布局。2003年3月，区第九次党代会提出坚持可持续发展战略，重点建设“三大商圈”、打造“三大商务区”的规划工作，增强经济发展后劲。

一、北京路成为广州市首条全日制步行商业街

早在秦始皇三十三年（公元前214年），郡都尉任嚣在现今北京路北端的中山四路、儿童公园一带建番禺城，此后北京路跨越多个朝代，历经2000多年沧桑，却始终没有改变它在广州城的中心地位。

北京路原名永汉路，名店云集，有百年老字号“陈李济”“太平馆”“三多轩”和大新百货公司；有多家书店、电影院、文化宫，与邻近大小马站、流水井一带的古书院群，汇聚了北京路深厚的文化底蕴和氛围。

北京路步行街（又称北京路商业步行街），地处广州市中心，南端与文明路交界，北端与广卫路交界，总长度超过1000米。北京路

不仅是市中心繁华商业街，而且是汇聚众多文物古迹的文化长廊。因此，把原来通车的北京路建成为步行街就显得十分必要。

1997年2月8日，“羊城商业旅游区”北京路步行街正式开通。4月4日，越秀区人民政府召开北京路步行街协调会议，邀请了市委常委、副市长王守初和市商委、市公用事业局、市公安局、市交警大队、广州百货大厦等单位的领导参加。与会者就如何进一步搞好北京路步行街的建设、管理进行了商讨。4月9日，市委副书记朱小丹到越秀区调研已经被中宣部列为全国城市100个社区文明示范点之一的北京路步行街建设情况。朱小丹要求越秀区形成共识、明确目标、全面规划、协调各方，把北京路步行街建设好。步行街建设分为三个阶段进行，首先是南段平日通车，在双休日、节假日全封闭管理实施步行；其次是南段实行全日制步行；最后是开通北段，直接实行全日制步行。7月5日，越秀区在全国创建文明城市示范点北京路举行“同庆回归，共建北京路商业步行街”签约仪式。市领导朱小丹、陈开枝、朱振中和广州警备区政委黄德华及区委书记向东生、区长沈继承等五套班子领导出席了签约仪式。10月5日，副市长王守初主持召开北京路步行街管委会会议，部署步行街建设工作。要求落实“门前三包”工作，大力整治门前乱摆卖现象；至1998年初为广告整治期，在此期间不得在北京路步行街新设户外广告；把步行街建成为不销售假冒伪劣商品一条街；妥善解决好步行街内车辆停放问题；各有关部门做好准备工作，增设节假日步行时间。

1998年4月7日，市长林树森带领市有关部门负责人到越秀区召开现场办公会议。区委书记向东生、区长沈继承分别向市领导汇报了北京路步行街的建设情况，并提出了需要市及有关部门协助解决的问题。会议研究确定北京路商业步行区于5月1日正式开通。

5月1日，越秀区在广州百货大厦门前联合举行“广州北京路商业步行区正式实施双休日步行暨‘百店无假货’社会承诺签约仪式”，北京路商业步行区20家商户代表与北京路商业步行区管委会代表签订了“百店无假货”社会承诺协议书。自此，北京路商业步行街正式实施双休日、节假日全封闭步行管理。

2001年2月10日，区政府组织的“我们共创北京路的新世纪”系列活动在北京路举行庆典仪式。原国家信息中心副主任乌家培教授，中国社会科学院互联网发展研究中心吕本富博士，国务院发展研究中心技术经济局局长、国家信息化专家委员会邓寿鹏教授参加了庆典。同时，华南地区首条大规模网上步行街——北京路网上步行街正式开通，市民只要安坐家中，即可在互联网上浏览北京路步行街上400多家店铺商情。7月15日，北京路被国家工商行政管理总局命名为全国“打假维权消费者满意街”并给予表彰。

11月13日，常务副市长张广宁到越秀区主持召开研究北京路商业步行街实施全封闭步行的工作会议。从12月1日起，北京路（中山五路至惠福东路路段）实行全日制步行。这是国内继上海的南京路、北京的王府井之后，第三条实行全日制步行的商业街。

2002年，区委、区政府按照市政府提出“将北京路建设成为最精彩亮丽、最具有特色、最富历史文化内涵、最能代表广州市形象的商业名街”的要求，实施第四期整饰改造。其间发掘出“千年古道”、拱北楼和西汉水闸遗址，这些古迹采取展示性保留，为步行街注入历史文化内涵旅游景观。

2003年4月8日，省委书记张德江视察越秀区北京路商业步行街，市委书记林树森和区委书记谭应华等陪同。4月14日，中共中央总书记、国家主席胡锦涛在张德江、黄华华、林树森、张广宁等省、市主要领导的陪同下视察有“岭南第一街”之称的北京路步行街。区委书记谭应华、区长马鄂生向胡锦涛总书记汇报了北京路步行街建设及北京路“千年古道”挖掘和保护工作。

4月23—24日，越秀区委分别召开常委会会议和领导干部大会，研究学习贯彻胡锦涛总书记视察广东的讲话精神，并提出贯彻落实工作意见。全区各级党员干部要以胡锦涛总书记视察北京路步行街为契机，激发干部群众的学习自觉性、加快发展的信心和决心。紧密联系建设现代化商贸旅游中心区的实际，紧紧抓住发展这个“第一要务”，争创越秀新优势。6月12日，美联社、《纽约时报》、NHK日本放送协会、澳大利亚《人报》、智利国家电视台及国内多家新闻媒体记者，前往北京路商业步行街，就非典型肺炎对社会面的影响以及北京路步行街的客流量、商铺营业环境、市容卫生、“千年古道”的历史由来等专题进行采访。

12月20日，越秀区委、区政府在北京路步行街北段举行千年古道盛世新姿——北京路迎新春欢乐大行动暨步行街北段试行启动仪式。副市长王晓玲、南方日报报业集团及市商业、工商、旅游、质监、消防等单位负责人和区各套班子领导出席启动仪式。广州广播电台实时播放启动仪式整个过程。北京路步行区北段的开通，标志着越秀区北京路步行街南拓北延计划基本完成，为今后北京路建成国际级步行区迈出了重要的一步。

2004年前后，北京路步行街内大型商厦名盛广场、五月花广场、光明广场相继落成。区政府通过协调各商家，糅合北京路的传统与时尚。一批“老字号”如太平馆、文一文具店、新华书店、健民医药、青年文化宫等品牌受到保护和提升，同时引入外国著名品牌专卖店进驻。广百百货成为广州百货业的“航母”，新大新、五月花广场、光明广场、名盛广场等名噪羊城。全路段有经营百货、服装、鞋类、珠宝首饰、餐饮业等沿街店铺100多家，日人流量最高40万人次，年营业额40亿元；市、区组织的大型文艺会演、专题论坛、文化展示和商业活动，都纷纷选择北京路作主场或平台，北京路步行街成为广州市商业、旅游、文化的窗口。

北京路先后获得“全国文明商业街示范点”“全国精神文明创建活动示范点”“广州市创建中国优秀旅游城市先进单位”“百城万店无假货一条街”“打假维权满意街”等称号。2004年7月，泛珠三角地区促进机构与越秀区政府签署友好合作备忘录，尝试将北京路步行街及其“香港城”、广州国际美食博览中心等商业模式，向泛珠三角地区闽、湘、琼、港、澳推广。2005年，北京路步行街与法国巴黎香榭丽舍大道代表签订建立友好街区意向书。

二、增创中心城区商业旅游新优势

全面整饰改造商圈内传统商业老街。越秀区“三大商圈”内存在大量小商品专业街和专业市场，在满足市场需求、解决城区人口就业的同时，也存在不少问题，如普遍经济效益不高，不仅挤占了总部经济发展的空间，更诱发了社会治安、城市管理、安全生产等问题。越秀区把专业街的建设与发展与所在片区的环境改造、精神文明建设紧密结合，逐步重视“古城商都”传统的保护和发扬，致力于打造经济效益、社会效益和环境效益“多赢”的专业街。

1998年8月，越秀区专业街建设工作领导小组成立。越秀区致力提高专业街的档次，加强防火安全、市容卫生、经营秩序的标本兼治，同时引入企业和行业协会规范管理。1999年，越秀区重建的中山路商业区各样板工程完工，连新路商业广场、威尼斯商业广场和浚泰商城等多项工程落成，重塑了越秀区中山五路、中山六路商业旺地的形象，为群众带来购物上的方便。由区商业局开发建设的创建文明城区、实现城市环境“一年一小变”中山路工程项目之一大型高档电脑城——中山六路电脑城开业。

2000年2月3日，区政府召开关于北京路改造和高第街建设问题研讨会。研究对全长800米的高第街进行全面整治建设，整饰改造工程共投资1100万元，整饰房屋278栋，面积2万平方米。2001年，广州具有传统特色和深厚人文底蕴的商业老街——高第街，经过“三年一中变”改造工程，告别了昔日杂乱无序的占道经营，重现“民俗建筑风格、高第传统特色”。经国家、省、市经贸部门审批，越秀批发市场在国家首批“绿色市场”中榜上有名。2001—2004年，越秀区先后升级改造状元坊、高第街、米市路、昌兴大街、六榕路和濠畔街等专业街；天成路、濠畔街、流花地区、泰康路、米市路等专业街相继成立行业管理机构，协调商户自律经营，共同维护好商业市场的繁荣稳定。

重点整治消除传统商业街的安全隐患。越秀区内专业街基本依靠旧城内街和房屋改建而成，往往是空间利用率过高、通道狭窄，人流密集，极易发生火灾等安全事故。其中位于人民路的状元坊被公安部挂牌为“重大火灾隐患单位”，要求改造整治。

2002年11月19日，越秀区委书记向东生带领区有关职能部门和街道负责人到状元坊进行安全防火综合整治工作调研。全区各职能部门通力协作，以有效的措施，拓宽通道，抽疏点档，增设消防设施，基本消除状元坊的火灾安全隐患，取得良好的社会效益，营造了安全的营商环境，赢得了上级部门的肯定。由于越秀区安全防火综合整治工作成效显著，副省长李容根等省、市领导，分别到状元坊商业街、中旅大厦、动漫星城、名盛广场等消防重点地区和单位检查消防工作，并对状元坊摘掉公安部挂牌的“重大火灾隐患单位”这一“火帽子”表示肯定。

2003年，在市、区两级政府的重视下，市政府成立了一德路特色商业街整治改造协调领导小组，统筹市有关部门对一德路的整治改造工作；区成立一德路状元坊整治建设工程指挥部，全面组织协调一德路整治建设的各项工作。2月13日，越秀区召开一德路升级改造现场会，决定投入2000万元重新规划改造一德路，改变其拥挤破烂、消防隐患严重、交通堵塞等现状，使之成为广州市打造的10条特色商业街之一。6月20日，越秀区委、区政府召开关于一德路特色商业街规划设计论证会，重新规划、布局市场设置，整饰房屋立面，调整经营业态，以一德路专业街为契机，推动以沿江路、长堤大马路、一德路为主体的沿江路商贸区建设。越秀区委书记谭应华、区长马鄂生和区重点项目咨询协调委员会其他成员及区建设、规划、国土房管等有关单位负责人参加了论证会，广州市规划局、商业局、旅游局、国土房管局负责人及有关专家、学者应邀参加了会议。会上，华南理工大学等设计单位分别介绍了《广州市越秀区一德路特色商业街规划设计方案》《一德路商业街整改策划第二阶段方案》《一德路改造整饰设计方案》，与会者就上述方案进行了认真论证。一德路的整治改造计划投资3亿元，用3—5年完成。整治重点是优化商业经营的外环境和解决公共配套设施不足的问题。从10月开始，以路段房屋立面整饰为切入点，选择东起靖海路、西至海珠南约400米路段近1万平方米立面为示范，至12月底，整饰工程基本完成。

越秀区委、区政府树立“环境立区”的新理念，大力改善营商“软环境”，为投资者提供“一站式”服务，制定优惠政策，吸引商家在区内投资经营。2000年后，越秀区逐步形成3个商务楼宇相对集中的区域，即依托临江自然景观、借助北京路商圈的辐射效应、集中多座高档次商务楼宇的沿江商务区；依托区域内传统的政务中心、汇聚众多金融企业和物流企业的东风路商务区；依托传统商业中心，由多座在建和已建商务楼烘托出浓厚商务氛围的中山路商务区。

2001年起，越秀区加大力度引入“总部经济”，提升“三大商务区”的影响力和竞争力。全区调整优化城区经济布局，充实“商旅富区”内涵，规划建设“三大商圈”“三大商务区”，推动形成现代化的历史文化商业旅游中心区。

2003年，区委、区政府调整工作思路，提出加快“三大商圈”和“三大商务区”建设，确定以发展总部经济为依托构建商务区的功能定位，以“三大商务区”写字楼聚集为载体发展总部经济。2003年，区内对外出租的写字楼94栋（其中1万平方米以上44栋），总面积212万平方米，平均出租率为74.33%。2004年，区领导与区商业、旅游局、各街道党政正职领导召开座谈会，共同研究商讨区“三大商圈”“三大商务区”建设发展计划，并将促进“三大商圈”“三大商务区”建设列为年度重点工作之一。经过相关部门及街道积极努力，深入推进，“三大商务区”写字楼招商引资有新进展。2004年底，“三大商务区”写字楼出租率普遍在80%以上，有的甚至超过90%。

2000年，越秀区完成《越秀区商贸旅游发展总体规划（2001—2010年）》，确定以“古城商都”为越秀区商贸旅游的总体形象定位和“以商贸带旅游，以旅游促商贸”的总体发展思路；制定规划期内区商贸旅游业的总目标和“五区三带十二街”的总体空间布局。结合广州市“中变”“大变”目标，制定近期（2000—2005年）和远期（2006—2010年）商贸旅游重点项目建设方案。

2002年，越秀区完成《沿江地区商贸旅游总体规划》。结合“中变”规划，建设北京路步行街、石室绿化广场、海珠广场“珠海丹心”和珠江两岸（越秀区段）景观。其中北京路和石室绿化广场列为重点项目。配合市有关部门建设、修缮、整饰大佛寺、古药洲，筹划建设大小马站书院群。并先后推出越秀商贸旅游宣传系列项目，印制反映区历史的纪念品，出版邮册等。

2003年7月16日，越秀区召开商贸旅游与民俗文化研讨会。区商业旅游局领导介绍区商业旅游情况。市委宣传部、中山大学等12位领导专家学者应邀出席会议，就打造越秀“古城商都发祥地”的历史文化品牌、建设商贸旅游中心区和“文化强区”作专题发言，建言献策。同时，应区领导邀请，市规划局主要负责人到区听取越秀区未来五年城市建设整体规划。9月3日，广东省原省长、省人大常委会原主任朱森林到越秀区指导工作。朱森林详细询问了社区建设的情况，肯定了越秀区“商旅富区”的发展思路，认为越秀区工作扎实、作风务实，全区各方面工作都有长足进步。2004年，区委宣传部与广州日报社主办、区旅游局协办“活力广州，魅力越秀”大型旅游文化活动；配合市旅游局，在北京路名盛广场举办“创建国家最佳餐饮旅游城市”活动，有6万多名市民参与活动。

为落实CEPA中关于香港273种产品自2004年1月1日起进入内地市场享受“零关税”等优惠政策，2003年11月18日，越秀区人民政府确定，在北京路步行街设立“香港零关税商品”专卖区。随后在广州浚泰百货设于北京路313号的浚泰商城二楼开办广州香港城零关税商品有限公司，供香港产品在此集中展示和销售。由此打造一个穗港合作新平台，安排专门人员，为香港企业提供一站式、全方位、度身订做的服务，如代理辖区内投资项目的报批，办理各项批准文件、证件、执照等。

2004年1月，广州浚泰百货在全国率先推出了内地首个香港零关税商品城(俗称香港城)。香港城首期仅是商场的第二层，面积1300多平方米，分为109个档位，全部租罄。经营者绝大部分是香港居民及其亲属代表，当中有不少是品牌企业的代理商。产品主要有高档化妆品、服装、首饰、精品等四大类，有的直接从香港企业设在香港的工厂中提取；有的从香港企业在珠三角的生产厂中提取；有的来自香港批发市场。据相关部门统计，每日客流量少则三四万人次，多至近十万人次，商家九成九赢利，充分显示了CEPA政策的威力，广州市民有了更多购物选择的机会。

“香港零关税商品城”是越秀区落实CEPA，进一步促进内地与香港经贸合作的一大举措，该商城的开业既扩大北京路步行街的知名度，又有效促进穗港两地的经济交流与合作。在广州香港城的影响下，广东省内深圳、中山、珠海、佛山、韶关等地先后宣布推出香港城项目。随着CEPA在内地的升温，北京、昆明乃至西北地区20多座城市也计划打造各式各样的“香港商品城”“香港街”“港澳商品城”等商业项目。

三、加快旅游业的发展

位于越秀区中心位置的人民公园是广州市唯一的古典西式风格公园，建成于1918年，原名为广州市第一公园，1925年改名为中央公园，广州解放后更名为人民公园。园内古树繁茂，路树成行，草坪翠绿。园中央的音乐亭是早期的园林建筑，石狮、石鼓为清代遗物，其中一对白玉石狮子有360多年历史，是广州市文物保护单位。

1997年5月，公园拆除集邮俱乐部，恢复绿化用地功能。11月，公园实行免费开放。1998年2月，拆除公园后门部分围墙、票房、花架廊，恢复绿地1113平方米。1999年，在“一年一小变、三年一中变”期间，全部拆除公园围墙、店铺及建筑物，取消收费游乐项目，全面改造园内林木、花坛、园道、路灯以及排水设施、喷淋系统等；

新增绿地1万多平方米。

经过多年的建设，人民公园展现新容，百年古榕成荫，成片绿草如茵。每逢重大节日，公园便成为庆祝活动和组织群体活动的重要场所。清晨，人们在此打太极拳、打羽毛球、练扇舞、跳交谊舞等；日间，成为戏曲等娱乐项目的展演场地。公园已成为市民健身、娱乐、憩息的乐园，成为老城区中心亮丽的游览景点。人民公园每天人流量比免费开放前增加1倍，年游客量达1000万人次。随着广州市地铁一号、二号线的建设以及解放路、北京路的城市改造与建设工程的进行，其交通、旅游中心地位被进一步强化。

2000年6月13日，人民公园南广场和海珠广场的设计方案公布，人民公园向南延伸，建设人民公园南广场，又称人民公园城市广场，计划于2005年建成。该广场成为广州市自然景观与生态绿化空间的重要组成部分，是白云山脉—越秀山—中山纪念堂—人民公园—海珠广场—珠江这一广州旧城中轴线中的精华部分，集中了大量的传统优秀建筑，具有极高的文化与历史价值，并处于地铁一、二号线的交汇处，是广州市的公交转换枢纽，成为城市最重要的公共活动空间。

为保证国家重点文物保护区域南越国官署遗址的进一步开掘，位于越秀区内中山四路334号，面积1.15万平方米的广州市儿童公园需要整体搬迁。2001年4月23日，区委、区政府召开区五套班子全体领导会议，审议新建的广州市儿童公园建设方案。12月15日，有43年历史的市儿童公园正式关闭，整体迁移重建。儿童公园新址定在越秀区内的人民南路与一德路交界的原中建广场地块，用地面积1.4公顷，搬迁重建费用达3亿元。

新儿童公园于2002年5月动工建设，2004年6月1日开放，目标定位为“科普、娱乐、休闲、生态”，体现了广州市的岭南文化特点和现代化中心城市气息。新儿童公园根据儿童的心理、生理特征，选用“描绘古越秀色，展望广州未来”的儿童获奖作品为标志壁画。园内主体采用植物类和昆虫类动物模型做包装，保留传统娱乐项目，并增加新鲜的游乐设施及科学模型等20多个项目。公园遍植树木和花草，各式攀枝植物缠绕在长廊上，为公园增添立体植物景观。2004年公园开业后，首5天累计接待游客10万人次。

20世纪90年代，越秀区配合广州市，加大了名城保护的力度，在这个可称为“没有围墙的博物馆”里，有计划地对名胜古迹进行有效保护和合理开发利用，致力打造传统文化和旅游观光的热点和亮点。在发展旅游业过程中，越秀区积极举办游越秀活动，开辟古城游览带，让人们在一天里穿越时空，感受广州时代巨变，在了解古今越秀的同时，也了解广州两千年来的沧海桑田。

2001年，越秀区结合“三年一中变”，大力整治旅游景点周边环境，在发掘旅游资源、提升文化品位上下功夫。为进一步加快越秀区商贸旅游景点开发和利用，4月27日，越秀区委宣传部和区商业（旅游）局共同举办“一日读懂两千年，广州古城在越秀，我最喜欢的越秀古城旅游景点”评选活动。6月，又向各高校派发了宣传越秀区悠久历史文化和旅游资源的资料，组织市内8所高校近千名学生参加了“城市景点大赛”。8月4日，越秀区委、区政府、广州市社会科学规划办公室联合召开越秀区商贸旅游发展专家咨询座谈会，就如何开发越秀区的商贸旅游资源潜能，深入挖掘文化内涵，打好文化品牌，抓好规划实施，增强规划可操作性等问题，进行座谈讨论。中央宣传部政策法规研究室副局级调研员明立志、国务院发展研究中心研究室主任徐东华、首都师范大学教授王锐生以及有关单位的专家、学者参加了座谈会。

2001年10月，区政府举行了以“古城商都今越秀”为主题的越秀区优秀旅游景点评选揭晓仪式。评选出层楼挹翠（越秀公园镇海楼）、府前春晖（人民公园）、华堂宏殿（中山纪念堂）、珠水玉堤（沿江路）、古街逸步（北京路步行街）、流花烟雨（流花湖）、南越古韵（南越国宫署遗址、西汉南越王墓博物馆）、仙观钟楼（五仙观）、古寺菩荫（光孝寺）、花塔六榕（六榕寺）等十大优秀旅游景点。

越秀区发展旅游产业的做法和需求得到广州市委、市政府的高度重视和支持。2002年5月14日，市长林树森到越秀区就开发老城区的旅游资源及转变政府职能等方面进行调研，视察了五仙观绿化广场和光孝寺，之后听取了区主要领导的工作汇报，并就发展商贸旅游产业、加快推进最适宜创业发展和居住环境的建设、利用地铁优势、延伸地下商场、提高政府办事效率、加快教育综合改造工程、确保“中变”重点项目按时完成等方面提出了工作要求。

2002年10月，越秀区档案局在中国第一历史档案馆勘查发现并委托复制了一幅绘制于清康熙二十四年（1685年）的“广州府舆图”。此图绘制精美，完整地反映了广州古城变迁情况，艺术欣赏价值和历史研究价值颇高。这是目前为止所发现的最早的广州古城图。11月20日，由越秀区人民政府和广州市档案局（馆）主办，中国第一历史档案馆协办，越秀区档案局（馆）和越秀区教育局承办的“清代广州教育史料展览”在省立中山图书馆开幕。展览通过近百幅图片、资料，集中反映了清代以来广州、越秀教育历史变迁脉络。中国第一历史档案馆馆长邢永福参观了展览。

2003年，区档案局（馆）与中国第一历史档案馆、市档案局合作出版《广州历史地图精粹》，选编出版了广州古城历史地图共97幅，绝大部分为孤本，且首次公开面世，具有极高的历史研究和艺术欣赏价值。11月21日，由越秀区人民政府主办，中国第一历史档案馆、市档案局、越秀区商业旅游局协办，区档案局（馆）、南方航空国际旅行社承办的“广州古城历史地图展暨南航秋冬旅游精品节”在北京路举行开幕式。展览很好地反映广州城历史发展轨迹，特别是越秀区的历史、地理与概貌，在广大群众中起到“知越秀、爱越秀、兴越秀”的区情乡土教育作用，同时提升了北京路国际步行街的知名度。

第　五　节
建设现代化中心城区

在全面建设小康社会的过程中，越秀区加快建设市政基础设施项目，加强城市环境综合整治工作，为保障第九届全国运动会的成功举办，提供了良好的场馆、环境和设施。通过一系列的建设，实现了广州市提出的“一年一小变、三年一中变、十年一大变”的城市建设和管理工作目标，也实现了社会经济发展、城市建设管理和人民生活水平全面上新水平。

一、深化城市管理体制改革

1998年3月，越秀区第八次党代会决定进一步深化城市管理体制改革，提高城市建设和管理水平，逐步建立起与发展社会主义市场经济相适应的城市管理体制和运作机制。改革的目标是建立和完善“两级政府、三级管理”的城市管理体制，形成“统一领导，分级负责，以块为主，条条保证，社会监督，依法治城”的管理格局，建立行政、经济、法律手段并举的运作机制和切实有效的监督机制，不断提高城市现代化管理水平，促进城区经济社会全面发展。改革的重点是进一步明确区政府和街道办事处在城市管理中的主要职责和事权。

12月29日，越秀区成立深化城市管理体制改革领导小组，着手研究和推进区城市管理体制改革。1999年1月，越秀区委八届二次会议决定，以城市管理体制改革为切入点，促进政府职能的转变，并成立由区、街统一指挥调度的城管综合执法队伍。4月13日，区委、区政府召开深化城市管理体制改革动员大会，全面动员部署了深化城市管理体制改革工作。实施城市管理体制改革，涉及全区15个行政管理部门，重点是抓好衔接市有关部门下放的事权，明确区、街在城市管理中的主要职责和事权。会上宣布了全区原有的19个街道合并为10个街道。其中，流花街、东风街、洪桥街保留原建制不变，六榕街、解放北街调整合并为六榕街，广卫街、越华街调整合并为广卫街，诗书街、纸行街调整合并为诗书街，光塔街、解放中街调整合并为光塔街，北京街、大南街调整合并为北京街，大新街、德成街、解放南街调整合并为大新街，人民街、一德街、泰康街调整合并为人民街；相应调整居委会设置；10个街道成立城管中队，行政属区城管大队，业务受区城管大队和街道双重领导。各街道内设机构的职能、任务、工作方式等都作出调整。通过调整，扩大了街道行政区域，增强了街道发展经济和管理城市的能力，对调整后的中层干部实行竞争上岗，促进了街道中层干部年轻化、知识化，优化了街道中层科室的整体素质。全区调整合并后的行政街道党政正职领导的平均年龄由过去的49.3岁下降至45.8岁，大专以上文化程度占60%。同时，对居委会工作人员实行招考聘用制，并增加了财政对居委会工作的投入，使居委会建设得到进一步加强。

2000年3月31日，在越秀区召开了广州市城市管理综合执法规范化建设现场会，与会者参观了越秀区城管综合执法大队的规范化建设现场。2001年1月，越秀区委八届六次会议决定推进城市管理体制改革和政府职能的转变，上半年完成街道公司的改革，稳步实施医疗卫生体制改革和环卫作业管理体制改革。自此以后，随着政府职能的转变，街道的自办、自营和“挂靠”经济就退出历史舞台。5月，人民街、洪桥街、广卫街、流花街、大新街分别召开街道党工委、街道纪工委、社区建设联席会成立大会。7月，区政府原则通过《市容环卫管理改革方案》，确定从2002年开始，各队、所和环卫站全面转制，成立全区性的市容环卫监督管理所，将环卫站的管理与收费职能并入监理所，全区的环卫收费实行统一管理。撤销环卫站，作业单位转制为企业。转制后，政府对环卫作业的投入由以费养人转变为以费养事，最终达到政企分开、政事分离的目的。

2003年12月3日，越秀区委召开常委会会议，审议通过《越秀区关于深化街道城市管理体制改革的实施意见》，明确进一步深化城市管理体制改革，强化各街城管综合执法中队属地管理职能，充分调动街道参与城市管理的积极性。强化队伍建设，创新管理思路，完善联防群治机制，发挥优势互补、协同管理的效应，形成城管综合执法、街道、环卫、工商、公安、交管等部门互相支持、齐抓共管、一体化作业的“大城管”格局，建立和完善城市管理的长效机制。

2004年，越秀区城市管理工作机制实行督察和纪检监察相结合，强化监督制约，规范队伍内部管理，实施办案查处分离，规范自由裁量权，杜绝随意处罚、越权处罚或人情化操作，全年处罚的5500宗案件正确率达100%。同时，开展城市管理投诉服务，建立城管投诉服务中心，与市12319城市管理投诉热线联网，形成了纵横联动的工作网络，相应建立了城市管理快速反应模式，解决了一批乱摆乱卖、噪声扰民、违章建筑等群众投诉强烈的热点问题。

自广州市城市管理体制改革以来，越秀区以改善城区环境、创建最适宜创业和居住的文明城区为目标，通过“小变”“中变”，迎“九运”，创建国家卫生城市、环保模范城和全国文明城市等具体活动，结合商贸旅游中心城区的建设和改造，扎实推进城区建设，改善居民的居住环境，使城区面貌大为改观。

二、城市面貌“一年一小变，三年一中变，十年一大变”

1998年3月，在市人大会议上，代表们提出了广州市城市建设管理面貌有4个不满意，包括交通阻塞、空气污染、面貌脏乱差、治安恶化。为解决好这些问题，7月，市委、市政府组织专题组去上海考察学习，形成了调研报告并报省委。7月28日，省委在广州召开了现场会，省委书记李长春提出，广州要一年改变脏乱差面貌，实现环境面貌一年一小变化；三年完善广州基础设施，弥补原来的欠账，有一个中的变化；到2010年广州城市建设、城市管理有根本性变化，率先实现现代化。根据李长春的讲话指示精神，省委、省政府对广州市城市建设提出“一年一小变，三年一中变，2010年一大变”的目标。

经市委、市政府决策，“一年一小变”工作成为全市中心工作之一，全市各级领导精心策划和组织，广大干部群众积极支持和配合。1998年10月30日，越秀区向市政府签订《整治城区脏乱，实现城市环境“一年一小变”目标责任书》。1999年1月21日，区政府召开实现“一年一小变”动员签状大会，区城管办、区爱卫办等职能部门和各街道负责人与区政府签订了“一年一小变”目标责任状，整治工程正式开始。3月16日，省、市领导到越秀区检查整治脏乱、实现城市环境“一年一小变”的工作，视察了海珠广场、北京路、人民公园广场、中山五路、七株榕安全文明小区、接龙安全文明小区等12个点。省委副书记、市委书记黄华华对越秀区创建活动取得的成绩给予肯定，并对创建文明城区工作提出了要求。至1999年，区投入1000万元的启动资金，整饰北京路步行街、中山路商业街；投入900万元改造建设人民公园；投入658.8万元建设洪桥地区示范点。区市容卫生达到市指标的100%，建成吉祥路、法政路、北京路等6个地段共4700平方米市容达标路；撤销17条内街的临时摆卖点和占道市场2个，还路于民5455平方米，清拆“两违”[①]3.28万平方米；交通秩序实行统一管理，状况良好；拆除违章户外广告270多块，清理乱拉挂、乱张贴1.3万多宗，基本消灭乱拉挂、乱张贴现象；规范在建工地管理，清拆露宿人员聚居窝棚54处。

---

①“两违”：违法建筑、违章搭建。

1999年9月24日，省委书记李长春，省长卢瑞华，省委副书记高祀仁，省委副书记、市委书记黄华华，市长林树森到北京路、人民公园实地检查验收创建文明城区成果。10月21日，全国政协副主席叶选平在市、区领导的陪同下视察广州“一年一小变”标志性工程——人民公园。10月26日，全国政协委员李金培及省政协委员在越秀区领导陪同下视察了人民公园和北京路商业步行街，听取了越秀区“一年一小变”环境整治工作成果及人民公园的改造建设情况汇报。2000年2月1日，全国人大常委会副委员长田纪云，广东省委副书记、市委书记黄华华，市委副书记、市长林树森，市委副书记朱小丹等一行视察了人民公园“一年一小变”情况，都给予了充分肯定。

12月27日，广州市委、市政府召开了广州市1997—1999年度精神文明建设“一年一小变”总结表彰暨“三年一中变”动员大会。越秀区“一年一小变”工作经市综合考评，在全市各区中荣获第一名。12月29日，越秀区召开“一年一小变”总结表彰暨“三年一中变”动员大会，区委、区政府对155个先进集体和304名先进个人进行表彰。

2000年3月，越秀区委、区政府根据广州市人民政府公布实施的《广州市城市建设“三年一中变”的规划》（1999—2001年），制定并印发《区委、区政府关于越秀区创建文明城区“三年一中变”的规划》。在“一年一小变”的基础上，2000年开展“三年一中变”工作。全面清拆违法建筑1.17万宗，近26万平方米；撤销占道市场28个，3.6万平方米，整治乱摆卖8.6万多宗，有效遏制乱摆卖、占道经营现象。整治防盗网4.98万户，共77.05万平方米，顺利完成该项任务；整治广告招牌4900块，共3.9万平方米，取得明显效果。市容环境卫生整体水平进一步提高，一、二级马路16小时保洁率达100%；交通秩序明显好转，撤销不符合要求的“三车”[①]保管站32个，纠正交通违章5.06万宗；全区在建工地83个，文明施工达标率100%。除“四

①“三车”：自行车、三轮车、摩托车。

害”工作全区合格率达95%以上。监督检测经营单位近3000户，食品合格率98.5%。发放出租屋许可证1431个、暂住证1.83万个，规范流动人口管理。改造、修建人行道和道路8.33万平方米，道路修补3万多平方米，完成创建市容达标路任务。

“三年一中变”期间，区投入2.3亿多元重塑越秀区新形象。建设和改造商业中心区，建设沿江路旅游休闲区，高标准完成东风路、解放路等重点路段的整饰工程，建设改造状元坊、高第街等一批专业街和专业市场以及五仙观、光孝寺等绿化广场、景点和文化、游乐场所；推进东风小区生活示范小区建设。通过“三年一中变”，区内标志性工程“岭南第一街”北京路商业步行街，房屋全面整饰一新，道路美观整洁，灯饰绚丽多姿，展示出现代都市、岭南建筑、商业文化、文明窗口等特色；沿江路休闲旅游区初具规模，凸现山水城市景色；人民公园拆除围墙，重新规划，新增绿化，成为群众娱乐、憩息乐园；应元路旧楼宇换新颜。高第街重现民俗建筑风格；状元坊重新整饰，规范管理，成为精品专卖特色专业街；东风路段形成整齐、美观、有序的现代城区风貌；桂花岗小区成为全区安全、文明、休闲的生活示范区，都府小区引入专业化物业管理，展现旧式居民小区新形象。火车站广场一带通过强化治安管理，市容景观、交通、治安明显好转，呈现环境优美、秩序井然、安全文明的羊城风貌。

为迎接2001年11月11—25日在广州举行的第九届全国体育运动会，2000年10月26日，广州市出台了“当好九运东道主，创建文明广州城”群众性精神文明建设活动方案，动员全市人民努力实现城市环境面貌“三年一中变”，创建文明城市，迎接九运会，服务九运会，办好九运会，推进以创建文明城市为龙头的群众性精神文明建设活动。

2001年3月7日，区委、区政府召开全区创建文明城区联席（扩大）会议，部署了“三年一中变”及迎“九运”工作任务，要求全区以“人人都是东道主，个个争当好公民”为主题，推进群众性精神文明创建活动。开展“商旅创优迎九运”、万人清治脏乱行动日、创“青年文明号、巾帼文明岗”评比等系列活动，组织志愿服务，举办7个系列36场论坛，举办越秀区军民迎“九运”体育花会。组织街道和区属单位在“三年一中变”中开展形式多样的精神文明创建活动。以创建文明城市为核心的群众性精神文明建设活动推动越秀区的“三年一中变”活动从简单的整治脏乱、清洁城市工作向创建文明城区纵深发展。

越秀区结合“三年一中变”，清拆了关联九运会交通必经路段和高架路、内环路两侧200米范围内的“两违”1.17万宗，合计约26万平方米。先后撤销17条内街的临时摆卖点和占道市场，还路于民5000多平方米。同时利用闲置空地和原有市场共9800平方米，新建档位1286个，实现农贸市场全部入室经营。河涌治理工作取得好成绩，环保治理成效显著。2001年7月4日，越秀区领导分5个小组前往全区10个街道进行2001年“三年一中变”工作半年考评。同日，国土资源部部长田凤山一行在市长林树森以及区领导陪同下，视察人民公园。田凤山对人民公园的绿化管理给予了好评。11月16日，市领导带领市有关部门负责人到区检查验收“三年一中变”工作，视察了北京路步行区、沿江路、广卫街都府小区等，对越秀区“三年一中变”工作给予充分肯定，并希望再接再厉，按照建设最适宜创业发展和居住环境的现代化中心城区、最精彩亮丽的历史文化名区、最整洁有序的行政中心区目标建设越秀区。经过全区共同努力，越秀区全面完成“三年一中变”规划确定的目标任务，城区环境质量全面提升，市容景观焕然一新，社区环境旧貌换新颜，城市建设管理与时俱进，经济发展一片生机。

在“三年一中变”和创建文明城区活动过程中，越秀区基层单位涌现了很多先进典型。12月30日，越秀区环卫局被建设部评为全国城市市容环卫先进集体，是全市区（县）级单位中唯一被评上的单位，并被广东省推荐参加全国城市市容环卫先进集体标兵单位的评选。2002年，越秀区荣获广州市“文明城区”奖、“三年一中变”优胜奖。1月31日，区委、区政府召开越秀区精神文明建设暨城市建设管理“三年一中变”工作总结表彰大会。会议表彰了一批区文明单位、文明街道、文明社区、文明窗口、军警民共建先进单位、城市建设管理“三年一中变”先进单位及先进个人，并颁发了奖金和荣誉证书。

2002年起越秀区全面启动“到2010年一大变”工作。区委、区政府提出要科学规划，以“十年一大变”为契机，在巩固“小变”“中变”成果的基础上，坚持“大变”与建设现代化商贸旅游中心城区相结合，与提高城区居民生活质量相结合，与创建文明城区工作相结合，全区上下联动、条块结合、统筹协调、全面推进，不断促进城市建设与管理的科学化、制度化、法制化；以社区建设为载体，促进社区居民综合素质和城区文明法治程度的提高。

一是完成“大变”规划（初稿）的编制。确定越秀区到2010年要建设成为“最适宜创业发展和生活居住的中心城区，最精彩亮丽的历史文化名区，最整洁有序的行政中心区”的奋斗目标，并以推进越秀区现代化商贸旅游中心城区的建设、提高越秀区的综合竞争力为着眼点，确定2002—2004年、2005—2007年、2008—2010年三个阶段的目标、重点项目和工作要求。

二是继续推进城区环境综合整治。共清拆各类违法建筑548宗、23642平方米，楼顶天面乱搭建373宗、8941平方米，制止新的违法建设21宗、561平方米；整治不规范防盗网6106户、60278平方米，遮雨篷4940户、12300个；拆除广告招牌761个、17245平方米；撤销未经批准设置的车辆保管站1个。

三是强化环境保护和生态环境建设。合理布局全区餐饮行业，“油改气”进一步扩展。加强污水排放、噪声、扬尘等污染源的监控和管理，加大司马涌、东濠涌的整治力度，全面铺开规范废油脂收集、处置管理工作，有效提高全区生态环境质量水平。积极推进商贸中心、古迹景观、主题公园等场所的绿化建设，全区新增绿地面积1.2万平方米。

四是继续推进景观工程建设。北京路商业步行街以打造国际级步行街为目标，完成第四期整饰改造工程，展现千年古道遗址的风采；五仙观绿化广场建设以“既尊重历史，以历史为依托，又要充实景观”为原则，完成第一期建设工程，以崭新面貌对外开放；海珠广场西广场复绿工程，人民公园二期建设工程完成临建商铺的拆迁；基本完成三友里绿化广场建设工程；新儿童公园建设工程进展顺利；推进沿江路光亮景观带建设，扩展整治范围，完善灯饰景观；完成流花路、人民北路1100米路段创建市容样板路任务；高标准建设一批示范生活社区，建成都府、三眼井、凉亭坊和流花桥等4个广州市“绿色社区”和一批“无‘六乱’社区”。

经过“一年一小变”“三年一中变”，越秀区城市基础设施建设有了很大的改观，为“大变”工作夯实良好基础。在开展“大变”工作中，越秀区结合区情实际，以建设现代化商贸旅游中心城区为目标，以建设适宜创业发展、适宜生活居住的现代化文明城区，精彩亮丽的历史文化名区，整洁有序的政务中心区为着力点，以增强中心城区的综合竞争力为主线，进一步完善“一路五区三带十街”的规划，切实解决好城市管理中的深层次问题，提升本区的文化品位，凸现越秀城区独特的、深厚的历史文化底蕴，为城区建设与管理注入丰富的文化内涵，增强区的发展后劲。

三、建设宜业宜居的现代化文明城区

越秀区以建设适宜创业发展、适宜生活居住的现代化文明城区为目标，以实现城市建设与管理“一年一小变，三年一中变，十年一大变”为载体，全面铺开城区环境的建设与整治工作，强化城市管理综合执法，以治脏治乱为重点，整治城区环境和秩序，进一步提高城区管理水平，城区面貌发生了显著的变化。

越秀区土地面积少，开发强度高，资源紧缺。全区土地面积8.9平方千米，其中属公园及名胜古迹用地约1.5平方千米，广州火车站用地约1平方千米，省、市政府，院校和医院用地约1.9平方千米，绿化带、道路用地约1平方千米，除去上述用地，可供作房地产使用的城区用地只有3.5平方千米。根据区国土房管局用地清查结果显示，从1991年至1996年12月，有283宗、面积171万平方米的土地被规划征用，加上历年来已被征用拆迁或已建成新房的地块989块，面积421.7万平方米的土地被规划征用，越秀区可作房地产开发之用的土地已基本被规划征用。1997年以来，超期拆迁和拆而未建的闲置土地约15.62万平方米。其中有13.2万平方米为区属房地产开发单位征用的地块。

越秀区人口多，住房资源紧缺。据1997年6月统计，全区有直管房7993幢，面积159.7万平方米；私房10652幢，面积130.3万平方米。此外，根据广州市人民政府《关于加大本市落实侨房政策工作力度实施方案》（1997年1月29日经广州市第十届人民代表大会常务委员会第三十次会议通过），须在2003年前退还房屋产权，两类华侨经租产房面积有30万平方米。[①] 越秀区的老城区地域实际困难得到了上级重视。1998年6月24日，经广州市勘界部门审核确认，越秀区增加位于流花地区花果山的一块山坡地约0.26平方千米，使全区总面积扩至9.16平方千米。1999年5月26日，越秀区创建办召开越秀区闲置待建用地整治与管理现场会。区领导与与会者参观了市府大院工地、黄金广场工地、东建实业工地、市委华安工地，听取了市委、市政府整治工地的做法和经验，即日下发了《越秀区闲置待建用地管理试行办法》。

越秀区分阶段实施旧城改造。第一阶段是20世纪90年代，以房地产开发商为主导，以推倒重建的方式，大规模拆旧建新。十年中，全区引进外资4亿多美元开发房地产，利用内资、外资共新建房屋124.08万平方米，其中住宅房93.82万平方米；改造1997年在册的危破房590幢、面积8.89万平方米。1997年，东风小区建成半封闭式、环境优美的综合住宅小区，占地25.7万平方米，绿化用地面积2.1万平方米，建成50多栋建筑面积60万平方米的楼宇，并新建和扩建了

① 越秀区委政策研究室：《越秀调研》第4期，1997年9月17日。

中小学、幼儿园、老人活动中心，生活服务设施齐备，引进小区物业管理，被市评为安全文明小区。

第二阶段是进入21世纪后，以政府为主导，规避房地产开发的负面影响，结合危房改造和创建绿色社区，全方位开展旧城改造。2003年6月20日，区委领导与创建办、规划局、房管局有关负责人，到洪桥街就老城区改造问题进行调研。区委书记谭应华听取相关工作情况后指出：老城区改造要采取多种形式，拓展现有空间，还绿于民，还空间于民，按照生态城区建设目标，从根本上改造好老城区；街道相关职能部门要发挥重要作用。此后，区内陆续完成了东风西路兴隆东社区、越华路小东营社区、中山五路大马站、海珠路敦善里、大新路三府前、一德路果菜直街等老城区改造工程。8月3日，越华路改造工程全面开始，被打造成为广州市的窗口路段，惠及附近的小东营社区，并使位于越华路小东营5号的黄花岗起义指挥部旧址周边环境得到改善。

8月25日，市长张广宁与市建设、房管、规划、绿委等部门主要领导到区调研，视察北京路大马站“拆危建绿”工程和解放中路拟进行破损房改造的地块。在听取区领导专题汇报后，协调市有关职能部门研究解决北京路步行街建设和周边环境整治改造，以及石室广场整治改造中存在的主要问题。张广宁对越秀区的经济发展和城市管理工作给予充分肯定，对区领导积极主动推进解放中路地块破损房改造、为人民群众营造“两个适宜”的良好环境表示支持和赞赏，并要求越秀区继续加大对全区破损房改造工作，造福群众。

旧城区改造与危破房改造成效显著。2000年，越秀区落实好1997年在册危房维修改造工作，对老、大、难危房逐幢制定了维修改造方案，并通过在《广州日报》刊登《危破房维修改造通知》和召开私有危房业权人和使用人代表座谈会，敦促和动员当事人支持配合改造方案的实施。经过艰苦的努力和细致的工作，提前一年完成了1997年在册危房590幢、面积8.89万平方米的维修改造任务。2001年，越秀区在全市率先进行了拆危建绿地块试点，形成了“抽疏旧城区居住密度，拆危建绿，结合危改建设绿色社区”的危房改造工作新模式。2002年，全面建立越秀区房屋安全管理基础数据库，采取措施加强房屋安全和危房维修改造，全年维修改造、抢修危房严损房210幢，总建筑面积4.92万平方米；其中直管房125幢共3.86万平方米，直管危房首次实现“当年发现，次年修复”。6月6日，越秀区国土房管局在广州市危房改造工作会议上作了《致力危房改造，造福人民》的经验介绍，总结了越秀区过去十年来开展旧城区危房维修改造的经验、措施和成效，《广州日报》《羊城晚报》和广州电视台对此作了专题报道。

2003年12月11日，广州市召开危损房改造工作会议，会议确定越秀区解放中地块为广州市危损房改造试点。2004年7月7日，越秀区委、区政府召开越秀区危房改造工作总结大会，表彰了完成危房改造工作任务的街道。越秀区原计划在5年内完成的7处危改建绿工程，仅一年半时间就竣工，并在全市率先完成2002年在册210栋、建筑面积2.94万平方米的危破房改造工程任务。2005年3月31日，广州市首个由政府主导、联合业主改造危破房的试点工程——越秀区解放中路旧城改造工程正式动工，成为全市第一个旧城改造试点，形成了“开发带危改、市政带危改、危改带危改、文物保护利用带危改”的多元化改造模式。2005年以来，全区改造危破房29.01万平方米，约8300户的住房条件得到改善，在全市率先完成2004年在册危破房的整治工作。

从2002年起，越秀区逐步在有条件的社区开辟出文化广场、绿化广场等公共活动场地，把原来拥挤、破旧的社区改造为环境舒适的“绿色社区”。越秀区在小东营拆危建绿工程中，拆除破旧危房27幢，建筑面积2444平方米，综合修整房屋建筑面积950平方米，建造绿地1690平方米。此外，在区妇幼保健院试点天台绿化，建绿面积193平方米，种植各种灌木127株；在广州大厦周边16栋楼房的天台进行简易绿化，面积约2000平方米。广卫街天台绿化理念在全区广泛推广，在老城区居民区营造多层次的绿化格局。2003—2004年，全区共投入2000多万元，开展环境综合整治，在小区拆危建绿、见缝插绿。到2004年末，新增绿化面积1万多平方米。全区实现绿化覆盖率30.5%，人均拥有公共绿地面积4平方米。重点建成绿化广场7个，成为居民进行社区文化活动休闲娱乐的好场所。2005年4月25日，制定《越秀区天台绿化工作指引》，推广简易绿化、一般绿化和天台绿化3种绿化模式，鼓励居民个性化绿化天台。2003—2005年，建成国家级“绿色社区”1个（三眼井社区），省级“绿色社区”9个，市级“绿色社区”6个。

1999年，越秀区成功整治了北京路、流花路两个地区重点路段的社会秩序和环境面貌后，持之以恒继续推进重点地区的整体性整治，并逐步扩大重点整治范围，纳入全市市容市貌整治总体部署。

2000年4—10月，越秀区对北京路进行整体整治，范围是广大路与广仁路交界处至中山五路与北京路交界处的北京路北段，大南路及沿江路的北京路南段。整治内容包括房屋立面、骑楼、铺面及各种附着物，包括广告、招牌、渠管、电线、电缆、灯饰、空调室外机、防盗网等。4月20日，越秀区整治治安重点地区领导小组联席会议在人民街派出所召开，标志着重点整治人民街地区治安工作正式启动。这是整治重点地区的又一重要举措。当天下午，市委副书记朱小丹到越秀区听取“一区三边”[①]整治工作汇报并检查越秀区“一区三边”整治情况。9月25日，广州市创建文明城市联席会议办公室召开广州市“一区三边”景观整治建设现场会，区委书记向东生及区创建办、区规划分局等部门负责人参加，与会者参观了越秀、荔湾、芳村、海珠、东山等区“一区三边”景观整治建设示范现场，并就进一步提高广州市城市规划和建设及管理水平，加快城市现代化建设的步伐进行了研讨。越秀区对“一区三边”“窗口”地带、市场周边、人行天桥等重点路段开展整治，由城管大队实行正常执勤与突击行动、分散巡查与集中整治相结合的方式，定人、定岗、定责守点执勤，并加强其他地段巡查；针对问题比较突出的难点和群众反映的热点，

① “一区三边”：商业文化旅游区，珠江边、内环路边、主干道边。

组织“逢五”（每周星期五）城管执法整治，联合有关职能部门作不定期的突击整治。通过组织专项整治，查处无牌摆卖，小北路、榨粉街等多个乱摆乱卖聚集点，流花路、西湖路、惠福东路夜间无牌烧烤档，海珠广场、北京南路、解放北路越秀公园门口无牌占道“天光圩”集市，分别被取缔。

2000年6月，越秀区研究制定《越秀区沿江路整治建设工作方案》。8月3日，市规划局公布《关于整治建设珠江前航道两岸市容市貌的通告》，越秀区沿江路整治工作全面开展。整治工程包括四大项：一是重新整饰曾见证广州解放的旧广州第一楼——爱群大厦；二是对海珠石、中央银行旧址等一批历史文化景点进行“美容”包装；三是对沿江路建筑立面进行全面翻新整饰；四是重新铺设机动车道和人行道，建造绿化带和绿化小景。至年底，该路段沿线违章建筑全部拆除，沿线建筑立面整饰工程全部完工，机动车道路面重新铺设，临江人行道及护栏改造工程也基本完成，整个整治建设工程初见成效，路容路貌焕然一新，沿江路焕发出新的魅力。

越秀区通过巩固“一年一小变”“三年一中变”成效，全面加大对“六乱”执法力度，强化管理主干道和重点路段，全面落实“三定”①责任制，加大巡查密度，规范车辆停放秩序；建立城管投诉服务中心，与市投诉热线“12319”联网，形成纵横联动的管理网络，及时受理群众投诉。区有关职能部门及街道联合大规模专项整治区内乱摆卖聚集点、烧烤档、占道经营等突出问题，实现区内主干道、商旅区、“窗口”地段基本无“六乱”，无牌烧烤档“黑点”基本消失，次干道及内街乱摆卖、乱停放现象明显减少。

---

①“三定”：定人员、定路段、定责任。

四、加强环境保护

越秀区委、区政府把实施严格的环境保护制度作为提高人民生活质量的重要工作来抓，并坚持抓好抓实，使环境保护工作日臻完善。20世纪90年代起，越秀区按照国家和地方环境保护法律法规，严格把好建设项目审批关，每年开展城区综合整治考核和环保复查，巩固成果，执行环保先行、“一票否决”，促进城区综合环境的不断改善和提高。

1998年，结合“一年一小变”目标任务，加强对各类污染源单位的监督管理，严控新污染源。规定凡在居民区内开办饮食娱乐业，必须经本大楼或附近居民签名同意后方可办理环保报建手续。高考期间由环保、公安、城管等部门24小时监控噪声污染，维护考场安静秩序。1999年4月12日，广州市环境保护工作会议召开。在会上，越秀区环保工作受到表彰，区政府被评为1998年度环境保护目标责任制优秀单位；满族小学被命名为“广州市绿色学校”，成为全市第一批获此殊荣的单位之一；市长林树森与区长沈继承签订了1999年度环保目标责任状。

为提高居民环保意识，区每年结合纪念“世界环境日”进行环保宣传教育。与共建部队举办“军民共护母亲河——珠江清洁大行动”，区环保局与海军驻穗某部在全市率先开展“军民共建东风环保示范小区”活动。2000年，环保教育纳入区委党校干部培训课程和领导干部考核内容；环保知识教育纳入区内中小学、幼儿园素质教育三年规划和学期教学计划。区政府还聘请了10名人士为环保廉政监督员。

2001年10月8日，越秀区人民政府印发《关于命名“越秀一类噪声达标区”的通知》。辖内以越秀北路北连小北路为东边界、环市路为北边界、解放北路转应元路折向中山纪念堂西边为西边界、东风路至省政府东界折北连应元路为南边界的1.4平方千米区域，组织开展“一类噪声达标区”创建工作，并通过了市组织的验收。1997年起，在全区138所中、小学和幼儿园中开展创建“绿色学校”环保活动。至2001年，先后建成省级“绿色学校”5所，市级“绿色学校”22所。

2003年，围绕建设宜商宜居的城区环境，开展绿色社区创建活动。成立越秀区创建“绿色社区”工作领导小组，成员为环保、规划、房管、建设市政、环卫、民政、创建办等职能部门主要领导，筹集专项资金2242.3万元，保障创建工作。在创建活动中，重点整治社区内及周边餐饮业的油烟、污水排放和建筑业、饮食业、娱乐业的噪声。

2004年，围绕广州市创建国家卫生城市、国家环境保护模范城市和全国文明城市的工作目标，加大环境整治力度，继续开展“绿色社区”创建活动。在整治的基础上，坚持拆危建绿，见缝插绿，建造立体绿化和绿化小景，可绿化面积绿化率达100%，果菜西社区等5个新创社区道路平整、排水顺畅、环境舒适，新增绿化面积1万多平方米。果菜西社区、大德中社区、云台里社区、越秀山社区、盐运西社区被评为广州市“绿色社区”；德源里社区、豆腐寮社区、小东营社区、兴隆东社区、怡乐里社区、四方塘社区被评为省“绿色社区”。2003—2005年，建成一批国家级、省级、市级“绿色社区”。

五、完善社区建设与服务

越秀区自1990年开展社区服务工作以来，经历了试点探索、普及发展、巩固提高三个阶段。全区通过三个三年社区服务发展规划的实施，初步建成了以街道社区服务中心为基本阵地，志愿者服务队伍和便民利民网点为基础，老年人、残疾人、优抚对象和困难户为主要对象，社会福利服务和居民群众的家务劳动服务为主要内容的社区服务体系，逐步形成了“政府领导、民政主管、社会参与”的发展新格局。

2000年10月27日，市委副书记李善培、区委书记向东生到东风街、北京街了解建设社区服务中心、完善社区服务设施的启动情况。11月1日，2000年九城市友好街道三届四次（广州）年会在东风街举行。来自北京、上海、天津、昆明、重庆、西安等城市友好街道的代表就“社区福利社会办”这一主题互相交流社区党建、社区建设、社区服务、城市管理等方面的工作经验，并参观了东风街东风小区社区服务设施和广州市“三年一中变”成果。

2001年，越秀区制定《关于加强社区建设的意见》，明确要继续按照“营造良好环境，优化社区服务，建设两个文明，造福一方百姓”的工作定位，强化社区建设，深化、完善、扩大、发展社区建设。进一步健全社区建设工作联席会议制度，利用信息技术完善社区服务大厅的硬件建设，实现街道各种资源共享。将社区建设经费列入财政预算，着重抓好北京街、东风街社区服务中心作为广州市、越秀区社区建设的示范点，进一步完善社区服务功能，拓展服务领域，扩大服务网络，改善服务手段，提高服务质量。4月26日，省文明办到申报全国创建文明社区示范街道的东风街视察社区建设工作情况。

21世纪初，区街两级加大经费投入，社区服务基础设施不断完善，社区服务领域不断扩大。全区10个街道均建立社区服务中心、社区卫生服务中心、工疗站[①]。全区建立了27个“星光老人之家”、14个社区防寒避暑庇护站。区街致力打造义工志愿服务队伍。2004年，全区在册义工协会会员1.53万人，义工服务队60支；志愿者服务队25支，共5万人，大大丰富了社区服务内容，提高社区服务水平，从而为社区的家政、养老、福利保障、就业、法律、卫生、文化等便民利民服务打下基础。

2002年1月8日，大新街社区服务中心暨劳动和社会保障服务中

① “工疗站”：为精神病和智障人士提供简易工作、康复治疗服务的场所。

心大厅正式揭幕。街道社区服务中心为居民提供“一站式”或“一条龙”服务，通过电子政务系统方便群众办事。可为老年人特别是孤寡老人提供居家养老、托老服务；可为残疾人提供康复训练等服务。2004年6月10日，总投资2100多万元，建筑面积为3600平方米的越秀区社区服务中心、老人院、慈善超市等机构在光塔路21号全面开业。该社区服务中心集老人福利服务、便民利民服务、政务服务和咨询、中介、管理于一体。其中区慈善捐助超市集中为区内低保救济困难家庭提供无偿服务。越秀区慈善捐助超市建成后，各界人士为慈善捐助超市筹得善款20多万元和价值30多万元的物品，为低保困难家庭发放各类物品达12万元。区社区服务中心建立并开通为居民服务，带动10个街道社区服务中心的建设和发展，形成区、街社区服务网络体系。

越秀区委、区政府坚持以服务群众为重点，深入推进社区服务和建设。各街道党工委按照以人为本、服务居民、资源共享、共驻共建的原则，切实发挥领导核心作用。以社区服务为龙头，整合社区资源，调动社区积极性，多渠道发展无偿、低偿和有偿社区服务，加快发展社区服务产业，满足社区不同人群的需求；积极推进社区服务的规范化建设，以信息技术手段拓宽社区服务领域，提高社区服务水平，增强社区凝聚力，不断改善居民群众的生产、生活条件。

六、推进城区政务信息化建设

进入21世纪，越秀区委、区政府高度重视信息化建设，依托先进的信息系统和技术手段，加强电子政务建设，在全市处于领先地位。2000年，越秀区信息中心成立，首期投资300万元，建立了网络交换平台。2001年，区机关大楼各部门180台电脑互联，实现政务网上公开。

2002年7月2日，越秀区电子政务网络开通。全区电子政务网络的开通是推行政务公开工作的一项新举措。8月，越秀区建成互联网络交换中心，与广州市政府机关网络互联，全区55个部门和10个街道的宽带连接率实现100%；区属单位建网率达90%，建立了公众信息网和政务网站，全面推行办公自动化；在全市率先实现行政街道社区信息化应用率达100%，初步建成城区信息化三级管理网络，形成了“条块结合，业务协同”的电子政务建设模式。

8月9日，国务院信息化工作办公室安全组王渝次司长、国家信息化专家咨询委员会副主任周宏仁博士等专程到越秀区考察电子政务建设，对“条块结合、业务协调”的电子政务建设模式给予充分肯定。9月17—22日，广东省信息技术与信息化成果展在省政府信息技术演示中心举行，越秀区作为广州市成果展示两个代表单位之一，展示了“条块结合，业务协同”电子政务实践所取得的成果。在此期间，张德江、黄华华、钟阳胜、游宁丰、宋海等省市领导及有关部门负责人到场参观，认为越秀区通过信息化手段实现资源整合，方便群众办事，提高政府管理效率，做得非常好。11月17日，由国务院信息办组织的“电子政务地方经验广州座谈会”在越秀区机关办公大楼多功能厅举行，以越秀区为指定演示点。区领导汇报并现场演示区“条块结合”电子政务模式。国务院信息化工作办公室、中共中央办公厅、国务院办公厅、中纪委、中编办、国家发改委、科技部、信息产业部等中央部、委、办，京、沪、江、浙等省（市）主管领导和省、市有关领导100多人出席会议，并观看了系统演示。2003年8月4日，广东省人口与计划生育工作会议信息化工作现场会在六榕街召开。副省长雷于蓝、省计生委主任以及市、区领导参加会议，并视察了该街道的社区信息化建设情况。2003年，实现了区、部门（街道）、居委会三级网络互联。9月11日，副省长谢强华选点越秀区考察全省社会保障信息系统项目建设情况，对越秀区利用“一站式”社区综合办事系统处理社保业务、方便群众办事、提高政府管理效率的做法给予充分肯定。2003年，越秀区人民政府被广东省信息产业厅授予“广东省信息化示范单位”称号。

2004年，越秀区全面推进社区信息化建设和电子政务建设。全区所有街道和居委会通过应用社区管理软件实现对辖内居民、外来人员、企业和出租屋等各方面数据的更新，实现了“纵向、横向数据实时共享”及部门之间动态实时数据交换。通过应用“一站式”综合办事系统，形成了“综合办事、网上预约、上门服务”的社区服务新模式，有效解决群众办事难、办事烦问题。向社会公开区内工作动态、办事指南、政策法规和区长信箱等内容，及时收集社情民意。3月30日，副省长游宁丰到六榕街视察信息化建设情况，区委书记谭应华等陪同并汇报和演示了六榕街“一站式”社区管理与服务系统应用情况及社区综合管理与服务平台开展情况。2005年3月11日，广州大学华软软件学院与越秀区人民政府正式签订协议，共同开展电子政务、电子商务、物流管理、系统开发等方面的合作。

越秀区经过信息化研究应用的不断拓展，电子政务建设得到全面推进，公众信息网覆盖到社区居委会，政务网、办公自动化系统实现前台信息处理；全区数据中心的建设突破了区内信息孤岛难题，实现资源共享、业务协同；建立全区地理信息系统，可为城市管理各个领域提供数据支持；办公自动化系统软件综合应用平台接入社区管理各项业务，街道综合办事实现“一站式”服务；政务信息系统实现政务信息公开、城管执法网上办案、城管网上督办等五大系统模块特色。越秀区成为基础扎实、发展均衡的信息化建设先进城区。

第　六　节
强化民主法治建设和精神文明建设

作为广州市中心城区，越秀区的社会主义民主法治建设和精神文明建设既是牢固阵地，也是前沿阵地。越秀区委、区政府根据中央、省、市各时期的部署要求，大力加强依法治区工作和社会主义精神文明建设，按照依法从重从快打击重大现行犯罪的方针，打击刑事犯罪，强化治安管理，整顿社会秩序，使全区的社会秩序有了明显好转，促进社会安定团结和精神文明建设。

一、依法治区方略深入发展

实施依法治区第二个五年规划。1997年，越秀区制定《越秀区依法治区第二个五年规划》，并召开依法治区动员会，总结依法治区第一个五年规划工作和部署第二个五年规划任务。越秀区在实施依法治区工作中，大力开展普法教育，贯彻实施国家行政法规，受理、办结各类行政复议案件，协调解决行政复议咨询、投诉。深化政府行政审批制度改革，清理不规范的审批核准事项。向上级提交地方性法规修改草案意见，为区职能部门提供规范性文件；为行政机关、企业提供法律咨询服务。开通148专线，提高司法工作的透明度；办理人大代表议案、建议和政协委员提案办复率达100%，代表、委员满意率达98%以上。

2001年4月，区委、区政府召开全区依法治区工作总结表彰大会。会议总结了区实施“二五”依法治区和“三五”普法工作五年规划情况，表彰了先进单位和先进个人，部署了依法治区和普法工作任务。区委书记向东生就抓好依法治区工作提出明确要求，切实推进社会主义民主和法制建设。区政府及其工作部门要自觉接受人民代表大会及其常委会的监督，坚持向区人大常委会报告工作制度和向区政协通报情况制度，主动听取人大代表、政协委员、民主党派和各界人士的意见和建议。推进政府工作法制化，规范行使行政审批权，维护市场秩序，保护公平竞争，试行依法行政评议考核制，规范执法队伍的主体资格，树立行政机关公正执法的形象。进一步做好行政复议工作。深入开展社会主义法制教育，进一步提高人民群众的法制观念。7月12日，区依法治区领导小组召开全体成员会议，研究越秀区依法治区第三个五年规划。

深入开展“三五”（1996—2000年）和“四五”（2001—2005年）普法教育。1996年5月16日，中央宣传部、司法部发布《关于在公民中开展法制宣传教育的第三个五年规划》。越秀区认真组织实施“三五”普法宣传教育，全区深入学习邓小平关于社会主义民主与法制建设的理论，继续开展宪法知识和与公民工作、生活密切相关的基本法律知识及与维护社会稳定有关的法律知识教育，着重抓好社会主义市场经济法律知识的普及。“三五”普法，以领导干部、行政执法人员、青少年、外来工为重点对象，着力提高各级领导干部和机关工作人员依法治区、依法行政水平，普及群众法律意识和法制观念，配合“严打”整治、“三年一中变”、反邪教等重点工作，深入重点单位、地区和社区开展普法教育和宣传活动。

1996年起，对全区近1.6万名外来务工人员进行系统的法制教育，开展“三个一”[①]活动。围绕党的十五大召开和香港回归，开展基本法等法律法规的学习与宣传；开展以“禁毒”为主题的法制宣传，

---

①“三个一”：学一本法律读本，进行一次法制考试，发一本学法合格证。

举办“法律知识进万家”知识竞赛。至2000年，越秀区建立起以领导干部学法为重点的任职前考试制度和学法情况考核制度，组织区五套领导班子390人次参加法律知识轮训，举办处级、科级干部轮训班29期、3890人次；区普法讲师团到各中小学讲授法制课320多场次，听课5.76万人次；印发法制宣传材料80多万份。“三五”普法验收，全区72个单位中，有28个优秀、40个良好、4个合格。区“普法论坛”的做法获市普法验收小组好评。

“四五”普法期间，越秀区开展了“四进”[①]活动。以启动“四五”普法工作为契机，在抓好区教育局和大新街的示范试点的同时，继续深化全区领导干部、公务员和青少年的普法教育，有效地推进了各类普法重点对象的学法用法工作。在全市率先成立中学生普法宣传员队伍。组织全区312名处级及以上领导干部参加学法考试，参考率和合格率均达100%；开展外来务工人员学法等“民心工程”活动，举办法律咨询23场，接待咨询6500人次，派发宣传单15万份，发放法律书籍2500本；举办法律知识讲座16场，参加讲座外来务工人员累计3000多人次。

2005年是“四五”普法验收年，也是全民法制宣传教育活动20周年。越秀区成立“三五”依法治理、“四五”普法总结验收工作领导小组，制定检查验收工作计划。拍摄“和谐越秀，法治为民”依法治理普法宣传专题汇报影片，编印《法治在越秀》普法依法治理论文图片集，举办越秀区“三五”依法治区、“四五”普法宣传教育图片展览，充分做好迎接“四五”普法考核验收的各项准备工作。9月中旬，区的普法工作顺利通过市“三五”依法治市和“四五”普法检查组的检查验收，推动了全区普法依法治理各项工作的有效开展。

建立街道司法所，普及法律服务。越秀区着力推进基层工作改革，将建立基层司法所作为基层司法工作改革的重大举措，在全区

① “四进”：法律进军营、进社区、进工区、进校园。

各街道开展组建司法所工作。

1997年4月15日，越秀区举行首批街道基层法律服务所成立大会。会上，为北京街、东风街、人民街3个街道基层法律服务所挂牌成立。基层法律服务所主要职责是协助街道依法行政，推进社会治安综合治理、人民调解、维护弱势群体权益等。1998年，越华街法律服务所被司法部评为文明法律服务所。

1999年，各街道法律服务所组建为各街司法所。经过发展，各街道司法所逐步完善基层法律服务的各项制度。2000年底，全区10个街道司法所有司法助理员10人，基层法律服务工作者37人。2002年9月，制定《广州市越秀区街道司法所管理规定》，明确了街道司法所为司法局的派出机构，实行司法局和街道双重领导、以司法局为主的管理体制。全区共设立10个司法所，定编30人。经竞争上岗后，重新任命了司法所所长，并从机关挑选14名具有较强业务能力和基层工作经验的同志充实到各司法所。2003年，落实司法部《关于基层司法所规范化建设意见》的要求，积极推进司法所规范化建设。以北京街、六榕街和洪桥街司法所为规范化建设工作先行点，以点带面，取得明显成效。各司法所结合区政府各时期的工作目标，积极主动为街道的经济建设保驾护航，为社区居民提供专业的法律服务。

2000年，越秀区成立人民内部矛盾纠纷排查调处办公室，与区司法局基层科合署办公，各街道相应成立此办公室。区人民内部矛盾纠纷排查调处办公室每周一、周四上午参与区信访办的接待群众来访工作，直接为市民提供法律咨询服务。2003年1月10日，广州市首个区级“妇女儿童维权服务中心”在越秀区正式挂牌成立。服务中心下设各街道维权服务站10个，为区内所有常住和有暂住证的妇女提供涉及婚姻、财产、家庭暴力等方面的法律咨询和法律援助。3月，区司法局与区妇联在北京路步行街举办“148”妇女维权法律咨询活动，接待群众142人次，并开展有奖问答等活动。至2004年底，通过“148”法律服务专线解答群众来电咨询近万人次，接待群众来访

77人次，分流法律服务86件。“148”法律服务热线为群众提供了及时便捷的法律服务。

2003年，各街道建立法律援助工作联络站，在街道、司法所聘任154名法律援助联络员，并建立相关制度。2003年，全区10个司法所共解答法律咨询4358件，调解纠纷60件，办理民事诉讼代理241件，非诉讼代理3566件，鉴证727件，为211家客户担任常年法律顾问，为企事业单位和居民群众避免和挽回经济损失385万元。2004年3月28日，全国妇联权益部副部长邓丽在省、市妇联有关领导的陪同下到区开展妇联维权工作调研，与区妇联、公、检、法、司和北京街等有关单位举行座谈，现场考察北京街妇联维权工作情况，认为越秀区妇联维权工作走在全国前列，为妇联维权工作积累了经验。6月4日，区成立首个区级刑释解教人员安置点。安置点的设立，帮助安置帮教对象融入正常的社会生活，为他们解决了就业、生活问题。2004年，全区共设立11个安置帮教点，安置89人，安置率为96.7%。

二、创新社会治理模式

越秀区委、区政府落实社会治安综合治理责任制和“一票否决制”，确保一方平安。坚持“打防结合，预防为主”的方针，依法严厉打击各种刑事犯罪和黑恶势力，进一步解决越秀区的治安重点问题，坚决扫除“黄、赌、毒”等社会丑恶现象；开展社区警务工作，大力加强群防群治网络建设，构建社会治安综合治理长效机制，不断提高各警种及义务防护队伍的整体合力，增强对社会面的防控能力。

越秀区驻有省、市党政机关，加之是金融商业贸易区，维护社会稳定工作压力较大。每年区公安分局都针对治安突出问题和刑事犯罪新动向，适时地组织“严打”斗争和专项治理行动，整治区内多个重点地区，使流花火车站地区、海珠广场等区域的治安状况持续好转。

1999年，针对刑事犯罪的突出问题，越秀区先后组织开展了打击盗抢机动车犯罪、打击路面“双抢”犯罪、打击涉及爆炸犯罪及“打黑除恶”、追捕逃犯等一系列专项战役，取得了重大战果。共破获各类刑事案件4000多宗，其中重大案件2013宗，实际破案数连续五年居全市各区之首，共抓获各类刑事犯罪疑犯2788名，打掉各类犯罪团伙224个，从而严厉打击了各种刑事犯罪活动，也狠狠打击了犯罪分子的嚣张气焰，有效地维护了社会治安。2000年4—9月，越秀区实施省、市公安机关统一部署的“两打一扫”[①]专项斗争，打掉犯罪团伙61个，破获刑事案件1800多宗。2001年，越秀区落实“维稳”和“综治”工作责任制，以维护稳定为重点，继续推进“严打”整治斗争，确保九运会期间的社会稳定，有效维护了全区社会治安和经济运行秩序。2001年，全区刑事案件立案10555宗，比2000年下降16%。其中“双抢”案件立案同比下降17%。2002年，越秀区贯彻“打防结合，预防为主”的方针，推进社会治安综合治理长效机制建设，布建和完善“五张治安防范网络”[②]，通过加强路面防控，组建各种治安联防队；加强出租屋和外来人员的管理；建立公共娱乐场所巡查制度和商户责任制度；落实对流浪乞讨人员管理，建立起社会治安综合治理长效机制。2003年，重新组建150人的治安联防队伍，同时新增40多辆警车，加大路面巡逻密度，提升机动性，使社会面的治安防控能力大为提高，有力震慑了各类违法犯罪活动，增强了广大群众的安全感。2004年，加大力度打击“两抢”“两盗”现行犯罪案件，组建打“双抢”专业队，加强对社会面的控制。全区刑事、

① “两打一扫”：打击黑社会势力，打击拐卖妇、女儿童犯罪活动，大力扫除黄赌毒社会丑恶现象。

② “五张治安防范网络”：社会面治安防控网络，旧货市场、专业市场、重点场所、重点部位防范网络，社区治安防控网络，机团、企事业单位内部的治安防控网络，边缘地区的治安联防网络。

治安发案下降，社会治安明显好转，涌现出一批“无案件、无职工犯罪、无治安灾害事故”的安全单位。

加强流花地区（含广州火车站区域）重点地区的治安防控和整治。越秀区流花地区是广州重要的交通枢纽和商贸区，每天流动人口达10多万人次，每年两届广交会及春运、暑假和军人退伍期间，流动人口激增，形成地区社会治安复杂问题的特殊性。

2000年4月，根据广州市人民政府《关于东站地区、流花地区移交区属地管理问题的会议纪要》，流花地区管委会办公室正式移交越秀区管理。同时，流花地区交由越秀区管理，该地区被列为广州市的治安整治重点。自4月起，由广州市公安局统一部署，越秀区对流花地区开展大规模的治安整治行动。流花地区公安分局和流花街派出所成立整治领导小组，制定整治工作方案，市公安局调派250名警力，加强人员力量。公安部门广泛收集线索，运用各种手段打掉一批长期在流花地区进行“双抢”、盗窃、敲诈勒索的犯罪团伙。与此同时，全面整治扰乱治安秩序的摩托车搭客、乱摆乱卖、强讨强要等违法行为，加强救助露宿人员、精神病人工作。

8月7日，省委政法委副书记张圣钦、省公安厅厅长梁国聚、市委副书记石安海等省、市领导检查流花地区治安综合整治工作情况。区长沈继承向省、市领导汇报了4月份以来流花地区贯彻落实省委书记李长春的批示，全面开展整顿流花地区治安、交通秩序和环境综合整治的情况。随后省、市有关领导到现场视察。领导们对整治情况较满意，并提出“重典治乱”的要求。2002年，越秀区先后在流花地区开展14次统一清查行动。省汽车站周边刑事发案数从每月60多宗下降到30多宗。2003年9月19日，越秀区在广州火车站中心广场举行维护社会治安稳定誓师大会。区政法各部门及区武装部共组织800多人，组成10个方队，并派出25辆警车组成车队，在火车站广场庄严誓师。2004年，流花地区被列为省的重点整治地区，区维稳及综治委成立流花地区综合整治办公室，以广州火车站广场为中心，设立治安严管区，实施火车站周边地区网格化巡逻；运用电子监控系统及警车移动录像监控；组建公安、城管、工商、环卫、街道联合执法队伍，加强巡逻。经过整治，流花地区的治安状态有了根本好转，流花地区案发数得到有效控制，全年刑事案件同比下降20%，群众的安全感大大增强。2004年，中央综治委《长安》杂志刊载了越秀区整治流花地区的工作经验。

加强出租屋和外来暂住人员管理。自20世纪90年代开始，越秀区的外来流动人员日益增加，区政府把出租屋、外来暂住人员管理工作摆上重要议事日程。区综治委协调公安、劳动、工商等部门和用工单位，联合所在地街道、居委会分工合作，健全管理机构，建立规章制度，加强日常管理；特别是注意发现和预防无固定职业、无固定住所、无固定收入人员（简称“三无”人员）的违法犯罪活动，做好“三无”人员的救助工作。1999年起，全区开展出租屋外来暂住人员基本情况调查摸底工作，并列册登记。2000年后，区成立出租屋外来暂住人员管理服务办公室，各街道分别成立出租屋外来暂住人员管理服务中心，配备专职人员，推进外来暂住人员IC卡暂住证的管理，实行“一条龙”管理服务。

2001年1月，区委八届六次全会决定进一步落实社会治安综合治理措施，加强对出租屋和外来人员的管理。越秀区制定了《关于加强我区出租屋外来暂住人员管理工作意见》，实行管理体制改革，推进出租屋外来暂住人员管理工作，使外来暂住人员无证流动的问题初步得到解决。2002年，建立健全区、街、居委会三级管理机构，设管理小组，配备专职人员，基本实现管理法制化、规范化。2003年，全区改革出租屋管理模式，重点管理出租屋屋主和出租单位，以屋、以单位管人，制定《出租屋治安管理手册》，对出租屋进行有效管理。2004年，区政府积极办理《加强出租屋管理》的区人大议案，指定分管副区长负责督办，切实把出租屋管理纳入社会治安综合治理系统工程，成立领导工作机构，落实工作编制人员和工作经费，落实各街道的工作指标。全年全区办理租赁登记8459宗，其中属私房、单位自有房租赁登记的5877宗，新增租赁管理面积45万平方米。全区有私房出租屋21234宗，至年底已办理租赁登记15180宗，租赁登记率达70%。直管房租金收缴率亦有提高，全年租金收入8636.66万元，完成年计划107.96%；新租收缴率达99.7%。清查出租屋4241间，发出“催办暂住证通知书”1203份，补办暂住证1559人。

推进社区警务，建设治安防范网络。建立全区闭路电视治安监控系统，强化面上治安监控。1999年，越秀区委、区政府提出用3年时间在全区重点地段、复杂场所、案件多发地段、省市首脑机关等建立闭路电视监控网。当年就投入800多万元在北京街安装10个监控摄像头，覆盖北京路步行街、中山五路、西湖路、教育路等重点路段；在流花街安装2组7个监控摄像头，对这些地段的社会面进行有效的监控，通过监控抓获了多名违法犯罪嫌疑人。2000年起，区委、区政府和市公安局加大经费投入，在人民、六榕、广卫、东风等街道安装一批360度旋转夜视摄像头的基础上，继续在洪桥、诗书、大新、光塔等街道设置闭路电视监控系统。至此，全区10个行政街的闭路电视治安监控网基本建成，增强了对社会面治安动态信息的驾驭能力，并与城市管理、卫生、防火、交通等系统对接，实现信息资源共享。

根据“打防结合，预防为主”的社会治安工作方针，区公安分局积极探索警务改革路子，按照警力下沉到基层和一线的工作思路，全区范围内大力推进社区警务工作。2002年2月，按照区委八届八次全会提出的建立打防控一体化长效机制，加快推进社区警务室建设，并建立健全区、街、居委会三级管理出租屋和外来人员的机构。在全区151个居委会设立145个警务室，提前完成社区警务室建设任务。社区警务室建立并投入运作后，充分发动居民群众，积极开展群防群治，创建良好的社会治安环境，增强了居民群众的安全感。2003年，结合警务改革，强化治安防范基础工作，完善一级接处警机制，在全市率先建立以社区警务为基础，一级接处警为平台，派出所为载体，巡警、交警、社区民警“三警合一”的网络化警务管理模式。

2004年，区公安分局进一步规范社区警务室的建设，明确社区民警的工作职责、工作任务，建立民警考核制度等。实行警力下沉，在全区10个街道共151个社区居委会设置社区警务室，组建社区民警队伍，建立并完善社区民警考核机制、警长问责制。以社区警务推进群防群治，发动社区内的居民守望相助，机团单位参与属地治安管理，构建点、线、面相结合的社区治安防范网络。加强出租屋管理，成立区、街两级出租屋管理中心，完善出租屋基础资料管理档案，实现外来人员管理信息化，结合旅业开展管理；加强涉外人员聚居区的综合治理，落实外国人临时住宿申报登记管理措施，健全区域内临时居留的外国人资料及涉外企业（机构）档案，联合公安、计生、宗教、工商、街道等多个职能部门和单位综合执法，确保治安及市场秩序稳定。通过实施社区警务，发动机团参与属地治安管理，组织多方力量建立群防队伍，全区"两抢"案件与入屋盗窃案件发案率分别下降11%和8%。2002年，广州市社情民意中心开展问卷调查，群众对越秀区社会治安的基本满意率为96.5%。2004年，社区治安联防点建设的覆盖率达85%。全区没有发生社会治安综合治理目标管理责任制"一票否决"的现象。

连片建设安全文明小区。1995年起，越秀区实施《越秀区安全文明小区建设三年规划》，区综治办和各街道以及公安、城管、宣传等职能部门，互相配合，积极开展协调推动、检查指导和培养典型小区等多项工作。1995年底，全区有61个小区92个居委会开展安全文明小区建设，地域覆盖面占全区205个居委会总数的45%，常住人口约20万人。流花街桂花岗小区、解放南街魁巷小区被市命名为"广州市安全文明小区"。1997年6月，广州市安全文明小区连片建设现场会在诗书街召开。会上，诗书街作了经验介绍，解放南街作书面经验介绍，与会代表参观诗书街安全文明小区。1997年底，全区安全文明小区覆盖率达100%，社区的刑事案件和治安案件发案率都有所下降。

1998—2000年，越秀区实施广州市安全文明小区建设第二个三年规划，在前几年工作的基础上，实施连片建设，不断扩大安全文明小区建设的覆盖面和影响力。各街道根据自身特点探索安全文明小区建设的新路子，如东风小区以第一津安全文明小区为中心，辐射带动三个安全文明小区建设，不断完善巡逻警区—综治联防片—居委会治安网—大楼大院治安点的四级网络建设，被命名为“广东省典型安全文明小区”。2000年底，全区安全文明小区覆盖率和达标率分别为100%和83%，67个安全文明小区参与复评全部达标。2003年，继续推进创建安全社区工作，达标的安全社区83个，达标率55%。2004年，“无毒社区”覆盖率达80%，全区85个安全社区达标，达标率为71%。

三、推行国家公务员制度管理与新一轮党政机构改革

1997年5月，越秀区在完成推行公务员制度的各项准备工作，并在两个单位进行试点取得一定经验的基础上，正式开始了全区首批28个行政机关单位的工作人员向国家公务员过渡的实施工作。

在实施工作中，以精简人员、转变作风、提高效率为目的，精心组织，严格审批，着力抓好职位分类、人员过渡、完善制度等各个环节。至1997年底，已有23个单位完成了人员过渡工作。12月，区纪委等19个单位作为首批参照公务员管理机关人员过渡单位。1998—2000年，分批为其余行政机关和街道办事处办理职位分类和人员过渡手续。与此同时，行使国家行政职能、从事行政管理活动、使用事业编制的21个事业单位，被批准依照国家公务员制度管理，相应开展职位分类和人员过渡。从1998年起，全区逐步实施了公务员录用、考核、奖惩、培训等制度。

2001年10月，区委、区政府印发关于《广州市越秀区党政机构改革方案》《广州市越秀区党政机构改革方案实施意见》的通知后，

越秀区党政机构改革全面启动。

《广州市越秀区党政机构改革方案》提出撤并、调整的单位包括：区委台湾工作办公室与统一战线工作部合署办公；区委政策研究室并入区委办公室；区委保密局和机要局并入区委办公室，对外保留牌子；撤销区工业局和对外经济贸易局，重新组建区经济发展局，加挂对外贸易经济合作局、交通局牌子；在区经济发展局内设立安全生产监督局，由区经济发展局副局长兼任局长；撤销区经济体制改革办公室，职能并入区经济发展局；区城管办的有关职能并入区建设和市政局，对外保留牌子；区爱卫办挂靠在区建设和市政局；区体育局改为体育发展中心，为处级事业单位，加挂区体育局牌子。

10月15日，区委、区政府召开越秀区党政机构改革动员大会，部署全区党政机构改革工作。至2001年底，全区党政机构改革工作全部完成。区党政机构共设30个（其中区委工作部门7个、不计入区委机构个数的工作部门2个、区政府工作部门20个、议事协调机构的办事机构1个）；党委序列工作部门由原来的13个减为9个；政府工作部门由原来的24个减为20个；街道仍按10个设置。市编委重新核定区机关行政编制总额499名，实减280名；街道机关编制280名，实减252名。党政部门内设机构共103个（其中党委部门设21个，政府部门设82个），每个街道内设机构5个。党政部门处级领导职数97名（其中党委部门26名，政府部门71名），科级领导职数156名（其中党委部门31名，政府部门125名）；街道机关处级领导职数为70名，科级领导职数为102名。

11月15日，越秀区党政机构改革中层领导职位竞争上岗动员大会召开，中层领导职位竞争上岗工作正式开始。在2001年党政机关机构改革中，全区共有318个中层领导职位实行竞争上岗，占科级领导职数的95%，有625名符合条件的干部参加了竞争。这次机构改革后，正科长平均年龄下降了4岁，具有大专以上学历由55.5%上升到64.4%；副科长平均年龄下降了6岁，具有大专以上学历由56.6%上升到75%。与此同时，全面推行干部任前公示制和试用期制，使竞争上岗工作得到进一步深化和完善。2002年4月，越秀区首次推出6个副处级领导职位进行公选，共有187名人员报名，经过资格审查，符合报名条件的有178人，各职位报考人数均超过规定开考人数。经过笔试、面试、组织考察等环节，区委常委会会议实行票决制确定这批干部任职。

2004年9月，根据省、市有关精神，越秀区委部署政府部门机构改革。这次机构改革是在现有机构限额内，因地制宜调整政府机构，建立与上级政府组织框架总体协调、又有本区特点的政府组织体系。改革目的是合理界定政府职权，科学规范政府部门职能，理顺行政层级之间、条块之间以及部门之间的关系。

2004年12月，市委、市政府正式批复《越秀区人民政府机构改革方案》。12月27日，正式实施机构改革工作。具体改革内容包括：区政府不设国有资产管理机构，由区财政局代表区政府履行出资人职责，承担国有资产监督管理职能。将区发展计划局改组为区发展和改革局，区物价局与其合署办公。负责本地区经济社会的综合管理，拟订区经济社会发展战略和规划，对区经济社会发展、改革和稳定等重大问题进行研究、协调和总体指导，负责本地区物价管理工作；将原区经济发展局承担的有关经济体制改革和制定产业规划、产业政策等职能划入区发展和改革局。区统计局单独设置，作为区政府主管本地区统计和国民经济核算的工作部门。不再保留区商业局、区经济发展局，组建区经济贸易局，加挂区对外贸易经济合作局、区旅游局、区交通局、区酒类专卖管理办公室的牌子。区经济贸易局承担原区商业局、区经济发展局的职能。增加承担全区域内的盐业行政管理职能。增加反倾销、反补贴、产业损害调查等与保障对外公平贸易相关的职能。在区经济贸易局内设立安全生产监督管理局，由区经济贸易局副局长兼任局长。区科学技术局加挂区知识产权局牌子，增加知识产权管理和协调职能。负责贯彻执行国家、省、市有关法律、法规和方针、政策，指导、协调本地区专利工作的开展，开展知识产权宣传和培训，做好专利统计工作。区卫生局承担的保健品、化妆品的安全监管、行政执法职能的划转，按照市相关的精神办理。区监察局与区纪委机关合署办公，区民族宗教事务局与区委统战部合署办公，列入区政府工作部门序列，不计区政府机构个数。经调整，区政府共设工作部门20个，另设议事协调机构的常设办事机构1个。

越秀区经过这次推行国家公务员制度管理和机构改革，促进了体制创新，促进了市场经济发展，进一步解放和发展生产力；通过机构改革，解决了管理分散、职能交叉等问题，减轻财政负担，提高服务效率。通过这次机构改革，倡导了民主、科学、效率、服务的观念，逐步形成“公开、平等、竞争、择优”的干部选拔任用的科学机制和监督管理机制，进一步落实群众对干部选拔任用工作的知情权、参与权、选择权和监督权。

2000年9月，越秀区根据中央、省、市关于在行政街道设立人民武装部的文件精神，在全区10个街道成立武装部。这是自1996年3月越秀区人民武装部改归部队建制后，又重归地方建制。越秀区认真贯彻江泽民总书记提出的“打得赢”和“不变质”的新时期建军思想，切实加强党对武装工作的领导，着力提高民兵预备役的战斗力。按照“便于领导、便于集中、便于活动、便于开展工作”的原则，加强民兵组织建设，在10个街道分别成立民兵应急分队。每年组织开展民兵集训和分训，民兵组织积极参加保卫巡逻、维护秩序、应急出动和抢险救灾等工作，做到“召之即来、来之能战”。开展国防教育工作，深入宣传《国防法》《兵役法》《民兵工作条例》等法律法规，增强广大干部群众的国防观念。在全区开展地方与军事专业对口技术人员预备役登记工作，2002年，在广州军区总医院成立广东陆军预备役战场救护大队。越秀区坚持每年做好征兵、优抚、安置、共育工作，连续22年被市政府评为征兵工作全优单位。

四、坚持“两手抓”，推动文明城区创建提档升级

越秀区按照省、市关于创建文明城区的总体部署和工作要求，立足社区，着眼于提高人的全面素质和城区文明程度，以创建文明城区为载体，以抓规划、抓创建、抓典型为切入点，稳步推进创建文明城区工作，促进精神文明建设。

在20世纪90年代中后期，越秀区委全面实施了理论武装的“红棉工程”、文明城市的“形象工程”、群众文化的“金穗工程”和个体、私营业主参与的“光彩工程”等精神文明建设工程；通过开展“创‘三优’，建文明城区”竞赛活动和“三德”[①]教育，引导干部职工市民养成良好文明行为，树立文明市民形象，充分发挥示范和辐射作用。重点抓好党政机关、行政管理与执法部门、“窗口”行业的优质服务，倡导良好职业道德风尚，强化政德、商德、警德、师德、医德教育，推行便民措施，树行业新风，开展服务承诺制，文明服务，礼貌待客。各街道、私营个体经济协会发动区内个体户、私营业主，参与扶贫助学、敬老助残、捐款赈灾等公益活动，倡导守法经营、行业诚信，带动了社会风气的进一步好转。

越秀区创文明行动形式多样，注重实效，推动创建文明街道工作。从1984年起，全市开展了创建文明街道活动，市委推广了南华西街的经验，分期分批组织街道开展创建文明街道竞赛。至1997年底，越秀区共组织15个街道、分7批参加广州市“学习南华西街创建文明街道”竞赛活动。经过初评和复评，北京街、诗书街、大南街、

① “三德”：社会公德、职业道德、家庭美德。

解放中街被评为文明街道标兵，其余11个街为达标街道。全区的社会主义精神文明建设形式多样，深入社区和居民家庭。1997年4月9日，区委召开越秀区精神文明建设总结表彰暨1997年职业道德建设年活动动员大会，对活动中被评为区“十杰”和100个文明企业、10个文明家庭和10位文明市民进行表彰和颁奖。11月14日，区精神文明办、区委宣传部、区妇联在东风街文化站召开越秀区家庭美德建设现场经验交流会。市委宣传部、市妇联及区、街领导等参加了会议。东风、解放中、解放南、光塔等4个街道分别作经验介绍。区委副书记孟霞作“深入开展越秀区家庭美德建设”专题讲话。东风街还成立东风地区辖内家庭志愿者服务队、青年志愿者服务队、小公民志愿者服务队。2000年，以“三年一中变”为龙头，继续推进精神文明街道创建活动。在居民中开展了“创新文明家庭工程”系列活动，在妇女中开展了“巾帼示范岗”活动，在外来务工人员中开展了“把青春献给社会，将文明带回家乡”的主题活动，在青少年中开展了新世纪读书活动，以新的内容、新的形式，把文明街道创建活动推上新的水平。

越秀区注重配合各时期中心工作，促进创文明行动提档升级。2001年9月20日，《中共中央关于印发〈公民道德建设实施纲要〉的通知》，提出了在新的历史条件下，要从公民道德建设入手，继承中华民族的传统美德，发扬党领导人民在长期革命斗争与建设实践中形成的优良传统道德。区委、区政府积极贯彻落实《公民道德建设实施纲要》，以“人人都是东道主，个个争当好公民”为主题，推进群众性精神文明创建活动。全区重点宣传贯彻“爱国守法、明礼诚信、团结友善、勤俭自强、敬业奉献”20字公民基本道德规范。同时，以“邻里友爱靠你我，社区文明靠大家”为主题，宣传实践广州市民文明行为规范。各单位结合科教、文体、法律、卫生“四进社区”活动，建立服务志愿队伍，推行“服务型公园”“法律服务一条街”“医疗服务一条街”“巾帼服务点”等便民利民特色服务项目。各街道通过创建文明社区，开展社区文明主题活动，举办市“羊城公德公益百星”暨越秀区“公德公益之星”评选，其中7个单位和8位个人经评选跻身市“百星”行列。2003年，越秀区立足社区，着眼于提高人的全面素质和城区文明程度，贯彻《公民道德建设实施纲要》，制定了文明社区考核标准和实施办法，明确创建目标，落实分管领导，健全组织机构，稳步推进创建文明城区工作。在机关窗口服务部门和服务行业，开展行风评议、“优质服务在越秀”等诚信建设教育活动。北京路步行街开展树立“文明北京路”“诚信北京路”新形象活动，先后被评为广州“双信”[①]示范商业街和诚信建设示范街。

2004年，按照市委、市政府部署，全面启动创建全国文明城市工作。在广州市召开的2002—2003年度精神文明建设总结表彰大会上，越秀区获42个奖项，一批先进单位和个人受到市委、市政府的表彰。越秀区获得广州市“文明城区”称号。12月7日，召开越秀区2002—2003年度精神文明建设表彰大会，再动员部署创建文明城区工作；表彰公德公益之星等11个项目的先进单位和个人；承担主要任务的10个街道及区属部门牵头单位递交工作任务责任书。12月25日，越秀区在中山纪念堂南广场召开“创文明城市，建美好家园”军警民共创全国文明城市行动志愿者誓师大会，推动创建工作开展。

2005年，以创建全国文明城市工作为龙头，通过抓规划、抓活动、抓典型，促进越秀区精神文明建设取得显著成绩。北京街获“全国文明单位”殊荣，广卫街都府社区被评为“广东省文明社区”。广卫街都府社区、光塔街怡乐里社区、大新街大德中社区分别成为广州市第一、二批文明社区示范点。4月12日，越秀区确定了首批爱国主义教育基地10家，包括越秀公园、海珠广场、中山纪念堂、广州起义纪念馆、北京路步行街、“三·二九”起义指挥部旧址、广州越秀博物馆、人民公园、豫章书院（潮州会馆）、东亚大酒店。

越秀区委、区政府着眼于整体推进社会主义现代化建设，把两个文明建设作为统一的目标一起部署实施，一起检查落实。在实际工作中，坚持创特色、造精品，高标准、严要求，立足社区，面向

① “双信”：价格、计量信得过。

基层，持续加大群众性精神文明创建活动的力度；从群众实际需要出发，把思想政治工作与解决群众实际问题结合起来，使群众在广泛参与中受到教育、得到提高；从基础工作和基本规范抓起，把先进性要求与广泛性要求结合起来，提高了工作的实效性。越秀区始终坚持两个文明建设同步推进，促进了本区经济与社会的协调发展。

五、深化拥军优属，建设“双拥模范区”

越秀区是驻区部队单位较多的城区，区委、区政府秉承拥军爱民的优良传统，贯彻落实拥军优属政策，重视调动驻区部队单位的积极性，共同参与社会主义物质文明和精神文明建设。

20世纪90年代初，区内参加“双拥”共建的驻军有广州军区四大部机关及直属队、军区空军后勤部、第一军医大学、海军广州基地、省军区、军体院、广州水面舰艇学院、省武警总队、省边防局、广州消防支队等单位。越秀区各界分别与他们建立91个共建点，开展共建系列活动。军地双方不断探索市场经济条件下“双拥”共建的新方法，拓宽共建领域。如共创文明城区、安全小区；地方开展智力拥军，给部队送书籍、文化用品，为官兵补习文化和进行电脑培训；部队参与地方“一年一小变”“三年一中变”工作，参与“一河”（珠江）、“一场”（火车站广场）、“两路”（北京路、中山路）、“三片”（洪桥地区、东风小区、流花地区）的整治等工作。

20世纪90年代中期，全区把共建安全文明小区作为军警民共建的重点，每条街抓好一个试点。1998年，区环保局、东风街分别与海军某部开展以环保为主题的共建活动；军地双方开展“越秀区军民共护母亲河——珠江行动”。军民共建东风环保示范小区成为广州市环保小区建设示范点，原国务委员、全国“双拥”工作领导小组组长司马义·艾买提曾参观该小区，并给予好评。

2000年，采取科技共建、智力共建等形式，广泛开展知识型共建活动，把城市可持续发展战略和依法治军等时代主题纳入双拥共建范畴，较好地促进了军地双方共同发展，提高了军民共建的思想品位。越秀区个体劳协支持拥军工作，从助学基金中拨出专款，共资助烈士子女读大学21人，奖励在区内就读的现役军人子女中的“三好”学生1125人。2001年，区成立了维护军队利益和军人军属合法权益机构，在区委政法委、区武装部、区法院、区检察院等单位设立了相应的办公室，积极为驻军和共建部队办实事。邀请400名驻穗部队立功受奖官兵参加“游越秀，看广州，颂党恩”活动，让广大功臣模范亲身感受地方改革开放以来，特别是“中变”以来的巨大变化。越秀区委领导与区个体劳协负责人前往湛江中国人民解放军海军陆战队第一旅举行拥军慰问暨共建签约仪式。2002年，区环保局与海军某部共建成立越秀环保教育基地。各街道以居委会为基础，共成立286个拥军优属服务组，为驻区部队官兵及其家属提供优质、优惠、优先服务，服务项目达30多个，1991—2004年，共提供义务服务7000多人次；区拨出款项，开展各类慰问部队活动，帮助部队培养军地两用人才，奖励从区内入伍和驻区部队的立功官兵。东风西路小学与空军导弹某旅开展共建活动，每年都提供学位解决现役军人子女入学难题。区检察院与空军某部开展共建活动，为官兵解决久拖未决的涉法难题。2004年，全区共投入800多万元为驻地共建部队和优抚对象办实事，解决现役军人子女入学入托74人。区个体劳协与驻湛江海军陆战旅，大南街与南沙群岛华阳礁守备部队，多年来保持密切的共建关系。越秀区创新“双拥”新模式，由区个体私营企业协会“牵线搭桥”，为武警二大队25名即将退伍的战士推荐就业，分别与区内3家私营企业签约，成功走上就业之路。

1991—2004年，越秀区连续14年实现转业与退伍军人安置率“两个100%”，优抚对象优抚率、在乡复员军人补助率、义务兵优待率均达100%；军地关系密切，无军地历史遗留问题，无军地房地产纠纷，无重大军民事纠纷发生。在此期间，越秀区连续5次被广东省、连续4次被广州市命名为“双拥模范（标兵）区”。1999年，越秀区被全国“双拥”工作领导小组、民政部评为爱心献功臣行动先进区，并且获得中国人民解放军总参谋部颁发的“情注国防建设，心系军嫂就业”牌匾。

六、加强新时期统战和民族宗教工作

越秀区委、区政府认真贯彻落实《中共中央关于进一步加强中国共产党领导的多党合作和政治协商制度建设的意见》，坚持和完善共产党领导的多党合作和政治协商制度，充分发挥民主党派参政议政和民主监督的作用。

越秀区以组织实施“凝聚力工程”系列活动为重点，全面推进各领域统战工作。以“四好”[①]教育为载体，开展对统一战线广大成员的思想教育；协助区各民主党派、工商联进行换届，推荐和培养党外干部；支持和帮助民主党派及无党派人士履行政治协商、参政议政、民主监督职能；支持民主党派建设；加强和沟通与海内外各界人士及社团的联系，采取“请进来，走出去”的方式，广泛开展联谊交友活动；密切与党外知识分子的联系交流；全面贯彻党的民族、宗教、侨务政策和对台方针政策，保障少数民族的政治地位；妥善处理宗教事务，维护宗教界合法权益。1999年，区委统战部被评为广州市基层培养、选拔党外干部工作先进单位和广州市基层民族、宗教工作先进单位。

1999年3月30日，越秀区委召开统战、对台工作会议。会议对如何开创统战、对台工作新局面提出4点要求：认清形势，加强党对统战、对台工作的领导；围绕中心，充分发挥统战、对台工作的职能作用；调查研究，掌握动态，有针对性地开展工作；加强学习，努力

①“四好”：祖国好，共产党好，社会主义好，改革开放好。

提高统战干部队伍的素质。会议还强调，在新形势下要进一步强化民族、宗教工作，切实维护民族团结和社会的政治稳定；进一步优化投资环境，扩大对台交往，着力开创引进台资的新局面。

2001年，广州市推进城市管理体制改革，区街企业与主管部门分离，区内台资台属企业数量减少。区台办把对台经济工作重点转向扶持大企业，做好指导、协调管理和服务工作等方面，通过推介越秀区“商旅富区”规划，吸引台商投资。2003—2004年，越秀区对台工作部门分别组织台商参加了广州市经贸博览会、国际博览会，展示品牌；邀请税务、工商等部门介绍政策、法规，释疑解惑。其中，在2003年为台商咨询、引介项目、协调纠纷达100余件次。非典期间，区台办向驻区台资台属企业人员转达市、区政府的关心问候，发送有关宣传资料，与有关单位提出为台企减负措施。2003年，区内已形成台商聚集商贸行业效应的“三大窗口”：白马商厦、缤缤时装商场为地域的服装行业市场，一德路国际礼品玩具城的玩具礼品市场，物流海空货运服务业。至2005年，区台办引介兴办的台资企业共212家，投资总额超过2370万美元。

越秀区是广州市内少数民族众多、民族历史悠久、民族文化繁荣的行政区域。2000年第五次全国人口普查显示，越秀区居民中，回、满、壮、黎、瑶等28个少数民族人口4277人，回、满两族比较集中聚居的城区。在新的历史时期，区委、区政府更加扎实地开展民族工作，注重做好民族上层人士的统战工作，推动各民族团结进步。区定期邀请专家举办宣传有关民族政策讲座，制定基层单位处理民族宗教事宜的守则、办法和制度，规范处理行为。区少数民族联谊会坚持定期召开理事会和常务理事会议制度；2004年，开展宣传《城市民族工作条例》等法规活动，发挥区、街、居委会三级网络作用，关心和扶持特困少数民族居民。帮助少数民族居民解决子女入学、职工下岗、家庭受灾等方面的困难，为少数民族特困户及孤寡老人提供帮扶。市伊斯兰协会在区内筹办清真饭店，区委统战部协调区有关部门加快审批流程，支持发展清真饮食业。1999年，新办清真饮食（食品）店3家。至2004年，区内清真饮食店有26家。保障好少数民族的政治地位。1991—2004年，四届区政协委员中分别有少数民族委员及常委67名，四届区人大代表中分别有少数民族代表58名。越秀区积极推荐少数民族工作中出色的单位及个人接受上级表彰奖励。1998年，区教育局被广东省评为民族团结先进单位。2004年，回民小学教师金秀玲获国家民族事务委员会授予全国各族青年团结进步奖。

越秀区有着悠久的宗教历史，区内有佛教、道教、伊斯兰教、天主教、基督教。广州市各大宗教团体和规模较大的寺、观、教堂多集中在越秀区，至2004年末，经政府批准登记开放的宗教活动场所10处，占全市宗教活动场所的五分之一：天主教石室，基督教光孝堂，佛教光孝寺、六榕寺、大佛寺，道教三元宫，伊斯兰教怀圣寺、濠畔寺、东营寺和清真先贤古墓等。此外，广东省、广州市的天主教爱国会、佛教协会、伊斯兰教协会和广州市道教协会等7个宗教团体均设在越秀区辖内，越秀区是广东省、广州市宗教工作重点区。

一直以来，区委、区政府认真贯彻中共中央、国务院有关宗教工作的通知精神，制定工作意见，明确地方党委对宗教工作的领导、执行宗教政策、依法管理宗教场所及活动等问题。1994年1月始，宣传贯彻国务院新颁布的有关宗教事务管理的法令；1998年3月始，执行《广州市宗教事务管理条例》，通过发放条例读本、组织辅导报告会、举办专职干部学习班、组织考核并颁发执法证书等形式，加强宗教政策宣传和工作管理力度。维护宗教界合法权益，妥善解决相关宗教房产、土地问题。1995年，区房管局下属解放南房管站退回占用天主教所属的空地。2000年，隆仁坊小学与天主教爱国会达成归还用地并作产权交换意见。加强对宗教事务的管理，1995年4月始，开展对宗教活动场所和宗教教职人员的认定登记工作。配合市宗教局，在区内全面调查摸底，至1996年7月底全部完成登记、认定、发（换）证工作任务。各宗教团体坚持独立自主自办教会的原则，加强自身建设，建立健全规章制度，提高自我管理能力；坚持正信正见，反对异端邪说；坚持爱国爱教，拥护中国共产党的领导，积极参政议政；坚持执行中国共产党的宗教政策和人民政府的宗教事务管理条例，支持国家的经济社会建设。发扬“有益社会、奉献人群”的传统，参与各类社会公益活动，为抗洪救灾、助残、助教等扶贫活动和卫生教育事业的发展捐资捐物。2000年，市道教协会、三元宫、光孝寺、大佛寺等宗教团体和宗教场所为越秀区第一人民医院捐资73万元，支持医疗卫生事业。2003年，各宗教团体积极抗击非典，为抗非工作捐款，光孝寺、三元宫等宗教场所共捐款29万元。1998年，怀圣寺被中国伊斯兰教协会授予“全国模范清真寺”称号；1999年，六榕寺、光孝堂等分别被广州市授予“文明宗教活动场所”称号。

越秀区在新形势下，坚决贯彻中央统战工作精神，加强党统一战线领导，充分发挥各民主党派及无党派人士履行政治协商、参政议政、民主监督职能。严格执行落实民族宗教政策，保障少数民族的政治地位，维护宗教界合法权益，维护和巩固民族团结和社会的政治稳定。

第　七　节
科教文体卫和其他社会事业稳步发展

党的十六大提出了全面建设小康社会，促进“经济更加发展、民主更加健全、科教更加进步、文化更加繁荣、社会更加和谐、人民生活更加殷实”的具体内容。为全面深入贯彻落实党的十六大精神，越秀区委提出了“商旅富区、科教兴区、依法治区、环境立区”的可持续发展战略，明确要充分发挥中心城区的区位优势和资源优势，推动商贸旅游中心区的建设；以建设宜于创业和居住的现代化中心城区为目标，重点是营造硬环境和软环境；以科学发展观为指导，城区工作要高度关注民生大事，重心向科技、教育、文化、卫生、体育、人口管理和社会保障等城市基础管理和基本公共服务转移，有力促进了越秀区经济和社会的持续发展。

一、“科技兴区”战略成效卓著

越秀区辖内科技机构众多，可资利用的科技资源丰富。1989年起，越秀区提出并实施“科技兴区”发展战略以来，全区高度重视科技在推动生产力和社会发展中的重大作用，制定“科技兴区”规划，确立开展科技创新、促进产业结构优化升级、依靠科技进步促进社会各项事业发展的思路，大力推进科技进步。

自20世纪90年代起，区政府加大科技经费投入，每年科技基金拨款占区财政支出不少于1.5%，科技三项经费拨款超0.5%，10多年来三项经费共投入1.2亿元。20世纪90年代中后期起，区先后建设区科技创业园、留学生科技创业园区和科技创业基地，引入资金建设数码商务科技城，为区的科技发展提供载体。区委、区政府先后制定和修订《越秀区科技奖励试行办法》《越秀区科技奖励实施细则》《越秀区青少年科技教育优秀辅导老师奖励办法》等文件，出台优惠政策，鼓励科技创新。区科协依靠24个基层组织和近4000名会员，开展各类科普宣传和学术交流活动。每年举办“科技进步月”活动或“科技活动周”主题系列活动。1999年起，开展以“学习新科技，迈向新世纪”为主题的越秀地区青年科技系列活动，激励广大青年积极投身科教兴区的实践。组织由16位省、市专家组成的科普报告团在区内作报告、讲座153场。开展“让科技走进千家万户”的“百名专家科技咨询”“百名专家科普进社区”活动。区内的医学、建筑、环保、教育等专业学会开展各项学术活动，营造科技兴区氛围。

10多年来，越秀区开发科技计划项目共186项，其中属国家重点项目2个、省重点项目3个、市立项目27个。其中，1998年的高级印刷油墨涂料、MC中浓浆泵、无公害农药3个科技含量较高的项目先后被列入国家级和省级新产品试制计划；2000年进驻区科技创业园的高新科技企业研制的无公害生物农药，成为国内第三大生物农药，列入国内独家开发的高新技术产品；广州水泵厂的“IFW系列无泄漏化工泵”和广州豪华汽车坐垫厂的“快速熟化双硬度HR发泡配方技术”在第十三届全国发明展览会上分获金奖和银奖。区加大对第三产业及社会各项事业的科技投入，不断增强社会各领域的科技含量：2001—2003年，广州瑞讯达系统科技有限公司的“社会治安动态信息监控网系统”项目、广州市名盛数码科技有限公司的混合邮件处理系统分别被列入市重点攻关计划和市科技攻关计划；2004年，越秀区围绕建设“三大商圈”“三大商务区”、提升区域竞争力和提高群众生活水平等工作中的技术问题，公开征集和组织了32项科技项目，其中“越秀区科普进社区”、“防震减灾科普示范学校”、民营科技企业的“缩胆囊素（CCK）抗体添加剂的研制与开发”等3个项目列入了广州市科技、科普计划。区精心筛选并组织11个项目参加第五届国际发明展览会，获展览会金奖3个、银奖3个、铜奖4个。

1999年，越秀区获科技部授予“全国科技工作先进区”称号。2001年，越秀区少年宫被广州市人民政府定为首批广州市科普基地，成为广州市属区级少年宫唯一获此称号的单位。2002年，越秀区少年宫被广东省科协首个授予“广东省科普教育基地”称号和“广东省青少年科学示范基地”。2004年，大新街被中国科协、中央文明办等授予“2002—2004年全国科普进社区活动先进集体”称号，是广州市唯一获奖的街道。

二、发展多功能教育事业

越秀区委、区政府注意整合教育资源，加强基础教育，开拓教育产业，促进越秀区教育工作实现跨越式发展。以创建“教育强区”为契机，推进教育综合改造工程和教育信息化工程建设；进一步加强中小学教师队伍建设，加大教育人才培养、选拔和引进的力度；充分发挥名校效应，优化资源配置，调整规模布局，全面提高以素质教育为核心的基础教育水平；积极推进社区教育，充分利用社区各类教育资源，推动社区教育上新台阶，促进越秀区多功能教育事业发展。

20世纪90年代起，区政府加大对教育事业的投入，每年教育经费均超过区财政支出的1/4。越秀区有薄弱学校（小学）9所。1998年起，越秀区投入资金3300万元，新建校舍1.15万平方米，完成校舍维修、水电扩容等项目30多项，按规范化学校标准配置专用室。此外，投入150万元更换全区小学桌椅，投入95万元按生均30元经费拨给学校购置更新体育教具器材，按生均10元经费拨给学校购置维修电化教学设备，补足各校音乐室、美术室设备欠缺。1999年6月，越秀区通过广州市人民政府教育督导评估组的评估验收，提前一年完成与广东省教育厅签订的改造薄弱学校责任书的任务。在广东省召开的第二次改造中小学薄弱学校工作会议上，越秀区教育局代表广州市作了经验介绍。

2001年，越秀区制定教育综合改造工程总体规划，调整中小学布局，优化教育资源，把区内用地面积不到2000平方米的27所小学和用地面积不到4000平方米的6所中学确定为用地特困学校（又称“麻雀”学校），进行全面改造。广州市人民政府与越秀区人民政府签订用地特困学校改造目标管理责任书，越秀区从当年起用3年时间，计划投入资金5.3亿元，完成调整学校整体布局。为推进工作开展，区委、区政府召开了重点项目咨询协调会议，专题研究和论证了越秀区学校布局调整，明确从2003年起，通过撤并、置换、扩征等办法，调整辖区内的中、小学校及幼儿园，以优化教育结构布局，全面提高基础教育的质量和效益。至2004年底，全区先后合并13所中小学（其中小学由原来18所整合为9所），完成改造的中小学有31所，正在改造2所。改造涉及征地面积4.39万平方米，拆迁总户数2601户，拆迁建筑面积约10.6万平方米，拆迁总费用达44882万元。经过改造发展，越秀区公办小学中达省一级5所、市一级5所。

自1998年起，越秀区开展了“素质目标教学体系研究”（后改称“素质教育教学体系研究”），并上升为区域性教改科研试验专题，推进应试教育向素质教育转轨。1999年，越秀区教育局专设素质教育资源中心，专项研究指导普及科研基础知识的推广。全区基础教育系统深化“优秀教学设计与实施”活动，建立各学科优化教学过程的评价标准，激励教师，尤其是青年教师参与教学设计和实践。教学设计与教改科研专题研究相结合，与常规教学管理相结合，提高教师整体素质。2000年，开展素质教育教学体系研究和教学设计与实施活动，开展学生文明行为养成教育、法制教育、国防教育、心理健康教育，开展形式多样的科技、体育、艺术、环保绿化活动，组织学生参加不同层次的青少年科技、体育、艺术竞赛，促进学生的全面发展和综合素质的提高。

2001年4月，区政府常务会议通过《关于全面推进素质教育的工作意见》，把素质教育作为今后五年教育发展的重点内容。12月5—

6日，举行“素质教育教学体系研究”暨“素质个性化”教育实验成果展示评审会。教育部基础教育司、中央教科所，部分省、市教育专家，港澳教育理论研究员及区委书记向东生等参加了评审会。“素质教育教学体系研究”是越秀区在10年“目标教学”研究的基础上，结合形势要求而提出来的区域性教育科研课题。该课题运用素质教育理论，通过教学理念、教学目标理念和教学方法理念的改革创新，促进教学体系的整体优化，并通过科学的教学管理手段，推动区域性教学改革，全面提高教学质量。该课题经过3年的研究实践，已取得阶段性成果。经专家组评审，认为该课题体现了科研兴教的思想，能从实际出发，抓住重点环节，在全区开展教学改革研究，提高了教师素质，改善了教学工作，对推动素质教育起了良好的导向作用，特别是中期课题研究取得的经验值得推广。

全区各小学根据教育改革的部署精神，积极推进特色化教学改革。1999年，朝天小学被定为全国中小学整体改革实验基地，旧部前小学被定为全国现代教育技术实验基地，小北路小学被中央教科所定为全国德育实验基地。1999—2003年，全区教育科研课题列入国家级41个、省级31个。2003年，朝天小学成为全国首批科研兴教示范基地。

1997年以来，越秀区小学生获奖项总数连续多年居全市各区之首。1997年，全区有76名小学生在科技、艺术、体育和学科竞赛获个人奖，占当时4个老城区获奖总数的45.2%。其中，体育竞赛尤其突出，有1人获国际级奖项，14人获国家级奖项。1998年12月10日，由中共中央总书记、国家主席、中央军委主席江泽民亲笔题写校名的广东省第一所八一希望小学——“广州市八一希望学校”在原越秀区司马坊小学挂牌成立，105岁的革命老人谭天度为该校揭匾。[①]1999年12月1日，旧部前小学举行全国现代化教育技术实验学

①《中国共产党广州市越秀区历史大事记（1949—2011）》，中共党史出版社2013年版，第350页。

校挂牌仪式。

2000年2月，区委常委会会议、区政府常务会议通过《越秀区申报创建广东省教育强区工作方案》，确定越秀区申报教育强区的基本思路：全面推进素质教育和全面发展社区教育两大战略；建设教育综合改造、教育信息、教育人才培养等三大工程；发展科研兴教、科技教育、环境教育、英语教育、少先队社区化社会化整体改革、特殊教育、民族教育和职业教育八大特色教育。区成立以区长为组长的建设教育强区工作领导小组，动员全区支持教育强区建设。9月，区辖内17所中学和1所幼儿园由广州市下放到区教育局管辖，进一步强化了越秀区的教育强区优势。

2002年3月，区政府通过《越秀区建设教育强区工作方案》，包括深化教育体制改革，推进素质教育，提高教育教学质量，实施教育综合改造工程，推进全区教育布局的优化调整，加强教师队伍建设等具体任务。2001年，区预算内教育经费拨款24290.2万元，比1999年增长109.72%，年均增幅为44.8%。1999年、2000年、2001年，区预算内教育经费支出分别为14103.37万元、23779.4万元、36466.13万元，占当年财政支出分别达28.2%、37.32%、45%。市、区共筹集各类资金6.22亿元，其中2001—2004年投入5.3亿元用于新建和改建学校及专用场室建设。努力提高师资整体水平和教师福利待遇。1999—2002年，共引进本科生372名，在读博士研究生1名，硕士研究生22名，高级教师25名（其中特级教师3名）。加强教师培训，1998—2002年，全区中小学校长200学时以上培训160人次；参加国外学习、考察80多人次，外国专业进修的教师13人次。至2002年，全区幼儿园、小学教师学历达标率为100%，其中小学教师大专以上学历占73.74%，初中教师学历达标率为99.14%，研究生程度达12.6%。全区在职干部教师中，有高级职称的277名。1997年起，区每年投入800多万元建房或购房解决教师住房问题。1998年全部解决人均7平方米以下的困难户。2001年，全区教职工财政性年人均工资22750元，比1999年增幅39%。

2003年1月5日，广东省教育强区督导验收团到越秀区进行广东省教育强区的督导验收。验收团通过听取自评报告、与各界人士专访座谈、实地考察部分学校、全面检阅越秀区的教育建设成果，确认越秀区申报省教育强区评估通过督导验收。1月24日，广东省教育厅向越秀区颁发省政府授予的“广东省教育强区”牌匾。

特殊教育、社区教育成为社会发展新阶段的体现。20世纪90年代，越秀区注重对残疾儿童少年的教育，制定区残疾儿童少年义务教育实施方案，把残疾儿童少年教育纳入全区义务教育发展规划。将特殊教育学校培智学校纳入教育局管理，全区形成主校（培智学校）、特殊教育辅读班、智障儿童随班就读的三级特殊教育网络。“八五”期间，越秀区共投入249.48万元用于开展特殊教育工作。经各方努力，1995—1997年，区残疾儿童综合入学率分别为95.8%、95%、97.6%，逐步形成了残疾儿童入学率高、师资队伍稳定、管理措施扎实、经营投入保证、特殊教育稳步发展的良好局面。①

1999年，区教育局列册登记全区0—15岁的残疾儿童，建立资料档案，掌握适龄残疾儿童入学状况。2001年，设有11个特教班，残疾儿童入学301人，其中智力残疾85人，另有216名分别在43所学校随班就读。2002年，越秀区将残疾儿童少年义务教育经费、基建费纳入区财政预算，并按教育法的要求逐年增长；在征收的教育附加费及为普及九年义务教育新开征的税费中拨出3%用于残疾儿童少年义务教育；社会福利有奖募捐委员会和残疾人福利基金会按政府规定从募集资金中拨出一定比例用于发展特殊教育事业；设立特殊教育专项补助费。这一年，在校残疾学生545人。培智学校有9个班，学生73人。培智学校学生参加首届广东省特殊奥林匹克运动会篮球赛获男子、女子队冠军，个人技术项目1人获冠军，举重项目3人获冠军；参加第三届全国特殊奥林匹克运动会篮球赛获男子队、女子队第四名。2003年，全区在校残疾学生共有602人，其中培智学校学生67

① 越秀区委办：《越秀信息》第1期，1998年1月21日。

人，特教班（设仓边路小学）学生7人，随班就读学生528人（小学240人，中学288人），入学率达到98.7%。2004年，全区小学特殊儿童少年461名，特殊儿童入学率100%。

2002年，越秀区被定为广东省社区教育实验区后，即成立了区、街社区教育领导小组，制定社区教育总体方案。9月11日，越秀区社区教育中心在区成人中专学校挂牌成立。中心占地面积3300平方米，设6所分校、7个活动场室，实现多媒体教学。区10个街道均成立社区教育中心和青少年工作委员会，设专职和兼职社区教育工作人员，完善青少年社区实践和志愿者服务的登记、评价制度。各个社区开展形式多样的思想道德风尚教育、文化科技教育、法制教育等学习活动。这一年，区、街社区学校开展各类培训共356期，参加培训共59181人。其中，青少年6323人，老年人17959人，就业人员3025人，其他人员31874人。至2003年，社区教育活动已经覆盖全区70%以上的居民。2003年，全国十五城区成人教育协作会第十六次会议在越秀区召开，越秀区的社区教育经验受到与会领导和代表的好评。

三、启动文化强区建设

越秀区坚持用“三个代表”重要思想统领城区文化建设，提升城区文化品位，启动文化强区建设。认真抓好文化事业的发展和提高，加强文化阵地建设，充分发挥区文化馆、图书馆、博物馆和各类社区文化阵地的作用，多出文化精品，繁荣群众文化；挖掘越秀区区丰富的历史文化资源，以时代精神丰富和凸现越秀区源远流长的岭南古文化；发展文化产业，促进文化产业与教育、科技、体育、旅游、信息等相关行业联动发展，形成新的文化产业发展格局，最大限度地满足人民群众日益增长的精神文化需求。

位于惠福西路的五仙观是广东省文物保护单位，始建于明洪武年间，明清两代曾是“羊城八景”之一。因五仙观建筑年久失修，部分被占用，面积仅余766平方米，原来宽约30米的门道被缩窄至3米多。门道所处的西斋巷内有居民35户，其中17户属于违章建筑。1998年8月，广州市文化局将五仙观下放给越秀区人民政府管理。越秀区接管后，决定在五仙观建立越秀区博物馆。

为做好建馆筹备工作，1999年1月，越秀区制定《五仙观公园建设规划》，决定成立越秀区博物馆筹备领导小组，由区文化局负责修复工作，投资100万元开展维修。改造工程包括原惠福西路小学内的“仙人拇迹”，补漏、修整、粉饰后殿和岭南第一楼主体，修建五仙观碑廊，改造岭南第一楼后院和仪门前的地面及通道，修建展览厅和办公室，整体绿化布置，更新消防设备，安装北宋碑保护罩，开设奇石、盆景、文物展览等等，使五仙观成为旅游景点。9月28日，维修后的五仙观对外开放。

2000年5月16日，市长林树森带队到越秀区就城市建设与管理、城市管理体制改革等问题进行调研，视察了五仙观，要求一定要保护好五仙观，解决好附近居民的搬迁等问题。区政府征地约9500平方米，对惠福西路五仙观周围建筑进行拆迁，迁出惠福西路小学，使原来隐藏在密集民居中的五仙观得以重见天日，整体展现在公众眼前。

2001年4月8日，被列为广州市“三年一中变”工程项目之一的五仙观绿化广场建设工程启动，共投入资金4000万元，把周边9.6公顷面积作为保护范围，动迁周边居民、店铺。2002年，完成绿化广场第一期工程，新建面积1500平方米，绿化率达47.7%，并修复五仙观的西廊、仪门、东门和广场周边的绿化配套设施等。在广场设计制作一座“五仙骑羊”大型铜塑，与五仙观内原“五仙骑羊”石雕像风格迥异，相互映趣。2003年春节，五仙观重新对外开放。

2000年，在广州市西湖路光明广场工地商厦基础工程中发现面积约650平方米的木结构水闸遗存。这是当时世界上发现的年代早、规模大、保存最完好的木结构水闸遗存。8月10日，国家文物局考古专家小组考察了发掘出土的遗址，初步判断是汉代广州（番禺）南城墙下的出水口（即下水道，后称南越国木构水闸遗址），并由此推断出广州汉代南城墙的位置所在。这一重大发现为南越国番禺古城的城市建设研究及广州市作为2000多年的历史文化名城提供了重要依据。2004年，光明广场商厦竣工，南越国木构水闸遗址在商厦的负一层用玻璃围蔽保护，恒温恒湿，便于游客参观（2006年，南越国木构水闸遗址被公布为全国重点文物保护单位。同年12月，入选中国世界文化遗产预备名单）。

2002年六七月间，区政府组织整饰北京路商业步行街，在进行开挖路面施工时，出土大量砂岩石条与古城墙砖。在专家指导下，历时近3个月的考古式挖掘，取得显著成果：北段在市青年文化宫前面发现了唐宋以来共11层路面；南段在广州百货大厦前面，发现了宋代至明清时期的5层拱北楼建筑基址。9月11日，广州市文化局、越秀区政府召开北京路考古发现“千年古道”新闻通报会，通报近期考古新发现和北京路“千年古道”保护方案。经专家反复论证的保护方案，既坚持文物遗迹原样长期保护的原则，又考虑到在繁华北京路步行街上人流量大，便于展示的因素，其中，“千年古道”地段设展示坑长30米，宽3米；“古城遗迹”地段设展示坑长10米，宽4米。两处展示坑上盖钢护架，覆盖50毫米厚的钢化玻璃罩，起到既让游人参观，又能承重压的保护作用。针对南方气候湿热高温时间长，展示坑地段地势较低等问题，相应采取汲水与防潮措施，以保护展物常态。

12月28日，越秀区举办北京商业步行街建设工程竣工仪式暨“千年古道”面世仪式，揭开了整饰后的北京路上“千年古道”的神秘面纱，“千年古道”“千年古楼”遗址正式向市民、游人开放。专家称，“千年古道”“千年古楼”再现了北京路的千年古韵，这不仅验证了北京路千年来一直是广州城的中心的史实，更为广州历史地理研究、城建历史研究提供了可靠依据。

自20世纪80年代以来，越秀区先后开展全区性“越秀之春”“羊城之夏”“越秀金秋”等传统群众文化活动。其中，“越秀金秋”是

20世纪90年代后发展起来的大型群众文化系列活动，每年中秋、国庆期间举行“越秀金秋”欢乐节，成为区内最具影响的群众文化品牌之一。

2003年，围绕区第九次党代会提出的建设文化强区的目标，以加快文化发展为主题，开拓创新为动力，全面推动文化事业的发展。12月3日，越秀区委常委会会议审议通过《越秀区建设文化强区规划》。在广州市率先推出建设文化强区规划，提出用7年时间，打造历史文化、民俗文化、商贸旅游文化、社区文化四大品牌，实施创建文明城区、发展文化产业、推进文化设施建设、实施文化人才聚集四大工程，发展科教体卫文化、信息文化、山水城区生态文化三大板块，构筑起“没有围墙的博物馆”。

规划提出近期（到2005年）、中期（到2007年）、远期（到2010年）的发展目标。2010年，越秀区基本建立与社会主义市场经济相适应的文化发展格局、文化管理体制及运行机制，成为具有一流的文化品牌、一流的文化精品、一流的人才队伍、协调发展的文化产业、先进配套的文化设施、充满活力的文化体制、繁荣有序的文化市场、丰富多彩的群众文化生活、文化发展主要指标全市领先、文化综合实力居全市前列的文化强区。

全区各部门单位积极培植集文化、商业、旅游于一体的岭南传统文化特色，创文艺精品，活跃基层社区文化。各职能部门大力开展科技、法制、卫生、文化“四进社区”活动。依托街道文化站及区内文化广场等文化阵地，开展形式多样、内容丰富的群众喜闻乐见的文化活动。在“2003年广东省镇（街道）文化站评估定级检查验收”活动中，取得了5个特级文化站、5个一级文化站的佳绩。

2004年，越秀区申报创建广东省实施“南粤锦绣工程”文化先进县（市、区），成立了创建文化先进区工作领导小组，区各部门克服区域小、寸土寸金、财力紧的困难，优化整合资源。制作《越千年历史之璽，铸时代文化之秀》VCD，编辑出版《越秀文化》画册和《越秀区创建文化先进区资料汇编》，建立越秀文化网；装修图书馆，实行图书馆与分馆联网服务局域网；完善群众文化网络、公共图书馆网络、文物博物网络等六大文化网络建设，多出文化精品，繁荣群众文化，提升城区文化品位，推进文化强区建设。

2004年12月，省政府授予越秀区“广东省实施‘南粤锦绣工程’，文化先进区”称号。文化部授予越秀区文化馆“全国一级文化馆”称号。全区街道文化站均成为省一级以上文化站。六榕街兴隆东社区、广卫街都府社区、洪桥街法政社区被评为广州市文化社区。

四、推进健康社区建设

越秀区从解决群众反映强烈的城市脏乱差问题入手，把创建国家卫生城市作为民心工程来抓，着力改善老城区企业创业发展和居民生活的条件。深化医疗卫生体制改革，大力推进社区卫生服务，整合医疗卫生资源，调整卫生服务网络，推进健康社区建设，进一步提高预防保健、医疗服务和卫生监督水平。

2004年8月，越秀区分别召开创建国家卫生城市动员大会和联席会议。会议通报了广东省爱卫办对越秀区调研的情况，部署了全区创卫工作并提出具体工作要求：一是以属地管理为原则，划分片区，整合人力、物力资源，完善街道、公安、工商、城管等“多位一体”的联动模式，分片管理，保证责任到人，把整治工作落到实处。二是建立以区创建办督察员为主的督察制度，结合各执法单位原有督察力量，全面督察全区创卫工作。三是强化单位大院和居民区卫生保洁工作。由街道牵头，区爱卫、卫生、环卫、城管、建设等部门配合，综合整治内街、单位大院、居民住宅区、市场、饮食行业的环境卫生。四是加强建筑工地的整治和管理。五是坚决取缔室内无牌照经营。六是全面落实“四害”防治措施。

在开展创卫工作中，区各单位利用传媒和各种形式广泛宣传，编印2000份宣传海报和13万份《致居民群众的一封信》，派发宣传单张28万多张，发动机团单位4100多个、居民群众4.66万人次参加各类清洁卫生行动。整治无证照餐饮店197间，清理卫生死角623处，清运垃圾杂物近3500吨，整治乱张贴和乱拉挂54.4万宗。9月20日，越秀区创建国家卫生城市工作会议召开，总结前一阶段创卫工作成果，表彰一批创卫工作先进单位，并部署下阶段工作。在广州创建国家卫生城市省级考核现场检查中，省爱卫会5个检查组对越秀区的市容环境卫生管理、公共场所及饮用水卫生、除“四害”、爱国卫生管理、单位及居民区卫生、健康教育、食品卫生等项目进行检查考核，达标率高达93%，远超出全市平均水平，位居全市前列。

进入20世纪90年代，越秀区卫生服务体系改革主要内容是推行和完善社区卫生服务，进一步满足居民群众对基础医疗卫生的需求。1996年8月，越秀区西湖医院、广州医科大学附属第一医院与北京街道办事处共同组建北京街社区医疗保健服务部，率先开展社区卫生服务工作。

1998年，区卫生局制定《越秀区社区卫生服务工作方案》，由4个基层医疗单位与街道组建社区卫生服务站，建立等级医院保健网络和双向转诊模式。2000年，由区卫生局下属10家地段医院、卫生院改造的10个社区卫生服务中心先后挂牌，设置社区卫生服务站14个，社区卫生服务覆盖全区人口的60%。2月20日，越秀区越华医院在区妇幼保健院挂牌，以“一套班子、两个牌子”走上扩大功能、物尽其用、服务社区的改革之路。2001年，社区卫生服务中心进社区，与居民签订保健合同；与市级医院建立起双向转诊制度，形成“以医院为主体，街道为协调，居民委员会为落脚点”的服务模式。2002年，推行以全科医学为主的“家庭健康保健合同”制度。建立起全科医生和社区家庭之间的健康管理与医疗咨询服务责任关系，为社区居民提供转诊、住院就医随诊、个人健康教育，指导防病保健、康复锻炼、计划免疫等卫生服务以及开展为特殊人群服务，年内与50个社区居民签订结对帮扶协议书。2004年，全区社区卫生服务机构纳入城镇职工基本医疗保险定点机构范围，10家社区卫生服务中心参保，实现参保率100%。

进入20世纪90年代，越秀区在综合反映国民健康水平的三个主要指标上均优于全国水平：平均期望寿命为74岁，高于全国平均水平（70岁）；婴儿死亡率为8.9‰。孕产妇死亡率为33.97/10万，均低于全国平均水平。全区医疗卫生保健服务网络已具规模，卫生队伍不断壮大，卫生管理水平不断提高，已连续17年无小儿麻痹症病例，率先建立了广东省第一条儿童计划免疫冷链线。孕产妇系统和儿童系统的保健管理率分别达91.5%和97.1%，通过了NPA（儿童健康系统监测）市级评估。初保工作以93.7分的优异成绩提前达标。在此基础上，区政府提出了今后15年的奋斗目标，力争2010年达到世界中等发达国家的平均水平，基本实现卫生事业现代化。①2000年11月，越秀区的社区初级保健卫生工作走在全省前列，已成为全国第十一个达标城区。全区各街均建有卫生服务中心，15个卫生服务站遍布全区，平均2000个居民配置1名社区卫生技术人员。

2003年，实施《越秀区2001—2010年儿童发展规划纲要》及《越秀区2001—2010年妇女发展规划纲要》。加强新生儿疾病筛查管理工作，成立管理机构和建立制度，完成信息网络化管理。对区妇幼保健院进行功能改造，联合区人口与计划生育局设立区计划生育技术服务指导中心，开展“计卫联手”工作。全年0—6岁儿童保健系统覆盖率97.94%，孕产妇系统管理率94.16%，3岁以下儿童系统管理率92.85%。

越秀区通过稳步推进卫生事业改革，优化资源配置，发展社区卫生服务，加强疾病预防控制体系建设，推进健康教育，加大卫生监督工作力度，全区医疗卫生质量和水平进一步提高，社区卫生服务工作水平不断提升，疾病预防控制工作得到加强，人民健康水平持续提高。

---

① 越秀区委办：《情况简报》第27期，1997年9月11日。

五、体育事业健康发展

改革开放以来，越秀区委、区政府以提高人民身体素质作为工作重点，继续实施“全民健身工程”，充分挖掘利用场地资源，加快公共体育设施建设，开展丰富多彩的群众性体育活动，增强人民体质。继续发展竞技体育，为国家、省、市输送了更多优秀的体育人才，为国争光。

1995年国务院颁布《全民健身计划纲要》后，越秀区各项体育活动蓬勃发展，区每年举办各类综合性体育运动。全区经常参加体育运动的人口逐渐增加，1996年参加全民健身人数占30%，2004年达43%。第九届全国运动会于2001年11月在广州举行。越秀区作为广州市中心城区，为了办好这一体育盛事，除了在城市面貌改造方面，还在社会动员和普及群众性体育运动等方面做好充分的准备。

1999年，越秀区以“人人锻炼迎九运，健康奔向新世纪”为主题，组织99’元旦羊城体育节越秀体育花会、全民健身活动月体育花会、各界庆祝建国50周年体育花会，开展全民健身宣传月活动、全国助残日体育游艺活动和迎九运群众性长跑活动。2000年，坚持面向社会、服务基层的社会办体育改革方向，结合创建全国城市体育先进社区活动，区总工会、团区委、妇联、统战、残联、个体劳协等部门和单位组织举办了各种不同类型的运动会。这一年，全区30多万人次参加全民健身活动，共组办各类赛事、活动72项。越秀区体育局获得“2000年广东省体育活动优秀组织奖”，人民街和一德路小学被国家体育总局分别命名为“全国城市体育先进社区”和“全国青少年体育工作先进集体”。2001年，开展有越秀区特色的迎“九运”群体十大系列活动。其中较有影响的有“双拥”体育花会、巾帼迎“九运”长跑活动、残疾人运动会、少数民族体育花会、老年人运动会等。十大系列活动涉及各行业、各阶层，内容丰富、形式生动，达到了立足本区、面向社会、活跃基层、服务大众的目的。9月15日，越秀区在市政府广场举行了第九届全国运动会“走进新时代”火炬传递——广州市区第一站越秀区迎“九运”火炬传递长跑仪式。由越秀区籍优秀运动员、羽毛球世界冠军余锦豪担任第一棒火炬传递手。在第九届全国运动会上，越秀区输送的3名运动员，取得了4枚金牌、3枚银牌的优异成绩。

2004年，越秀区参与广州申亚系列活动，举办北京路步行街“爱国爱家爱羊城、支持申亚十万市民签名”活动、“越秀区支持广州申亚万人接力签名”活动、“我爱广州，支持申亚”幼儿体育花会等，以实际行动支持广州申办2010年亚运会。越秀区还因地制宜，在社区推广兴建健身路径，逐步增添群众健身活动设施。2004年，全年新建健身路径（健身室）20条（个），新增体育实施面积6400平方米，其中，规模较大的洪桥街越秀山健身广场，投资28万元，场地建设面积1000平方米。做好体育人才培养输送工作，以区少年儿童体校为主要基地，以“全面发展打基础，努力培养人才”为特色，在执行国家教育计划、完成教学任务的同时，抓好体育训练，挑选和专门训练体育苗子输送到上一级体校以及国家、省、市级运动队。

2003—2004年，越秀区向省、市运动队输送运动员62名。由越秀区输送的优秀运动员杨景辉与队友田亮合作勇夺第28届雅典奥运会男子双人跳水金牌，实现了广州市20年来奥运金牌“零”的突破。2004年，区体育局以全市排名第一、全省排名第二的成绩被省授予“广东省体育贡献奖”，被市评为“广州市2004年全民健身活动先进单位”，被国家体育总局命名为“国家高水平体育后备人才基地”。

六、初步建立社会保障体系

越秀区不断加强劳动就业和社会保障工作，进一步完善资金来源多元化、保障制度规范化、管理服务社会化的社会保障体系和社会救助网络。实行就业与再就业工作责任制，加强就业与再就业服务网络建设，完善就业服务体系；努力拓宽就业渠道，大力开发社区就业岗位，千方百计扩大就业，实现人的发展与经济的发展相互联动。

20世纪90年代，越秀区每年新增失业人员均在1万人左右，特别是1998年前后，国有企业改革，大批职工下岗。越秀区采取多项措施，全面落实"两个确保"[①]和"三条保障线"[②]。1997年，区成立就业工作领导小组，制定《越秀区推行再就业工程实施意见》，提出10项措施帮助职工再就业。1998年，建立区、行业、街道再就业服务中心，开设特困失业人员服务窗口，制定《关于推进越秀区再就业工作的意见》，明确要做好下岗职工的分流、扶持困难企业开展生产自救、大力发展第三产业、宏观调控外来劳动力等工作。同时采取一系列优惠措施鼓励企业优先吸纳下岗职工，对下岗失业人员自谋职业的给予优先照顾及政策性鼓励。成立越秀区劳动力市场，采取劳务集市和固定的职业介绍机构相结合的形式开展职业介绍。设立大型电子屏幕，实现市、区职业信息网络一体化，为求职人员提供及时有效的信息。

1999年起，在全区范围内实施再就业工程目标责任制，把安排再就业的任务分解到基层单位。全面启动对下岗失业人员实施一次职业指导、三次职业介绍、一次转岗训练的"一三一"就业服务，仅1999年就有12904名失业人员进入区的劳动力市场网络，接受免费职业指导，并为4747名参加转岗培训的下岗失业人员减免学费127万元。2001年，占地800平方米的越秀区劳动力市场建成并投入使用。2003年，在全区10个街道建立劳动和社会保障服务中心，为下岗人员提供包括职业指导、职业介绍、职业技能培训、政策咨询、

① "两个确保"：确保国有企业下岗职工基本生活、确保企业离退休人员养老金按时足额发放。

② "三条保障线"：养老保险、失业保险、城镇居民最低生活保障线。

心理辅导、劳动权益保障和下岗失业人员法律援助等“一站式”系列服务。

区政府不断加大再就业专项经费投入。1997年在财政总预备费中拨出30万元，加上已征集的费用共100万元，建立再就业工程专项资金。1998年、1999年分别安排200万元和150万元再就业专项资金，用于生产自救和再就业基地建设，资助企业调剂吸纳富余职工。至2000年底，共为187名特困失业人员优先提供就业服务。2002年，拓展社区公益性就业岗位，当年实现社区就业5763人。2003年，重点帮助国有企业失业人员、“4050”失业人员[①]和特困失业人员，全年“4050”失业人员再就业796人，特困失业人员245人全部就业。至2004年，全区城镇失业人员就业率为73.11%，全区就业形势稳定。

越秀区在加大劳动就业政策扶持，努力促进就业的同时，切实加强社会保障。“九五”期间，初步建立了养老、失业、工伤、生育为重点的社会保障制度，社保覆盖率达到95%以上。1998年7月，将私营企业职工、个体工商户从业人员及非广州市城镇户口的职工，纳入社会养老保险的统筹范围。至此，全区建立起不分户籍、不分职工身份、不分企业所有制的开放式养老保险体系。

1999年，按市政府的要求，开展扩大社会保险覆盖面（以下简称“扩面”）工作。“扩面”重点对象：非公有制企业特别是民营企业、个体工商户从业人员；区、街集体所有制企业（含挂靠企业）；企业化管理的事业单位；各单位的非广州市城镇户口职工。2000年，全区参加社会养老保险人数增加至5.39万人，比“扩面”前增加近1.9万人。2001—2003年，继续巩固社会保险“扩面”成果，加大基金征收力度，通过开展宣传发动和执法检查督促企业参加社会保险等方式，保证社会保险人数在维持原水平的基础上有所上升。到2004年，全区参加职工社会保险达8.51万人、医疗保险4.91万人（其中，区街企业退休职工有7859人参加医疗保险，参保率为89.56%）、失业

---

①“4050”失业人员：女性40岁以上、男性50岁以上失业人员。

保险6.03万人、工伤保险4.91万人、生育保险2.59万人。享受退休待遇2.09万人、生育待遇316人、工伤待遇13人。经过5年的努力，越秀区社会保障体系稳步发展，初步建立起较为完善、覆盖全区的社会保障体系，让更多的职工得到较完善的社会保障。

第　八　节
全面推进党的建设新的伟大工程

按照中共中央关于党要管党、从严治党的要求，越秀区委切实把加强党的建设作为“主责”“主业”来抓，特别是注重加强区委班子和各级党组织的思想建设、班子建设、组织建设和党风廉政建设，不断提高领导水平和执政能力。在这一时期，越秀区党建工作任务十分繁重，党建力度空前加大，党建成效也尤为显著。1997年2月24日，召开区委常委会会议，审定了《中共越秀区委1996—1998年加强党的建设规划纲要》《越秀区领导班子思想政治建设责任制》《越秀区跨世纪干部培养工程实施方案》《越秀区干部培训“九五”规划》等，为全面推进城区党的建设夯实制度基础，提出了正确的工作方针。

一、加强党的执政能力建设

1997年2月24日，区委常委会会议审定了《越秀区领导班子思想政治建设责任制》后，及时召开全区领导干部学习会。会议以江泽民重要讲话为指导，围绕加强领导班子思想政治建设这一中心内容进行了学习研讨，并分析了区各级领导班子的现状，在总结正反两方面经验的基础上，就如何加强班子建设提出了具体意见和建议。要求各单位必须结合全区领导班子建设的现状和城区工作实际，在继续深化对加强领导班子思想政治建设重要性认识的同时，要紧紧抓住强化班子成员的自律意识和强化各项制度建设这两个关键，切实把各级领导班子的思想政治建设抓紧、抓好，抓出新的成效来。

1998年8月28日，广州市委、市政府公布了《中共广州市委 广州市人民政府加强领导班子自身建设的若干规定》。越秀区委认真贯彻落实，要求全区各级领导班子和党组织深入学习邓小平理论，加强领导班子思想建设；坚持民主集中制，加强领导班子组织建设；弘扬党的优良传统，加强领导班子作风建设；廉洁自律，加强领导班子党风廉政建设。

1999年1月19日，区委八届二次全会召开，会议要求切实加强党的建设，为确保各项任务完成提供坚强保证，抓好对党政“一把手”的管理、开展“跨世纪干部培养工程”。2000年8月，区委八届五次全体（扩大）会议部署区级领导班子和领导干部分批开展以“讲学习、讲政治、讲正气”为主要内容的党性党风教育。2001年12月，区委八届七次全会召开，会议提出全面实践“三个代表”重要思想，加强和改进党的作风建设，勤政爱民、取信于民。一是要认真学习、深入领会“三个代表”重要思想，掀起学习新高潮；二是按照“三个代表”重要思想的要求，从严治党，大力加强党的建设；三是以“三个代表”重要思想统一全区领导干部的思想认识，增强信心，振奋精神，努力工作；四是优化环境，拓展税源，确保全年的经济增长目标；五是进一步加强社会治安综合治理工作，营造安全稳定的社会环境，努力推进精神文明建设和社会各项事业的发展。

2004年10月，区委九届三次全会提出领导干部要深入贯彻党的十六届四中全会精神，以保持党同人民群众血肉联系为核心，以加强各级领导班子和干部队伍建设为关键，以改革和完善党的领导体制、工作机制为重点，以实施固本强基工程为基础，不断增强党的创造力、凝聚力、战斗力，切实加强党的执政能力建设，努力创造出文明法治、稳定和谐、谅解宽容的社会环境，构建和谐越秀。全区各级领导干部在工作实践中，着重提高了城区执政能力五项建设，包括建设城区的能力、管理城市的能力、管理社会的能力、解决群众生产生活问题的能力和应对复杂局面的能力，积极推进城区各项工作深入开展。

二、开展“三讲”教育，加强党性党风建设

1996年10月，党的十四届六中全会作出决定，对县处级以上领导干部进行一次以讲学习、讲政治、讲正气为主要内容的党性党风教育。1998年11月，中共中央发出《关于在县级以上党政领导班子、领导干部中深入开展以“讲学习、讲政治、讲正气”为主要内容的党性党风教育的意见》。这次为期三年的教育活动，发扬了延安整风运动的精神，采取自上而下，分期分批进行，党内的批评和自我批评相结合的方式，使全党同志，尤其使领导干部受到了一次深刻的党性党风教育。

2000年，区委按照中央和省委、市委的部署，在全区处以上领导班子和领导干部中分批开展了以“讲学习、讲政治、讲正气”为主要内容的党性党风教育。区委把“三讲”教育作为年度党建工作的重中之重，坚持高标准、严要求，加强组织领导，切实抓紧抓好。根据省委、市委的部署和区委的统一安排，区级领导班子和领导干部的“三讲”教育从6月15日开始至8月29日结束；区公安分局、区检察院、区法院领导班子和领导干部的“三讲”教育从7月17日开始至9月30日结束；区部、委、办、局、街道和处级群团单位领导班子和领导干部的“三讲”教育从10月20日开始至12月19日结束，前后历时6个多月。6月15日，召开越秀区区级领导班子“三讲”教育动员大会，明确区级领导班子集中两个半月的时间按中央、省委、市委部署，以整风精神开展“三讲”教育活动。

在“三讲”教育中，各级领导班子严格按照规定的阶段和程序，即“思想发动、学习提高”“自我剖析、听取意见”“交流思想、开

展批评”和“认真整改、巩固成果”等四个阶段，扎扎实实地进行，取得了明显成效，达到了预期目的。全区的“三讲”教育重点抓好四方面的内容。

一是发扬理论联系实际的优良学风，认真抓好学习提高。以江泽民“三个代表”重要思想为纲，系统学习“三讲”必读文献，在分散自学的基础上，安排6—7天时间进行封闭式的集中学习和讨论。在这个过程中，各级领导班子注意把学习、思考和总结反思结合起来，联系1992年以来贯彻执行党的路线、方针、政策和上级的重大决策、工作部署的情况，查摆党性党风和工作方面存在的突出问题，进行认真剖析，汲取经验教训，从理论与实践的结合上坚定了理想信念，增强了宗旨意识，同时对开展“三讲”教育的重要性和必要性也有了进一步提高，为搞好这次“三讲”教育打下了思想基础。

二是发扬密切联系群众的优良作风，深入进行自我剖析。为了找准、抓住党性党风和工作方面存在的突出问题并进行深刻的剖析，各级领导班子坚持“从群众中来，到群众中去”，突出抓好三个环节。即通过发出征求意见表、召开座谈会和个别谈心等形式，广泛征集和听取群众意见，在此基础上，认真写好领导班子和领导干部的自我剖析材料；在开门纳谏、自我剖析的基础上，分别召开民主评议会和发出民主评议意见表，再根据民主评议和上级党委“三讲”教育巡视组的意见，进行认真研究，对剖析材料进行反复修改；在剖析材料修改定稿后，又分别召开民主测评会和发出民主测评意见表，进行一次对剖析材料满意程度的民主测评。从民主测评的结果看，对区各个领导班子剖析材料的满意和基本满意率均为100%；对区委、区政府领导干部的满意和基本满意率最高为100%，最低为96.9%；对区人大、区政协、区纪委领导干部满意和基本满意率最高为100%，最低为94.1%；对部委办局街道53个领导班子、304名领导干部剖析材料的满意率和基本满意率为99.54%。

三是发扬批评和自我批评的优良传统，开展积极的思想斗争。经过充分的准备，各级领导班子分别集中一天左右的时间，召开了

“交流思想、开展批评”的专题民主生活会。从总的情况来看，绝大多数领导班子的民主生活会是多年来少有的质量较高的民主生活会，大家在发言中一改以往联系工作情况多、触及思想实际少，摆谈存在问题多、剖析思想根源少，进行自我批评多、开展相互批评少的现象，普遍都能抓住领导班子和领导干部自身存在的突出问题，谈危害，找原因，挖根源，进行思想分析，汲取经验教训。各级领导干部尤其是班子主要领导，在严格要求自己、勇于自我批评的同时，本着实事求是、与人为善的态度，大胆开展相互批评，做到直呼其名，直指其事，直言其过，直陈其害。通过批评和自我批评，进一步交流了思想，增进了团结，振奋了精神状态，明确了整改方向和主要措施。

四是发扬求真务实的进取精神，制定和落实整改措施。各级领导班子把坚持求真务实、认真进行整改作为巩固教育成果、加强自身建设的重要一环，不但把整改工作贯穿于“三讲”教育的全过程，做到边学、边整、边改，而且在“认真整改、巩固成果”阶段，集中时间，集中精力，全面系统地研究整改方案，提出具体的整改措施，并且由班子领导成员分工负责组织实施，使之落到实处。据统计，全区部、委、办、局、街道在“三讲”教育中共制定了整改措施820条、建立和完善了规章制度458项，整改工作已初见成效。特别是区委研究制定的整改方案，提出了8个方面24项整改内容，全部由区委常委及副区长分工负责，认真组织实施并抓紧落实。

通过“三讲”教育，全区各级领导班子和领导干部受到了一次深刻的马克思主义理论再教育，经受了一次严格的党性锻炼，进一步提高了执行党的路线、方针、政策的自觉性和廉洁自律的自觉性，弘扬了党的理论联系实际、密切联系群众、批评与自我批评三大作风，基本上达到了中央提出的“思想上有明显提高，政治上有明显进步，作风上有明显转变，纪律上有明显增强，干群关系有明显改善”的要求，有效地加强了领导班子和干部队伍的建设，为促进全区各项工作再上新台阶打下了坚实的基础。

三、实施“堡垒建设工程”和“建设跨世纪先锋队工程”

为贯彻落实党的十四届四中全会精神，根据广州市委的统一部署，1995年，越秀区委决定用三年时间在全区基层党组织中开展“堡垒建设工程”，加强党的基层组织建设。1997年2月24日，越秀区委召开常委会会议，审定了《中共越秀区委1996—1998年加强党的建设规划纲要（修改稿）》，要求全区基层党组织结合“堡垒建设工程”一并贯彻实施。

全区基层党组织大力加强组织建设和党员队伍建设，在1995年、1996年实施“堡垒建设工程”整顿后进、薄弱党支部的基础上，针对这些党支部的实际，采取有效的整改措施，分类进行整改。在区委和各有关党委的共同努力下，到1997年底，应整改的83个薄弱党支部中，有80个得到了整改，占应整改的96.4%，余下3个党支部也在1998年整改完毕，从而使基层党组织建设得到进一步加强。

在活动中，区委提出要加强党员队伍建设，壮大党员队伍，坚持每年在区委党校举办4期入党积极分子党课学习班。三年间，参加入党积极分子党课学习人数共1121人，全区递交入党申请书1191人，被列为积极分子1098人，发展新党员665名，其中35岁以下的占56.39%，共青团推荐优秀分子67人，具有高中以上学历的占92.03%，生产一线工人占40.9%。10月，区委对三年来全区基层党组织开展的“堡垒建设工程”进行了总结验收，全区41个党委（总支）共评出“堡垒建设工程”先进工作单位9个，达标单位32个，其中北京街党委和教育局党委受到市委的通报表扬。三年间，共有212名党员受区表彰，各基层党委表彰各类先进2900多名。

通过广泛深入地开展“堡垒建设工程”，全区基层党组织普遍提高对党的组织建设和思想建设的重视程度，社会主义物质文明和精神文明建设成效显著，促进基层党组织发挥好战斗堡垒作用。

1998年，广州市委提出用三年时间在全市基层党组织中实施“建设跨世纪先锋队工程”（简称“先锋工程”）的要求。1999年1月19日，越秀区委八届二次全会召开，会议要求切实加强党的建设，为确保各项任务完成提供坚强的保证，布置了“先锋工程”有关工作。

区委根据全区实际，提出把“先锋工程”作为贯彻党的十五大精神的重要举措，作为加强全区基层组织建设和党员队伍建设的系统工程，要求在三年内逐步加强党员队伍的思想作风建设、业务素质建设、管理建设、党员队伍先进典型建设和入党积极分子队伍建设等5个方面，每年突出实施重点。第一年的重点是加强党员队伍的政治、业务素质建设；第二年的重点是加强党员队伍管理制度建设；第三年的重点是党员先进典型建设。

在实施“先锋工程”中，各单位结合实际，有计划有步骤地推进活动的开展。一是学习理论，抓好党员队伍的思想作风建设。全区各基层党组织始终把学习邓小平理论、党的十五大精神和“三个代表”重要思想的论述结合起来，利用中心组学习、党的组织生活、辅导课、讲座、电化教育等各种形式，组织、引导党员认真学习，准确结合邓小平理论精髓，身体力行实践“三个代表”重要思想精神，努力提高党员队伍素质，促进党员队伍建设。为及时总结和推广经验，区委组织部召开全区党员教育工作现场会，推广了4个单位的经验，有力地促进党员教育工作。二是加强培训，努力提高党员队伍的业务素质。三年间，全区各基层党组织认真实施支部书记上岗培训计划，区分别举办了企业支部书记、机关支部书记、文教卫支部书记、执法部门支部书记上岗培训班，共5期、560人参加；各党委还举办各类党员业务培训班180次，有效地提高了广大党员的业务、技术能力。三是落实制度，切实抓好党员队伍建设。全区各基层党组织注意完善和健全党员管理制度建设，包括党的组织生活制度、领导干部参加双重组织生活及民主生活制度、民主评议党员制度、支部联系党员及党员联系支部制度、党员教育培训制度、党员及党支部目标管理制度、外出（流动）党员管理制度、党费交纳制度等8项制度建设，并结合实际制定了党风、廉政、勤政的具体规定。区委根据国有企业党的建设工作情况，制定下发了《越秀区直属企业党政领导班子集体领导的若干试行规定》，使全区国有企业在向现代企业制度转制的过程中有章可循、有制可依。四是树立典型，营造学先进、赶先进的氛围。全区各基层党组织积极开展“解放思想，开拓奋进，做跨世纪先锋”为主题的“比学习、比思想、比作风、比能力、比业绩”竞赛活动。三年间，全区各基层党组织共评出优秀党员1370名，优秀党务工作者118名，先进基层党组织105个；区委评比表彰了优秀党员（标兵）71名，优秀党务工作者22名，先进基层党组织10个，跨世纪先锋9名，为全区党员树立了学习的榜样。五是注重质量，壮大党的队伍。全区各基层党组织在保证质量的前提下，积极主动地做好入党积极分子的培养、教育、考察、发展工作，三年间，全区共发展党员780名，其中35岁以下485人，高中以上745人，各类专业技术人员239人，有效地改善了党员队伍结构，壮大了党员队伍。

开展“建设跨世纪先锋队工程”，较好地解决了党员队伍中出现的新情况、新问题，适应新形势的要求，有力推动全区工作的顺利进行，取得了明显的成效。

四、推进“固本强基工程”和“理想、责任、能力、形象”教育活动

2003年3月28日，省委九届三次全会通过了《关于实施固本强基工程全面推进党的基层组织建设的决定》。要求集中三年时间在全省实施固本强基工程，作为全面推进党的建设新的伟大工程的重要举措，紧密围绕基层党组织的重要地位和作用，以及部分基层党组织在思想、组织、作风、制度等方面存在与新形势新任务不相适应

的状况，提出了一系列明确要求和具体措施。

根据省委的决定，越秀区委决定用三年时间在全区基层党组织中实施固本强基工程，并明确每年实施的重点：第一年抓示范点，以点带面；第二年抓制度建设，全面推进；第三年抓表彰先进，巩固提高。区委组织部以“班子建设好、工作业绩好、群众评价好”为目标，抓各类示范点建设，选取了北京街为市、区的示范点，北京街龙藏街社区党支部和诗书街七株榕社区党支部为社区党支部示范点，北京路商业步行街党支部为非公有制企业党建工作示范点，区劳动局和区环保局作为机关党建示范点。

2004年12月8日，越秀区分别召开党建工作交流汇报会及固本强基工程示范点建设工作会议。区委书记谭应华就如何进一步加强党的基层组织建设，夯实党的执政基础，充分发挥先进典型的示范、辐射和带动作用，全面深入推动固本强基工程各项目标任务的落实作了讲话。市委组织部巡视员杨秦在肯定越秀区实施固本强基工程取得成绩的同时，提出三点意见：要进一步提高思想认识，切实加强对实施固本强基工程的领导；高起点规划，高标准建设固本强基工程示范点；抓住工作重点，扎实推进固本强基工程。

诗书街党工委、区环卫局党委、北京街非公有制经济组织党委、广卫街都府社区党支部作了经验介绍。与会人员还到诗书街七株榕社区居委会、区环卫局的固本强基工程示范点参观学习。

2005年，越秀区以能力建设为核心，扎实推进这项党建工程。区委制定《关于街道社区实施固本强基工程量化考核方案》，考核中将党建工作的软任务转化为硬指标，确保固本强基工程取得实效。

通过实施固本强基工程，全区各级班子建设不断加强，党员素质不断提高，党组织不断发展壮大。2003—2005年，越秀区共发展新党员1450名。至2005年底，全区有直属党组织46个，党员38812名。

2004年9月27日，省委九届五次全会召开，决定在全省党组织和党员中开展“理想、责任、能力、形象”教育活动。这是贯彻落实党的十六大、十六届四中全会精神，实践“三个代表”重要思想，提高党员队伍素质，加强党的执政能力建设的重大部署，是保持共产党员先进性教育活动的具体内容和载体，是新世纪新阶段广大党员实践“三个代表”重要思想的新举措。

越秀区委决定在全区党员中开展“理想、责任、能力、形象”教育活动，印发了《关于在全区共产党员中开展“理想、责任、能力、形象”教育活动的实施意见》和具体工作安排表，要求将教育活动与全党上下正在开展的保持共产党员先进性教育活动和广东省固本强基工程紧密结合起来。

教育活动从2004年12月开始，时间跨度三年左右，分为学习教育、主题实践和巩固提高三个阶段，通过开展“理想、责任、能力、形象”教育活动，进一步提高党组织的战斗力和凝聚力。12月31日，区委召开在全区党员中开展“理想、责任、能力、形象”教育活动工作会议，要求各党委以发挥先锋作用为切入点，以内强素质、外树形象为着力点，认真组织，扎实推进，逐项抓落实，促进党员的先进性在岗位上、在社会实践中充分显现。

通过开展“理想、责任、能力、形象”教育活动，区委和各级党组织积极引导广大党员争创“三有一好”，即有理想、有责任、有能力、形象好，实现各方面素质全面发展，使党员与时代步伐和谐共进，与群众感情和谐交融，与责任义务和谐相称。

五、保持共产党员先进性教育活动

2004年11月7日，中共中央发出《关于在全党开展以实践“三个代表”重要思想为主要内容的保持共产党员先进性教育活动的意见》。中央决定从2005年1月开始，用一年半左右的时间，在全党开展以实践“三个代表”重要思想为主要内容的保持共产党员先进性教育活动。

根据中央和省委、市委的部署，越秀区委分两批在全区范围内开展保持共产党员先进性教育活动，每批时间半年左右。第一批从2005年1月底开始至7月上旬，范围是区党政机关、人民团体，党组织关系在区直机关党委的企事业单位等；第二批从7月始至年底，范围是街道、社区，党组织关系在街道的社会中介组织、社会团体、非公有制经济组织，区教育局、卫生局的下属单位，区属企业等。市委、区委分别派出督导组，全程督促指导先进性教育活动。

保持共产党员先进性教育活动分为三个阶段。第一阶段是学习动员。2005年1月28日，越秀区保持共产党员先进性教育活动动员大会后，各单位组织党员学习《中国共产党章程》《保持共产党员先进性教育读本》等辅导材料，集中听辅导报告、开展座谈讨论；组织党员聆听钟南山、冯尚益等优秀共产党员先进事迹报告；举办图片展览宣传区内先进人物和事迹；开展主题实践活动等。越秀区举行了保持共产党员先进性事迹报告会，4位优秀共产党员代表作事迹报告。在广州起义纪念馆举办“党的光辉耀越秀——越秀区保持共产党员先进性教育活动专题图片展览”。全区党员干部上党课162堂，3774名党员参加百题学习测试，190个党组织开展大讨论；4053名党员参加学习培训，占应参数的98.5%；党员平均学习培训时间超40个学时。

第二阶段是分析评议。区委先进办举办第一批先进性教育骨干培训班，培训班针对第二阶段分析评议中“七个环节”的工作提出了具体的要求，并强调了四点意见：一是把握时间与进度、质量的关系。要认真做好计划，精心组织，做到心中有数，掌握主动权。二是学习文件，掌握好政策。三是坚持边议边改。结合党员和群众反映的问题认真研究整改措施，能改的立即改，暂不具备条件改的要积极创造条件改，要让群众切实感受到学习教育的效果。四是党员受教育，永葆先进。全区发放征求意见表3687份，召开座谈会439场，收到群众来信29件，接听热线电话169个，现场听取意见103场，领导干部走访群众1007人，梳理归纳出1005条意见和建议。党员中开展谈心活动3814人次，3972名党员撰写党性分析材料，51个领导班子召开专题民主生活会，220个党支部召开专题组织生活会。

第三阶段是整改提高。区各级党组织共查摆出问题518项，制定整改措施共571条，其中限期整改的169条。至6月底，已整改225项，正在整改293项。7月7日，越秀区第一批先进性教育活动总结暨第二批开展先进性教育活动动员大会召开。参加第一批先进性教育活动党员共4115名，经群众满意度测评，群众满意率为100%。

在开展先进性教育活动的全过程，越秀区各级党组织高度重视，统筹安排，精心组织，切实做到把学习实践“三个代表”重要思想作为主线贯穿始终，把学习贯彻党章、党的十六大和十六届三中、四中全会精神贯穿始终，把不断提高党员的思想认识贯穿始终，把进一步调动党员的积极性贯穿始终，把抓落实、求实效贯穿始终，把加强领导贯穿始终。全区共产党员做到自觉学习实践邓小平理论和“三个代表”重要思想，坚定共产主义理想和中国特色社会主义信念，在新的历史条件下，保持先进性，胸怀全局、心系群众，奋发进取、开拓创新，立足岗位、无私奉献，充分发挥先锋模范作用，团结带领广大职工群众前进，不断为改革开放和社会主义现代化建设做出贡献。

六、探索加强城区基层党组织建设的新路子

越秀区委十分重视在改革开放过程中加强基层党组织的建设，以改革的精神改进党组织的结构和功能，完善党的领导。虽然经过实施“堡垒建设工程”和“建设跨世纪先锋队工程”活动，全区基层党组织抓党建的积极性、主动性进一步提高，但面对新形势，党的建设面临新任务、新考验，必须探索加强基层党组织建设的新路子。

一是构建街道社区党组织建设新形式。2000年，越秀区确定北京街为广州市社区党建工作的试点单位，东风街为越秀区社区党建工作的试点单位，分别成立了街道党工委，推进居民区支部书记兼居委会主任“一身兼”；对居民区支部书记暂缺的，则从招聘的党员

基干中物色人员担任，予以充实。2001年1月，区委八届六次全会决定，构建新型的社区组织体系，以街道党工委为领导核心，建立党建联席会议制度，建立和完善城区管理委员会等6个地区性议事机构。自此，越秀区其余8个街道相继成立党工委，并成立街辖内机团单位参与的社区建设、社区党建联席会议等横向联合组织。

2001年4月底，越秀区223个社区居委会全部建立了独立党支部，其中166个居委会实行书记、主任“一肩挑”，占居委会总数的74.7%，在全市率先实现“一居（居委会）一支（党支部）”的目标，为全面推进社区党建工作奠定了坚实的基础。2002年，全区社区居委会进行调整，区委及时下发了《越秀区在调整、组建社区居委会时同步建立、健全社区党组织的通知》，全区151个社区居委会相应调整并建立社区党支部。社区党支部书记平均年龄由45岁降至43岁，高中以上学历的达96%，书记兼主任125人，占社区居委会的82.8%。为切实加强街道社区党组织建设，充实党务工作力量，2003年11月1日，区委组织部经过公开招聘，从187位报名者中择优录取21名社区党建指导员，经过岗前培训，安排到10个街道开展工作，充实社区党建工作队伍，加强对社区党建工作的指导。

二是加强对流动党员的教育管理。2000年，越秀区街道共有流动党员927人，其中301名由1个党总支、11个党支部管理，其余党员由居委会支部管理。为了加强对流动党员的教育和管理，区委制定了《流动党员管理工作意见》，通过建立社区党员联络站、“两新”组织[①]党建工作站等平台，切实加强对流动党员的教育和管理。2003年，全区采取集中与分散相结合的方式，加强对流动党员、下岗党员、停产和破产企业党员的管理。在社区开展“关爱党员、增强党性”的活动，加强对318名与党组织失去联系的下岗党员的管理，发动这些党员参与社区建设。各街党工委均设立了流动党员接待站，建立起流动党员支部活动制度、流动党员支部与街党工委的联系制度、

①“两新”组织：新经济组织和新社会组织。

流动党员支部成员互相联系制度与发展党员制度等。至2003年底，全区1468名流动党员已经纳入12个党支部管理。东风街党工委因指导流动党员党总支实行新的管理机制，被推荐在全省流动党员管理工作会议上介绍经验，被广东《支部生活》、广州《党的生活》相继报道。区委组织部还从区留用党费中，按每人50元的标准，为全区流动党员发放活动经费。

三是探索以街道为管理主体的非公经济组织党建。2003年6月，区委组织部和北京街党工委召开北京路商业步行街党支部、高第街服装专业街党支部成立暨推进区非公有制经济组织党建工作会议后，根据市委统一布置，对全区各街道的非公经济组织党员情况开展普查登记。9月，区委常委会（扩大）会议研究并制定了越秀区《关于进一步加强非公有制经济组织党建工作的意见》，明确要着力抓好非公有制经济组织党建工作，提高在非公有制企业中组建党组织的比率，不断扩大覆盖面，创新管理办法，力求有新的突破。

为开创非公有制经济组织党建工作新局面，10月13日，越秀区委举行街道非公经济组织、流动党员党委成立大会。省委组织部副部长陈均伦，市委副书记、组织部部长苏志佳以及市总工会、团市委、市妇联等领导参加了会议。会上，对北京街、大新街、人民街3个街道非公有制经济组织党委、东风街流动党员党委及相应的工青妇组织分别进行授牌。省、市组织部门领导对越秀区开拓创新，在全市率先成立街道地区性非公经济组织党委的举措给予充分肯定。

2004年2月16日，区委召开街道非公经济组织党委、流动党员党委工作会议。北京街、大新街、人民街、东风街党工委先后汇报了非公经济组织党委、流动党员党委开展工作的情况及2004年的工作计划。会议充分肯定了全区非公经济组织党委、流动党员党委成立后所做的大量卓有成效的工作，要求继续以求真务实的精神做好非公经济组织党委的工作，以新的工作姿态勇于探索非公党建工作。

2月24日，在大新街召开越秀区街道非公经济组织党建工作座谈会，研究非公经济组织党建工作的有关做法和问题。区委书记谭应华书记听取各街道汇报后，充分肯定了北京街、大新街、人民街3

个街道非公经济组织党委的工作，就今后全区非公经济组织党建工作提出了五点意见：提高认识，进一步充分认识建立非公经济组织党组织的重要性；摸清情况，进一步摸清区辖内非公经济组织党员的状况，根据不同情况组建党组织，扩大覆盖面；加强教育，要加强和创新对非公经济组织党员的教育管理，并积极做好培养发展党员工作；切合实际，围绕非公企业的生产经营，发挥党组织的战斗堡垒和党员的先锋模范作用；积极探索，摸索出非公经济组织党组织开展活动、发挥作用的有效形式和方法。

至2004年底，全区非公经济组织党组织66个，其中党委4个，党支部62个，党员740名。全区50人以上的企业有党员的达到89%，100人以上的企业中单独建立党组织的占66.7%，完成省委、市委的工作目标要求。

七、党风廉政建设与反腐败斗争深入推进

越秀区委加强党风廉政建设和反腐败斗争，认真落实“八个坚持、八个反对”[①]，牢牢把握密切党同人民群众的血肉联系这一加强和改进党的作风建设的核心问题，始终牢记党的性质和宗旨，正确行使人民赋予的权力，开展调查研究，倾听群众呼声，关心群众生活，解决基层和群众的实际困难，让人民群众真正享受到改革开放和现

① 2001年9月24日—26日，党的十五届六中全会召开。全会通过《关于加强和改进党的作风建设的决定》，提出作风建设“八个坚持、八个反对”的要求：坚持解放思想、实事求是，反对因循守旧、不思进取；坚持理论联系实际，反对照抄照搬、本本主义；坚持密切联系群众，反对形式主义、官僚主义；坚持民主集中制原则，反对独断专行、软弱涣散；坚持党的纪律，反对自由主义；坚持艰苦奋斗，反对享乐主义；坚持清正廉洁，反对以权谋私；坚持任人唯贤，反对用人上的不正之风。

代化建设的成果。坚决贯彻党要管党、从严治党方针，坚持标本兼治、综合治理，加大治本力度，进一步抓好领导干部廉洁自律，依纪依法坚决惩治各种腐败行为，坚决纠正各种不正之风。注重制度建设和创新，从源头上预防和解决腐败问题，严格执行党风廉政建设责任制，以党风廉政建设和反腐败斗争的新成果取信于民。

坚持开展党风党纪经常性教育。1997年，越秀区委围绕“反腐保廉、艰苦奋斗、廉政勤政”主题，组织广大党员干部学习《中国共产党纪律处分条例》《廉政守则》等，并进行了学习考试。开展了“赞身边先进典型，树勤政廉洁新风”演讲比赛。2000年，围绕党性党风党纪的经常性教育，开展了“四个一”[①]活动。6月，按照《中共越秀区委关于改进工作作风、深入基层、密切联系群众的意见》要求，区五套班子领导分为5个组，深入街道、企业、学校、社区、居民、“窗口”单位，采取接访、坐班、上门家访等形式直接听取群众意见，开展调查研究，改进工作作风，切实解决群众关心的热点问题。

2001年12月20日，越秀区委八届七次全会召开。会议学习贯彻党的十五届六中全会精神，并提出将全区党员干部思想统一到《中共中央关于加强和改进党的作风建设的决定》精神上来，推动越秀区加强和改进党的作风建设工作，努力实践“三个代表”重要思想，开创全区各项工作的新局面。并对加强和改进党的作风建设提出了五方面要求：站在全局高度，深刻认识加强和改进党的作风建设的重要性、紧迫性；客观评价越秀区党风现状，坚定搞好党风建设的信心；必须把思想作风建设摆在首位，坚持解放思想、实事求是；必须牢牢抓住党同人民群众的血肉联系这个核心问题，坚持党的群众路线；必须紧紧抓住领导这个关键，把加强和改进党的作风建设落到实处。

2001年开始，越秀区突出“三大系列”[②]的党风党纪教育，摄制正面典型教育纪录片《廉政新风》，推介区内单位的领导干部和党员先进典型；举办反腐败斗争形势报告会；召开领导干部警示教育座谈

① “四个一”：一堂课、一个学习会、一个展览、一封信。

② “三大系列”的党风党纪教育：正面典型教育、形势报告教育、反面警示教育。

会。区纪委与监察局、区检察院、国土房管局、建设和市政局、规划分局等5个单位举行党风廉政共建活动，在区信息公众网上设“越秀廉政之窗”网页，设置“党风廉政进社区”专栏，及时反映动态信息，加强信息交流，增强教育效果，强化民主监督，打造阳光政务。举办越秀区领导干部“艰苦奋斗、廉洁从政”专题学习会，与会者观看了党风廉政建设专题教育片，领导干部代表谈了学习和工作体会。以“为民、务实、清廉”为主题，开展以《中国共产党党内监督条例（试行）》和新修订的《中国共产党纪律处分条例》为主要内容的党纪条规学习宣传活动，促使领导干部增强纪律观念，严格执行党的政治纪律、组织纪律、经济工作纪律和群众工作纪律，促进领导干部廉洁从政、依法行政。2004年6月24日，广州市在六榕街召开全市纪律教育月活动动员暨党风廉政进社区先行点现场会，越秀区“党风廉政进社区”的做法在全市推广。

落实党风廉政建设责任制建设。1999年初，越秀区党风廉政建设责任制领导小组成立，办公室设在区纪委。12月，越秀区委发出《越秀区贯彻〈中共中央、国务院关于实行党风廉政建设责任制的规定〉的实施意见》，明确区委、区政府领导班子成员抓党风廉政建设责任制工作分工。

1999年开始，区级党政一把手廉政卷宗报市纪委；全区处级领导干部396人填报领导干部廉政卷宗，存放在区纪委。区委制定了《越秀区党风廉政建设责任制考核试行办法》，明确领导班子责任考核按照“好、较好、一般、差”4个等次，干部责任考核按照“优秀、称职、基本称职、不称职”4个等次。2001年1月，区委对区属67个单位以及94名党政正职领导干部党风廉政建设责任制进行首次考核。考核结果为：班子被评为好的占44.8%；较好的占53.7%；一般的占1.5%。党政正职领导干部被评为优秀的占30.9%，称职的占69.1%。

2002年，区委在全区各级领导干部中落实党风廉政建设责任制考核制度。重点加强对各级党政一把手的监督力度，并建立和健全越秀区领导干部廉政卷宗制度、领导干部民主测评制度、领导干部“警示教育”制度、“民主集中制”与强化对“一把手”监督制度、区党风廉政建设责任制日常督查制度、区党风廉政建设责任制奖励和责任追究制度等六项制度。完成了区五套班子和市管干部29人的党风廉政建设责任制考核的初评工作，并考核了区属54个二级班子和党政正职领导84人在2001年执行党风廉政建设责任制的情况。2003年，区委下发关于党风廉政建设领导责任制和工作分工的通知，进一步明确责任。8月14日，在全省落实党风廉政建设责任制工作座谈会上，越秀区代表广州市区（县）级纪委在会上汇报了越秀区落实党风廉政建设责任制的情况。

2004年，越秀区落实党风廉政建设责任制“五抓并举”[①]，对全区51个二级班子和80名党政正职领导干部实施年度考核。被评为“好”的班子43个，占总数的84.31%。党政正职领导干部被评为“优秀”的有65人，占总数的81.25%。

建立和健全行政效能监察工作。1995年起，行政效能监察列入全区执法监察工作内容，并以区百货公司、区国土房管局为试点单位，开展效能监察。区纪委召开全区行政效能监察工作座谈会，对已立项的36个单位、40个项目进行了分析，提出了加强行政效能监察的工作意见。区纪检监察等部门对投资100万元以上的建设项目，如北京路步行街、高第街和沿江路整饰工程，五仙观绿化广场建设，儿童公园迁建，“一年一小变”“三年一中变”等，全部实行行政效能监察。2000年，区政府作出规定，凡重大建设工程项目和重大资金投入，要先经监察小组审核，强化行政效能监察制度。

1995—2004年，全区效能监察共立项300项，避免或挽回经济损失及节约资金6085.1万元，发现线索9条，立案3宗，处理违纪人员14人，查处违纪金额5.82万元；提出建议910条，建章立制461项。成立越秀区建设工程项目监察小组，对“三年一中变”的“穿衣戴帽”重点工程初步审核，核减工程款987多万元，核减率18.85%。结算

① “五抓并举”：抓宣传教育，抓制度创新，抓监督检查，抓责任追究，抓严格考核。

审核北京路整饰第三期工程，核减工程款108万元，核减率19.18%。制定《越秀区监察机关对重点建设工程项目监察的试行办法》，对区政府教育综合改造、教育信息化、一德路整饰、“星光计划”建设等重点工程实施监督。成立越秀区行政效能投诉中心，制定《越秀区行政效能投诉中心投诉处理暂行办法》，公布投诉电话，受理行政效能投诉68件，其中有关违反行政效能方面的投诉27件。

专项治理部门和行业不正之风。严格控制公款安装住宅电话或购买移动电话。1997年，越秀区制定了严格控制公款安装住宅电话或购买移动通信工具的规定，全区范围内对已用公款安装配备的住宅电话、移动电话和无线传呼机一律折价处理给个人。共处理住宅电话738台，每台按1300元折价，共收回94.42万元；处理移动电话559台，共收回74.73万元；处理无线传呼机1418台，共收回11.9万元。清理“三机”共收回181.05万元上缴区财政。清理整改公车私牌和超标。1997年起，全区清理整改公车私牌的小汽车15辆，并作出审核转户处理。成立越秀区清理政法机关车辆“名片”和政法系统所属企业使用粤O车牌及警用标志工作办公室，停止使用超标准的皇冠3.0小轿车1辆。开展区属党政机关与所办经济实体和管理的直属企业脱钩工作。为了遏制和防止区属党政机关与所办经济实体和管理的直属企业产生权责不清和党风行风腐败等问题，1999年5月12日，越秀区召开党政机关与所办经济实体和管理的直属企业脱钩工作会议。全区列入这次脱钩范围的企业共514户，其中作出撤销处理的企业20户，移交企业27户，解除行政隶属关系5户，解除挂靠关系企业462户。查处医药购销违规问题。1999年起，越秀区纠风办协助广州市有关部门查处越秀区中心药库违规经营问题。纠正和处理医药购销中的问题39宗，涉及金额5.48万元。查处商业贿赂药品回扣案4宗，罚款85万元。制定区药品集中公开招标采购方案，全区33家医疗单位分别联合进行药品公开招标采购，集中招标采购药品的品种规格90个，招标金额8983.36万元，占医院购药总金额的77%，招标药品价格平均降幅30.8%，节约550万元，让利于患者944.65万元。清理学校乱收费问题。1995—2004年，越秀区重点纠正学校擅立收费项目和擅自提高收费标准，共计清退各种违规收费76.6万元，督促学校落实“一公开、二持证、三统计、四不准”的收费管理方法。在广东省对越秀区治理中小学乱收费工作验收中，全区达标通过，并受到检查组好评。抓紧学校领导责任制和审批制的落实，抽查12所不同类型中小学收费工作，发现问题及时整改和处理。加强检查和监督中小学义务教育收费实行“一费制”落实情况，查处违规收费行为4宗，清退金额1.2万元。执行“一费制”并实施收费公示制，重点把好春秋两季开学关口，专项抽查22所中小学，查处乱收费案件3件，退还学生英语培训费和饮水费3万多元。规范捐资助学款和择校费的接收程序，加强款项使用监督。

清理预算外资金，落实“收支两条线”管理。1999年，全区采取先自查、再专项检查的办法，重点检查问题比较突出的部门和单位。清理62个单位的预算外资金账户，纠正处理其中6户预算外资金未能及时缴存财政专户管理的单位，自查面达到100%，重点检查为29%。专项检查中，规范了公、检、法、工商等单位按规定收费，对票据的使用管理实行“验旧领新”制度，由财务部门统一归口管理；执收执罚部门实行委托银行代收款，资金足额上缴。全区核定执收单位29个，74个项目；执罚单位24个，33个项目。

2000年起，区纪委、监察局与区财政局、审计局、物价局联合制定《越秀区落实“收支两条线”管理工作意见》，并组成检查组对全区落实“收支两条线”管理工作及财务状况作大检查。清理及取消预算外资金银行账户25个，违纪资金19615元全部上缴国库；全区列入“收支两条线”管理的单位59个，检查并通报区属38个单位的“收支两条线”管理情况。实行委托银行代收项目145项，在5个单位试行国库集中支付制度改革。

建立健全领导干部报告个人重大事项的规定。1997年，越秀区委制定了适用于副处级以上领导干部的《关于领导干部报告个人重大事项的规定》；完善领导干部住房档案并规范管理，贯彻落实检查监督领导干部分房购房中的“末班车”情况；落实关于领导干部配偶、子女不准违规经商办企业以及收入申报、礼品登记、重大事项报告等制度。2001—2004年，对领导干部出国（境）办证情况进行清理，全区433位处级领导干部填写“因私护照、前往港澳通行证、外国居留证登记表”，对其中持有因私护照的165人造册备案。此后，处级领导干部因私护照、港澳通行证集中交区委组织部保管。建立全区副处级以上领导干部年度廉政卷宗201宗；开展对领导干部配偶、子女从业相关规定落实情况的检查。

越秀区通过以学习贯彻“两个条例”为契机，以党风廉政进社区活动为载体，以实施党风廉政建设责任制为龙头，加大反腐倡廉教育力度，加大落实党风廉政建设责任制的检查监督力度，加大责任追究力度，促进了各级领导干部廉洁自律、廉洁从政，从而构筑了与社会主义市场经济体制相适应的教育、制度、监督并重的惩治和预防腐败体系。

八、越秀区第九次党代会的召开

在越秀区适应城市管理新体制和我国加入世界贸易组织的新形势下，越秀区第九次党代会于2003年3月31日—4月4日召开。全区364名党代表、17名列席人员参加了会议。

会议审议通过八届区委的报告，选举产生九届区委和新一届区纪委。区委书记谭应华受区第八届委员会的委托向大会作《求实奋进，开拓创新，实现越秀发展新突破》的报告。会议充分肯定了区第八次党代会以来五年的工作成绩，确定了今后五年的奋斗目标和工作任务，通过了关于八届区委报告的决议和关于区纪委工作报告的决议，选举产生了九届区委和新一届区纪律检查委员会。

会议确定区今后五年经济发展的主要目标：全区生产总值实现年均增长8%；到2010年全区人均国内生产总值超过10万元，约折合

1.2万美元，比2002年增长68%；到2020年，全区人均国内生产总值比2010年翻一番，基本达到发达国家发展水平。

会议明确了区今后五年的主要任务：一是调整优化城区经济布局，推动经济发展取得新突破。整合资源，规划建设“三大商圈”，增强经济发展后劲；优化环境，打造“三大商务区”，优化区域产业结构；政策引导，放手发展，促进民营经济上新水平；深化改革，转变政府职能，营造更加宽松的发展环境。二是科学规划城区功能布局，建设生态型城区。确立城区经营理念，完善和提升中心城区功能，增强城区综合竞争力；努力营造适宜创业发展和生活居住的城区环境，提高人民生活水平。三是坚持依法治区，优化文明法治环境，建设社会主义政治文明。坚持和完善人民代表大会制度，扩大基层民主，严格依法行政，落实社会治安综合治理责任制和“一票否决制”，确保一方平安。四是深入开展精神文明创建活动，全面提高居民素质和城区文明程度。大力弘扬和培育民族精神，塑造城区文明形象；坚持先进文化的前进方向，提升城区文化品位，建设文化强区。以服务群众为重点，深入推进社区建设；重视科技创新，强化科技服务。五是实践“三个代表”重要思想，加强思想建设，加强各级领导班子建设，加强基层党组织建设，加强党风廉政建设，为率先基本实现社会主义现代化提供强有力的保证。

4月4日下午，区委第九届委员会召开第一次全体会议。会议选举中共越秀区第九届委员会常委11名，其中谭应华为区委书记，马鄂生、刘小骏、陈卓宁、叶伟雄为区委副书记。会议通过区纪委第一次全体会议关于新一届区纪委常委和书记、副书记的选举结果的报告，陈卓宁为区纪委书记。

越秀区第九次党代会明确的下一个五年的主要任务，提出要按照全面建设小康社会，率先基本实现社会主义现代化的总体目标，解放思想、实事求是、与时俱进，坚持在创新中提高，在提高中发展，认真实施商旅富区、科教兴区、依法治区、环境立区的可持续发展战略，为越秀区率先基本实现社会主义现代化而努力奋斗。

九、完成行政区划调整，新越秀发展驶上“快车道”

2005年4月28日，国务院批准了关于广州市部分行政区划调整方案，撤销广州市东山区、芳村区，新增设广州市南沙区、萝岗区。其中，东山区的行政区域，白云区的矿泉街道，天河区的登峰街道和天河南街道的杨箕、中山一等两个居委会及沙东街道部分区域划归越秀区管辖。越秀区人民政府驻越华路。

6月7日，广州市人民政府发出《关于我市部分行政区划调整的通知》后，由市委主持召开了新越秀区筹备组成立大会，东山、越秀两区的正处级以上领导干部参加。市委常委、组织部部长邬毅敏主持会议并宣布成立越秀区筹备组，周庆强为组长，贡儿珍、马鄂生为副组长。在市委、市政府的领导下，越秀区筹备组负责组织实施东山、越秀两区的行政区划调整、筹建新越秀区工作。会上，宣读了广东省人民政府《转发国务院关于同意广东省调整广州市部分行政区划的批复》。自此，东山、越秀两区行政区划调整工作正式启动。

7月21日，越秀区筹备组工作会议召开，审议《关于越秀区第十四届人民代表大会代表选举工作的请示》，听取关于越秀区接收市饮食集团下属企业工作情况汇报，听取关于接收矿泉街及登峰街的工作情况汇报。7月29日，区委书记周庆强、区委副书记贡儿珍等参加广州市举行的行政区划调整交接仪式。广州市涉及行政区划调整的各有关区（市）经济、社会行政管理事务进行整体交接。各有关区（市）政府和区筹备组的负责人签署行政区划调整交接协议书。

9月29日，新的越秀区党政机关正式成立；中共越秀区委相应调整为新的行政区党组织。越秀区人民政府发出公告：东山区人民政府于2005年9月30日24时正式终止，由新的越秀区人民政府对新划定的区域实施行政管理。当日，署前路东山区机关大楼门前的区委、区政府等五个牌子被撤下，越华路183号越秀区机关大楼前挂上新越秀区委、区政府等五个牌子。10月14日，中共广州市委发文，撤销中共广州市东山区委员会，将其职能并入中共广州市越秀区委员会。

2005年10月，新越秀区正式成立，辖区面积33.8平方公里，户籍人口116.25万人，常住人口103.34万人。越秀区下辖流花、东风、洪桥、六榕、广卫、光塔、诗书、北京、大新、人民、东湖、农林、黄花岗、大东、大塘、白云、珠光、建设、华乐、梅花村、矿泉、登峰共22个街道、273个社区。

2005年6月1日，市委组织部发文明确，周庆强任越秀区委委员、常委、书记，贡儿珍任越秀区委委员、常委、副书记；8月，市委组织部发文明确，李志昌任越秀区委委员、常委、副书记和区纪委委员、常委、书记，武延军、李瑜、钟俊鸣、李荣任越秀区委委员、常委。

7月25日，召开越秀区人大代表选举工作会议。会议传达了《国务院关于同意广东省调整广州市部分行政区划的批复》、广州市人大常委会《关于广州市部分行政区划调整有关选举问题的决定》精神，布置了新一届越秀区人大代表选举的前期相关工作。9月15日，区人大换届选举进行，全区22个街道设选举工作办公室，划分186个选区，共登记61532名选民，59427名参加投票，参选率93%，选举产生越秀区第十四届人大代表348名。

9月26—29日，越秀区第十四届人民代表大会第一次会议召开。会议选举周庆强为越秀区第十四届人大常委会主任，凌卫祖、林秋康、张自砚、谢慈保、利建华、吴洪佳为区第十四届人大常委会副主任，甘国锵等22人为区第十四届人大常委会委员；选举贡儿珍为越秀区区长，武延军、王慎初、路瓯、庄悦群、罗丽华等为越秀区副区长；选举廖鸣和为越秀区人民法院院长；选举何元秀为越秀区人民检察院检察长。会议还听取了《广州市越秀区政府工作报告》《广州市越秀区人大常委会工作报告》《广州市越秀区人民法院工作报告》《广州市越秀区人民检察院工作报告》，完成了大会的预定任务。

9月20日，召开越秀区政协第十二届委员会第四次会议。出席会议的政协委员465人，特约委员125人。会议增选梁梅娇、邵建明为区政协第十二届委员会副主席，增选丁午寿等50人为常务委员。

2005年8月26日，广州市委办公室、市政府办公厅印发《广州市部分行政区划调整定岗定员和人员安置实施办法》，明确撤并区后人员安置实行三年过渡期，截至2007年12月31日。过渡基本原则是：新区优先选用，充实市直各区，支持提前退休、脱产学历教育，鼓励自谋发展，柔性定岗定职。

10月10日，越秀区召开全区副处级以上干部会议，部署行政区划调整中层科级以下人员定岗定员工作。会议强调并区期间重点工作，要抓好“六个对接整合”，即发展思路，规划、布局调整和资源，政策措施，工作标准和工作要求，工作机制，人员机构六方面的对接整合。区委书记周庆强在会上要求：一要努力建设团结和谐的领导班子；二要努力建设一支廉政高效为民的公务员队伍；三要集中精力做好近期的各项工作。

10月15日，新越秀区的直属机关工作部门科级及科级以下职位正式开始竞争上岗。竞争上岗分笔试、演讲答辩两个环节。10月25日，新越秀区科级及科级以下公务员经过笔试、演讲答辩、民主测评和组织考察4轮竞争后，初定的人员名单和竞争上岗总成绩公示5天。10月30日，竞争上岗初定人员，经公示后被安排到具体工作岗位正式上岗。

2005年10月起新越秀区整合了原越秀区、东山区经济社会各方面的资源要素和区位优势，实现了强强联合，经济总量跃居全国省会中心城区前列，进一步提升了中心城区的综合实力和公共服务能力，扩大了中心城区的影响力，开启了“创建国家中心城市核心城区”的新阶段。

后　记

经过编写人员五年多的努力，在认真听取广州市越秀区委、区政府领导及退休老领导、老同志和有关专家学者及其他各方面意见的基础上，反复进行修改，《中国共产党广州市越秀区历史第三卷（1978—2005）》现付印出版。

《中国共产党广州市越秀区历史第三卷（1978—2005）》是越秀区委党史文献研究室继《中国共产党广州市越秀区历史第二卷（1949—1978）》之后，编写出版的又一部党史正本，全书4章31节、约42万字。

在本书的编写过程中，越秀区委始终高度重视，成立了以区委书记为主任的编纂委员会，时常关注工作进度，审定相关材料，协调解决困难问题。区委办公室、区委组织部主要领导担任主编，区委党史文献研究室历任领导和全体干部组成编写班子，落实撰写职责，制定工作方案，确定具体纲目，广泛搜集资料，认真核查史据，多方听取意见，坚持以尊重历史、实事求是的科学态度，客观、系统、翔实撰写。同时，采取走出去、请进来的方式进行交流学习，通过交叉审读、开会研讨、专家论证等方法对稿件进行反复补充完善，确保编写质量。

本书的编写工作得到了广州市委党史文献研究室的大力

指导和帮助，得到了越秀区委办公室、区委组织部、区委宣传部、区委老干局、区委党校等单位的鼎力支持和协助，在此表示衷心感谢！

因时间跨度大，涉及事件多、范围广，限于史料搜集和编写者水平，书中难免存在不当和不完善之处，恳请读者批评指正。

编者

2023年12月